D1418034

Виктор Петелин

Шаляпин
и
Йола Торнаги

Москва
Алгоритм
2007

УДК 82-94
ББК 84(2Рос-Рус)
   П 29

Ru
B
Shaliapin
Fedor
P

П 29   **Петелин В. В.**
         Шаляпин и Иола Торнаги / В. В. Петелин. — М.:
Алгоритм, 2007. — 448 с.

   ISBN 978-5-9265-0378-1

Со своей первой женой — итальянской балериной Иолой Торнаги — Шаляпин познакомился в Русской Частной опере Саввы Мамонтова. И так пленился ею, что на генеральной репетиции «Евгения Онегина» в арии Гремина позволил себе отступление от текста: «Онегин, я
клянусь на шпаге, безумно я люблю Торнаги...» — немало позабавив
труппу. Иола Игнатьевна, женщина необыкновенной душевной щедрости и обаяния, станет матерью шестерых детей Шаляпина и, несмотря на несомненный артистический дар, оставит сцену ради семьи.

   В 33 года Федор Иванович сближается с Марией Петцольд, разры-
ваясь между двумя домами в Москве и Петербурге и двумя женщинами,
каждую из которых по-своему любил.

   В фокусе беллетризованного повествования Виктора Петелина —
известного биографа Ф. И. Шаляпина — личная жизнь русского гения,
которая не избежала светских сплетен.

                                              УДК 82-94
                                              ББК 84(2Рос-Рус)

ЧАСТЬ ПЕРВАЯ

ВЕРА И ЛЮБОВЬ

Глава первая

В ОДИН ИЗ ДОЖДЛИВЫХ ВЕСЕННИХ ДНЕЙ

За Канавином, на огромной территории, раскинулись многочисленные здания Всероссийской выставки, которая должна была показать всему миру, каких высот достигли русская промышленность, русское искусство, вообще русская культура... Наконец-то настал день промышленников, купцов, торговых людей, и они могли показать свое могущество, власть денег, могущество Его Величества Капитала.

И Нижний Новгород не хотел оставаться в долгу. Повсюду шло строительство, спешно проводили трамвайные линии, электричество, мостили дороги.

Выставка раскинулась на левом берегу Оки, недалеко от впадения ее в Волгу. Выставочные здания, внушительные, изящные, аляповато грандиозные, были уже завершены, производилась разгрузка и установка экспонатов. На самой территории выставки были построены барачные гостиницы с уютно обставленными номерами и уже работавшими ресторанами.

В Нижнем Новгороде царила напряженная обстановка. Губернатор, бывший градоначальник Санкт-Петербурга генерал Баранов, приводил в состояние боевой готовности все полицейские силы губернии и присланные в его распоряжение войска. Генеральный директор выставки Ковалевский и его чиновники постоянно сталкивались с губернатором, человеком вздорным, мелочным, властолюбивым. Но каждому свое...

Великие заботы свалились на плечи известного провинциального артиста и антрепренера Николая Ивановича Собольщикова-Самарина. Городские власти построили новый театр, передав его в полное распоряжение Николая Ивановича. Смущало его только одно: театр сдали ему при условии организации оперных спектаклей во время выставки. А где взять такую оперную труппу, которая согласилась бы выступать в летнее время на Всероссийской выставке, когда будет столько всевозможных конкурентов?.. Кому придет охота слушать оперу, ведь кругом столько соблазнов: рестораны, увеселительные заведения... А если лето будет жарким?

Николай Иванович испытывал двойственное чувство: с одной стороны, его радовало новое здание с прекрасно оборудованной сценой, актерскими уборными, зрительным залом и голубой плюшевой обивкой кресел, барьеров и такими же портьерами на литерных ложах и дверях. Назвали театр Николаевским (говорили, будто сам Николай Первый указал место для постройки театра, потому его и назвали Николаевским), а публика окрестила Голубым театром. И все это открывало такие возможности для творчества! А с другой стороны, он испытывал безрадостное недоумение от бессилия отыскать необходимую для оперных спектаклей труппу... Ведь любая оперная труппа может прогореть во время ярмарочного безумного веселья.

Восторженно входил он в этот настоящий храм искусства. Еще никто здесь не играл, и с какой ответственностью должен он нанять труппу, чтобы показать настоящее драматическое искусство.

Его охватывала робость, он переживал трепет создателя, восторг человека, которому открывались широкие возможности для осуществления его творческих желаний и исканий... Проходя по этим новым коридорам, удобным помещениям, Собольщиков-Самарин иной раз поднимался на цыпочки, чтобы не нарушить гулким шумом своих шагов таинственную тишину, которая пока царила в здании театра. Скоро войдет в этот театр сама жизнь со всеми ее тревогами, волнениями, радостями, переживаниями, страданиями... «В таком театре должны играть самые выдающиеся артисты. И вскоре мы покорим наш город... Слава пойдет о нас по всей Руси великой... Это будет первый театр в русской провинции. А декорации я закажу талантливому художнику Ландовскому...»

И заказал, а вскоре Собольщиков-Самарин уже с удовольствием принимал превосходно исполненные Ландовским работы, но снова неотступная мысль об оперных спектаклях не давала ему покоя. Он тяжело задумался над тем, как выполнить свое обязательство перед городскими властями. «Как можно дать в летний сезон оперу? Да и можно ли в зимнем помещении в летнюю жару собрать достаточно публики?.. Ну, можно привлечь публику на два-три вечера именами известных гастролеров, но провести весь сезон при ежедневных спектаклях и оправдать огромные расходы по опере — значит пойти на верный убыток... Кто пойдет на это из известных антрепренеров? Никто, нет таких. А нам взять на себя организацию оперных спектаклей тоже никак невозможно... Вот ведь уверяли меня, что любой из популярных и солидных предпринимателей возьмется за это дело, так уверяла меня и Рассохина, а что-то никто не торопится снять театр для оперных спектаклей. Правда, говорили, что на выставку ожидается огромный съезд гостей со всех концов России. Может, так и будет... Только кому нужна опера, когда столько будет развлечений... Нет, не могу взяться за дело, в котором ничего не смыслю. Подождем, что скажет нам Рассохина».

Но Рассохина вскоре написала, что пока ни один из оперных антрепренеров не отозвался на ее предложения, а те, кто заинтересовался и хотел бы взять эту антрепризу, отказывались, узнав, что театр от выставки «за сто верст».

Собольщиков-Самарин совсем было приуныл, не зная, как выйти из создавшегося тяжелого положения, как вдруг в один из дождливых весенних дней в конторе театра, где он сидел в подавленном состоянии и мысленно проклинал ни в чем не повинных оперных певцов и, главное, предпринимателей, появилась тридцатипятилетняя полная женщина и представилась:

— Винтер Клавдия Спиридоновна.

Собольщиков-Самарин раздраженно подумал, что это очередная бездарная примадонна, которая надеется получить у него ангажемент. Нет уж, на эти роли у него есть прекрасные актрисы...

— Чем могу служить? — спросил он ее, холодно показывая на стул.

— Не отдадите ли вы ваш театр на предстоящий летний сезон для оперных спектаклей?

Николай Иванович чуть не заорал во весь голос: «Отдадим, конечно, отдадим!» — но вовремя одумался, чудом сдержал свой порыв. Дело-то ведь не только в том, чтобы выполнить обязательство перед городскими властями, но и в том, чтобы извлечь из этого летнего сезона выгоду для товарищества, которое он возглавлял.

— А кто возглавляет дело? — вежливо спросил Николай Иванович.

От равнодушия и холодности не осталось и следа. Его распирала безудержная радость, он не знал, как сдержать ее, и почему-то все время улыбался, непроизвольно, бестолково.

— Я, Винтер.

Никогда он не слышал такого имени среди антрепренеров, хотя уже много лет служит театральному делу, был и актером во многих провинциальных театрах и вот уже несколько лет возглавлял некоторые провинциальные коллективы... А как иметь дело с неизвестным в театральном деле человеком? Есть ли у нее художественные и материальные гарантии? И после первых проявлений бурной радости Собольщикова-Самарина охватили новые сомнения.

— Да вы не волнуйтесь, — заметив, что Николай Иванович не может скрыть своего беспокойства, уверенно сказала госпожа Винтер. — У вас будет опера, лучше которой нет ни на одной частной сцене России...

«Ой, превирает барыня», — озабоченно думал Николай Иванович, решив ошеломить ее суммой залога.

Сказал, а самому стыдно стало: никто еще столько не просил. И она тоже это знала, но ответила, спокойно улыбаясь:

— Хорошо, могу завтра утром внести эту сумму...

Тогда Собольщиков-Самарин уже смелее назвал и арендную плату. И тут она не возражала:

— Хорошо, занесем и это условие в договор.

И тут только Николай Иванович поверил, что дело имеет с солидным предпринимателем, таким, какого и не мечтал найти в эти последние дни тяжких волнений и раздумий.

На другой день Собольщиков-Самарин и Винтер завершили все формальности предварительной договоренности, был внесен залог, оформлен договор. И, читая нотариальный договор, Собольщиков-Самарин все время недоумевал: «Что-то непонятное творится, о господи... В каждом параграфе значится, что «я, Винтер, обязана», и ни в одном пункте не упоминается, что «я, Собольщиков-Самарин, обязан»... Как только гербовая бумага выдержала такой договор?»

Но дело сделано, гора свалилась с плеч Николая Ивановича, и он уже спокойно наблюдал, как разворачивалась подготовка к оперным спектаклям в его театре. Вскоре из Москвы стало прибывать оперное имущество, а затем и актеры, постановщики, администрация... Появились анонсы, подписанные скромной подписью: «Дирекция Винтер»...

И уж совсем успокоился Собольщиков-Самарин только тогда, когда увидел, как щедро расходовала оперная дирекция деньги по театру. Таких декораций ему еще не приходилось видеть ни в одном театре. Да и сами артисты были мало похожи на известных ему актеров, уж слишком независимы. Да оно и понятно: при такой щедрости и широте постановки дела, видно, и артисты чувствуют себя по-другому. Разве может он позволить оплачивать поездки артистов после каждой репетиции за город в колясках на пикник? Да и по городу разъезжают в колясках... И все за счет дирекции... Да, размах тут небывалый.

Приехал Савва Иванович Мамонтов, которого оперная труппа встретила с почтительным вниманием. Он отдавал распоряжения, руководил постановкой, и все слушали его. И только тогда стало известно, что подлинным руководителем оперной труппы был Савва Мамонтов, а Винтер была лишь подставным лицом.

Николай Иванович Собольщиков-Самарин начал готовиться к предстоящему зимнему сезону.

Глава вторая

РОДНАЯ ВОЛГА

Ничто не удерживало Шаляпина в Петербурге. Его успеха в роли Мельника никто не заметил, кроме близких друзей. Снова начинались надоедливые будни. Хотелось чего-то большого, силушки бродили в нем немалые, а выхода не находили. Нет, не об этом он мечтал, поступая артистом в императорский театр. Даже то малое, что вносил он в исполнение той или иной роли, тут же отвергалось как нечто смехотворное, идущее против сложившихся театральных традиций, накопленных выдающимися мастерами отечественной и зарубежной оперы. Зачем ломать то хорошее, что уже сложилось? Так рассуждали почти все артисты и режиссеры знаменитого театра. Горько было Шаляпину слушать все эти назидания. Федор начал было уже собираться снова на дачу в Павлово, как вдруг неожиданно зашел к нему знакомый баритон Соколов.

— Что ты, Федя, такой грустный? О твоем Мельнике все говорят...

— Не радует меня этот успех, которого никто не заметил в труппе нашего театра.

— Ишь чего захотел... На сцене казенных театров этого почти нигде и не бывает.

— А я так рвался сюда! Ну, думаю, наконец-то мечта моя осуществилась, я вливаюсь в среду своих собратьев... Старшие меня будут учить, сверстники со мной будут дружить, будем вместе готовить партии, обсуждать, как сделать это лучше и значительнее. И нет, не суждено мне здесь ничего исполнить... И что-то ушло из души моей, она опустела. Кажется, все это время я шел по прекрасной широкой дороге, а теперь вот стою на распутье...

— Как удачно складывается, Федя... Ведь я к тебе с предложением, и очень серьезным...

Шаляпин выжидательно посмотрел на него.

— Мне поручили поговорить с тобой... Пригласить тебя в Нижний Новгород, в труппу госпожи Винтер. Ты же слышал, наверное, что летом в Нижнем будет Всероссийская промышленная выставка, там будет неслыханное количество приезжих, и вот для них будет устроено невероятное количество всевозможных увеселений, в том числе и опера...

— А кто в труппе? Не хотелось бы мне оказаться снова в провинциальном театре, где часто все перевирают... — горько вздохнул Федор, с тоской оглядываясь по сторонам своего убогого жилища.

— О, об этом не беспокойся... Уровень самый высокий... Согласились участвовать знаменитый Тартаков, прекрасный драматический тенор Секар-Рожанский, Сикачинский, Карелин, басы Бедлевич и Овсянников. Хвалили и женские голоса, драматическое сопрано Нумы-Соколовой, меццо-сопрано Любатович, ну, ты их мало знаешь, потому что почти все они из Москвы, из московских частных антреприз... Превосходные декорации, будь уверен, все будет на высшем уровне...

— Ну что ж, кажется, ты меня уговорил. Попробуем...

— А чем мы рискуем? Всего лишь три месяца будут продолжаться эти гастроли. А туда съедутся со всей страны.

Шаляпин давно знал Соколова, вместе с ним участвовал в спектаклях петербургского Панаевского театра, верил ему и его огромным связям в театральном мире. Не раз тот выручал его и деньгами. Так что Федору не стоило раздумывать. Одно лишь беспокоило: ему была поручена сложная роль Олоферна, ассирийского полководца, и эту роль нужно было подготовить за лето. А когда, если он уедет в Нижний?

И все-таки колебался он не долго: новое поманило его в даль светлую, на Волгу, где он так давно уж не был и куда его всегда влекло.

В начале мая Федор Шаляпин, сняв комнату на Ковалихе, стал знакомиться с Нижним Новгородом.

Волгарь по рождению, Шаляпин любил Волгу. И с каким-то непередаваемым восторгом сразу покатил на извозчике к Волге... Не торопясь, проехали мимо каменных рядов складов и лавок, готовящихся к открытию ярмарки. Тут уж спешить нечего, вот она, родная река, подкатили к деревянному плашкоутному мосту.

Шаляпин привстал от удивления: так красиво было кругом... Справа Ока, мощно вливавшаяся в Волгу. Перед ним на крутой горе в яркой весенней листве возвышается Нижний

Новгород, кремль, могучая кремлевская стена. «Господи, как хорошо, что я приехал сюда...» — подумал Федор. Он уже полюбил этот город, где ему предстояло выступать и где он еще никого не знал.

— Есть места еще лучше, барин, — послышался голос извозчика.

— Ну прокати меня по городу. — Шаляпин уютно устроился в тарантасе.

Они поехали на Откос и на Гребешок, Шаляпин вышел из тарантаса, встал на круче. Он не мог оторвать глаз от раскинувшейся перед ним весенней красоты... Здесь две могучих реки, Волга и Ока, сливались в одну и широко и мощно рвались к Каспию...

Жизнь на Волге разнообразна. Величественно идет колесный пароход, медленно, тяжело движутся груженые барки, быстро снуют лодки и «финляндчики».

Волга после половодья вошла в свои берега. Буксиры тащили тяжелые баржи. Плоты неторопливо спускались по течению к низовью. Лодки рыбаков... Огромный паром, перегруженный людьми и возами, медленно полз от берега к берегу... Издали доносятся густые гудки пароходов, шум колес, далекие человеческие голоса. И вспомнилась «Дубинушка»... Вполголоса Шаляпин стал напевать с детства запомнившиеся слова, но здесь, сейчас приобретавшие новый, какой-то глубинный, что ли, смысл... «И как точно и ясно выразил Шпажинский в «Чародейке» ощущения и чувства от этой красоты: «Взглянешь с Нижнего со крутой горы на кормилицу Волгу-матушку, как в желтых песках, в зеленых лугах слилась она с Окой-сестрой... И засмотришься, залюбуешься, что за ширь кругом, конца краю нет...» Какие прекрасные слова... И действительно, глаз оторвать невозможно от этой красоты... Ох, как хорошо-то вот так уехать в незнакомое место, а оно кажется таким родным, прекрасным, что уходить не хочется. Все смотрел бы да смотрел... И бездумье какое-то находит...»

Долго сидел Шаляпин на круче и смотрел на Волгу, изредка бросая взгляды на другой берег, где тоже кипела жизнь.

Каким скучным, серым, грязным показался город, когда они проехались по главной улице — Большой Покровской. Отвратительные мостовые, жалкие лавочки и магазины. Кругом, куда ни посмотришь, все было вздыблено, разворочено, повсюду шла подготовка к открытию выставки-ярмарки. Солидно возвышалось лишь здание театра...

— Вот и театр...

Шаляпин не дослушал извозчика, что-то пытавшегося ему объяснить, сунул ему деньги, соскочил с подножки и вбежал в здание театра...

Здесь уже сновали люди: ведь скоро начнутся репетиции, нужны будут декорации, костюмы...

Шаляпин вошел в зрительный зал, огляделся и сел в лишнее кресло. Как хорошо, что он сюда приехал! Целых три месяца он будет выступать в этом театре. В центре города — здание театра, строгое и величественное, а внутри все сверкало чистотой и... ожиданием. И о зрителях позаботились: нигде ему еще не было так удобно сидеть в кресле, как здесь. Привлекательной была и обивка кресел, барьеров, хорошее впечатление произвел на него и занавес.

Через несколько дней Федор Шаляпин чувствовал себя в труппе как свой, желанный и близкий человек. Веселый балагур, превосходный рассказчик, он быстро завоевал положение необходимого для всех человека. Среди артистов были такие, которым он давно поклонялся. Еще в Казани, мальчишкой, он полюбил Алексея Николаевича Круглова и теперь был рад, что ему придется выступать вместе с ним в одной труппе. С Иоакимом Викторовичем Тартаковым он познакомился еще в Мариинском театре, не раз слушал его в баритональных партиях, восхищался предельной выразительностью музыкальной речи певца. За два года пребывания в Мариинском театре Тартаков, ученик знаменитого Эверарди, приобрел популярность как превосходный Жорж Жермон в «Травиате», Риголетто, Амонасро в «Аиде», Фигаро, Тонио в «Паяцах»... В этих «запетых» партиях Тартаков благодаря точности интонации, безупречной фразировке, искусной филировке, умению владеть дыханием, вовремя менять звучнейшее форте на нежнейшее пианиссимо, благодаря блестящим верхам и широчайшей напевности достигал большой художественной выразительности.

И Шаляпин понял, почему Мамонтов пригласил его: успех в его партиях будет обеспечен. К тому же тридцатипятилетний Тартаков, мягкий, добродушный человек, сердечно отнесся к нему, поощряя его веселые рассказы.

Чаще всего собирались у госпожи Винтер. Спектаклей еще не было, хотя театральное имущество уже прибыло из Москвы и шла спешная работа по подготовке спектаклей. Каждый знал свое дело, все были молоды, независимы друг от друга. Так что добрые отношения быстро установились между артистами, декораторами, режиссерами, музыкантами.

Однажды Шаляпин застал у Винтер среди обычных ее посетителей Савву Ивановича Мамонтова и Константина Алексеевича Коровина. Пятидесятипятилетний Мамонтов, плотный, с седой бородкой на монголоидном лице, был весел, остроумен, дружелюбен. С добродушной улыбкой встретил он Шаляпина.

— Ну как вам, Федор Иванович, показался Нижний Новгород? Как устроились? Клавдия Спиридоновна вас не обижает? — зорко поглядывая на Шаляпина, глуховатым баском говорил Савва Иванович.

— Такая красота здесь, Савва Иванович... Так рад, что выбрался сюда. Ведь это мои родные места, Волга, мать родная... — Растерянность проходила, и Федор обретал спокойствие и уверенность. В парадном сюртуке бутылочного цвета, с гофрированной плотной манишкой сорочки, в светлых брюках, высокий, гибкий, Шаляпин чувствовал, что этот странный костюм ему идет... По крайней мере, нет презрительных усмешек при виде его костюма, нет косых взглядов, а больше ему ничего не нужно. Скоро попросят петь, тогда он покажет себя...

В боковую дверь вошла Татьяна Любатович, старшая сестра Клавдии Спиридоновны, солистка Частной оперы. Вскоре пришел дирижер Вячеслав Иосифович Зеленый, руководивший постановкой оперы «Жизнь за царя», и его попросили сесть за рояль. Мамонтов широким жестом указал Шаляпину и его место. Федор послушно встал у рояля. Речитатив и арию «Чуют правду» он подготовил хорошо, но перед Мамонтовым он никогда не выступал. Почувствовал, что побледнел, казалось, что волнения не победить, но с первыми звуками рояля вернулось спокойствие, и он запел. А во время исполнения арии «Чуют правду» он чуть было не сбился: случайно бросил взгляд на балкон, где против открытой двери сидела пятнадцатилетняя Леночка Винтер, и увидел, что она вдруг в самом драматическом месте арии разревелась, а потом, сконфуженная, закрылась руками, тщетно пытаясь преодолеть свое волнение. Шаляпин закончил арию с трудом, но Вячеслав Зеленый поздравил его с превосходным исполнением, а Савва Иванович молча подошел к нему и крепко расцеловал. Шаляпин повеселел.

В просторной гостиной было уже тесно, и всем предложили перейти на обширную террасу, где накрытые столы манили вкусными запахами.

За столом, как обычно, Федор сыпал шутками направо и налево. Все смеялись его остротам, стало весело и непринужденно. Вдруг он поймал взгляд сидевшего напротив него красивого брюнета с острыми выразительными глазами, небрежно причесанного, с эффектной мушкетерской бородкой. «Какое прекрасное лицо, — промелькнуло в сознании на мгновение замолчавшего Шаляпина. — Должно быть, какой-нибудь значительный чиновник приехал на выставку из Франции, уж больно на француза похож или на итальянца... Да ведь я его видел у Лейнера... О господи, да это ж художник Коровин, второй раз принял его за иностранца».

Шаляпин еще раз взглянул на Коровина, и как бы в подтверждение промелькнувшей догадки тот на чистейшем русском языке попросил горчицу. Взгляды их встретились, они кивнули друг другу.

Сначала Федор стеснялся присутствия Саввы Ивановича, но, видя, как тот вместе со всеми охотно и молодо похохатывал, Шаляпин осмелел. Да и вино делало свое дело.

— Года два тому назад я был отчаянно провинциален и неуклюж, — вновь начал рассказывать Федор о своих недавних приключениях и переживаниях. — Василий Васильевич Андреев, мой петербургский друг, усердно и очень умело старался перевоспитать меня. Уговорил остричь длинные, «певческие» волосы, научил прилично одеваться и всячески заботился обо мне. Но страшно не хватало денег. А как они необходимы, эти проклятые деньги!..

Все собравшиеся в ожидании чего-то необычного и веселого затаили дыхание.

— И вот однажды, — продолжал свой рассказ Шаляпин, — пригласила меня одна богатая барыня в свой барский дом на чашку чая. А в чем идти — не знаю. Напялил на себя усатовский фрак, а Усатов-то, мой тифлисский учитель пения, был в два раза толще меня и значительно ниже, так что можете себе представить мое состояние в этом фраке... Ну, ничего... Пошел, раз приглашают, я и не в таких переплетах бывал... В этом фраке и в блестяще начищенных смазных сапогах я храбро явился в богато убранную гостиную. Пригласили за стол. Со мной рядом сели какие-то очень веселые и смешливые барышни, а я был в то время ужасно застенчив. Вдруг чувствую, что кто-то под столом методически и нежно нажимает мне на ногу. По рассказам товарищей я уже знал, что значит эта тайная ласка, и от радости, от гордости немедленно захлебнулся чаем...

Смешок прошелестел за столом госпожи Винтер.

— «Господи, — думал я, — которая же из барышень жмет мою ногу?» Разумеется, я не смел пошевелить ногою, и мне страшно хотелось заглянуть под стол. Наконец, не стерпев сладкой пытки, я объявил, что мне нужно немедленно уходить, выскочил из-за стола, начал раскланиваться и вдруг вижу, что один сапог у меня ослепительно блестит, а другой порыжел и мокрый. В то же время из-под стола вылезла, облизываясь, солидная собака, морда у нее испачкана ваксой, язык грязный...

Все, уже не сдерживаясь, хохотали над рассказом Федора.

— Сами понимаете, как велико было мое разочарование. Но зато и хохотал же я как безумный, шагая по улице в разноцветных сапогах. Впервые от Андреева я узнал, что чай пить во фраках не ходят и что фрак требует лаковых ботинок. Ох, а на все это нужны деньги... А где их взять?.. Сколько бы их ни было, а все не хватает...

— А я за вами, Федор Иванович, давно слежу, — сказал Мамонтов, когда Шаляпин замолчал. — До сих пор помню вашего Гудала в «Демоне», а прошло уже больше года. Вот теперь Сусанина сыграете.

— Никогда не играл Сусанина, так, только в концертах пел его арию...

— Ничего, Федор Иванович, справитесь. А мы вам поможем... До четырнадцатого время еще есть.

Обед закончился. Шаляпин вышел на балкон. Мамонтов повернулся к Коровину:

— А я был прав, Костенька. Шаляпину-то действительно не дают петь в Мариинском. Неустойка около двенадцати тысяч. Я думаю, его уступят, пожалуй, без огорчения. Кажется, его терпеть там не могут. Скандалист, говорят. Я поручил

Труффи поговорить с ним, не перейдет ли он ко мне. Одна беда: он часто, говорят, поет в хоре у Тертия Филиппова, а ведь Тертий мой кнут — государственный контролер. Он может со мной сделать что хочет. Уступит ли он? Тут ведь дипломатия нужна. Неустойка — пустяки, я заплачу. Но чувствую, что Шаляпин талант! Как он музыкален! И ничего не боится. Он будет отличный Олоферн. Вы костюм сделаете. Надо поставить, как мы поставили «Русалку». Это ничего, что молод. Начинайте делать костюмы к «Юдифи»...

— Так вы еще ничего не знаете, будет он у нас или нет, а уже заказываете костюмы для него...

— Будет он у нас, Костенька, будет... Я это чувствую, он нигде не сживается, везде его будут зажимать, а он свободу любит, потому как незауряден, путы его всегда будут только связывать... Но сколько еще нужно с ним работать!..

Глаза Мамонтова, живые, огромные, еще ярче засверкали как бы от предвкушения радости работать с таким замечательным человеком. Коровин был явно обескуражен столь восторженным отношением к еще никак не раскрывшемуся человеку. Что Мамонтов в нем увидел? Голос действительно недурной, но и только. А что будет? Никто не может предсказать...

— А что можете сказать о панно Михаила Александровича Врубеля? По-прежнему не принимают на выставку?

— Определенно сказать ничего не могу. Витте, как и следует живому, умному и чуткому человеку, понял, что мы добьемся принятия панно Врубеля на выставку, главное, что мы правы, а потому с большой заинтересованностью включился в эту борьбу. Он каждый день спрашивал меня о том, работаете ли вы над окончанием панно Врубеля, а недавно категорически заявил: когда получит от меня телеграмму, что панно закончено, доложит немедленно кому следует и добьется приказания поставить панно на место. Это было сказано решительно и твердо, и у меня нет никакого сомнения, что так и будет. Возвращайся в Москву и приступай к завершению работы. Михаил Александрович один не справится.

— Вы ведь просили Василия Дмитриевича Поленова помочь нам в завершении работы, а то мы не успеем...

— Да, Василий Дмитриевич согласился помочь. Он прислал мне такое хорошее письмо. Так оно благодатно подействовало на меня, просто воскресило... Расхвалил наш Северный павильон, твои фрески назвал чуть ли не самыми живыми и талантливыми на выставке... Вот настоящий большой художник с той широтой и с тем святым огнем, которые делают людей счастливыми и ставят их неизмеримо выше ординара.

— Что-то вы, Савва Иванович, расчувствовались, — улыбнулся Коровин.

— Стар становлюсь, Костенька. То здесь болит, то там, но мы не должны забывать, что пересуды, дрязги и всякие уличные счеты ничтожны перед святым искусством. Ему надо служить до конца дней с восторгом и радостью. В этом и удовольствие находишь. То Врубеля защитишь, то Шаляпина вытащишь... Поезжай, Костенька, заканчивай панно Врубеля. Поленов тебе поможет.

— Да, скоро поеду... Только кое-что доделаю в павильоне.

Глава третья

ПЕРВАЯ РЕПЕТИЦИЯ В ТЕАТРЕ

Через несколько дней начались репетиции оперы «Жизнь за царя», которой должны были открываться спектакли в новом городском театре. Все участники спектакля понимали ответственность первого выступления и потому приступили к работе с увлечением.

Савва Иванович хорошо знал, что в его труппе почти все артисты участвовали в постановках этой оперы, но все-таки решил подробно рассказать о ней и той роли, которую она сыграла в становлении русской музыки и вообще русского искусства.

— Дорогие друзья! Нам предстоит большая работа... Мы начинаем гастроли здесь оперой Глинки... Все вы знаете, что самое трудное в этой опере — хорошо сыграть роли русских людей. Все кажется просто и понятно, но редко получаются живыми простые оперные герои. Мало кому удается проникнуть в мир вот этих самых простых и таких понятных чувств. Да и вся опера чересчур кажется простой, но это обманчивая простота. Вот смотрите... С одной стороны, великорусское село, мир в сборе, мужики толкуют об общей беде... Хоровые унылые песни, скромный крестьянский быт, навевающий грустные мысли. И одновременно возникает уверенность, что именно эти мужички постоят за свою землю, не пожалеют своих жизней ради спасения Отечества своего. А с другой стороны — польская ставка, бравурное веселье, ладные уланы несутся в мазурке, много шума и торжества, гремят шпоры, стучат каблуки, все торжествуют и кажутся непобедимыми... — Мамонтов говорил увлеченно, его глаза горели, и мысленно он был как бы в семнадцатом веке. — И вот перед вами всеми одна задача: не впасть в примитивное толкование этой простоты... Все кажется просто, а на самом деле эту простоту играть куда труднее... Глинка, приступая к опере, чувствовал большую разницу между нашей простотой и простотой итальянцев... Одни выросли под благодатным солнцем юга, другие закалялись под суровыми зимними ветрами. И мы, жители севера, чувствуем иначе, нас что-то вовсе не трогает, а что-то глубоко западает в наши души... Глинка говорил, что у нас или неистовая веселость, или горькие слезы. И любовь у нас действительно соединена с грустью...

Федор видел, как внимательно слушают Мамонтова опытные Клавдия Нума-Соколова, Кутузова-Зеленая, тенор Михаил Сикачинский, Михаил Малинин, друг и помощник Саввы Ивановича, Василий Карелин, артист Мариинского театра. И сам боялся пропустить хоть одно слово Мамонтова.

— Главное — не впадайте в ложную патетику... Ложная патетика, пустая риторика — хуже всего... Естественность и простота — вот чего добивайтесь, играя свои роли... Конечно, великая идея положена в основу оперы: любовь к Родине и готовность отдать за нее жизнь. Образ России и русской природы — важнейшие в опере, и нужно донести эти идеи и эти образы до слушателей. Сусанин, Собинин, Антонида, Ваня и другие характеры олицетворяют русский народ, великий и прекрасный в своей борьбе за свободу и независимость... Здесь раскрыты судьбы народа и государства Российского... И впервые любовная интрига в драматургии оперы не играет главенствующей роли, а является как бы второстепенной... В центре развития событий — Иван Сусанин, человек высокого благородства, мужества и нравственной чистоты, героический человек... Легко впасть в идеализацию этого человеческого характера, сделать его этаким величественным монументом, этакой ходячей статуей. Играть его нужно простым и нормальным человеком...

«Как верно он говорит, — подумал Федор. Казалось, впервые в жизни он участвовал в настоящей театральной репетиции. — И какая разница между роскошным «кладбищем» Мариинского театра, где любую жизнь могут умертвить, и этим ласковым, душистым полем, где так хорошо работать...»

— Да, идея патриотическая, но средства ее выражения настолько точны, просто идеальны, что поражаешься гению Глинки... Смотрите, когда он характеризует русских, мелодии раздольны, широки, лирически-задушевны, передают дух народной песенности, а лагерь поляков характеризует больше в танцевальных ритмах... Простота, скромность, душевность одних и ослепительный блеск, парадность внутренняя и внешняя — других, с одной стороны, народная героика, а с другой — надменность, горделивая похвальба... И все эти качества не декларируются, а драматургическими средствами раскрываются в ходе действия, в ходе развития характеров...

Мамонтов перевел дыхание, посмотрел на Коровина.

— В передаче эпохи помогут нам художники... Подлинный историзм, верность быту того времени — вот чего нам всем нужно добиваться... Было время, когда Сусанина одевали в черный балахон, скорее напоминающий одежду средневекового ученого, нежели крестьянскую одежду семнадцатого века... И сразу герой терял в своей достоверности, терял живые черты простого человека, приобретая этакий шаблонно романтический ореол. А нам нужно избегать мелодраматических принципов, приемов, решительно освобождаться от ходульного пафоса и мелодраматического шаблона... Нужно постигать внутренние мотивы поведения своих героев... Да, Сусанин благороден и величав, но одновременно он прост, обходителен, тоскует, сомневается... Да, он воплощает в себе лучшие черты русского национального характера, но эти лучшие черты характера можно и нужно передавать естественным образом... Надо всегда помнить, что Сусанин — герой, обладающий возвышенной душой, трагической силой, мощным характером... — Тут Мамонтов взглянул на Шаляпина: — Федор, вы не показывайте уже в первых сценах Сусанина героем, потаитесь от зрителя... Потом раскроете глубинные свойства его натуры, когда придет его решительный час... Глинка дает его характер в развитии, каждый раз что-то добавляя... И внутреннюю значительность крупной личности сочетайте с внутренней простотой, естественностью, он ведь ничего еще не знает о себе. Итак, приступим...

Вячеслав Зеленый постучал палочкой. Все зашевелились, оркестр приготовился, на сцене артисты встали на свои места. Полилась прекрасная музыка.

Мамонтов смотрел и чувствовал, что дело идет на лад, главное — подобрались хорошие артисты, великолепно чувствующие мелодию.

«Жаль, молод Федор для Сусанина... Даже борода его не старит... Но как величав... — Мамонтов внимательно следил за Шаляпиным — Сусаниным на сцене. — Еще много работать придется с этим талантливым юношей...»

Мамонтову показалось, что уж больно легко Шаляпин пропел первую фразу в партии Сусанина: «Что гадать о свадьбе, свадьбы не видать», как-то по-мальчишески, скорее весело, чем грустно... И ведь действительно, что «за веселье в это безвременье», когда иноземцы попирают Русь, когда великая держава распадается под ударами врага, внешнего и внутреннего. Слов вроде бы не много говорит Сусанин, но он сразу должен заявить о своем характере, о своей скорби патриота, горячо любящего Родину. Он еще не знает, что сделает для того, чтобы спасти Россию, но он горячо ее любит. И поэтому с первых же своих слов интонацией и жестами должен выразить свои скорбные чувства. Сусанин суров, даже аскетичен, но только потому, что все время думает о том положении, в котором оказалось его Отечество. Совсем недавно он с семьей тешился счастьем детей, готовил свадьбу дочери, но вот пришла беда и заслонила все. Горькой укоризной должны быть пропитаны его слова, обращенные к собравшимся подружкам Антониды: какое веселье, какая свадьба, об этом ли нужно думать, когда над всеми нависла тяжкая беда... «А Феденька наш вроде бы и не чувствует этой беды... Ну ладно, поговорю с ним наедине... А то еще обидится... Ведь голос-то у него действительно от Бога. И он это хорошо знает...»

Мамонтов следил только за Шаляпиным. И обратил внимание на то, что в его игре нет цельного в своих разных проявлениях характера... Шаляпин — Сусанин то выражает тревогу за судьбу Родины, то радуется, услышав о победе над врагами, то выражает сдержанную любовь к Антониде, гордится Собининым, а потом уж совсем веселеет и разрешает снова готовиться к свадьбе... Но почему-то Сусанин представал каждый раз как будто другим человеком... А ведь и выражая радость, он все время должен скорбеть... Благородная грусть, великая дума об Отечестве должна пронизывать все его фразы, иначе не возникнет цельного образа героя... Пожалуй, он еще не умеет передавать оттенки чувств, вот в чем дело... Надо подсказать ему. Даже когда он по ходу действия молчит, он должен играть...

— Одну минуту, — раздался хрипловатый голос Мамонтова.

Все замерло. Оркестр затих, артисты встали в ожидании.

— Давайте начнем все сначала... Очень хорошо получается, но вот что меня беспокоит...

И Мамонтов заговорил о том, что его больше всего беспокоило: не получится ли слишком рассудочным и дробящимся на разные кусочки характер Сусанина?

— Федор Иванович, вы читали что-нибудь об исполнении Петровым партии Сусанина? Это первый исполнитель Сусанина, и он проходил эту партию под руководством самого Глинки, по его указаниям.

— Нет! Я хочу создать своего Сусанина... Я вижу его, слышу его, но что-то мешает мне петь и играть так, как я хочу...

— Я верю вам и чувствую, что вы создадите своего Сусанина. Но помните, что вы должны быть участником спектакля даже и тогда, когда молчите... Вот выходите на сцену под конец рондо Антониды. Вы уже играете свою роль... Вы мрачны, вы озабочены... И не просто озабочены как старейшина общины крестьянской, а как высокая, значительная по своей сути личность. Вы должны передать спокойную энергию, благородную натуру человека, еще не осознающего своего внутреннего величия... Не надо суетиться. Все слова Сусанин говорит веско, с решительностью, скорбно... И в молчании вы должны оставаться таким же. Иной раз молчание передает чувства весомее и значительнее, чем пение... Особенно это относится к первому действию, к вашим первым шагам по сцене. Вы сразу должны заявить о себе, о своих скорбных чувствах... В третьем акте все будет легче, там Сусанин много поет и действует. Завтра мы будем репетировать третий акт... На сегодня хватит, все могут отдыхать, а вы, Федор, останьтесь, я хочу вам два слова сказать...

Все быстро разошлись, а Федор Шаляпин в одежде Сусанина грустно спустился со сцены в партер. Рядом с Мамонтовым были его друзья-художники.

— А как психологически глубок характер Сусанина в третьем действии... Он радуется счастью дочери... «Милые дети, будь между вами мир и любовь», — пропел Мамонтов хорошо поставленным баритоном. — Вся семья позабыла на какой-то миг тревоги, заботы, все пронизано солнечным счастьем двух влюбленных. Но ни на минуту не забывайте, что беда еще не миновала. И помните: в солнечной, проникновенной музыке Глинки слышится какая-то печальная тень. Это автор музыкальными средствами выражает свое печальное предчувствие... Глинка как глубокий психолог знает, что даже в минуты, казалось бы, полного сиюминутного счастья у человека, независимо от самого себя, невольно, где-то подспудно, в самых тайниках его души, таится грустное, неопределенное чувство, которое доступно лишь музыке с ее богатейшими возможностями улавливать переживания, ощущения...

Шаляпин слушал. Казалось, он хорошо знает партитуру оперы, хорошо знает свою роль. Но как передать эту печаль?..

Федор знал, как играть свою роль, когда на пороге дома показывается польский отряд: Сусанин закрывает собой Ваню, он встревожен, но скрывает свою тревогу под личиной легкой беззаботности. Он тянет время, пытается распознать намерения врагов... В этот момент он и раскрывает богатство своей глубокой и значительной натуры. Ему сулят какие-то выгоды, обещают богатые дары, льстят, но он остается непреклонным. Откуда ему знать, где может скрываться царь?.. Но стоило врагам перейти к угрозам, замахнуться на него — и тогда величие характера Сусанина раскрывается в полной мере, сила, твердость, бесстрашие выявляются и в жестах его, и в позе, и особенно в презрительном взгляде, который он бросает на врагов. «Страха не страшусь, смерти не боюсь!» — эти слова Сусанин произносит с каким-то восторгом, радостью: наконец-то у него появляется форма борьбы с иноземцами... Мощная фигура, широко распахнутая на груди красная рубаха, всклокоченная седая борода и презрительный взгляд... Но просто погибнуть — мало пользы для Родины... И возникает у Сусанина мысль обмануть врага, он для виду соглашается провести кратчайшим путем на Москву заклятых врагов, прикидывается, что золото поманило его; и он — уже совсем другой: речь его стала бойкой, он улыбается, соглашаясь с противниками...

— И вы поймите вот еще что... Если раньше в характеристике Сусанина были мелодичные речитативы, то сейчас музыкальная его характеристика приближается к музыкальной характеристике его врагов, та же танцевальная бойкость, те же отрывистые интонации... И только тогда, когда вбегает Антонида и бросается в отчаянии к отцу, догадываясь, какая беда ожидает их всех, Сусанин снова становится самим собой, скрывает от нее, какую опасную игру он затеял с поляками, хотя и прекрасно понимает, что, скорее всего, с Антонидой он видится в последний раз. Он с любовью прижимает ее голову, целует, благословляет, но Антонида цепко держит его в своих объятиях, тоже понимая, какой смертельной опасности подвергается ее отец... Поляки отрывают ее от отца, и Сусанин в последнем взгляде выражает всю скорбь расставания с родным домом и близкими... Здесь актер не поет, не произносит ни одного слова, поэтому свои чувства он должен передавать движением, жестом, взглядом... Вы поняли меня, Феденька? — Мамонтов внимательно посмотрел на Шаляпина.

Тот молча кивнул.

До сих пор, пожалуй, Шаляпину никогда не приходилось так работать над ролью. Ему предстояло учиться искусству перевоплощения, искусству создавать театральными средствами живой человеческий характер. Правда, Мамонтов перед репетициями объяснял каждую роль, смысл чуть ли не каждой музыкальной фразы. Константин Коровин говорил о роли декораций и костюмов в создании спектакля. Почему так необходимо гримироваться в соответствии с замыслом композитора и художника? Да и вообще все было совершенно новым для Шаляпина, не таким, как было в Тифлисском, Панаевском или Мариинском театре.

Каждый день здесь открывал ему что-то неизведанное. И дело даже не в том, что Мамонтов, Коровин, Поленов и другие замечательные люди давали необходимые знания ему, не прошедшему художественной школы. Здесь сошлись как раз те, кто мог продемонстрировать, как богата и талантлива великая Русь. И дело даже не в знаниях, которые он каждодневно словно впитывал в себя, растворял в своем таланте. Дело в том, что в театре и вообще в мамонтовском окружении царила совершенно иная обстановка: никто не подсиживал друг друга, никто не завидовал друг другу, все были одинаково даровиты, молоды, красивы, радостны от ощущения предстоящих выступлений. Во всяком случае, такими были ощущения Федора Шаляпина, вступившего в этот неповторимый коллектив театральных деятелей. Все представлялось ему таким лучезарным...

Прошло несколько дней. Мамонтов, занятый делами выставки, не появлялся на репетициях. Но и без него труппа работала с полной нагрузкой. Шаляпин старался понять героический образ Ивана Сусанина, вносил каждый раз какие-то новые краски в образ, но более опытные товарищи по сцене говорили ему, что зря он это делает: гастрольные спектакли, да еще во время Нижегородской выставки, это не время для творческих поисков. «В опере надо петь — это главное, а поешь ты хорошо. Что тебе еще надо?..»

И снова все возвращалось к устоявшемуся представлению о Сусанине. Шаляпин старательно изображал на сцене горделивость, величие от сознания будущего подвига. А подвига еще нет, он обычный, нормальный человек, выдает дочку замуж, волнуется, хлопочет, скорбит... А рядом нет Дальского, он бы подсказал ему. Да и Мамонтов пропал. Федор терялся в сомнениях и догадках.

За кулисами шла дружная работа. Все понимали, что на спектакль, открывающий гастроли Частной оперы, могут приехать министры, крупные чиновники Москвы и Петербурга, губернатор Нижнего Новгорода... Дирижер, режиссеры, художники-декораторы добились цельности и слаженности спектакля. Все — и пение, и музыка, и декорации, и костюмы, и драматическая игра — должно быть пронизано одним стремлением: понять творческий замысел композитора и правдиво передать его на сцене, передать так, чтобы зрители поверили каждому жесту, каждой детали, каждой музыкальной фразе.

Иной раз забегал Мамонтов, бросал две-три реплики и снова исчезал. Сусанин явно не нравился ему. «Успели испортить в провинциях... Да и в Мариинке тоже все движения и жесты заштампованы... Может, только Федор Стравинский там и пытается ломать штампы, — с досадой думал Мамонтов. — Но какой голос у этого юноши... И как прекрасна его фигура! И Олоферна может сыграть, и Мефистофеля, и генерала Гремина... Ну ладно, посмотрим, время еще есть. Надо поработать с ним...»

Глава четвертая

НА ВСЕРОССИЙСКОЙ ВЫСТАВКЕ

Приближалось 14 мая — день открытия Всероссийской промышленной выставки. Чаще стал появляться Мамонтов. Все сложнее становился спектакль «Жизнь за царя», кроме того, репетировали оперы «Фауст», «Демон», «Евгений Онегин», «Русалка», «Самсон и Далила».

Порой Шаляпин мучительно задумывался, не удовлетворенный своими решениями того или иного образа. Получалось, что и здесь он подолгу был предоставлен самому себе, никто его не распекал, никто не поучал; казалось бы, великолепно, но, привыкший к постоянной опеке со стороны чиновников Мариинского театра, режиссеров, дирижеров, он часто терялся в непривычной обстановке: твори сам, как тебе подсказывает твоя артистическая душа.

Жизнь Нижнего Новгорода порой вовлекала его в свой водоворот, но неотступные мысли о художественной простоте и правдивости на оперной сцене все чаще не давали ему покоя. Как этого добиться? Вот и в Петербурге все ему говорили, что надо работать. А как работать? Он же все делает, как велят. Даже более того... Он стремится дать образ Сусанина, каким его видит Савва Иванович — степенным, но обыкновенным мужиком, крестьянином. Но таким ли его видел Михаил Иванович Глинка? Крупным, монументальным — или обычным человеком? Исключительной личностью или воплощением черт среднего мужика?

На репетициях Шаляпин никак не мог найти ответы на эти вопросы, мучившие его. И поэтому движения его были скованны, излишне величественны, жесты неестественны, даже фальшивы. Ведь в первом действии ничто, кажется, не предвещало трагических событий и тем более подвига, а

Шаляпин играл так, будто бессмертие Ивана Сусанина уже пришло к нему.

Он и сам чувствовал, что делает что-то не так. Но никто его не поправлял: голос звучал превосходно в этой партии.

И однажды неожиданно для всех на одном из прогонов первого действия из задних рядов театра раздался хрипловатый голос Саввы Ивановича Мамонтова:

— Федор Иванович! А ведь Сусанин-то не из бояр!

Репетиция прекратилась. Все участники застыли в ожидании...

— Иван Сусанин был простым костромским крестьянином. Вот и играйте Сусанина таким, каким он был, простым, скромным, уверенным в себе, — сказал подошедший к сцене Мамонтов. — Он же живой человек, живет обычными крестьянскими заботами, выдает замуж дочь, разговаривает с ее женихом, готовится к свадьбе, самому важному моменту для отца. Он не хочет ударить лицом в грязь перед своими односельчанами... Играйте проще, пусть ваш герой будет обычным, нормальным человеком. А придет пора, и он станет героем, совершит свой великий подвиг... Подумайте над этим. Не показывайте его сразу героем. Это нужно только в финале оперы. Глинка говорил, что в опере должно быть все правдиво, как в жизни...

Федор подошел к рампе и внимательно слушал этого плотного, сильного человека с большими горящими глазами.

Мамонтов ушел, а Федор Шаляпин долго еще размышлял над его словами. Ему и до этого было ясно, что Иван Сусанин не из бояр, что он простой мужик. Но как сделать, чтобы в жизнь его на сцене поверили, а значит, поверили и в его подвиг? Как показать, что и ему жизнь дорога, но нет ничего дороже Родины, которую топчут ее враги...

Шаляпин вышел из театра, задумчиво зашагал к себе домой, на Ковалиху. Всюду висели афиши, возвещавшие о начале спектаклей в городском театре. Шаляпин подошел к одной из них.

НОВЫЙ ГОРОДСКОЙ ТЕАТР

Открытие 14 мая 1896 года

Парадный спектакль

I Народный гимн

II Торжественная кантата Музыка Н.С. Короткова.

Исполнит вся оперная труппа

III «Жизнь за царя»

Опера в 4 д. с эпилогом М.И. Глинки

Участвующие: г-жи Нума-Соколова, Кутузова;

гг. Сикачинский, Карелин, Шаляпин и Никитин

Во втором акте участвует балетная труппа

под управлением г-на Цампели

И Шаляпин вспомнил, как появилась в театре балетная труппа во главе с господином Цампели... Живая, шумная толпа ворвалась с узлами и чемоданами в театр. Любой шум привлекал Шаляпина, а приезд итальянцев, о которых он столько слышал, тем более. Он сразу оказался в центре этой кричащей толпы и стал так же, как и они, громко кричать, размахивать руками и хохотать. Они не понимали по-русски, а он еще ни одного слова не знал по-итальянски. «Как они отличаются от нас, — думал Шаляпин, — их жесты, движения — все так резко отличается от того, что я видел, все так ново для меня... Удивительно живые люди...»

Шаляпин жестами объяснил им, что он хочет помочь найти квартиры. И красочная толпа во главе с Федором Шаляпиным долго бродила по городу в поисках подходящих квартир, они лазали на чердаки, спускались в подвалы, чаще всего хватались за головы, явно выражая недовольство предложенным. Федора все это забавляло, и он от души вместе с ними хохотал, вместе с ними поднимался в квартиры, вместе с ними хватался за голову, делал страшно недовольное лицо, вызывая тем самым ответный смех веселых итальянок.

Итальянки понравились ему своей непосредственностью, открытым нравом, и ему казалось, что они сродни ему по своему характеру и темпераменту. Но почему-то чаще всего он оказывался рядом с одной балериной, которая сразу покорила его своими огромными черными глазами. Вся она была такая хрупкая, нежная, беспомощная, что именно ей хотелось больше всего помочь...

«Как же ее имя? Что-то легкое, воздушное... А, Иола Торнаги...»

Шаляпин шел по улицам, где всюду спешно заканчивали подготовку к открытию выставки. Дворники подметали, маляры докрашивали, каменщики доделывали административные здания, железнодорожники опробовали только что проложенные трамвайные пути... Повсюду была видна огромная работа, проделанная именно к выставке. И это не случайно. Русские капиталисты решили блеснуть своим размахом, своей способностью строить, производить, торговать, добывать. И не только этим русский капитал хотел удивить весь мир: сюда, в Нижний Новгород, приглашены самые выдающиеся художники, писатели, артисты... Повсюду висят афиши, возвещающие о концертах симфонического оркестра под управлением Н. Главача, певческой капеллы Д. Славянского, Я. Кубелика, Л. Буткевича, С. Кусевицкого, сказительницы Ирины Федосовой. Будет выступать цирк братьев Никитиных, опереточные труппы, хоры цыган... Словом, чем богата была Россия, все должно было так или иначе присутствовать в эти дни на Всероссийской промышленной выставке.

Шаляпин решительно подозвал лихача и приказал ему ехать в сторону выставки. Последние приготовления заканчивались и там.

Особым цветом резко выделялся павильон Крайнего Севера, около которого стояла большая толпа зевак. Шаляпин подошел и увидел сердитого человека, что-то быстро говорившего толпе:

— Чего тут смотреть... Разве я так бы сделал-то?.. Сколько дач я построил, одно загляденье... У меня дело паркетное, тонкое, а тут все топором... А как дело дошло до покраски, тут у меня и руки отвалились. Верите ли, краску целый день составляли, и вот составили — прямо дым. Какая тут красота? Хотел хоть кантик пошире сделать, чтоб покрасивше было. И сделал. «Нельзя, — говорит тот вон, с бородой-то, что внутрях павильона сидит и всем командует тут. — Переделывай». И пришлось переделывать. Найдет же таких чудаков Савва Иванович... Прямо ушел бы... Только из уважения к Савве Ивановичу делаешь. И че тут смотреть-то? Чудно... Канаты, бочки, одно сырье... Человека привез с собой, так рыбу прямо живую жрет. Ведь достал же эдакова!

Шаляпин протиснулся сквозь толпу поближе к говорившему.

— А что же тебе не нравится-то здесь? — решил он подзадорить мастера.

— А то, что построил сарай и сам этому не рад. Вот что... Я уж уговаривал Савву Ивановича... Давайте, говорю, я вам павильончик отделаю петушками, потом бы на дачу переделали, чего добру-то пропадать, поставили бы где-нибудь... Вон посмотрите вокруг, любо-дорого, мавританские арки и купола, готические вышки, все не по-нашенски, не попростому, а со всякими кривулинками-загогулинками... Вот это я понимаю! А тут строили так, как в жизни. И строили по проекту какого-то Коровина... Вот и получился какой-то коровий сарай...

Подрядчик, услышав смешок в толпе, довольный, ушел осматривать отделку других объектов, а Шаляпин решительно шагнул в павильон.

Все здесь было просторно и сурово. У входа — грубые бочки с рыбой. На стенах развешаны невыделанные меха белых медведей, кожи тюленей, шерстяные рубашки поморов, морские канаты, снасти, шкуры белуг, челюсти кита...

Кто-то вешал шкуру в дальнем конце павильона. В центре павильона Шаляпин увидел презабавную картину: рядом с оцинкованным ящиком, из которого выглядывала милейшая морда тюленя, стоял коренной житель Севера и смачно закусывал живой рыбешкой после большого глотка водки.

Шаляпин подождал, пока он спрячет водку в бездонный карман своей меховой куртки, и только тогда громко произнес:

— Можно посмотреть?

— Смотри, — ответил благодушно настроенный житель Севера.

Шаляпин подошел поближе, с любопытством разглядывая тюленя, который далеко высунулся из этого огромного чана в ожидании очередной плотвички, но при виде чужого резко опрокинулся через голову, окатив поднявшейся от всплеска волной не успевшего отскочить Шаляпина.

— Это же черт знает что такое! — Раздосадованный Шаляпин вытирал лицо, обрызганное водой.

В это время из глубины павильона вышел молодой человек с мушкетерской бородкой, с которым на днях Шаляпин виделся на обеде у госпожи Винтер.

— А-а, это вы, художник Коровин, который заставляет подрядчика по целым дням подбирать краски, чтобы покрасить этот обыкновенный сарай?

— А вы — Шаляпин, который так весело потешал всех нас на обеде у госпожи Винтер? Какими судьбами вас занесло к нам?

— Что же это у вас делается? А? Едят живую рыбу! Что это такое у вас? — Шаляпин показал на тюленя. — Какая замечательная зверюга! А этот кто? Откуда взялся? — И он показал на северянина.

— Ненец Василий, а это тюлень Васька. Я их привез с собой с Севера. И с помощью Саввы Ивановича Мамонтова стараюсь создать в просторном павильоне Северного отдела то впечатление, вызвать у зрителя то чувство, которое сам испытал на Севере. А ненец Василий помогает мне, старается, меняет воду в ящике, чтобы привычнее было нашему Ваське.

Федор обвел глазами стены, на которых висели картины, шкурки, макет корабля... В глубине — чучело белого медведя с поднятыми передними лапами, словно приглашающими полюбоваться на дары Крайнего Севера. С радостным изумлением и каким-то детским непосредственным восторгом смотрел Шаляпин на все это северное изобилие, до всего хотелось дотронуться. Поразили его и панно, написанные с большим мастерством.

— Это все ваши картины? — проходя вдоль стены, спросил озадаченный Федор.

Чем-то непривычным пахнуло на него с этих картин.

— Да, недавно был на Севере с художником Валентином Серовым. Замечательные, сказочные места... Но и жутковатые, надо сказать. Однажды вышли на палубу, прогуливаемся, никак не можем разобраться в своих чувствах: ведь мы уже за Полярным кругом... Эх, думаем, как хорошо в России даже и здесь. Тихо бьются о борт корабля волны огромного океана, а мы любуемся непогасшей северной зарей, таинственным берегом, на котором возвышаются черные скалы и огромные кресты поморов...

Федор удивленно посмотрел на Коровина.

— Это их маяки... И вдруг перед нами из пучины морской поднимается черная громада, поворачивается, ныряет. Так ныряет, что огромная волна обдает нас с ног до головы. Матрос, видевший нас, простодушно смеется: «Что, выкупал вас? Вон уже где он...» Посмотрели. Огромный кит недалеко от корабля пускает воду фонтаном... Мы видели и лов рыбы, и охоту на моржей, и северное сияние... И вот, Федор, теперь в этом павильоне я старался передать то впечатление, вызвать у зрителя то чувство, которое сам испытал на Севере.

— А кто Ваську разыскал? — спросил Шаляпин, вглядываясь в полотна Коровина. Вроде бы хорошо, просто и сурово, но уж больно непривычно.

— А, — засмеялся Коровин. — Это тоже целая история... Как-то с Серовым мы вышли на этюды рано утром. Выбрали себе место каждый по своему вкусу, сидим на берегу, и такая красота кругом, просто сказочная, фантастическое что-то... У берега глубоко видно дно, а там, под водой, какие-то светлые гроты и большие, в узорах, медузы, розовые, опаловые, белые... Красота! За низкими камнями берега открываются песчаные ложбинки, и в них — низенькие избы, убогие, в одно-два окошка. Я открываю шкатулку, беру палитру, кладу второпях краски. Это так удивительно, красиво — избы на берегу океана. Руки дрожат, так хочется написать это... И вдруг издалека кричит Серов, дескать, беги скорее... Я прибегаю, а перед ним — большой тюлень, смотрит на него дивными круглыми глазами, похожими на человеческие, только добрее. Тюлень услышал мои шаги, повернул голову, посмотрел на меня и сказал: «Пять-пять, пять-пять», ну, словом, что-то вроде этого... И тут вышла из избы старуха поморка и позвала его: «Васька, Васька!» И Васька, прыгая на плавниках, быстро направился к избе. Потом мы его кормили рыбой, любовались его честными красивыми глазами, гладили по гладкой голове, а я даже поцеловал его в холодный мокрый нос...

Коровин и Шаляпин стояли у огромного ящика с тюленем и смотрели на воду. Тюлень снова высунулся из воды и уставился на людей.

— Ух, какие замечательные глазищи! Действительно, умней, чем у человека... Можно его погладить?

— Да погладьте, если сумеете, — сказал Коровин.

Только Шаляпин нагнулся к Ваське, как тот снова опрокинулся назад, обдав брызгами Шаляпина.

— Дозвольте просить вас на открытие, — раздалось у них за спиной.

В вошедшем Шаляпин узнал мастера, который ругал проект этого павильона.

Коровин повернулся на голос и расплылся в довольной улыбке.

— Федор Иванович, я хочу вас познакомить с моим ругателем. Никак не хотел делать так, как я задумал, ему все хотелось сделать дачку с петушками. А того не понимает, что на Севере невозможно жить в дачках с петушками. Там все просто, сурово, без всяких украшательств. Это наш подрядчик, замечательный мужичище... Бабушкин.

— Дозвольте пригласить вас на открытие, — повторил свое приглашение подрядчик Бабушкин. — Вот сбоку открылся ресторан-с. Буфет и все прочее. Чем богаты, тем и рады... А они кто будут? — спросил у Коровина Бабушкин, показывая на Шаляпина, все еще стряхивавшего брызги со своего длинного сюртука.

— О! — многозначительно протянул Коровин. — Это артист, будущая знаменитость! Так говорит Савва Иванович!

— Савва Иванович говорил?! Ну тогда просите и артиста! А я думал, он так, прохожий... Много их тут сейчас...

— Федор Иванович! В ресторан нас приглашает знаменитый подрядчик Бабушкин. Пойдемте?

— Куда? — спросил Шаляпин.

— Да в ресторан, вот открылся.

— Отлично. Мое место у буфета, — засмеялся Шаляпин.

— Смотрите, какой вы любитель буфета... Это вредно артисту... Нам, художникам, все дозволено, а вы должны беречь свое горло...

— Ничего, пока не отказывает. Только бы Мамонтов не увидел...

Чуть позже Шаляпин и Коровин проходили мимо причудливых ларьков, павильонов. Федора мало волновали торговые операции купцов. Но шумная, крикливая толпа, в которой можно было встретить людей разных национальностей, одетых пестро, фантастически разнообразно, доставляла Шаляпину удовольствие.

Он уже бывал в огромном здании Главного дома ярмарки, где бойко шла торговля в многочисленных магазинах и киосках. Золото, бриллианты, казанское мыло, музыкальные инструменты, шелк, вяземские пряники, бархат, пастила, кружево, фарфор, кухонная посуда, персидские ковры, обувь, детские игрушки, восточные ткани, меха, готовое платье — около всего этого разнообразия сновали и покупатели, и праздные зеваки... А бывало и так, что местные воры и заезжие «гастролеры» присматривались к товарам совсем с другими целями... И сколько уже было грабежей...

А на перекидных балконах неумолчно играли три духовых оркестра. Говорливый разноязыкий людской поток понес Шаляпина к пассажу Главного дома, затем на площади и улицы ярмарки.

Здесь тоже интересно, и много колоритного люда, забавных уличных сценок, до которых был так охоч молодой Шаляпин. Его привлекают и длинные ряды каменных помещений, в которых такое изобилие промышленных товаров: и тульские самовары, и москательные товары, кожа, обувь, железо, глиняная посуда, сани, телеги, хомуты... А как же не заглянуть в рестораны, которые манят вкусными запахами чуть ли не на каждом перекрестке... Рестораны с музыкой, женскими хорами, куплетистами, танцорами и рассказчиками. А сколько красивых женщин, которые тратили баснословные деньги на свои наряды, но уж и барыши из своего ремесла извлекали немалые. «Нет-нет, подальше от этих женщин, оберут — и не увидишь, как погрязнешь в тине лживых удовольствий...» — подумал Федор.

Шаляпину нравилось просто бродить по ярмарке, глазеть по сторонам, наблюдать, как богатые люди швыряли деньги на покупки, которые можно было бы сделать в другом месте и в другое время за полцены. Но что-то происходило с людьми, и они были готовы платить бешеные деньги, лишь бы это был ярмарочный товар. А ярмарочный купец — великий психолог, он хорошо знал душу такого покупателя и пользовался слабостями людскими. Какой-то массовый психоз возникал в эти ярмарочные дни. Люди словно безумные кидались на любые товары.

Шаляпина тоже тянуло к этим товарам, его манили красивые вещи, золотые украшения. Он брал их и подолгу любовался ими, потом с сожалением откладывал — денег у него на это не было. Все это принадлежало другим и для других предназначено. Настанет ли его день и час, когда он сможет не только потрогать, полюбоваться, но и купить?

Какой-нибудь купчик, приехавший издалека сюда, на ярмарку, в один день может спустить в увеселительных заведениях несколько тысяч рублей, а тут снова нищета и скудость. До утра продолжаются дикие оргии в ресторанах и заведениях, таких, как заведение ловкого и оборотистого француза Шарля Омона, который собрал у себя лучших звезд Парижа, Берлина, Вены, Бухареста и Варшавы; они вечером пели и плясали перед пьяной публикой, а ночью... И сколько было таких заведений на ярмарке... А сколько проигрывалось в карты и другие азартные игры — целые состояния... Шаляпин любил азарт, любил искать счастье в подобных ристалищах... Но без денег тут нечего делать. И он потихоньку брел на окраины ярмарки, где были балаганы, карусели, самокаты и трактиры с крепкими напитками. А можно зайти под навес и в каком-нибудь дешевеньком ларьке по сходным ценам купить все, что нужно для молодого и здорового человека... А сколько мрачных и ужасных историй рассказывалось о том, как погибали невинные девушки, привезенные своднями, сколько гибло молодых рабочих в поножовщинах и драках, возникавших по совершеннейшему пустяку... Кончали жизнь самоубийством проигравшиеся и разорившиеся...

А над ярмаркой словно повис в воздухе призывный лозунг: «Купля и продажа!» В это понятие входило все — и любовь, и ненависть, и совесть, и честь, и прочие ценности...

Деньги, деньги, деньги... Во всем, везде и всюду нужны деньги.

Шаляпин и раньше задумывался над этим всепроникающим законом человеческого существования...

Глава пятая

ТРЕВОГИ И ЗАБОТЫ САВВЫ МАМОНТОВА

Наконец настал долгожданный день: 14 мая открывалась Всероссийская промышленная выставка. Весь день у Саввы Ивановича Мамонтова был расписан чуть ли не по минутам. Сколько было всяческих дел... На открытие выставки в Нижний Новгород съехалось много петербургской знати, министры, промышленники, финансисты, крупные чиновники. При огромном стечении всего этого знатного люда митрополит отслужил молебен. Молебен благополучно завершился, и только после него деловые люди разошлись в разные стороны смотреть павильоны.

Савва Иванович заранее попросил министра финансов Витте, с которым он недавно совершил поездку по Крайнему Северу, посмотреть двадцатый павильон — павильон Крайнего Севера.

Павильон был построен из огромных бревен, привезенных с Севера, и походил своим внешним видом на дома рыболовецких факторий на Мурманском побережье. Остро вздернутая к небу крыша покрашена серой краской, напоминавшей цвет старого дерева.

У входа в павильон Мамонтов увидел Константина Коровина и Федора Шаляпина и порадовался: «Молодцы!

Люблю, когда талантливые люди начинают дружить между собой... Обоюдная выгода для каждого из них...»

— Господин министр! Ваше превосходительство! — обратился Мамонтов к Витте. — Позвольте вам представить устроителя этого павильона: художник Константин Алексеевич Коровин... Он будет сопровождать вас по павильону. А это солист Мариинского театра бас Федор Шаляпин... Сегодня он исполняет Ивана Сусанина.

Витте холодно пожал руку представленным и прошел в павильон.

— Я был на Мурмане, — бросил он через плечо сопровождавшим. — Его мало кто знает. Богатый край...

И действительно, этот край мало кто знал. Вопросы, на которые приходилось отвечать Коровину и Мамонтову, поражали своей наивностью и неосведомленностью об этом крае.

...Два года тому назад, летом 1894 года, министр финансов с группой своих помощников, среди которых был и Мамонтов, выехал на Мурманское побережье по заданию императора Александра Третьего. Эта поездка должна была решить очень важный государственный вопрос: где строить базу для военно-морского флота. Славная победа русского оружия и освобождение Болгарии от иноземного ига в 1878 году в период Русско-турецкой войны стоили России дорого. Всем стало ясно, что без сильного флота на Черном море дальнейшее существование невозможно. Вот почему на Берлинском конгрессе, подводившем итоги этой войны, очень остро стоял вопрос об отмене Парижского трактата о запрещении России иметь флот на Черном море. И как своевременно князь Горчаков отменил эту оскорбительную статью. К тому времени флот был уже создан. И речь шла о возрождении былого могущества Балтийского флота. Но где его строить и где размещать? Одни предлагали построить главную морскую базу в Либаве, но Либава не давала прямого выхода в море. Другие указывали на Мурманское побережье: есть и удобная бухта, и прямой выход в море... Русский Север давно привлекал императора, и, когда ему сказали, что в Мурманске есть не замерзающая круглый год Екатерининская гавань, он сразу отправил туда на разведку своего доверенного министра Витте. Среди помощников, сопровождавших в этой поездке министра, был и специалист по строительству железных дорог Савва Иванович Мамонтов.

Плыли по Двине на двух пароходах. Витте во время поездки был крайне любезен с Мамонтовым, всячески его выделял из свиты, подчеркивал свою склонность к искусствам, которым покровительствовал и Мамонтов. Все об этом хорошо знали, хотя Мамонтов часто скрывался за подставными фигурами — как композитор Кротков и мадам Винтер... Но Витте его пригласил не для разговоров об искусстве. Витте, сам в прошлом ведавший железными дорогами, прекрасно сознавал перспективность железнодорожного строительства в России, имевшей такие огромные неосвоенные пространства. Вот почему он пригласил Мамонтова изучить возможности строительства новых дорог, в первую очередь дороги от Ярославля до Вологды и Архангельска. Витте считал, что развитие железнодорожного строительства может быть связано только с частным капиталом, поэтому и был уверен: только Мамонтову по силам это строительство.

Мамонтов в эти дни, проведенные в совместных разговорах, высоко оценил качества министра. «Витте умеет отлично держать себя... Об нем говорят, что он все делает слишком бойко и скоро и может напутать. Это неправда, голова его постоянно свежа и работает без устали... На пустяки у него времени нет, чего про других царедворцев сказать нельзя. Витте очень правдив и резок, и это в нем чрезвычайно привлекательно. Вчера вечером Витте, говоря о провождении времени на пароходе в течение двенадцати дней, предложил, чтобы каждый по очереди приготовил по интересному рассказу. Все согласились. Об чем же я буду рассказывать? Уж не дать ли характеристику Чижова, подобрав побольше фактов...» — писал Мамонтов своей жене Елизавете Григорьевне.

В тех письмах он восхищался прекрасными пейзажами, которые открывались перед путешественниками: «На Двине есть город Красноборск. Жаль, мы не останавливались там. Как хотелось посмотреть... Ибо это, наверно, была столица царя Берендея. Народ весь высыпал на берег... Тебе с девочками непременно нужно собраться сюда как-нибудь и именно проехать по Двине, и вы вернетесь более русскими, чем когда-либо. Да и путешествие нисколько не трудное, а главное, нет этой отельной казенщины, а кругом искренняя простота. Какие чудесные деревянные церкви встречаются на Двине...»

Витте скептически поглядывал на Мамонтова, когда тот восхищался русской природой, восхищался ризницами в Соловецком монастыре и необыкновенными озерами... Но это ничуть не умерило восторженности Саввы Ивановича, только теперь почувствовавшего красоту северной природы.

Побывали в незамерзающей гавани Екатерининской, а оттуда — через Финляндию в Петербург... После этой поездки решено было поручить Мамонтову строительство железной дороги до Архангельска, а затем и до гавани Екатерининской.

Эта идея пришлась по душе Савве Ивановичу, и он загорелся... В нем всегда жил не только делец, но и художник. Как рассказать о Русском Севере?.. Как привлечь внимание к народам, там проживающим и нуждающимся в помощи со стороны великого цивилизованного народа?.. «Воздух чудный, берега живописные, но селений немного, и Двина, вероятно, шире Волги и очень красива. Будь, например, Коровин работящим человеком, он в одну летнюю поездку сделался бы знаменитостью, он плакал бы от восторга, глядя на эти чудные тона, на этих берендеев. Какая страшная ошибка — искать французских тонов, когда здесь такая прелесть», — писал в то время Мамонтов.

Савва Иванович поехал со своими помощниками в Вологду, чтобы на месте посмотреть, как можно продлить дорогу. И пусть на вокзалах новой дороги будут висеть картины лучших современных художников. Мамонтов задумался над тем, как привлечь к этой работе лучших мастеров, и прежде всего Костеньку Коровина. Но ведь он ничего не сделает. Прогуляет, а дела не сделает... И тут пришла ему прекрасная мысль: послать вместе с Коровиным Серова — вот кто умеет настраиваться на дело!

Серов охотно согласился на эту поездку, потому что он только что закончил барельеф Георгия Победоносца для вокзала Вологды... В середине лета Серов и Коровин отправились на Крайний Север, а в конце сентября вернулись в Москву. Привезли этюды, которые выставили в доме Мамонтова. Коровин выставил свои этюды на Периодической выставке, и они были отмечены прессой. Третьяков купил один из этюдов.

...И вот теперь на Нижегородской ярмарке по стенам Северного павильона Коровин развесил свои этюды и панно: «Кит», «Северное сияние», «Лов рыбы», «Охота на моржей»; «Екатерининская гавань» почему-то не удовлетворила художника как панно, и он вместе с Кокой, сыном замечательного искусствоведа Адриана Викторовича Прахова, давнего друга Мамонтова, сделал диораму.

Чучела птиц, северных оленей, белых медведей... Кожи тюленей, снаряжение поморов: рубашки, сети, якоря, канаты... Шкуры белуг и огромные челюсти китов...

Северный павильон понравился министру, хотя мало кто понял, зачем организаторам этого павильона понадобился тюлень в оцинкованном ящике. Мало кто разобрался и в картинах Коровина и Серова, которые украшали стены павильона. Серебристо-серый цвет многочисленных пейзажей Коровина порождал в душе посетителей какое-то гнетущее ощущение. Многие посетители павильона бегло посматривали на них, точно так же, как на ненца Василия, воспринимая его как необходимое приложение к медвежьим и лисьим шкурам, тут же развешанным по стенам.

Мамонтов много внимания уделял этому павильону. И не ошибся в выборе его организатора. Коровин, натура артистическая и даже богемная, во многом необязательный и щедрый на посулы, становился жестким, властным и деловитым, когда дело касалось претворения в жизнь его художнических исканий и замыслов. Это давно уже заметил за ним Мамонтов, и, когда решался вопрос, кого же послать на Север для подготовки павильона, у Мамонтова не было колебаний: только Коровина, только он сделает так, как надо сделать.

Северный павильон — родное детище выставки. Здесь Мамонтов стремился продемонстрировать богатство края, естественность и простоту населяющих его народов, охотников и рыбаков. Другое волновало и тревожило Мамонтова: Витте дал ему полномочия на свой вкус и по своему усмотрению оформить выставочный павильон, где должны были разместить художественную экспозицию картин и скульптур.

Мамонтов заказал Михаилу Врубелю композицию-панно для торцовых стен зала. Врубель создал два панно: «Микула Селянинович» и «Принцесса Греза».

Мамонтов надеялся, что высокое жюри, в состав которого входили академики и передвижники, поймет художника и допустит его картины. Но его ожидания не оправдались: академическая комиссия во главе с благообразным Беклемишевым с возмущением единодушно отвергла панно Врубеля.

Мамонтов пытался повлиять на жюри, но ничего из его хлопот не вышло: жюри было непреклонным. Да и как могли соседствовать эти панно Врубеля с пышными гипсовыми красотками, украшавшими выставочный зал? Не могли соседствовать они и с теми картинами, которыми уже был заполнен зал. Здесь в единении замерли работы академиков и передвижников, примирившихся между собой. А Врубель вносил яростные раздоры в художественные системы, утвердившиеся в мире...

Пришлось Савве Ивановичу заказать новый павильон, который спешно строился за пределами территории выставки, в нем и будут помещены эти два отвергнутых панно. Поленов и Коровин должны завершить их в самое ближайшее время. Врубель явно загрустил: нужно ехать к невесте в Швейцарию, а у него такой конфуз. Тут уж не до свадьбы... И снова выручил Мамонтов... Теперь свадьба состоится, и певица Надежда Забела-Врубель вскоре будет участвовать в опере Мамонтова.

...Во время обхода Северного павильона Мамонтов давал пояснения всесильному министру. Со всеми сановниками, сопровождавшими министра, он был давно знаком. Во время поездки на Север он близко познакомился с моряками Ильей Ильичом Кази и Александром Егоровичем Конкевичем, генеральным директором выставки Ковалевским, со многими журналистами, художниками, репортерами... Большие перспективы открывались перед Мамонтовым. И вот загублен хороший замысел устроить базу морского флота в Мурманской гавани. А это повлекло за собой и крушение замыслов о железнодорожном строительстве на Севере...

Витте, зная о тайных думах и надеждах Мамонтова, не мог не сказать ему в утешение:

— Ничего еще определенного нет в отношении Мурманска. Возникают то одни, то другие идеи... Я ж говорил в своем докладе о всех удобствах и неудобствах этой гавани. Неудобства этой гавани в том, что там почти нет лета... Затем около полугода там полутемень, местность удалена от

России, от центральных питательных ее пунктов. А если бы соединить Екатерининскую гавань двухколейной железной дорогой с Петербургом и другими центрами России, если осветить весь морской берег сильным электрическим освещением, то возникнет прекрасная база для нашего флота: гавань никогда не замерзает, а главное — наш флот будет иметь прямой доступ в океан...

— А как же наш уговор относительно концессии на строительство железной дороги до Архангельска? Неужели сорвется, ведь мы уже подготовили проект... — решил воспользоваться хорошим настроением министра Савва Иванович.

— Эту концессию общество Московско-Ярославской дороги получит. Это дело почти решенное.

Витте — организатор и распорядитель выставки... Он был одним из самых влиятельных министров. И был явно доволен всем происходящим на выставке сегодня. Он чувствовал, что и молодой государь останется доволен, когда увидит все это изобилие. Увидит и старания министра, и его помощников, в том числе и Саввы Мамонтова... Да и Савва Иванович был доволен. Столько ума и организаторского таланта вложил он в устройство Северного павильона... И эти богатства должны быть лишним доказательством необходимости строительства железной дороги.

Осмотр Северного павильона закончился. Многие открыли для себя новый край, своеобразный, суровый, богатый.

Витте, сверкая парадным мундиром и орденами, милостиво повернулся к Мамонтову.

— Тюлень произвел на меня большое впечатление... Умные глаза у этого тюленя, — с улыбкой сказал он, зная, что эти слова будут занесены в газетные отчеты.

Проходя мимо Шаляпина, Мамонтов бросил ему.

— Идите с Коровиным ко мне... Вы ведь сегодня поете. Я скоро приду.

Целый день Мамонтов мотался по выставке, встречаясь с десятками необходимых людей, рассказывая им о своих павильонах. И все это время думал о предстоящем вечером спектакле «Жизнь за царя» — важном и ответственном событии в его жизни.

Деловые заботы захватывали только часть жизни Мамонтова. Он любил свою работу, любил вмешиваться в жизнь и благоустраивать ее по своим проектам, видеть, как возникают на пустующих местах дороги, заводы, фабрики. Он любил страстные споры со своими компаньонами, иной раз не веривдими в реальность его новаторских решений и предложений и всячески мешавшими их осуществлению. И как бывает радостно настаивать на своем и побеждать, а спустя время убедиться в своей правоте. Но как мало у него настоящих друзей в деловом мире... Вся душа его тянется к художникам, писателям, артистам... Почему? Может, потому, что с юношеских лет мечтал об оперной карьере? Ездил учиться в Италию, имел недурной голос, но, став членом крупного акционерного общества по строительству железных дорог, увлекся предпринимательской деятельностью. А музыка по-прежнему занимала его. Друг его, Неврев, стал художником. Постепенно Мамонтов стал сближаться с художниками, скульпторами. Сам одно время заболел скульптурой и все свободное время проводил в мастерской в Абрамцеве, куда съезжались его друзья провести в тесном кругу свой досуг.

...Лет двадцать тому назад, в Риме, куда он отвез жену Елизавету Григорьевну с двумя сыновьями, образовался сначала небольшой кружок друзей. Вместе ходили по Вечному городу, вместе развлекались, вместе обсуждали увиденное в художественных галереях. Так возникла потребность в общении, потребность все делать сообща... Вокруг Саввы Ивановича Мамонтова объединились такие разные по своим художественным устремлениям и способностям люди, как композитор Михаил Иванов, скульптор Антокольский, художник Поленов, искусствовед Прахов.

Часто Мамонтову приходилось уезжать из Рима по делам в Москву и Петербург, но оставалась Елизавета Григорьевна, просторный дом которой стал местом постоянных встреч друзей. Вскоре в Рим приехал Репин и тоже стал часто бывать в доме Мамонтовых. Отсюда, из Рима, где каждый камень словно кричал о вечных проблемах искусства, о вечных проблемах человеческой истории, яснее и отчетливее представилась обыденность и скука московской общественной жизни. И уже в Риме согревала только одна мысль: можно собираться в недавно купленном Абрамцеве, можно устроить так, чтобы жить с природой в неразрывности. Пройдет несколько лет, и в московском доме Мамонтова на Садово-Спасской и в его Абрамцеве действительно станут собираться Поленов, Репин, Виктор и Аполлинарий Васнецовы...

Так возникло художественное братство, основанное на общем стремлении к демократизации искусства, к сближению с народом. Высокие, честные устремления в искусстве объединили разных художников, таких, как Поленов, Виктор Васнецов, Репин и Антокольский.

И вот сейчас, проходя мимо строящегося здания, в котором должны поместиться два отвергнутых академиками полотна Врубеля, Мамонтов вспомнил, сколько душевных страданий и мук пришлось ему пережить, чтобы доказать талантливость Врубеля! Куда только он не обращался! И прежде всего к Витте. Да, Витте обещал помочь, но ограничился тем, что просил лишь великого князя Владимира Александровича, президента Академии художеств, вмешаться в решение жюри и разрешить выставить полотна Врубеля. А что великий князь... Нужно было обращаться к государю. Да, случилось невероятное: панно не были разрешены комитетом. Какая ярость бушевала в его груди!.. Но он не любил отступать от осуществления задуманного и решил выстроить отдельный павильон для панно Врубеля.

Так он и сделал. Павильон будет выстроен, а на фронтоне он велит написать: «Выставка декоративных панно художника М.А. Врубеля, забракованных жюри императорской Академии художеств».

Или вот... Кто бы мог подумать, что счастливый случай откроет ему талантливого певца? Зашел он в Панаевский театр послушать Лодия в «Демоне». Лодий хорошо пел партию Демона, но Мамонтова привлек Гудал, в исполнении неизвестного ему Шаляпина. Высокий, худой Шаляпин обладал поразительным голосом. А главное, он пытался играть, что было совершенно неожиданным в этом скромном театре. А руководил оркестром Труффи — тоже бывший участник Мамонтовской оперы. Труффи, знавший Шаляпина еще по Тифлисской опере, дал хорошие о нем отзывы. Труффи и привел Шаляпина к Мамонтову, сел за рояль, и Шаляпин исполнил несколько романсов. Но театр Солодовникова только строился. Мысль о возобновлении Частной оперы только бродила в голове Мамонтова... Тогда же Шаляпин стал солистом Мариинского театра... А теперь нельзя его отпускать в Петербург, обязательно нужно его забрать к себе, в Москву … Ну, об этом рано еще думать, пусть поработает, покажет себя... Все складывается пока неплохо. Только вот Врубель...

Мамонтов вспомнил давний случай, почти такой же, происшедший больше десяти лет тому назад, с полотнами Виктора Васнецова. Мамонтову, увидевшему в то время первые полотна Васнецова с их декоративной красочностью и мечтательностью, захотелось иметь его картины. Васнецов создал три полотна по заказу Саввы Ивановича: «Ковер-самолет», «Битва со скифами» и «Три царевны подземного царства». Мамонтов уже заранее радовался тому, что картины будут украшать холодные стены помещения, где разместилось правление общества Донецкой железной дороги. Но члены этого богатого акционерного общества единодушно отвергли все три красочных полотна. И к лучшему: Савва Иванович повесил два из них в столовой дома на Садово-Спасской, а брат его, Анатолий Иванович, стал владельцем третьего полотна Васнецова. Так что труд художника не пропал даром.

А в 1885 году Мамонтов создал Частную оперу, представления которой всегда проходили с шумным успехом. Сначала были домашние спектакли, в которых принимали участие желающие, в том числе и племянник Елизаветы Григорьевны Костя Алексеев, мечтавший теперь об открытии своего театра. Потом решили приглашать артистов со стороны.

Театральные увлечения захватили новых членов все разраставшегося кружка Мамонтова — Константина Коровина, Валентина Серова, Михаила Нестерова. Они тоже получали свои роли и с увлечением выступали на самодеятельной сцене. Все делалось сообща. Художники выполняли эскизы костюмов и декораций, участвовали как актеры, помогали советами при постановке, то есть выступали и как режиссеры. И потому, может быть, весь спектакль, вся постановка были пронизаны художественным единством, цельностью всех многообразных компонентов.

С приходом Врубеля в дом Мамонтова резко осложнились отношения между давними членами этого содружества. Елизавета Григорьевна не могла принять его как художника и как человека, порывистого, непокладистого, откровенного в своих симпатиях и антипатиях, даже несдержанного. Мамонтов же радовался каждому проявлению самостоятельности, восторгался картинами, беспокойными, тревожными. Но редко кто радовался вместе с ним — больше пугались и раздражались несуразностью, как им казалось, разбросанных красок, не порождавших, по их мнению, красоты. В доме Мамонтовых дало трещину то единство, которое так нравилось Елизавете Григорьевне. Оно и понятно. Мамонтов привлекал всех, кто искал самостоятельные пути в искусстве. До поры до времени все они — Поленов, Коровин, Серов, Васнецов, Остроухов, Репин, Врубель — уживались под умелым и широким покровительством талантливого мецената, не навязывавшего им своих эстетических установок, а помогавшего развивать свои собственные, выработанные в процессе созидания картин.

И сближение Нестерова с кружком Мамонтова было не простым и гармоничным. Трудно входил Михаил Васильевич в эту, казалось бы, богемную обстановку, где все занимались «шутовством», «паясничали», но одновременно и играли, рисовали или пели. Его покорило то, что все здесь пронизано русским духом.

Двадцать лет Савва Мамонтов опекал талантливых русских людей, давал им возможность спокойно работать так, как они считали нужным. И вот снова надумал возобновить оперу, вложив в нее свои последние усилия. Пятьдесят пять лет... Вроде бы можно и остановиться в своих страстях, немного поутихнуть. Жизнь не раз уже била его за увлечения, может, чрезмерные, но он ни о чем не жалеет. Жизнь прожита интересная, многогранная в своих проявлениях. Сколько талантливых людей он встретил на своем пути... И вот снова судьба послала ему молодого самородка — Федора Шаляпина. Удивительный человечище, черноземный, корневой... Не поддержи его, может и загинуть. Истинно русский человек подвержен многим страстям... Говорят, и попивает, и в картишки поигрывает, и слаб к женскому полу...

Мамонтов вернулся домой, на квартиру, которую ему сняли в Нижнем. И сразу удивился тому, что Шаляпина нет. Ведь он же сказал, чтобы тот ехал к нему вместе с Костенькой. Костенька-то придет, он ему верит, но где же Федор? Ведь ему сегодня предстоит петь при таком стечении столичной публики. Уж половина-то первых кресел будет занята приглашенными именитыми гостями, а это ведь не шутка... В день рождения царя идет опера «Жизнь за царя», тут не до шуток...

Пришел Коровин. Как всегда, от Костеньки веяло беззаботностью. С улыбкой стал рассказывать, как они повеселились с Шаляпиным:

— Понимаешь, Савва Иванович, это удивительный человек, наш Феденька. Вышли мы за ограду выставки, подозвали извозчика, думали тут же поехать, как вы нам сказали, к вам на квартиру, но куда там! «Эх, — кричит, — хорошо! Смотрите, улица-то вся из трактиров! Люблю я трактиры». Ну и что, думаю, кто же из русских не любит трактиры. И правда, веселая была улица. Деревянные дома в разноцветных вывесках и флагах. Пестрая толпа народа. Ломовые, везущие мешки с овсом, хлебом, уйма товаров разных. Блестящие сбруи лошадей, разносчики с рыбой, баранками, пряниками. Пестрые цветные платки женщин. А вдали — Волга. И за ней, громоздясь в гору, Нижний Новгород... Горят купола церквей... На Волге — пароходы, баржи... Какая бодрость и сила...

— Ты что, уже хватанул? Что ты, Костенька, мне город-то описываешь? Скажи, куда запропастился Шаляпин?.. И что вы пили?

Мамонтов был явно взволнован, ходил по комнате, заложив руки за спину. Редко он бывал в таком состоянии...

— Так я и хочу рассказать... Шаляпин вдруг остановил извозчика, подозвал разносчика с лотком, тот подошел, поднял ватную покрышку с лотка, где лежали горячие пирожки. «Вот, попробуй-ка, у нас в Казани такие же». Пироги были с рыбой и визигой. Я съел один, действительно вкусные, а Шаляпин поглощал их один за другим. «У нас-то, брат, на Волге жрать умеют! У бурлаков я ел стерляжью уху в два навара». Конечно, мы тут же перешли на «ты», особенно после того, как оказалось, что я не ел ухи в два навара. Он уже снисходительно ко мне стал относиться. «Так вот, —

говорил Шаляпин, — ни Витте, ни все, кто с ним были, все эти в орденах и лентах, такой, брат, ухи не едали. Зайдем в трактир...»

— Так я и знал, что этим кончится!..

— Да нет, ничего мы не позволили себе... Зашли в трактир и съели ухи... И все время любовались на Волгу. «Люблю Волгу, — говорит, — народ другой на Волге. Не сквалыжники. Везде как-то жизнь для денег, а на Волге деньги для жизни...»

— Ясно, этому размашистому юноше радостно есть уху с калачом и вольно сидеть в трактире... Ну и что же?

— Там я его и оставил. Ведь мы только второй день или третий как знакомы.

— Поехали к нему. Как бы он нас не подвел, этот размашистый юноша. Знаете, ведь он сегодня поет! Театр будет полой... Поедем к нему.

Однако на Ковалихе им сказали, что Федор Шаляпин только что уехал с барышнями кататься по Волге.

Досада и разочарование были написаны на лицах Мамонтова и Коровина.

К театру уже подъезжали извозчики, роскошные кареты, подходили люди попроще. За кулисами все было готово к поднятию занавеса: дирижер Зеленый был во фраке, завит, участники были загримированы и ждали сигнала, а Шаляпина все еще не было. Мамонтов волновался больше, чем другие: как же, Витте и другие министры появились в ложах, а спектакль невозможно начать.

В кабинет Мамонтова вошел Поленов, недавно приехавший из Москвы.

— Так неудачно выбрали место для выставки... Тут при слиянии двух самых грандиозных рек выставку ухитрились поставить так, что о реках и величественном виде и помину нет... Сразу чувствуется, что инициаторы выставки, Витте и Морозов, в эстетике слабы...

Как всегда, Поленов говорил то, что никому не приходило до него в голову: такой уж он был — всегда что-нибудь неповторимо оригинальное выскажет. И прекрасный человек... И какой превосходный художник... Мамонтов любил этого человека и всегда бывал рад ему, но сейчас...

— А как сама выставка? — поддержал разговор Мамонтов, а у самого все мысли были далеко от этого... «Где Шаляпин?» — вот что волновало его.

— Да выставка-то грандиозна! Много интересного в области художества и культуры. Панно Врубеля будут очень интересны... Я с таким удовольствием взялся за окончание этих работ по его эскизам! Они так хороши и талантливы, что я не мог устоять и взялся помогать ему. Как хорошо, Савва Иванович, что вы строите для них павильон... Ох уж эти академики, сколько вреда искусству они принесли... Вот вернемся с Костенькой в Москву и быстро их завершим.

Поленов увлекся своими мыслями и вдруг понял, что здесь происходит что-то непонятное для него. Он замолчал.

— А что случилось? — спросил наконец Поленов.

— Да нет, нет, ничего... Ничего не случилось.

— Ах, Савва Иванович, как славно мы начали работать у вас дома. Первым делом, когда я приехал, я пошел к Врубелю и с ним объяснился... Он меня чуть не со слезами благодарил. Потом Сергей передавал, что Врубель совершенно ожил, что он в полном восторге от того, как дело повернулось. Я с ним сговорился, что я ему помогу и только закончу его работу, под его же руководством. И действительно, он каждый день приходил, наблюдал, а главное, он одновременно написал чудесные панно «Маргарита и Мефистофель». Приходил и Серов, так что атмосфера была вся пропитана искусством... Время от времени эти панно развертывались во дворе, и там продолжалась работа...

— А сейчас он укатил к своей невесте...

— Пять тысяч — деньги немалые. Их он получил за все эти работы, на свадьбу и на первое время ему хватит.

— Да он еще таких денег никогда-то и не получал... Так что можете представить его состояние... Где-нибудь в начале июня панно будут готовы. — В голосе Мамонтова прозвучала уверенность.

Глава шестая

ДЕБЮТ НОВОЙ ТРУППЫ

Федор Шаляпин, конечно, ни на минуту не забывал о предстоящем спектакле. Но все эти недели ожидания, репетиций, волнений, новых впечатлений столько отняли у него сил, что ему вдруг перед самым спектаклем захотелось покататься по Волге...

И как хорошо стало у него сейчас на душе, когда коляска подвозила его к театру, где уже некуда было приткнуться! Подъезжавшие кареты, коляски заполнили всю площадь у театра. В дверях ждали своей очереди нарядные люди. «Все прекрасно, зрителей будет много», — подумал Федор Шаляпин, возбужденный, взволнованный, радостный.

Он вбежал в боковую дверь, не обращая внимания на недовольные взгляды, быстро переоделся, нацепил на себя ватные толщинки, спокойно уселся перед зеркалом и стал внимательно накладывать грим. Мамонтов смотрел на него и никак не мог понять, откуда в этом еще таком юном певце столько уверенности и силы. Волнуется ли он перед выступлением? Вроде бы и не заметно... А почему?

— Вы, маэстро, не забудьте, пожалуйста, мои эффектные фермато, — как ни в чем не бывало обратился он к Вячеславу Зеленому, положив свои громадные руки на его плечи. — Ну не сердитесь, помните, там не четыре, а пять. Ладно? Помните паузу. — Шаляпин со значением посмотрел на дирижера.

Все было готово. Мамонтов мог спокойно отправляться в свою ложу. Но спокойствие не приходило к нему. Что-то томило его. А что — не мог понять... Столько уж перевидал талантливых людей, необычных, ярких, самобытных, а этот опять ни на кого не похож... Ох, Россия, как ты обильна талантами... Сколько в тебе еще неизбывной силушки...

Мамонтов сел на свое место и огляделся. Зал был переполнен.

Исполнили гимн. Кантату, специально сочиненную для открытия театра. Все было торжественно, величаво, радостно. После небольшого перерыва началось представление оперы.

Увертюра, первое действие, второе действие — все шло нормально, без особых помарок, лишь голос молодого певца обратил на себя внимание. В антрактах говорили только о нем.

Ария Ивана Сусанина «Чуют правду» произвела огромное впечатление на слушателей. Мамонтов много раз слышал выдающихся певцов в этой роли — Мельникова, Стравинского, но такого проникновения в душу героя, пожалуй, не было ни у кого... Правда, не удалось молодому артисту избавиться от некоторой напыщенности, излишней величавости, ведь говорил же ему, что Сусанин не из бояр... Да, еще много предстоит работы с ним...

К Мамонтову в ложу приходили его друзья и знакомые. Многие восторгались Шаляпиным.

Ковалевский, растроганный, со слезами на глазах, говорил Мамонтову:

— Кто этот Шаляпин? Я никогда не слыхал такого певца!

Другие были более сдержанны в своих оценках:

— Этот молодой артист поет довольно мило...

— Да, недурно, но голос еще слабоват, не установился...

— Ну, помилуйте, — возражали некоторые, — какой же это бас... Густоты в звуке нет, октавы... Пожалуй, скорее, баритон...

Витте поблагодарил Мамонтова за спектакль, поинтересовался исполнителем главной роли. Мамонтов попросил пригласить к нему в ложу Шаляпина. Витте был поражен молодостью певца. Поздравил его с успехом, пожелал ему с таким же усердием относиться к своей работе в театре.

За ужином, который Мамонтов давал в честь открытия театра, было весело и шумно. Произносили много тостов, поздравляли друг друга с успешным началом, а Шаляпин, окруженный молодыми артистками, словно и не замечал своего шумного успеха в новом городе. Там, где был Шаляпин, слышался несмолкаемый хохот. А как только закончился ужин, Шаляпин и его группа убежали кататься на Волгу...

— Какой-то особенный человек! — сказал, глядя ему вслед, Мамонтов. — Сколько уж перевидал на своем веку, а такой талант я вижу впервые...

На следующий день парадный спектакль был повторен, а 16 мая в «Нижегородском листке» и «Волгаре» Мамонтов читал отчеты о первых спектаклях: «Принимая во внимание волнение, новизну обстановки, освоение акустики и прочее, спектакль прошел в общем удовлетворительно. Артисты пели недурно, но кое-кто из солистов форсирует звук. Хор хорошо знал свою партию и успешно участвовал в сценической игре. Оркестр неплохой, хотя в нем мало струнных инструментов. Оформление спектакля понравилось публике. Дебют новой труппы сопровождался довольно шумным успехом...»

«Ну что ж, — подумал Мамонтов, сворачивая «Нижегородский листок», — посмотрим, что пишет «Волгарь»... Вот-вот, тут есть и о Шаляпине... «Из исполнителей мы отметим г. Шаляпина, обширный по диапазону бас которого звучит хорошо, хотя недостаточно сильно в драматических местах. Может быть, это объясняется акустической стороной нового театра и нежеланием артиста форсировать звук. Играет артист недурно, хотя хотелось бы поменьше величавости и напыщенности...» Вот-вот, об этом и я ему говорил...»

Мамонтов все эти дни должен был присутствовать на выставке. Уж очень много намечалось новых дел. Изредка уделял несколько минут оперным делам. А представления шли полным ходом. «Жизнь за царя», «Аида», «Фауст»...

Мефистофель в исполнении Шаляпина поразил Мамонтова. И он понял, что нельзя пускать оперу на самотек. Труффи, Малинин, Зеленый — все они прекрасные помощники, исполнители, но здесь нужна кропотливая работа. Что было б, если б он, Мамонтов, не подсказал Шаляпину, как играть Ивана Сусанина! И нечего упрекать Шаляпина за исполнение Мефистофеля. Была только одна репетиция, даже не репетиция, а простой прогон оперы. Шаляпин исполнял так, как привык исполнять в различных театрах. И никто не подсказывал ему, что не стоит так размахивать плащом. Да и пел он почему-то вполголоса, и вел себя на сцене развязно, самоуверенно.

«Волгарь» не замедлил отметить недостатки этой роли в исполнении Шаляпина: «Прямо не верилось, смотря на Мефистофеля, что это тот самый Шаляпин, который пел Сусанина. Куда девалась обдуманная фразировка, умение показать голос, блеснуть его лучшими сторонами? Ничего этого не было, и по сцене ходил по временам развязный молодой человек, певший что-то про себя... Меня уверяли, что он бережет голос для серенады четвертого акта, но и это оказалась неверно. Серенада была пропета так же холодно и еле слышно, как и все остальное».

Мамонтов пришел в театр уже тогда, когда все знали, что «Волгарь» обругал постановку «Фауста». Артисты приуныли, и Шаляпин больше всех.

— Никак не пойму, как мне играть эту роль, — сокрушался Шаляпин. — Вчера, возвращаясь на свою Ковалиху, совсем уж было решил покончить с гастролями и уехать из Нижнего...

— Да что вы, Федор Иванович, работа только начинается, — с приветливой улыбкой начал Савва Иванович. — Что же вы хотите? С одного прогона мало что может получиться. Опытные певцы годами работают над своими ролями...

— Мне и Мамонт Дальский не раз говорил, что у меня не получается образ Мефистофеля, дескать, молод я, не понимаю, как его нужно играть... В Мариинском я играл так же, как и здесь. Ничего, сходило...

— Федор Иванович, нам нужно поработать отдельно над этим образом. Роль трудная, она нуждается в длительной подготовке...

Шаляпин ушел на очередную репетицию, а Мамонтов чуть слышно произнес:

— Подождите, увидите еще Федора...

На следующий день начались занятия.

Савва Иванович легко взбегал на подмостки, гордо выпрямлял свою небольшую плотную фигуру и насмешливо произносил первую фразу Мефистофеля:

— Чему ты дивишься?

И не только насмешка, но и властность, всесилие и одновременно иронически-услужливые интонации прозвучали в этой фразе, а это сразу приковало внимание слушателей богатством оттенков.

— Ну-ка, повторите, Феденька...

Савва Иванович сбегал в партер, а на подмостках появлялась огромная фигура Шаляпина с гордо поднятой головой. И в голосе, и в позе, в каждом движении возникавшего духа зла, в его горящих глазах, размашистых жестах чувствовалось, что на сцене действительно всесильный, всемогущий, саркастически настроенный к слабостям человеческим сам Мефистофель.

И так сцену за сценой. Сначала выходил на подмостки Савва Иванович, пояснял, что он хочет передать зрителям своими движениями, своим голосом, исполняя партии Валентина, Фауста и Мефистофеля... Потом возникал на сцене Мефистофель — Шаляпин и исполнял свою партию.

Плохо удавалась ему сцена с Мартой. Долго Шаляпин не мог четко передать интонацию слова «соблазнить», да и в дальнейшем никак не мог отделаться от привычного для него штампа — некрасиво изгибался от «дьявольского» смеха...

Савва Иванович тут же делал знак концертмейстеру прекратить игру. Подзывал Федора и снова объяснял, что ему нужно показать в этой сцене.

— Меньше движений, Федор Иванович. Все в позе... — говорил он. — Лишние движения отвлекают, тем более резкие... Я видел вашего Сусанина, знаю, на что вы способны... Петь нужно играя, а не так, как в императорской опере. Демонстрировать модуляции своего голоса нам здесь ни к чему. Нужен образ... Надо жить на сцене, а не переживать...

Долго отрабатывали сцену с Валентином. Здесь тоже Мефистофелю нужно раскрыть многогранность своих чувств и переживаний: тут и гордость, и бессилие, злоба, мучения, страх, презрение... И все это должно быстро сменяться на лице Мефистофеля — целая гамма разнообразных красок.

— А заключительную фразу: «Увидимся мы скоро! Прощайте, господа!» — постарайтесь передать с явным сарказмом, с презрительно-насмешливой угрозой. Но так, чтобы чувствовалась сила, могущество Мефистофеля. Он не шуточки с ним шутит. Надо действовать, чувства играть нельзя...

Шаляпин жадно ловил каждое слово Мамонтова, выражение его лица. Нет, он вовсе не старался запомнить, как это делает режиссер. Он хотел понять смысл происходящего, постигнуть суть человеческих страстей, которые волновали героев оперы. А жесты, движения, интонации он все равно повторять не будет. Он найдет свои. Ведь ни его фигура, ни его голос вовсе не похожи на фигуру и голос Саввы Ивановича. Мефистофель издевается над всеми лучшими проявлениями человеческой души, что ж, и он посмеется над этим, но по-своему, по-шаляпински...

Мамонтов понял, что Шаляпин заинтересовался работой, и потому уделял ему все свое свободное время. Он никогда не говорил Шаляпину ни «хорошо», ни «плохо», но чаще приглашал его к себе и незаметно для самолюбивого артиста подсказывал те или иные творческие решения.

Шаляпину полюбились беседы с умным и тактичным человеком.

Второе выступление Шаляпина в роли Мефистофеля тоже заметили. Поставленная 31 мая опера Гуно «Фауст», как отмечал «Нижегородский листок», «прошла с успехом. Что касается отдельных исполнителей, то наибольший успех имели г-жа Нума, г. Шаляпин — Мефистофель и г. Соколов — Валентин. Сильный, ровный во всех регистрах, красивый по тембру голос г. Шаляпина производил наилучшее впечатление. Жаль только, что временами, на некоторых нотах среднего регистра, замечается у певца вибрация. Этот недостаток должен быть искоренен в самом начале, чтобы не дать ему развиться и принять большие размеры в будущем. Игра г. Шаляпина, не отличающаяся, правда, особенной оригинальностью, была вполне прилична и вполне соответствовала тому условному художественному образу, который принят для сценического олицетворения духа отрицания и сомнения. Баллада «На земле весь род людской» и серенада были повторены».

Однажды Савва Иванович пригласил Шаляпина погулять с ним по Откосу. Красивый вид на Волгу, спешащая куда-то толпа, пароходы...

— А что, Феденька, ты намерен делать в будущем? — спросил Мамонтов у залюбовавшегося видом Шаляпина, неожиданно обратившись к нему на «ты».

— Как что? Петь! Так хочется петь, Савва Иванович! Все бы дни напролет только бы и делал, что пел...

— Да нет, Федя... Я не об этом. Теперь-то я знаю, что петь ты будешь. Я о другом... Где будешь петь?

— У меня ж контракт с Мариинским театром, ничего не поделаешь. Ох и трудно мне там... Все не так да не эдак.

— С Направником трудно найти общий язык... Странные люди... Никак не хотят понять, что искусство развивается по вольным законам. Нельзя его развитие втиснуть в одно, пусть даже в удобное, русло. Вот и на выставке не поняли меня, выбросили Врубеля из выставочного зала. А какой художник!.. Через несколько лет будут поклоняться ему, а его самого успеют сломать.

Мамонтов тяжело вздохнул. Шаляпин никогда бы не мог подумать, что у этого богатого, преуспевающего в жизни делового человека могут быть какие-то неразрешенные проблемы. И кто такой Врубель? Строитель железных дорог? Инженер, машины которого отказались экспонировать на выставке?

Мамонтов ввел Шаляпина в какой-то тесовый барак, совершенно пустой, неуютный. Только на стенах висели две большие картины, законченные Поленовым и Коровиным по эскизам Михаила Врубеля и лишь недавно привезенные сюда Константином Коровиным.

Поймав удивленный взгляд Шаляпина, Мамонтов заговорил:

— Вот это и есть те две картины, которые не допустили в выставочный зал мои противники. Здесь Микула Селянинович и Вольга-богатырь. А напротив — «Принцесса Греза»... Вглядись, Федор, и поймешь, что перед тобой творения бунтаря, которому надоели приглаженные и напомаженные академические картины! Он ищет новые средства в искусстве. Он первый, потому-то ему и трудно...

«Странно, что он тут нашел хорошего? — думал Федор, глядя на необычные картины Врубеля. — Какие-то разноцветные кубики, очень пестро и как-то бессвязно разбросанные... Какой-то хаос красок...»

— Хорошо! А, черт возьми...

— Почему это хорошо? — неуверенно спросил Шаляпин.

— После поймете, батюшка! Вы еще, Феденька, многого не понимаете... — Мамонтов незаметно для себя вновь перешел с ним на «вы». — Мне всегда кажется непостижимым, как люди не замечают удивительной оригинальности Врубеля... Многим он кажется каким-то растрепанным, сумбурным, диким... Но посмотрите, какая убедительность в его искусстве, какая основательность... Сколько раз я наблюдал, как он работает. Нарисует какой-нибудь кувшинчик, и видишь, что все в его картине на месте, все соразмерно, ничего нельзя переделать...

Мамонтов смотрел на «Микулу Селяниновича» и радовался тому, что он все-таки построил для Врубеля специальный павильон... Пусть ничего в этом особенного нет. Когда он бывал в Париже, не раз видел «Салоны отверженных», где выставлялись картины знаменитых сейчас импрессионистов. Сколько тогда смеялись над ними, упрекали в том, что они не умеют рисовать, что все у них асимметрично. А сейчас? Но как рассказать этому мальчику о том, что художник только тем и интересен, что он прокладывает новые пути в искусстве, отыскивает такие изобразительные средства, которых не было до сих пор, что он раздвигает своим искусством рамки дозволенного...

— Как бы тебе, Федор, объяснить, что такое Врубель и его картины... Я очень люблю итальянскую музыку, сам несколько лет учился в Италии, многое я у них воспринял...

Легкость мелодий покоряет слушателей. Итальянские романсы я до сих пор люблю... Но вот появился Мусоргский с его трагической музыкой, с его гениальными трагическими образами. Разве можно создать образ Бориса Годунова теми же средствами, что и итальянцы? Конечно нет! Могучий Модест взрывает устоявшиеся и сложившиеся представления о музыке! А над его музыкой до сих пор насмехаются и считают ее кучерской... Сходи теперь в выставочный зал и посмотри на картины. Ты увидишь, что все они, или почти все, напоминают гладкую музыку итальянских опер. А потом снова зайди сюда и сравни... И ты поймешь, что Врубель ниспровергает всю эту гладкопись! Характер его живописи, его манера письма скорее напоминают манеру скульптора, который высекает свои фигуры из камня. Посмотри, не кажется ли тебе фигура Микулы словно высеченной из камня?.. И это впечатление создается хаотично, казалось бы, набросанными разноцветными кубиками... Кубики, кристаллы, затушеванная блеклая цветовая гамма... Врубель — художник, а в выставочном — красильщики...

Мамонтов видел, что его слова заинтересовали молодого артиста. Ясно, что сейчас он не все понял из сказанного, но как губка вобрал в себя, чтобы потом определить главное в искусстве.

Шаляпин не раз приходил в павильон Врубеля и в выставочный зал, где находились картины, принадлежавшие «красильщикам», по выражению Мамонтова. Нет, он не мог полностью согласиться с такой беспощадной оценкой выставленных здесь картин, среди них были прекрасные... Только почему-то гораздо чаще его тянуло к Врубелю... «Может, действительно разница между его картинами и картинами признанных художников так же велика, как между музыкой Мусоргского и «Травиатой» и «Риголетто», но Верди — тоже великий композитор, далеко не «красильщик», — думал Шаляпин.

События шли своим чередом, дни бежали за днями... У Мамонтова было много работы, но он по-прежнему много внимания уделял Шаляпину. Бывал на всех его спектаклях и видел, как быстро прогрессирует молодой артист, как с каждым спектаклем вносит что-то новое в исполнение привычных ролей. Не всегда, правда, это бывало удачно, но его стремление творить на сцене не могло не привлекать такого чуткого на таланты человека, как Мамонтов.

Сезон подходил к концу. Мамонтов уже обдумывал план привлечения Шаляпина в свою труппу, и тут произошло событие, которое и открыло ему эту возможность.

Глава седьмая

«...БЕЗУМНО Я ЛЮБЛЮ ТОРНАГИ...»

Ошибаются те, кто говорит, что нет любви с первого взгляда. Есть!

Стоило Федору увидеть итальянских балерин и поводить их по городу в поисках квартир, как он сразу же выделил из них только одну. Он еще не твердо произносил ее имя, путал фамилию, но уже что-то подсказывало ему, что именно она — избранница его судьбы. Почему?

С первых дней после ее приезда в Нижний Новгород он стал искать с нею встреч. Бывал на ее репетициях, ходил на спектакли с ее участием, если не был занят. Ему казалось, что она танцевала лучше всех тех балерин, каких он видел. Но почему она всегда была грустной? Это волновало его. Может, она в чем-то нуждается? Скучает по своей Италии?

На репетициях он подходил к ней со словами, которые только и знал:

— Аллегро, анданте, модерато!

Это смешило ее, она улыбалась, но потом лицо ее снова становилось грустным, а фантазия Федора ничего ему не подсказывала...

Но настойчивость его однажды увенчалась успехом, и Иола Торнаги вместе с двумя подружками согласились пойти с ним в ресторан. Ужин подходил к концу, кое-как они объяснялись, но как высказать итальянкам, что в такую прекрасную лунную ночь грешно идти спать... Как сказать «грешно»? И тут Шаляпину пришла замечательная мысль.

— Фауст, Маргарита — понимаете? «Бим-бом-бом». Церковь — кьеза, Христос нон Маргарита. Христос нон Маргарита?

Попытки Федора объясниться вызывали у итальянок бурную реакцию. Они жестикулировали, смеялись. Но потом одна из них сказала:

— Маргарита пеккато...

— Ага, пеккато, — обрадовался он.

Но не Маргарита сейчас интересовала Шаляпина, а словечко «пеккато» — грешно. Ведь «пеккато» спать, а не Маргарита... Так возникла фраза: «La notte e gessi, bella, que dormire e peccato». (Ночь так хороша, что спать грешно.)

И когда заболела Иола Торнаги, никто не удивился, что Шаляпин приносил ей куриный бульон, вино. Наконец уговорил ее переехать в дом, где он снимал комнату. Как они понимали друг друга, не зная языка, остается загадкой.

Иола Торнаги поначалу не догадывалась о своих чувствах. Просто ей было хорошо, что в незнакомой стране к ней так внимателен молодой симпатичный гигант.

Он ничем не походил на тех, кого она знала: ни ростом, ни светлыми волосами, ни почти белыми бровями и ресницами. Подвижным было и лицо, которое могло передать столько разнообразных чувств и переживаний... А главное — его голос, приятный, низкий... Белокурый гигант в длиннополом зеленом сюртуке...

Жизнь шла обычным чередом: спектакли, репетиции, спектакли... Труппа сплачивалась в дружный оперный ансамбль, где высоко ценили талант и трудолюбие и помогали друг другу. Ничего подобного не замечал Федор Шаляпин в императорском театре. Здесь била ключом какая-то радостная и неиссякаемая энергия. Все были как одна семья.

Были и ссоры, конечно, но все это быстро забывалось. Кто знает, почему подрались артисты Круглов и Шаляпин? После этого век бы не разговаривать... Так и было бы в другом коллективе, но не у Саввы Мамонтова. Одна беда: в драке Федор Иванович порвал свой праздничный сюртук бутылочного цвета. Этим он немедленно воспользовался: зашел к Иоле и попросил починить его парадный сюртук. Ох, как трудно было выдерживать ему упреки темпераментной Иолы, хорошо знавшей о ссоре двух артистов и осуждавшей ее! Чувствовал свою вину Шаляпин под ее укоряющими взглядами, но зато сколько удовольствия получил, глядя на то, как ее проворные руки чинили сюртук...

Иола Торнаги видела, что Федор Шаляпин настойчив в своих ухаживаниях. Но она стеснялась того, что не знает языка. Жесты и мимика утомляли ее. И она начала избегать Шаляпина. Громкий смех и жестикуляция Шаляпина были однообразны, и никто не знал выхода из создавшегося положения.

А между тем Федор Шаляпин все больше привлекал внимание всей труппы Мамонтова. Все чаще сбегались свободные от спектаклей артисты, художники, режиссеры, чтобы посмотреть на игру Шаляпина.

Как-то раз Иола с подругой Антоньетой сидели у себя в артистической уборной и гримировались перед выходом в опере «Русалка». Неожиданно раздались бурные аплодисменты во время действия. Антоньета выскочила из уборной и увидела бегущих к сцене артистов и хористов. Иола тоже выглянула, и в это время снова раздались аплодисменты. Такого им не приходилось встречать в своей практике, и удивленные итальянки бросились вслед за бегущими. Но опоздали... Акт уже кончился, занавес закрылся. На авансцене стоял какой-то старик с всклокоченными волосами, в разорванной одежде и старательно раскланивался с публикой, бурно ему аплодировавшей.

«Кто это?» — недоумевали Иола и Антоньета.

Но вот старик повернулся, взгляд его сразу загорелся, и он быстрыми шагами направился в их сторону.

— Добрый вечер, барышни, — заговорил старик шаляпинским басом.

— О-о-о!.. — удивленно воскликнули подружки.

Они и не подумали убегать от Шаляпина, настолько были поражены его успехом.

С тех пор что-то произошло в отношениях Иолы и Федора. Она стала внимательнее присматриваться к нему как артисту. До сих пор он был для нее хорошим товарищем, может, чуть-чуть надоедливым, но все же скорее она видела в нем мальчишку, а не мужчину со зрелым отношением к жизни... А теперь чем больше она приглядывалась к нему, тем больше начинала понимать, что Федор не мальчишка. На сцене он преображался, тонко угадывая характер того или иного персонажа...

На генеральной репетиции «Евгения Онегина» она сидела рядом с Мамонтовым, который много рассказывал ей о Пушкине, о Чайковском. Иола внимательно слушала оперу. Поразил ее Гремин — Шаляпин во время петербургского бала. Она даже и не могла его представить таким благородным, сдержанным, значительным. Каждый его жест, каждое движение было эффектно.

Мамонтов остался доволен произведенным впечатлением и тут же шепнул ей по-итальянски:

— Посмотрите на этого мальчика — он сам не знает, кто он!

Иола не могла оторвать от Федора глаз, настолько он был красив и благороден.

Шаляпин — Гремин пел арию «Любви все возрасты покорны...». Голос его звучал проникновенно и глубоко. И вдруг Иола услышала свою фамилию, вздрогнула. Все сидевшие повернулись к ней и заулыбались. Лишь Шаляпин продолжал как ни в чем не бывало свою партию.

Мамонтов нагнулся к Иоле и прошептал по-итальянски:
— Ну, поздравляю вас, Иолочка! Ведь Феденька объяснился вам в любви...

Что же произошло на репетиции?

Исполняя арию Гремина, Шаляпин признался:

> Онегин, я клянусь на шпаге,
> Безумно я люблю Торнаги.
> Тоскливо жизнь моя текла,
> Она явилась и зажгла...

Мамонтову Федор сказал накануне, что если б знал итальянский язык, то сейчас же сделал бы предложение Иоле Торнаги. А так что-то страшновато...

Перед Мамонтовым были сложные задачи, которые ему предстояло решать. Сезон подходил к концу. Ясно, что без Шаляпина трудно будет продержаться новой Частной опере в Москве. Нужны срочные меры...

Первым делом Мамонтов предложил этой прелестной балерине контракт на следующий год. Она согласилась, расторгнув контракт с Лионом. Но как заполучить Шаляпина?

Как-то гуляли Мамонтов с Шаляпиным, разговаривали о текущих оперных делах, и вдруг Мамонтов сказал:

— Феденька! А не могли бы вы остаться в нашей труппе насовсем? Вам же нравится работать с нами.

Шаляпин даже остановился от неожиданности.

— Я мог бы дать вам шесть тысяч в год и контракт на три года, — продолжал Мамонтов. — Подумайте! Иолочка остается. Отказывается от контракта в Лионе.

— Савва Иванович! Я подумаю, но ведь у меня огромная неустойка...

— С этим мы как-нибудь справимся. Главное — решить вам, где вы хотите играть: у нас, где вы будете делать что хотите, или в императорском, где из вас будут делать что захотят... Я же знаю их, они не дадут вам свободы. А мустанг нагуливает резвость только на воле, учтите.

Тяжело было Мамонтову, порой он раздваивался. Официально он был крупным предпринимателем, финансовым воротилой, а в душе его влекло искусство оперы. Он вдохновенно искал новые формы оперного искусства, беспощадно отрицая всяческий шаблон, заботливо пестуя молодые дарования. Ведь и Иван Ершов начинал у него, и Надежда Салина, и вот теперь — Шаляпин. Нет, он никогда не вмешивался в работу артистов, он умел терпеливо ждать, наблюдая за ними до тех пор, пока они не иссякали как творцы. И тогда ироническая улыбка озаряла его лицо. Это служило как бы сигналом, что на сцене делается что-то не так. Все замирали.

Савва Иванович легко взбегал на сцену и, как бы продолжая сюжетное движение спектакля, делал скупой жест. И все понимали, какой пластический образ следует лепить артисту, чтобы он был правдив и естествен.

Шаляпин, вспомнив прекрасные дни в Нижнем Новгороде, посмотрел на Мамонтова, отвернувшегося от него и словно бы не замечающего его взгляда. Плотный, среднего роста, в черной круглой шляпе на лысоватой круглой голове, Мамонтов выглядел типичным купчиком средней руки. Но вот он повернулся к Федору — и пытливый, тяжелый взгляд черных под густыми бровями глаз словно пронзил Шаляпина. Без всяких церемоний хрипловатым баском он произнес:

— В консерваториях вы, слава богу, не учились. А то там спорят по сто лет, как учить певца стать артистом, а выходят оттуда шаблонные и скучные люди. Ваше счастье, что вы стремитесь воспитать в себе художника, а не скверно поющего манекена. Что вы теряете, отказываясь от Мариинского театра? Вас там загубят. Многие приходили в императорские театры с большими надеждами, но успех к ним так и не пришел... Жизнь их засасывала, так и не оставив в памяти людей их имена... Рискните... Что вы теряете? Вы молоды, талантливы. А случай у вас необыкновенный, поработаете, посмотрите...

— Понимаю, Савва Иванович, что случай редкостный... Но как бы не остаться у разбитого корыта. Уж больно намыкался, настрадался... И там, в императорском-то, работать не хочется, много зависти там и чинопочитания, а я этого не переношу... Однажды режиссер сделал мне замечание за то, что я в Новый год не съездил к директору и не расписался в книге визитов. Но разве не унизительно выражать почтение начальству через швейцара? Есть и другие мелочи быта в нашем театре, которые просто тяготят меня... Артист должен быть свободным, независимым. Только тогда он что-то сделает свое...

— После нашего театра вы там не уживетесь. Вы ведь чувствуете, какая у нас обстановка, все дружны, никто никому не завидует, всем хватает работы... А как весело было у нас несколько лет тому назад, когда мы только начинали! Как чудесно мы работали... Мы забывали обо всем, занимались и утром, и днем, и вечером, иной раз и ноченьки прихватывали... Порой так уставали, что хоть тут же ложись и отдыхай, сил не было. Что делать? Нужна разрядка, и вот я кричу: «Маэстро, сыграйте нам, пожалуйста, польку!» — и все подхватывались в танце... — Мамонтов улыбнулся. — Куда только и усталость девалась! А потом с новыми силами принимались за работу. А иногда оставались и без обеда, так напряженно шла репетиция... Мне-то часто приходилось отлучаться по своим делам. Прихожу, вижу, умирают с голоду. Ну что тут с ними поделаешь? Незаметно покидаю репетицию, заказываю у Тестова самовар и огромные кулебяки, два дюжих мужика приносят весь этот обед прямо в репетиционный зал, и тут же начинается пиршество, с веселыми шутками, смехом... И усталости как не бывало... И снова, отдохнув, мы продолжали работу... Где вы, Феденька, найдете такие условия для творчества? — И сам себе ответил: — Таких условий нет нигде в мире, а я попробую создать их в нашем театре.

— Да я здесь почувствовал себя человеком, товарищем! Все друг другу стремятся помочь... Я даже кое-что записывать стал, — смущенно признался Шаляпин.

— Вот и молодец! Правильно, записывайте свои мысли, пусть они покажутся вам странными, бредовыми, нелепыми, все равно записывайте, только пишите искренне. Вы должны учиться! Развивая свою способность мыслить, вы углубляете и развиваете свой духовный мир, углубляете отношение к миру, к человеку, к образу, который вы собираетесь воплотить на сцене. Главное — бойтесь при этом, бойтесь и старайтесь избежать пошлости в жизни и на сцене. И не сходитесь с людьми, которые, не понимая вас, будут льстить вам, превозносить ваш талант, будут постоянно копошиться там где-то, внизу, у вашего башмака, в то же время претендуя на исключительное внимание и сочувствие к себе, отрывая у вас пропасть времени на все эти пустяки... Подумайте, Феденька, над моим предложением. Ни у кого не будет таких условий, как у вас...

— Спасибо, Савва Иванович... Я буду думать...

Федор Шаляпин много думал о предложении Мамонтова, поражаясь могучему напору этого человека. В первые же дни близкого знакомства с Мамонтовым Шаляпин почувствовал, какая всесокрушающая энергия таится в этом человеке, успевающем одновременно делать столько дел... Человек огромный, могучий, сильный, властный... Поражала сложность его натуры, в которой уживались высокий полет мысли и твердая деловитость, готовность сражаться за свои творческие идеалы и внутренняя тревога. Большие выразительные его глаза всегда были внимательными, всепроникающими, как бы вопрошающими: все ли в порядке у вас, все ли хорошо? Не нужно ли кому помочь?

— Вы знаете, Савва Иванович, странное у меня отношение к Мариинскому театру. Вот вроде бы ничто меня там не держит, многое отталкивает, бывает мучительно тяжело видеть, как вытягиваются в струнку перед директором да и вообще перед любым чиновником, от которого хоть что-то зависит... И вместе с тем притягивает к нему какая-то могучая сила, вроде магнита, и не хочется идти, а тянет... Вот мне все говорят: надо работать, ты не умеешь работать... А мне хочется возражать. Как же я не работаю?! Да я с малых лет зарабатываю себе на жизнь, и это я-то не умею работать...

— Не об этом речь, когда вас упрекают в неумении работать...

— Да, понимаю. Может, не все получается, но теперь я знаю, как надо работать... Я вспоминаю один случай...

Мамонтов внимательно посмотрел на Шаляпина: опять что-то новое открывалось в этом, казалось бы, наивном молодом человеке.

— Ах, театр, театр! Я с малых лет заболел театром. И вот в первое время, как только поступил в Мариинский, я приходил пораньше, чтобы насладиться воздухом этого прославленного театра, насладиться тишиной... Прихожу как-то в начале одиннадцатого. На сцене пусто и темно. Лишь где-то мерцают две-три лампочки. Сцена без декораций кажется огромной и подавляет своими размерами. Мрак в глубине ее кажется таинственным и жутким. Занавес поднят, и я смотрю в черную пасть сцены, представляя себя то в одной роли, то в другой... Тишина. Никто не мешает думать, артисты еще не скоро придут на репетиции, а рабочие готовят декорации на складах... Но что это? Как только глаза привыкли к темноте, я увидел маленькую фигурку старичка, который быстро засеменил вдоль сцены... Как легок и грациозен был каждый его шаг, как красив и изящен был каждый жест его рук... Он ничего не видел, ничего не замечал, поглощенный своими мыслями... Он то останавливался, дирижируя сам себе, затем снова двигался вдоль сцены, то приседал, выпрямлялся, откидывался всем корпусом назад, снова выпрямлялся, склонялся вперед и снова мелкими шажками устремлялся вперед. То отступал вправо, то влево... Потом постоит в задумчивости, вроде бы что-то вспоминает, и снова начинает свою прогулку вдоль сцепы... Снова задумывается и снова принимает различные позы, опускается то на одно колено, то на другое, изгибается всем корпусом, вскакивает, вытягивается в струнку, отбегает назад. Чувствую, как он устал, как ему жарко, он вытаскивает платок и вытирает пот... Чуточку отдохнул — и снова начинает свои хождения по сцене... Опять остановка, опять хождения, опять позы, одна изящнее другой, опять движения... Мне казалось, что он никогда не остановится — двигался как заводной. И только когда дали свет на сцену, сигнал к началу общих репетиций, он, удовлетворенный, остановился... И если б вы видели его в этот момент... Он как-то сразу, на глазах, сгорбился, одряхлел...

— Это был Мариус Петипа? Так? — спросил Мамонтов.

— Да, это был Мариус Петипа, я его впервые тогда увидел в работе. Но дряхлым он выглядел недолго. Как только появились артисты и началась репетиция, его было не узнать: снова стал молодцеватым, стройным, с юношеским пылом стал руководить постановкой спектакля... И тут, Савва Иванович, я, может, впервые понял, что такое — работать. Нужно десятки, сотни раз повторять одно и то же до тех пор, пока получится хорошо. Я и стараюсь вот так работать, как прославленный балетмейстер, но ведь не всегда получается так, как хочется. Хочешь сказать одно, а получается другое, что-то совсем непохожее, лживое, напыщенное...

— Очень хорошо, что вы, Феденька, понимаете, чего хотите. Это уже половина успеха... Вы еще так молоды... Обогащайте себя знаниями, читайте больше... Прекрасный эпизод вы рассказали о Петипа. Замечательный мастер, удивительный художник...

Мамонтов умолк, а мысли его унеслись в Петербург к дням былой молодости, когда впервые появились имена Направника, Петипа.

— Какая странная игра судьбы... Бывают случаи, что настоящие фамилии артистов, а не столь часто практикуемые за последнее время псевдонимы вполне соответствуют тем профессиям, которые носят эти артисты. Можно ли, например, лучше придумать фамилию для балетмейстера, чем Петипа? А Направник? У меня не раз мелькала мысль: как было бы хорошо, если бы в увековечение великих заслуг Эдуарда Францевича в области нашей оперы и музыки славным его именем называли бы руководителя оркестра. Направник — это что-то свое, родное. Разве можно это слово сравнить с неуклюжими иностранными словами — капельмейстер, дирижер...

— Уж очень педантичен, чересчур строго следит за ритмичным исполнением каждой роли, — сказал Шаляпин, вспомнив мелкие придирки Направника.

— А как же за вами не следить-то, вы ведь можете такое нагородить!.. Для того и существует направник-дирижер.

В середине августа Нижний Новгород прощался с полюбившимися артистами: труппа Мамонтова давала последние спектакли. 11 августа в бенефис Федора Шаляпина шел «Фауст». Он сам выбрал этот спектакль, все еще надеясь и в образе Мефистофеля покорить взыскательную публику. Он много думал над этой ролью, пытался постигнуть то, что ему говорили об этом образе Дальский и Мамонтов. Никто не препятствовал ему в его намерениях, и все-таки получалось бледно. Девять раз он выходил в этой роли, а успех был средний. Затмевал его блистательный Тартаков. Нет, он вовсе не был завистлив к чужому успеху. Он высоко чтил тех, кто хорошо делал свое дело. Его волновало то, что сам-то он неважно исполнял свою роль.

На бенефисный спектакль принесли сшитый для него костюм. В новом костюме Шаляпин пел гораздо лучше, чем до сих пор, и публика не могла не заметить этого, бурно аплодируя и вызывая его после исполнения коронных арий оперы.

На следующий день «Нижегородская почта» сообщала: «Вчера оба артиста (Шаляпин и Тартаков) имели выдающийся и вполне заслуженный успех. Красивый голос Шаляпина звучал отлично...»

Гастроли подходили к концу. Выступив в последний раз на сцене нижегородского Нового театра в роли Гудала в «Демоне», Шаляпин через несколько дней уехал в Петербург, а в душе было столько неразрешенных вопросов... Что делать? Оставить службу в Мариинском театре и перейти в Частную оперу Мамонтова? А как сложится его судьба у Мамонтова? В Мариинском он все время обеспечен почетной работой, а там... И самое главное — любовь к Иолочке Торнаги всерьез завладела его сердцем.

Глава восьмая

ЖРЕБИЙ БРОШЕН

В Петербурге его встретили радостно. Начинался театральный сезон, и в «Пале-Рояль» из летних поездок возвращались артисты, художники... Все оставалось прежним, только Федор вернулся другим: он почувствовал, что его ждут какие-то большие перемены. Какие, он еще не знал. Может, после исполнения партии Олоферна столица обратит на него внимание? Может, еще что-то произойдет, но что-то должно случиться, он остро чувствовал это.

Он начал работать над партией Олоферна. Он уже видел себя в этой героической роли, напевал наиболее сложные отрывки из партии. Но первые же репетиции вернули его к действительности. Снова начали ворчать, что Шаляпин и поет неправильно, и играет не так, как до него играли и пели выдающиеся мастера Мариинской сцены. Снова начались трения между молодым артистом и руководством театра.

В порученной ему партии князя Владимира в опере «Рогнеда» Шаляпину виделся пылкий, темпераментный характер, быстро вскипающий гневом и быстро остывающий. В этой смене настроений артист и пытался раскрыть недюжинную натуру молодого князя. Он подобрал грим. Темные кудри, темная небольшая бородка и ярко горящие страстные глаза — вот каким внешне он представлял себе молодого героя. Пылкий темперамент должен был проявляться в каждой фразе, в каждом жесте. С удовольствием Шаляпин сыграл сцену, где ему пришлось выкрикивать: «До жен моих вам нету дела!» В яростном гневе он мощно ударял кулаком по столу и выпрямлялся во весь свой рост. Но тут же князь Владимир — Шаляпин столь же внезапно переходил в благодушное состояние... Да и сцена в лесу во время охоты тоже нравилась Шаляпину. Он безмолвно клал руку на гриву коня и замирал, а лицо выражало скорбную задумчивость. Вдали затихал хор странников, рядом стояли богато одетые охотники, и он, Шаляпин, думал обо всем, что только что произошло на его глазах.

Шаляпину нравилась эта роль, и он с удовольствием отдавался работе. Он играл ничуть не хуже, чем в Нижнем, но все время им были недовольны. Это раздражало Шаляпина. «Что они хотят от меня? Не могу же я делать так, как до меня это делал Мельников... Показывают, как ходил Мельников по сцене, что он делал руками... Но никому и в голову не приходит, что Мельников был не похож на меня, а я на него. И сколько б я в точности ни повторял его движений, все время получается что-то курьезное. Да и совсем другой человеческой индивидуальностью я представляю себе характер князя. И мой князь не может делать тех жестов и движений, которые мне навязывает режиссер».

Он очень удивился, когда однажды в его комнату зашли Иола и давний его приятель, артист Михаил Малинин. Сколько было радостных расспросов!.. Оказалось, что Мамонтов снова предлагает ему работать в Частной опере в Москве.

Малинин ушел. Федор предложил Иоле пообедать в ресторане. Долго они не расставались в тот день.

Шаляпин все еще колебался, переезжать ему в Москву или оставаться в Петербурге. И вот как-то, проезжая по Садовой на извозчике, он увидел на углу Невского и Садовой, как раз напротив Публичной библиотеки, артиста Юрьева, тоже на извозчике. Неожиданно для себя Федор крикнул:

— Юрчик! Подожди-ка, что-то важное хочу тебе сказать...

Пролетки остановились рядом. Шаляпин сердечно поздоровался с Юрьевым.

— Знаешь, Юрчик, я хочу уходить с императорской сцены...

— Как так?..

— Да вот, видишь ли, очень много соблазнов...

— Ну, Федор, — задумчиво ответил Юрьев, — соблазны соблазнами, но уйти с императорской сцены легко, а вернуться — куда труднее. Обдумай!

— Так-то так! Понимаю! Конечно, вопрос нелегкий... Но много есть обстоятельств... Ты вот что... загляни сегодня вечером ко мне. Поговорим.

Вечером Шаляпин у себя в «Пале-Рояле» был необычайно задумчив. Его предостерегали против скоропалительных решений, но он все больше склонялся порвать со своей размеренной, незаметной службой на императорской сцене. Не сломать ему устоявшихся канонов, не пробиться, а он так мечтал об этом...

Шаляпин был рад приходу Юрьева. Тот спокойно разделся, сел на предложенный стул. Юрьев был, как всегда, элегантен и собран.

— Как, Феденька, прошли гастроли в Нижнем? Ведь у нас тут почти ничего не писали... Как труппа госпожи Винтер?

— Ты знаешь, оказывается, это труппа не госпожи Винтер, а Саввы Ивановича Мамонтова. Это я сразу же узнал... Да никто и не скрывал, что опера принадлежит Мамонтову.

— Ну и какое впечатление он на тебя произвел?

— Не можешь себе представить, до чего это удивительный человек! Мамонтов сумел привлечь прекрасных артистов, и не только артистов. Какие они все замечательные люди, добрые, сердечные!.. Знаешь, жили как одна семья... Я там познакомился с изумительным художником Костей Коровиным. Вот кто понимает толк в театральных декорациях!..

Шаляпин с восторгом рассказывал о том, что делалось в Нижнем Новгороде во время выставки. Юрьев смотрел на него и удивлялся той перемене, которая произошла с Шаляпиным. За три с половиной месяца он стал неузнаваем... Сколько появилось новых слов, которые свидетельствовали о внутреннем духовном наполнении... За три месяца такой скачок, а что станет с ним через год, через два, если он будет развиваться в той атмосфере, которую создал для него Мамонтов?

Юрьев смотрел на него и удивлялся. Вчера еще никто не знал Шаляпина, он ходил в учениках, а сегодня ему уже тесны рамки императорского театра и он мечтает о свободном творчестве, о воплощении своих собственных творческих замыслов... А как красочно он рассказывает... Живо и увлекательно, не упуская подробностей, а некоторые сцены, где главным образом фигурирует он сам, изображает в лицах, с юмором, беспощадным и к самому себе... Радостен, полон жизни...

— Федор! По всему чувствуется, что успех тебя окрылил и у тебя впереди одни радужные перспективы... Пожалуй, действительно не откладывай решение своей судьбы, ты всей душой и помыслами там, в Москве...

— Мамонтов обещал мне, что будет давать любую оперу, какую я захочу... Представляешь?

— Конечно, лучших условий для осуществления твоих замыслов тебе не найти... Разве ты встретишь к себе такое отношение на Мариинской сцене? Разве будешь окружен такой атмосферой, какую сумел создать в своем театре Мамонтов? Поезжай...

— Помимо всего, я там, у Мамонтова, влюбился в балерину... Понимаешь?.. В итальянку... Такую рыжую... Симпатичную, красивую... Ну, посуди сам, она там будет, в Москве, у Мамонтова, а я здесь!.. А?

— Ну чего же ты об этом-то помалкивал? Тут и советовать нельзя... Это твое дело, интимное, и решать тебе одному.

— Она была здесь, тоже уговаривала переезжать в Москву. Мамонтов дает мне в два раза больше, семь тысяч двести, и обещает заплатить неустойку, а я отказался... И меня охватила такая тоска, что не знаю, что и делать... Так хочется к ним, к Мамонтову, к Иолочке моей... Но у нас еще не было объяснения...

— Какое же тебе объяснение, если она уговаривает тебя переезжать в Москву!.. Значит, и она хочет, чтобы ты был поближе к ней... Это ли не объяснение в любви?

Юрьев вскоре ушел, а Шаляпин опять остался наедине со своими сомнениями.

Походил по комнате, попробовал голос, взял листок бумаги.

Прощай, уборная моя, Прощай, тебя покину я!

Шаляпин вспомнил свою театральную уборную в Мариинском театре, сплетни, чинопочитание, царившее в театре, зависть, которая душила некоторых из его коллег, и быстро побежало его перо по бумаге.

> Пройдут года, все будет так:
> Софа все та же, те ж рожки,
> Те ж режиссеры-чудаки.
> Все та же зависть, сплетни, ложь
> И скудоумие все то ж.
> Певцов бездарных дикий вой
> И заслуженных старцев строй.
> Портной Андрюшка, страж Семен
> И тенора иных племен;
> Оркестр блестящий, стройный хор,
> Для роль не знающих — суфлер,
> Чиновников мундиров ряд
> И грязных лестниц дым и смрад, —
> Вес это покидаю я,
> Прощай, уборная моя.

Все кончено... Сомнениям пришел конец. Жребий брошен. Не может он больше ходить послушным пай-мальчиком по указке «режиссеров-чудаков», которые никак не могут понять, что он рожден для того, чтобы творить по велению собственного сердца. Только в этом случае он может чего-то добиться в жизни.

Долго еще думал Шаляпин в этот вечер, пока окончательно не понял, что нужно бежать из Петербурга.

К тому же его не покидали мысли об Иоле. Он все время вспоминал ее, забавную, смешливую, энергичную, умную, толковую, умеющую и здраво рассуждать, и тонко мыслить о таких вещах, которые как-то проходили мимо сознания Федора. Ее красивое лицо и изящная фигура часто виделись Федору... Он чувствовал, что полюбил ее. Жизнь у нее тоже была нелегкой, правда, по другим, нежели у него, причинам... Она много рассказывала ему о себе. В шестнадцать лет она уже была примой в театре Сан-Карло ди Наполи. Иола доказала, что вполне может заменить свою мать, рано покинувшую сцену из-за травмы ноги. Нашел Иолу Мамонтов, мечтавший создать свой балет. Он повсюду искал артистов, бывал в театрах, заходил за кулисы, разговаривал, советовался. Итальянцев он обожал. Как-то в Венеции он прочел, что в ближайший вечер в театре Фениче пойдет «Коппелия», и решил посмотреть. Главную партию танцевала Иола. Она ему очень понравилась. Савва Иванович познакомился с ней и предложил контракт в России. Сначала она отказалась: у нее уже был контракт с одним из французских театров, но Мамонтов уговорил ее отказаться от этого контракта, заплатил неустойку, предложил контракт на полгода по восемьсот рублей в месяц... Ну, конечно, от такого жалованья не отказываются, и Иола согласилась... Уж на что он, Федор Шаляпин, мало интересовался балетом, но и он понял, что Иола — чудесная балерина. Молодец Мамонтов, что привез ее в Россию... А то как бы Федор встретился с ней? Без Иолы он уже не мог себе представить свою жизнь... Рассказывала ему Иола и о своей жизни в Италии. Отец ее был сицилийцем знатного происхождения по фамилии Ла Прести. Он влюбился в будущую мать Иолы, хотел жениться на ней, но его родители-аристократы пригрозили лишить его наследства, если он женится на балерине... Он все-таки решился, но вскоре умер... Так что она выросла без отца... А мать ее повредила ногу в самом расцвете своей артистической карьеры... Иола взяла фамилию матери как псевдоним...

Да, пожалуй, действительно он уже не может жить без Иолы Торнаги. Так прочь сомнения! В Москву, в Москву!!!

ЧАСТЬ ВТОРАЯ

ПРИЗНАНИЕ

Глава первая

МОСКОВСКИЕ ВСТРЕЧИ

Как хорошо стало у Федора на душе, когда наконец-то он решил переехать в Москву... Словно тяжелая ноша спала с плеч. Неопределенность давила его, мучила, не давала покоя... А теперь ему казалось, что перед ним открывается все самое лучшее. Мамонтов взял на себя неустойку за первый год — 3600 рублей; вторую половину неустойки Федор должен заплатить через год сам. При таком жалованье, которое положил ему Мамонтов, это не так уж обременительно. Главное, что здесь, в Москве, все по-другому...

Москва была совершенно не похожа на Петербург. Здесь все иное, начиная с внешнего вида и кончая отношениями между людьми. И люди казались Шаляпину другими. Да и сам он уже не раз замечал, что в такой атмосфере становится другим, более открытым, откровенным. Шаляпин никак не мог привыкнуть к строгости петербургских улиц: широкие, прямые, они производили впечатление некой парадности, и казалось, сам он, выходя на них, поневоле становился каким-то строгим. Да и все было там странным: днем горело электричество, а летней ночью, как днем, висело яркое солнце. Все в Петербурге было чуждо и непонятно ему.

И потому он часто вспоминал волжские просторы, залитые солнцем берега, поля. Даже Тифлис ему поначалу был дороже и ближе, чем эта странная красота северной столицы. Он прекрасно знал, что Гоголь любил бродить по Невскому проспекту, что Пушкин и Достоевский воспевали величие и неповторимость Петербурга, немало посвятили ему своих страниц. И он нигде не высказывался, что Петербург ему не по душе. И он любил бродить по Невскому, выделяясь своей высокой и стройной фигурой среди гуляющих. Часто бывал на Дворцовой площади, любовался Александровской колонной с ангелом... Эрмитаж с гигантами кариатидами, Канавка, Мойка, золотые шпили, «адмиралтейская игла», о которой упоминал Пушкин, шпиль Петропавловской крепости, шпиль Инженерного замка, где зверски убили императора Павла...

Шаляпин бродил по набережным. Здесь кипела бурная жизнь: катили роскошные экипажи, в них важно восседали придворные чины, гвардейцы, томные дамы в дорогих соболях. Все это куда-то мчалось, торопилось, спешило... За зеркальными стеклами дворцов, подъезды которых были застланы дорогими коврами, слышалась бальная музыка, в вихре танцев кружились прекрасные женщины с важными партнерами. Около этих зимних подъездов долгими часами вышагивали кучера, полицейские, охранявшие покой богатой публики...

А в Москве он почувствовал себя хорошо. Москва была широким и гостеприимным домом, куда со всех сторон России приходил талантливый люд... В Москве были щедрее, шире, хлебосольнее, меньше было чванства, больше гордости своим национальным происхождением. А Третьяков и его картинная галерея?.. Бахрушин и его музей театрального искусства?.. А Савва Морозов?.. И сколько таких, которые во славу России жертвовали своими миллионами, дабы увековечить великое в духовной жизни своего времени... А Новодевичий монастырь... Может, здесь впервые Шаляпина поразили мысли о смерти, о той далекой смерти, которая неизбежно придет, как бы долго ни продолжалась его счастливая и беспечная жизнь. Ведь Иван Сусанин тоже в ту роковую минуту думал о смерти, и все его раздумья, естественно, должны были быть окрашены этими предсмертными ощущениями...

22 сентября Федор Шаляпин впервые выступил в Частной опере Саввы Мамонтова, арендовавшей театр Солодовникова. Партию Ивана Сусанина он знал хорошо, не раз исполнял ее в Нижнем Новгороде. Но здесь что-то стало происходить с ним. То ли почувствовал большую ответственность, все-таки Мамонтов верил ему и возлагал на него свои надежды, то ли произошло незаметное для него углубление в образ, он почувствовал характер человека, совершившего подвиг, но обреченного за это врагами на смерть. Пел он в этот день особенно проникновенно и мощно. Арию «Чуют правду» пришлось повторить на бис. Успех был определенный. А Шаляпин почувствовал, что с этого дня он нашел то, что так долго искал: характер Ивана Сусанина, простого крестьянина, мудрого, спокойного и великого.

Появление Федора Шаляпина в Частной опере было замечено театральными рецензентами. «Новости дня» уже на следующий день после спектакля сообщали своим читателям: «Вчера в вечернем спектакле партией Сусанина в первый раз дебютировал бас г. Шаляпин. Это молодой, но очень талантливый артист и певец, обладающий прекрасными голосовыми средствами и умелой фразировкой. На долю г. Шаляпина вчера выпал огромный успех». «Московские ведомости» также отмечали большой успех молодого артиста у публики, подчеркивали новизну и своеобразие исполнения партии Сусанина... «Русские ведомости» обращали внимание на сценический талант молодого артиста, «иногда подкупающего искренней теплотой выражения», «артист еще очень молод и при настойчивой, внимательной работе может сделать очень многое».

Шаляпин любил просматривать газеты, где его хвалили. И горько становилось, когда указывали ему на недостатки «чисто музыкальной стороны исполнения», призывали к большей точности в пении и более тщательной отделке звуковых оттенков... Потом горечь проходила. Что ж, все правильно... Он только начинает работать по-настоящему.

С каждым днем крепла уверенность Шаляпина в своих силах. Он и всегда-то чувствовал, что сил у него много и что на маленьких ролях он не остановится, а тут душа его просто полнилась счастьем. Шаляпин почувствовал и другое: никогда у него не будет таких благоприятных возможностей, как сейчас. Только нужно серьезнее готовиться к исполнению ролей. Смелее отходить от проторенных дорожек, отбрасывать штампы...

И когда Шаляпину предложили исполнить Мефистофеля в «Фаусте», он крепко задумался. Сколько раз еще Дальский говорил ему о глубинах этого образа и о богатых возможностях исполнителя Мефистофеля. Когда же, наконец, попробовать, как не сейчас, когда никем не скован и никем не контролируем...

Мамонтов был у себя в кабинете, просматривая эскизы к новой постановке, когда к нему зашел Шаляпин.

— Савва Иванович! Я не могу исполнять Мефистофеля, как раньше. Не удовлетворяет он меня...

— А что тебя не удовлетворяет? Последнее время в Нижнем он у тебя получался недурно.

— Вот именно, недурно... Я вижу этот образ иначе, в другом костюме и гриме, и хотел бы отступить от театральной традиции.

— Ради бога! — воскликнул Мамонтов. — Что именно ты хочешь сделать?

— Костюм не подходит для моей роли, уж очень тяжел, он похож на броню ландскнехта...

— Пожалуйста, сейчас можем отправиться к Аванцо и там посмотрим, подберем что-нибудь.

— Мефистофелю полагается по чину два пера, а я хочу одно убрать. И почему у Мефистофеля должны быть усы, закрученные к тому же кверху усатином? Это ж дух... Зачем его так очеловечивать? Без усов лицо будет выглядеть более костлявым, более скульптурным, что ли, а следовательно, будет более соответствовать персонажу.

— Федор, это же прекрасно, что ты недоволен своим исполнением. Значит, завтра ты сможешь исполнить роль лучше... Вот в этом и заключается развитие таланта... Очень рад, очень рад...

В магазине Аванцо Федор Шаляпин долго рассматривал все имевшиеся изображения Мефистофеля. Привлекла его внимание гравюра Каульбаха. Строгий костюм, плотно облегавший тело, понравился Федору, и он попросил Мамонтова заказать ему такой же.

Долго сидел Шаляпин в день спектакля в своей уборной, подбирая подходящий грим к новому костюму, к новому образу Мефистофеля, который возникал в его воображении. Почему он должен играть стандартного Мефистофеля? Он должен создать самостоятельный образ. Он молод, пластичен и должен быть свободным в своих движениях... Ничего искусственного, вымученного, никаких фальшивых жестов. Мефистофель должен быть ровесником юного Фауста, повесой, только и всего, и одновременно воплощением неотвратимого зла, кажущегося непобедимым и вечным.

Взглянув на себя в зеркало, Шаляпин остался доволен, видя, что облик его соответствует тому, что он задумал.

На сцене он чувствовал себя необычно легко и просто, передвигался свободно, играл и сам радовался тому, что все у него на этот раз получается правдиво и естественно.

На следующий день, отмечая огромный успех спектакля, рецензент «Московских ведомостей» писал: «Вчерашний

Мефистофель в изображении Шаляпина, может быть, был несовершенным, но, во всяком случае, настолько интересным, что я впредь не пропущу ни одного спектакля с участием этого артиста». Рецензия была серьезной, доказательной, искренней. Шаляпин понял, что пришло то, к чему он уже столько лет стремился: признание.

Мамонтов встретил его особенно дружески, сказав:

— Феденька, вы можете делать в этом театре все, что хотите! Если вам нужны костюмы, скажите — и будут костюмы. Если нужно поставить новую оперу, поставим оперу!

— Спасибо, Савва Иванович! Я сейчас чувствую такие силы, что, кажется, дай мне точку опоры, земной шар подниму...

— Сева, мой сын, передавал мне отзыв известного скандинавского художника Андерса Цорна о вашем, Феденька, Мефистофеле... Сын вчера сидел рядом с ним в ложе и видел, какое потрясающее впечатление вы произвели на Цорна своим Мефистофелем. «Такого артиста и в Европе нет! Это что-то невиданное! Подобного Мефистофеля мне не приходилось видеть!» Я должен вам, Феденька, сказать, что от вашего вчерашнего Мефистофеля и мне порой становилось жутко. Интересный костюм, оригинальный грим... А то, что вы показали Мефистофеля блондином, произвело особое впечатление... Большое наслаждение вы доставили вчера, все об этом и говорят. Только не зазнавайтесь, Феденька, много еще предстоит работы впереди.

Но Шаляпин и сам понимал, что работа лишь началась.

...Шаляпина стали повсюду приглашать, и он редко отказывался от встреч. Вскоре Шаляпин уже со многими московскими артистами и художниками был знаком, частенько бывал у них дома.

Бывал и у Татьяны Львовны Щепкиной-Куперник.

Татьяна Львовна была моложе Шаляпина всего лишь на один год, но она давно уже вошла в жизнь театральной

Москвы, играла на сцене Малого театра, где некогда ее дед, Михаил Щепкин, поражал своими художественными открытиями; написала несколько одноактных пьес, которые с успехом шли в различных театрах России, и, став материально независимой от отца, киевского адвоката, начала устраивать у себя вечера, на которых иногда бывало до шестидесяти человек. Когда приглашала к себе гостя впервые, всегда гордилась своим чисто московским адресом:

— Божедомка, дом Полюбимова, что против большой ивы.

Здесь бывали Антон Павлович Чехов с сестрой Марией, режиссеры и артисты Малого театра, журналисты и писатели. Иногда запросто заходил сюда дядя Гиляй; вся Москва под этим именем знала известного писателя и журналиста Гиляровского. Чаще всего Гиляровского можно было встретить здесь, когда тут бывала артистка Мария Роксанова...

Шаляпин пришел в «дом Полюбимова» раньше других. Ему открыли дверь и провели в гостиную, где и просили подождать. Шаляпин прошелся по большой, хорошо и уютно обставленной комнате и, увидев кресло, спокойно уселся, дожидаясь хозяйку.

Татьяна Львовна не замедлила появиться. Молодая, веселая, она располагала к себе.

— А вы знаете, в каком кресле сидите? — усмехнулась она. При ее появлении Шаляпин, конечно, встал, а при ее словах невольно оглянулся на кресло, в котором только что так покойно сидел.

— А что такое? — неуверенно спросил он.

— Это некрасовское кресло, оно принадлежало самому Некрасову. Он проводил в нем последние годы своей жизни...

— А как же оно очутилось у вас?

— О! Это длинная история... Как-нибудь я вам расскажу ее, а сейчас я хочу узнать, как там справляются мои помощники на кухне...

— А можно мне пока поиграть? — спросил Шаляпин, нетерпеливо поглядывая на рояль.

— Конечно, прошу вас. А может быть, потом, когда соберутся гости?..

— Нет, нет, я просто хочу подумать за роялем, что-нибудь наиграть.

— Тогда я не буду стеснять вас...

Татьяна Львовна ушла, а Шаляпин подсел к роялю и стал наигрывать. В коридоре раздались голоса — Татьяны Львовны и густой незнакомый бас с украинским акцентом.

— Владимир Алексеевич Гиляровский... Федор Иванович Шаляпин, — познакомила Татьяна Львовна мужчин.

Немолодой и солидный на вид, Гиляровский рядом с Шаляпиным производил впечатление матерого медведя. Но они сразу нашли общий язык. Заговорили о Волге. Дядя Гиляй начал рассказывать о том, как он бурлачил в молодости. А потом, когда гости съехались и комната постепенно наполнилась, он хлопнул себя по лбу и сказал, доставая из принесенной сумки какой-то сверток:

— Чуть не забыл, Татьяна Львовна... Вот эту колбаску прислали из Миргорода... Это, скажу я вам, не колбаска, а улыбка природы!..

Гости все прибывали, а дядя Гиляй удобно уселся в некрасовское кресло и начал рассказывать свои бесконечные истории — смешные и печальные. А он умел рассказывать.

Пришел Савва Мамонтов. Седой, энергичный человек с огненными глазами, он сразу стал центром внимания. И дядя Гиляй невольно отступил на второй план, чутко понимая, что так нужно.

Шаляпин откровенно любовался Мамонтовым. Удивительный человек! Как он много знает и может тонко и ненавязчиво рассказать и показать. Приняв дело отца, он построил Ярославскую железную дорогу, наладил несколько заводов... Но быстро остыл к предпринимательству и стал заниматься тем, к чему давно лежала душа: десять лет тому назад, в 1885 году, он открыл Частную московскую оперу, написал либретто оперы «Камора», а музыку сочинил Эспозито. Организовал у себя завод керамики и сам на всю жизнь увлекся майоликой. К тому же недурно пел неаполитанские песни. Да, он был заметной фигурой в художественной жизни Москвы и Петербурга... В его имении Абрамцеве Шаляпин еще не был, но повсюду только и слышал о прибежище молодых художников, писателей, артистов.

Шаляпин понял, что Мамонтова надо держаться: у него есть средства, есть бескорыстие по-настоящему влюбленного в искусство и понимающего в нем толк. А главное — он может дать свободу творить, не будет ограничивать какими-то искусственными рамками полет фантазии...

Шаляпин понимал, что его голос покоряет многих слушателей и воспринимается как нечто небывалое. Но он знал также и то, что ему еще предстоит много работать, многому учиться, чтобы всего себя раскрыть полностью.

В тот вечер у Щепкиной-Куперник он пел, а потом, когда все развеселились и стало уже шумно, лихо отплясывал ойру с крошечной тетей Татьяны Львовны, артисткой Малого театра А.П. Щепкиной.

Глядя на Федора, Татьяна Львовна думала: «А ведь до этого каким неуклюжим и стеснительным был... Казался даже нелюдимым. Да он и сейчас производит впечатление неуклюжего. Длинный, белокурый, с круглым, открытым русским лицом. Этакий простой паренек с Волги... Так и хочется надеть ему синюю пестрядинную рубаху да лапотки...»

— Федор Иванович! — окликнула его Татьяна Львовна. — Вы не хотите как-нибудь пойти к Ермоловой? Она была на «Фаусте», и вы ей очень понравились...

— С удовольствием! Я давно восхищаюсь ее талантом. Никогда не забуду своего впечатления от ее игры в «Орлеанской деве»...

В Москве Шаляпин часто бывал в Малом театре, конечно, тогда, когда сам не был занят в спектакле. Смотрел на великую Ермолову и восхищался ее умением перевоплощаться, создавать образы, столь непохожие друг на друга. Он удивлялся порой, когда узнавал, что играет их одна и та же артистка...

Татьяна Львовна вскоре сообщила Шаляпину, что Ермолова ждет их. Когда они пришли, Федор засмущался при виде необычной обстановки в квартире знаменитой актрисы. Все было скромно в этом доме. Ни роскошной мебели, ни дорогих ковров. Картины по стенам, книги...

Навстречу им вышла немолодая улыбающаяся женщина. И он оробел. Шел вроде бы уверенно, большой и сильный, а теперь не знал, куда руки девать, они ему мешали.

Растерялась и Ермолова при виде этого юношески свежего лица.

— Как... это Шаляпин? В вашем Мефистофеле столько сатанинского, столько философской иронии... А вы вон какой...

— Да уж извините... Какой есть, — сконфуженно пробормотал он.

Среди своих сверстников Шаляпин был заводилой всех розыгрышей, любил рассказывать анекдоты в своей артистической среде и вообще был душой общества, веселый, общительный, о таких обычно говорят, что они за словом в карман не полезут. А тут долго не мог преодолеть робость перед великой актрисой... Но вскоре смущение словно бы притаилось где-то в глубине души, и Шаляпина полностью захватили непреодолимое любопытство и творческая жадность, так все было здесь ново и неповторимо.

— Говорят, вы ушли из императорского Мариинского театра? — Мария Николаевна усадила гостей напротив себя и участливо смотрела на молодого человека. — Что же вас привлекло у Мамонтова? У него и оркестра хорошего нет, да и репетируют мало...

— Свобода меня привлекла, Мария Николаевна. — Шаляпин твердо взглянул на знаменитую актрису. — Мамонтов говорит мне: делай, что хочешь в моем театре, раскрывай свой талант. Вот это и повлекло меня сюда, в Москву. А в казенном театре мне не давали петь то, что я хочу и могу.

— Может, вы и правильно поступили... Ничего нет для актера дороже творческой свободы. — Мария Николаевна тяжело вздохнула.

— А что, неужто и вас затирают? — простодушно удивился Шаляпин.

— Ох, Федор Иванович, именно затирают... Я хочу играть Орлеанскую деву, а мне дают роль какой-нибудь современной барыньки.

— И что же вы? Соглашаетесь?

— Иной раз соглашаюсь, но чаще отказываюсь... Вы ведь знаете, что артист зачастую знает себя лучше, чем знают его другие. Я считаю себя, например, может быть и ошибочно, актрисой совершенно классического репертуара. Там я чувствую себя свободно, там все мои симпатии и любимые роли. Моя мечта показать в Петербурге именно этот репертуар: Орлеанскую деву, Сафо, Марию Стюарт. Но такова уж судьба актрисы императорского театра — она должна делать то, что прикажут, тогда как все иностранные и даже провинциальные гастролерши могут играть в Петербурге все, что им угодно. Да еще перед государем! По мнению начальства, он не должен видеть, на что способна русская актриса, а пусть смотрит, «что возможно нам поставить»! Нечего вам говорить, как такой взгляд на деле возмущает и обижает... Может, вы и правы, что ушли из императорского театра... Свобода — дороже всего...

— Юрчик мне рассказывал...

— Кто такой Юрчик?

— А-а-а... Юрий Михайлович Юрьев, мой приятель... Так вот, он рассказывал мне, что вы разругали его, когда он согласился играть Чацкого. Он отказался от такой выигрышной роли, а мне вот до сих пор жалко, что он отказался! Это ведь его роль...

— Это другое дело, Федор Иванович! Он сыграет роль Чацкого, обязательно сыграет, но через какое-то время... Мальчишка, можно сказать, а помышляет играть Чацкого, роль труднейшую в репертуаре!.. Ему для этой роли надо еще много пожить, перестрадать, чтобы почувствовать Чацкого... Это роль его, и он, конечно, будет ее играть, но не теперь, а в будущем. Он мог бы ее испортить. Исправлять же роль гораздо труднее, чем создавать новую. Молодой актер должен играть такие роли, где можно взять молодостью, — Незнамова, например, или даже Ромео, а Чацкого одной молодостью не возьмешь...

Шаляпин внимательно слушал Марию Николаевну, радуясь, что и на этот раз ему здорово повезло: многие ему говорили, что Мария Николаевна всегда отказывалась кого-нибудь учить, а тут столько интересного он узнал от нее.

— Вы и оперу любите? — спросил Шаляпин.

— Очень! Года два назад здесь гастролировал Таманьо. Я слушала его в «Отелло» семь раз и готова была слушать семь тысяч раз... Какое наслаждение он мне доставил!

И они так увлеклись разговором, что время пролетело незаметно.

Федор Шаляпин наконец спохватился, что пора уходить, и стал прощаться. Татьяна Львовна тоже засобиралась, но Мария Николаевна остановила ее.

— Дорогой Федор Иванович! — сказала, прощаясь, Мария Николаевна. — Знаю, что жизнь ваша не всегда была усыпана розами. И вот что я вам скажу... Куда б ни бросила вас жизнь, какими бы тисками она вас ни сжала, каковы бы ни были впоследствии ваши желания и стремления — не покидайте веры в идеал. Веруйте в прекрасное, и будете верить в добро и правду. Вы талантливы, я чувствую это, я видела вас на сцене... И если пламень, который теперь горит в вашем сердце, погаснет, вы погибнете... Вы засушите себя и будете несчастны. Помните это. Пусть от этого пламени останется хоть искорка, но пусть она горит неугасимо до конца ваших дней. Это мое искреннее вам пожелание. Прекрасное вечно, и без него жизнь — скучный, а следовательно, и бесполезный труд.

Глава вторая

ИВАН ГРОЗНЫЙ

После первых успехов и душевных радостей, возникавших всякий раз от газетных и устных похвал, пришло отрезвление. Больше месяца выступал Шаляпин в Москве, в театре Солодовникова, сыграл все свои коронные роли — Сусанина, Мефистофеля, Мельника, успешно выступил в ролях Владимира Галицкого, Нилаканты, Лотарио. Его снова хвалили газеты, на банкетах, на вечерах шумно обсуждали его недюжинный талант, ему частенько говорили много хороших слов, от которых у артиста могла закружиться голова... А ему становилось вся тягостнее и тревожнее.

«Что же получается? — спрашивал он себя. — Я повторяю те же самые роли, те же самые партии, которые до меня исполняли Мельников, Стравинский, Петров и еще десятки талантливых певцов. А моя заслуга только в том, что я пою не хуже их, что у меня «отличный голос»... Но ведь отличный голос может быть и у другого, и у третьего артиста... Что же я-то могу, я, Федор Шаляпин?.. Хвалят моего Мефистофеля, но если бы они знали, что мне ни разу не удалось сыграть эту роль так, как я хотел бы... Что-то не получается... Чего-то не хватает мне в моей игре и моем пении... Неужто прав Мамонт Дальский и в опере действительно нельзя играть

Шекспира? Неужели оперный актер должен только услаждать пением своих зрителей?»

Федор вспомнил, с каким презрением всякий раз Мамонт Дальский говорил об ограниченных возможностях оперного артиста, и с возмущением сжал кулаки. «Нет, мой милый Мамонт, ты еще услышишь, как твой ученик сыграет роль похлеще шекспировской... Только нет пока такой роли... Пожалуй, только в «Русалке» Даргомыжский стремился соединить оперу и драму в одно целое, хотя до сих пор певцы и режиссеры всегда подчеркивают в опере лирические моменты в ущерб драме и тем обездушивают, обессиливают оперу... Вот сыграть бы «Бориса Годунова».

Шаляпин любил бывать у Константина Коровина в его мастерской. Приходил и днем, и даже поздно вечером после спектакля. Всегда у Коровина бывали интересные люди. Здесь он познакомился со многими художниками, артистами других театров, с общественными деятелями, композиторами. Здесь велись очень важные для него разговоры, из которых он извлекал для себя много полезного. В частности, от кого-то из художников он узнал, что у Римского-Корсакова есть опера «Псковитянка», которая ни на одной большой сцене не ставилась и в которой есть одна из главных ролей, написанных словно для него: трагическая роль Ивана Грозного.

Достали ему клавир. И Федор сразу же понял, что это для него находка.

Мамонтов сначала отказался ставить «Псковитянку»: не вытянуть, мол, Частной опере такую сложную вещь. Но Шаляпин был настойчив, и Мамонтов согласился.

Началась работа.

Шаляпину уже приходилось участвовать в постановках опер Римского-Корсакова: в Мариинском театре он исполнял второстепенную роль Панаса в опере «Ночь перед Рождеством». Вспоминал и самого автора, который постоянно на репетициях возражал Направнику, стремившемуся к более педантичной трактовке музыки. И вот новая роль, которая буквально захватила его.

По-прежнему постоянно выступая в спектаклях театра, Шаляпин начал работать над ролью Ивана Грозного. Начал с того, что прочитал пьесу Льва Мея «Псковитянка». На него словно дохнуло подлинной народной жизнью, ее бытовым колоритом. Язык пьесы покорил артиста. Вот она, подлинная Россия, с ее трагическими страстями и переживаниями...

Образ Ивана Грозного — поборника объединения Руси в централизованное государство — предоставлял артисту большие возможности для раскрытия его многогранного, противоречивого трагического характера. Шаляпин почувствовал, что это его роль и он сможет сыграть ее. Он весь загорелся оперой.

Мамонтов решил поставить эту оперу сам. Сразу включились в работу Коровин и Виктор Васнецов. Бывая в мастерской Коровина, Шаляпин видел, с каким напряжением работают художники над эскизами декораций и костюмов будущей постановки, просматривают старые книги с рисунками одежды того времени. У Федора все время было заполнено раздумьями о характере главного героя. Хоть опера и называлась «Псковитянка», но всем было ясно, что центральная фигура оперы не Ольга, дочь Ивана Грозного, о существовании которой царь и не подозревал, а сам Иван Грозный.

Репетиции шли полным ходом. Энергичный Мамонтов все свободное время проводил в театре. Никому он не мог доверить столь ответственное дело. Он уже давно понял, что режиссура в постановке оперы имеет столь же важное значение, что и в театрах драматических. Чаще всего в опере режиссерами становились отставные хористы и оперные артисты, потерявшие голос, иными словами, неудачники, в чем-то ущемленные, озлобленные. И никогда они, конечно, не задумывались над тем, что оперный спектакль должен быть единым во всех своих компонентах, пронизанным идеей, положенной автором в основу музыкального произведения.

Мамонтов умел заставить артистов работать до тех пор, пока не убеждался, что трудная мизансцена получилась такой, какой он ее задумал. До седьмого пота, как говорится, Мамонтов готов был работать с артистами, добиваясь от них совершенства в воплощении этого замысла. И часто, вытирая пот после репетиций, он говорил:

— Вот это хорошо позанимались...

А бывало и наоборот. Страстный, увлекающийся Мамонтов вдруг остывал к своему детищу, от случая к случаю проводил репетиции, а то и после двух-трех общих репетиций давал команду выпускать спектакль на зрителя. И нужно было большое напряжение воли всех артистов, чтобы «вытащить» спектакль. И талантливые артисты вытягивали, не давали провалиться спектаклю.

Шаляпин пришел в театр, когда Мамонтов репетировал трудную мизансцену с участием целого хора. Мамонтов взбегал на сцену, что-то показывал, объяснял, потом снова спускался и смотрел, как выполняются его указания.

Шаляпин пристроился в одном из кресел и, не замеченный исполнителями, стал наблюдать за развитием действия.

В обычных оперных спектаклях массовые сцены всегда статичны: хор, повернувшись лицом к публике и дирижеру, внимательно следит за дирижерской палочкой, ожидая сигнала, когда вступать тем или иным группам хора. Получается все точно в музыкальном отношении, но скучно, безжизненно, «статуарно». Опера «Псковитянка», где большое внимание уделено народу, взрывала устоявшуюся давнюю традицию использования хора. Мамонтов уже не раз говорил, что его не удовлетворяет хор в «Русалке», «Кармен» и других операх. Но он ничего не мог поделать в Нижнем Новгороде, когда требовалось давать чуть ли не каждый день спектакль. Некогда было что-то менять в уже издавна сложившихся традициях. А тут наконец-то и перед ним как режиссером открывались невиданные возможности. И Шаляпин понял это, наблюдая репетицию этой сцены.

...Прибывает на площадь, заполненную псковичами, гонец. Толпа озабочена, но выражает свою озабоченность традиционно: весь хор повернут лицом к дирижеру и исполняет то, что ему положено по партитуре.

— Повернуть толпу так, чтобы она слушала и смотрела на гонца, а затем на Тучу! — раздраженно крикнул Савва Иванович.

Сделали так, как он повелел. Оказалось, что часть толпы-хора должна была стоять спиной к дирижеру.

— Позвольте, а как же они будут петь, не видя палочки капельмейстера? — раздался голос одного из музыкантов оркестра.

— Прошу всех повернуться спиной к рампе, — продолжал настаивать Мамонтов.

Все затихли, недоумевая. И в этой тишине раздался громкий голос в кулисе:

— Ну, Савва рехнулся: ему уже и дирижер мешает!

Хормейстер, итальянец Кавалини, подбежал к Мамонтову и произнес, задыхаясь от волнения:

— Что вы делаете! Хор не будет звучать! Вступления будут сбивчивы, пойдет вранье... Зачем вы это делаете?.. Все это глупости!..

Мамонтов не успел ответить, как из хора поддержали Кавалини:

— Напутаем, наврем... И что это за блажь лезет в голову?.. Непременно собьемся, наерундим. Мы привыкли петь, хорошо видя дирижера, а теперь-то как? На затылке глаз нет!

Да и по всему видно было, что хористы недовольны новыми предложениями режиссера и нехотя двигаются по сцене, поворачиваясь спиной к залу.

Шаляпин посмотрел в этот миг на Мамонтова, разгоряченного, взволнованного, и подумал: «А ведь он прав! Толпа должна двигаться, жить».

Мамонтов резко повернулся в сторону сцены и сказал:

— Мне нужна толпа, движение в народе, стихия, а не хор певчих. Надо сделать сцену реальной, живой, выразительной! Выполняйте то, что я вам говорю! Хватит споров...

Мамонтов поднялся на сцену и сам распределил действия хористов. Одним предложил повернуться спиной к сцене и резко взмахивать руками, другим указал движения в определенные музыкальные моменты... И при повторении эпизода вся сцена ожила: толпа задвигалась, зашевелилась, и реплики уже зазвучали более убедительно и страстно. В хоре нашлись артисты, которым пришлась по душе идея Мамонтова, и они охотно «заиграли» в толпе.

Шаляпин был поражен переменами в этой сцене. Если раньше скучно было смотреть эту часть спектакля, настолько невыразительная была толпа, то сейчас стало очевидно, что здесь действует настоящая псковская вольница, собравшаяся на свое вече, оказавшееся последним не только в Пскове, но и вообще на Руси.

Шаляпин подошел к Мамонтову после того, как закончилась репетиция этой сцены, повторенной несколько раз.

— Савва Иванович! А ведь действительно стало лучше! Толпа стала похожа на людей самостоятельных, дерзких, вольных!

— Я заставлю их играть и петь одновременно... В иностранных операх нет подобных сцен. А здесь действует народ, выражает свое мнение, борется, сдается, что-то ломается в его представлении... Одни из них мужественны и смелы, а другие сломались, боятся, трусят за свои животы...

— Пожалуй, Савва Иванович, надо еще подумать и о гриме, и о костюмах для хористов. В толпе нужны характерные фигуры... Тогда она будет разнообразнее и живописнее.

— Вот-вот, Феденька! Сегодня же поговорю с Костенькой и Васнецовым, пусть подумают над этим... А вы готовы репетировать?

— Да оперу я знаю наизусть, но что-то не получается у меня... Я внимательно ее изучил, могу петь за каждого, но она теперь пугает меня, Савва Иванович. Боюсь провалиться. В ней все очень трудно, не по моим силам. Да и на публику, вероятно, не произведет никакого впечатления... В опере у меня нет ни арии, ни дуэта, ни трио, ничего, что было бы выигрышно.

— Ничего, ничего... Сам же просил поставить эту оперу. И здесь есть где развернуться твоему драматическому таланту. Роль Грозного исполнял сам знаменитый Петров в Мариинском... Правда, ничего не знаю о том, как он исполнял эту партию... Опера быстро сошла, особого значения не имела эта постановка... Интересным исполнителем роли Грозного был Мусоргский, но я его тоже не слышал. Рассказывал мне об этом Тертий Иванович Филиппов.

— Я не вижу Ивана Грозного, не улавливаю его характера... Произносить его слова произношу, вроде бы все верно, а чувствую: не то, не то...

— Так всегда бывает, когда начинаешь осваивать новую роль, вживаться в новый образ... Да еще такой сложный, как образ Ивана Грозного. Ты сходи в Малый, посмотри там «Василису Мелентьеву» Островского, то же время примерно, тот же Иван Грозный, которого исполняет замечательный Горев, а заглавную роль потрясающая Гликерия Федотова... Посмотри костюмы, сходи в Третьяковскую, посмотри картины Репина и Шварца, скульптуру Антокольского... И есть еще изумительный портрет Ивана Грозного, написанный Виктором Васнецовым... Да и вообще поговори на эту тему с Костенькой и Виктором, они уже давно изучают ту эпоху, изучают Ивана Грозного и его людей...

— Да уже не раз мы разговаривали об этом, спорили даже! Но у них свои представления о том времени, а у меня свои. Мне нужно увидеть моего героя, чтобы потом сыграть его... Без этого у меня ничего не получится.

— Идите, Феденька, переодевайтесь... У вас получится, не волнуйтесь...

Шаляпин ушел.

Дел, как и всегда, у Мамонтова было очень много, всем он оказывался нужен, когда бывал в театре. Да и сам он был заинтересован в том, чтобы успеть дать указания своим помощникам, среди которых выделялся Петр Мельников, сын знаменитого солиста Мариинского театра.

Наконец подготовили сцену для репетиции следующего акта, в котором действие происходит в доме наместника Пскова Токмакова. Грозный победителем вошел во Псков, вольные псковичи во главе со своим предводителем Тучей покинули город.

И вот Иван Грозный входит в дом Токмакова. Наместник и его ближний боярин Матута с двух сторон поддерживают входящего царя и сажают его в красный угол.

> Ей-е, спасибо!
> Да как еще сажают-то, вдвоем!
> Как подобает, по-христиански:
> Направо ангел, налево дьявол! —

поет Шаляпин.

Грозный — Шаляпин сильно отталкивает бояр, которые от неожиданности чуть не падают. Но игра только началась. Грозный издевается над ними, потешается, прикидываясь то смиренным, ласковым, то снова становясь грозным, даже страшным в своей угрозе во всем разобраться...

Входят девушки. Грозный залюбовался Ольгой. Что-то давнее всколыхнулось в душе. Ее лицо кого-то напоминало. Но кого? Ольга чем-то напомнила ему полузабытую любовь, Веру Шелогу. Но это все было так давно... Мысли Ивана Грозного устремились к тому давнему, полузабытому, когда он был молод и полон сил. Настроение его изменилось, ему уже никому не хотелось мстить. Лишь бы проверить свою догадку, остро мелькнувшую в сознании. Он подзывает Ольгу и просит рассказать о себе. И Ольга рассказывает о себе, о своей матери, которая все время внушала ей любовь к царю Ивану Грозному. Ольга свято выполняет ее завет: она готова умереть за Ивана Грозного, настолько она преданно любит его... Но и после этого он еще не уверен, что перед ним его дочь. Только тогда, когда Токмаков поведал ему, что Ольга — дочь Веры Шелоги, а отца ее никто не знает, Иван Грозный начал догадываться. Его настроение резко меняется. Он молит Бога ниспослать ему мир и благоденствие на Русскую землю: «Да престанут все убийства! Много крови! Притупим мечи о камень. Псков хранит Господь!» — скорбно заканчивает Иван Грозный свои мольбы...

— Все! На сегодня все свободны! — Мамонтов устало присел на стул первого ряда. Что-то не получалось у Шаляпина: он играл не Ивана Грозного, а какого-то мелковатого, суетливого человека. Пожалуй, надо поговорить с ним наедине.

Горько было на душе и у Федора. Столько он потратил усилий, чтобы убедить Мамонтова на постановку этой оперы, а роль не получалась, та главная роль, с которой он связывал свою судьбу.

Шаляпин ушел за кулисы, поспешил в артистическую уборную. Стал медленно снимать грим, одежду. «Ведь я же все безукоризненно исполнил... Но почему же на сцене разлилась такая невообразимая скука и тоска? Это чувствовал не только я сам, но и все мои товарищи по сцене... В чем же дело?»

Шаляпин в ярости вскочил со своего кресла. Содрал парик, бросил его на стол и быстро заходил по уборной, не находя места от возмущения самим собой. «В чем же дело?» — не переставал он спрашивать себя. И, не найдя ответа, бессильно опустился на стул и заплакал от отчаяния. Столько ждать такой партии — и вдруг... Что может быть тяжелее для артиста, еще вчера чувствовавшего, что эта роль выдвинет его в первые ряды.

Тихо вошел Савва Иванович. Он понял состояние Шаляпина после неудавшейся репетиции и решил поговорить с ним наедине, зная самолюбивый характер своего любимца. Молча прошелся по уборной, зачем-то взял парик, повертел его в руках, потом стал внимательно рассматривать бутафорскую саблю Ивана Грозного. Повернувшись к Шаляпину, заметил, что тот смотрит на него настороженно-вопрошающими глазами. Подошел к нему, легонечко похлопал по плечу и дружеским тоном сказал:

— Брось нервничать, Феденька! Возьми себя в руки, прикрикни на товарищей да сделай-ка немножко посильнее первую фразу! Вот посмотри...

Мамонтов отошел на середину небольшой уборной, встал в позу человека, проходящего в низкую для его высокого роста дверь, и произнес:

— «Войти аль нет?»

Шаляпин сразу почувствовал грозную интонацию, с которой была произнесена эта одна-единственная фраза, интонацию, которой так ему не хватало. Конечно, это не удовлетворило его, но что-то нащупывалось.

— Феденька, вы поймите, что Грозный не ханжа. Это умный, хитрый, талантливый человек, но — главное — он еще и грозный властитель, при имени которого все трепещут. Вы произносите свою первую фразу тихонько и ядовито. В том же тоне вы ведете и всю партию этого акта.

— Грозный же ханжа, — бросил отрывисто Шаляпин.

— Да, ханжа, — обрадовался Мамонтов. — Но одновременно с этим он умница, самый образованный человек своего времени. Жестокий, но искренне замаливает свои грехи в постоянных молитвах, испрашивая у Бога прощения за свои кровавые дела, которые он творит, как он всерьез думает, во имя справедливости и счастья своего народа и государства великого. Вы должны чувствовать себя не ханжой в этой роли, а сыграть человека трагического, могучего, может, самого сложного и противоречивого в русской истории. Войдите в его положение, вообразите, что вы попали в такую же, как и он, трагическую ситуацию...

Мамонтов видел, что лицо Шаляпина начинало светлеть. «Значит, — подумал Мамонтов, — мысль его заработала в нужном направлении».

— А ну-ка, — повеселел и Мамонтов, — попробуем еще раз все сначала.

Шаляпин быстро натянул парик, расправил бороду и пошел вслед за Мамонтовым.

На сцене уже никого не было. Мамонтов спустился в партер. В проеме двери показалась согбенная фигура Ивана Грозного.

— «Войти аль нет?» — как удар железным посохом, прозвучала эта первая фраза.

Шаляпин сделал полшага, разогнулся во весь свой рост и подозрительно огляделся по сторонам большой боярской комнаты. И последующие слова Ивана Грозного были пронизаны все той же только что найденной интонацией. Мамонтов даже вздрогнул от внезапного ощущения, что перед ним действительно грозный царь, пришедший сюда казнить и миловать, настолько было поразительным перевоплощение Федора Шаляпина.

— Хватит, на сегодня достаточно, завтра будем репетировать всю сцену...

Мамонтов поднялся на подмостки, обнял Шаляпина и быстро заговорил:

— Замечательно, Феденька! В таком ключе нужно и развивать его характер... Даже не развивать, а раскрывать его, как веер, показывая различные стороны многогранного характера, ни на минуту не забывая, что вы играете роль грозного и жестокого в своем единовластии царя. И первая фраза вашей роли «Войти аль нет?» имеет такое же значение, как для роли Гамлета вопрос «Быть или не быть?».

— Да, теперь я понял... В первой же фразе надо дать почувствовать характер царя. Надо сделать так, чтобы зрителю стало ясно, почему трепещет боярин Токмаков от одного вида царя Ивана...

— Правильно!.. Хитрюга и ханжа у вас в Иване были, а вот Грозного не было...

— И все разваливалось в партии, ничего не получалось... Произношу первую фразу, а она тяжелой гуттаперкой валится у моих ног, дальше не идет. И так весь акт — скучно и тускло...

— Фальшивая интонация! Она ломает весь образ, искажает замысел композитора и автора либретто... — Мамонтов весь сиял от счастья.

— Теперь я чувствую, что моя прежняя интонация, которую я произносил саркастически, зло, рисовала царя слабыми, нехарактерными штрихами. Это только морщинки, только оттенки его лица, но не само лицо. Теперь я понял, что в словах царя Ивана должна вылиться вся его натура в ее главной сути... — с лихорадочным блеском в глазах говорил Шаляпин.

— А для того чтобы понять эту главную суть, Феденька, почитай не только Карамзина, но и Кавелина, Сергея Михайловича Соловьева, Ключевского, почитай, наконец, роман Алексея Толстого «Князь Серебряный»...

— Поразила меня в галерее Третьякова картина Репина... Совершенно подавленный ушел я из галереи. Какая силища, какая мощь! И хотя эпизод убийства не входит в мою роль, однако в душе Ивана Грозного, несмотря на все его зверства и насилия, пробивается что-то глубоко человеческое...

— Ты, Федор, на правильном пути, Иван Грозный, может, самая трагическая фигура в русской истории, ох как трудно постичь ее... Действительно, под толщей деспотизма и зверства, характерного для того века вообще, теплится в его душе искра доброты и любви к людям... Думаю, что вам еще надо поработать с художниками над костюмом и гримом... Посмотрите замечательный портрет Виктора Васнецова. Вот где изображен настоящий Иван Грозный... Как раз тот, который нам нужен...

Мамонтов ушел, а Федор, возбужденный и обрадованный найденным, стал собираться домой.

По-прежнему Шаляпин снимал комнату и жил кочевой жизнью. Редко и ночевал в своей комнате. То задерживался у Константина Коровина в мастерской, то под утро возвращался из ресторана с какого-нибудь гулевания... Мало ли знакомых! Хотя прекрасная балерина Иола Торнаги по-прежнему занимала место в его сердце, они часто виделись, но не было еще сказано никаких решительных слов. Поэтому он и считал себя свободным. К кому ж ему направить сегодня свои стопы? Поговорить с Виктором Васнецовым о некоторых деталях костюма и грима? Пожалуй... «Поразительно, — думал Шаляпин, — каких людей рождают еловые леса Вятки! Выходят из них и появляются на удивление изнеженным столицам люди сильные духом и телом. Такие, как братья Васнецовы. Трудно мне судить, кто из них, Виктор или Аполлинарий, первенствует в живописи... Оба хороши, много знают...»

Шаляпин быстро нашел извозчика и помчался к Виктору Васнецову.

Пролетка остановилась около причудливого дома, похожего скорее на деревенскую избу, чем на жилище современного горожанина. Шаляпин расплатился, вошел в дом. Внутри дома не было ни мягких кресел, ни кушеток. Дубовые скамьи, дубовый стол без скатерти, крепко сбитые табуреты, небольшие, как бойницы, окна — все это неуловимо напоминало древнее жилище русского воина, сурового, нетребовательного в своем повседневном быту.

Федор поднялся по узенькой лестнице на второй этаж, где его радостно встретил хозяин мастерской. Виктор Васнецов заканчивал декорации «Псковитянки». Суровы были стены Псковского кремля, около которых будет происходить заключительное действие оперы и где узнает о большом несчастье Иван Грозный: от рук его воинов погибнет его дочь Ольга.

— Виктор Михайлович! Сегодня я нашел своего Грозного...

— Сначала зайди, поздоровайся как полагается, а уж потом расскажешь, что у тебя получается с Иваном Грозным...

Виктор Васнецов, высокий, стройный в свои сорок восемь лет, отложил палитру и крепко пожал руку Федору. Небольшие серо-голубые глаза его излучали нежность и доброту при виде этой живой непосредственности. Вот человек, ничего не способный скрывать, все у него — через край, веселиться — так без удержу, работать — так до упаду. «Один из моих богатырей», — подумал Виктор Михайлович.

Федор сначала засмущался, не ожидая столь теплой встречи со знаменитым художником, но ненадолго.

— Виктор Михайлович! Савва Иванович говорил мне, провожая к вам, что многое меня удивит в вашем доме... И вот смотрю на ваш дом, на вашу мастерскую, большую, светлую, прямоугольную... Все уж очень необычно... Бывал я в мастерской у Кости Коровина...

— Я давно мечтал о такой мастерской, как только поселился в Москве на Остоженке. Но не было денег на постройку и не у кого их было занять... А местечко для мастерской я присмотрел давно, возвращаясь как-то от Мамонтовых. Пересек Садовую, осмотрелся, тут и Кремль недалеко, тут и Савва рядом, и тихо кругом, как в Вятке, те же маленькие одноэтажные дома... И вот после того, как закончил работу во Владимирском соборе в Киеве, как только Третьяков приобрел мои эскизы этих росписей, я взялся за стройку... Пришлось быть и архитектором, и подрядчиком, и сметчиком, только не живописцем... Гвозди и олифа меня тогда интересовали больше, чем вопросы искусства.

— Как много солнца и света здесь!.. — восторгался Федор. Виктор Михайлович сиял свой знаменитый халат, на котором было столько разных несмываемых следов от кистей и вытирания рук, что сказать, какого он был цвета, не брались даже самые тонкие колористы.

А Федор жадно смотрел на стоящие у стен картины... Вот они, знаменитые «Богатыри», над которыми художник работает много лет и все считает их незаконченными... А что ж тут незаконченного?.. Как прекрасны в своей физической и духовной силе эти богатыри на могучих конях, смотрящие вдаль из-под рукавиц...

— Уж мимо них, Виктор Михайлович, враг не проскочит живым и невредимым. Они твердо стоят на границе... Никто еще такой могучей не показывал Древнюю Русь... — Федор внимательно разглядывал каждую деталь знаменитых «Богатырей», о которых не раз уже слышал за то время, что жил в Москве.

— Знаете, Федор Иванович, мысль о богатырях возникла у меня в Париже. Но я никак не мог представить их... А приехал в Россию, полюбовался могучими абрамцевскими дубами, спокойными, величавыми, и понял, какими должны быть мои «Богатыри»... Волшебник Савва Иванович и его незабвенная Елизавета Григорьевна так мне помогали все это время. Посудите сами, где я мог по тем временам разместить такие холсты? А Савва приказал построить специальное помещение, где я жил и куда водворил огромное полотно для картины. А Елизавета Григорьевна, изумительная женщина, каждодневно подбадривала меня, когда я сомневался, смогу ли осуществить свой замысел...

Виктор Михайлович не очень-то любил говорить о своих картинах, но, видя, с какой жадностью вглядывается в картину молодой певец, к которому он уже испытывал все-возрастающую симпатию, изменил своей привычке.

— Им вольготно в такой большой мастерской, — бросил Шаляпин, оглядываясь по сторонам.

— Да, Федор, это был один из самых счастливейших дней моей жизни, когда из Демидовского переулка привез я сюда своих «Богатырей» и установил на подставке в этой просторной мастерской... Теперь они могут уже не скитаться по чужим углам, не нужно будет выкраивать для них подходящее место в комнатах. Теперь мои «Богатыри» дома, и я могу подходить к ним и с любого расстояния рассматривать их...

— Верно схвачено здесь все, вплоть до мельчайших деталей! Вот бы и театральным художникам так же точно передавать колорит исторического времени. — Шаляпин вспомнил, как он воевал в Мариинском театре с теми, кто приносил ему богатые сафьяновые сапоги для Ивана Сусанина.

— Нет, Федор, я не историк-художник... Я только сказочник, былинник, живописный гусляр... Мне хотелось показать, как мой народ понимает и чувствует свое прошлое. Мое желание — передать в картинах чувства, поэтическое ощущение, мысли народа о вещем Олеге, о ковре-самолете, об Аленушке.

— Смотрю на ваших «Богатырей», Виктор Михайлович, и чувствую, что живописец сродни музыканту — столько гармонии во всем этом полотне... Бородин, Мусоргский, Римский-Корсаков вспоминаются при этом...

— Я так люблю музыку! Просто жить без нее не могу... И вот когда я гляжу на эту свою картину, и раньше, когда работал, все время слышу музыку... Много раз ловил я себя на том, что напеваю что-то... И видимо, оттого, что я жил в звуках, это отразилось в картине... А что вы все оглядываетесь, Федор?

— Да что-то не вижу вашего Ивана Грозного. Столько говорят о нем... Савва Иванович прямо сказал, что нужно играть такого Грозного, какого вы написали...

— Грозного я редко кому показываю, еще надо поработать, но вам покажу.

Васнецов снял покрывало с картины, и Шаляпин увидел Ивана Грозного; тот стоял, опираясь на посох, грозный властелин, крупный государственный деятель, человек лютой прозорливости... «Выразительны его глаза, да и вся поза. Сколько таится в застывших его движениях силы!..» — подумал Шаляпин.

— Как вы правдиво изобразили Грозного! — воскликнул Федор. — Каждая черточка на лице, каждая деталь одежды просто вопиет: «Это он, Иван Васильевич!» Вот бы и мне добиться такого сходства.

— Ищи, Федор, ищи своего Грозного, но такого, каким показал его Римский-Корсаков... Ведь я уже лет двадцать бьюсь над тем, чтобы правдиво передать образ этого царя... Сколько крови он пролил... Я часто бродил по набережной вдоль стен Кремля, заходил в темные, еле освещенные немногочисленными лампами приделы Василия Блаженного... Брожу по этим сохранившим старину переходам, а представляю фигуру Ивана, чувствую его поступь, вижу его зоркий взгляд, предвидящий славу и величие Русской земли... Как-то повел я туда Репина. Ходим мы с ним по тесным переходам, останавливаемся около узких оконных разрезов в стенах, и вдруг Репин бросается вниз по лестнице. Я сбегаю вслед за ним, что, думаю, такое случилось? А он и говорит: «До меня откуда-то донесся запах крови, и я не мог больше оставаться в храме...» Так-то вот... Ну что ж, пойдем чаю попьем, а потом еще поднимемся сюда, посмотришь...

Они спустились вниз по лестнице, прошли в столовую. Окна столовой выходили в сад. В комнате стояли большой обеденный стол, шкаф, буфет красного дерева, кресло... Все сделано красиво, добротно. На стенах — портреты и репродукции знаменитых картин.

— Москва оказала мне, вятичу, неоценимую поддержку. Она поставила меня на ноги, укрепила мой дух... Вот ты, Федор, почувствуешь вскоре, какая разница между Москвой и Петербургом... Здесь умеют помочь человеку, насколько радушнее и сердечнее люди... Познакомься с историками Забелиным, Ключевским... Не всему верь, Ключевский отрицательно относится к Ивану Грозному, но он прекрасно знает факты... А Савва Иванович? Сколько сделал он для нас, художников, артистов...

— Савва Иванович как родной и мне... Столько для меня сделал. Столько интересных людей вокруг него... — задумчиво произнес Шаляпин.

— Он любит искусство, им живет и дышит, как и все мы... Ему понятны трепет художественного вдохновения и порывы художника. Он сам художник и поддерживает самые рискованные и стремительные полеты фантазии...

— И знаете, Виктор Михайлович... Ведь не так уж давно я познакомился с ним, а чувствую, будто давно знакомы...

И долго еще потом продолжался этот разговор, сердечный, откровенный. Много полезного извлек пытливый ум Шаляпина из этого визита.

Глава третья

ДУША СТРАДАЮЩАЯ И БУРНАЯ

Михаил Васильевич Нестеров, тридцатипятилетний художник, познавший к тому времени и успехи, и шумную хулу, сидел в своем номере в Кокоревской гостинице на Софийской набережной и, наказав служителю никого не пускать, работал над рукописью «Мое детство». Так уж получилось... Нахлынули на него воспоминания детства, и вспыхнуло неотвратимое желание записать самое примечательное, авось, придет время и он напечатает свою повесть о детстве, о том, что запомнилось навсегда... Может, его жизнь и окажется интересной не только для него, может, кому-то будет любопытно узнать обстоятельства его рождения и воспитания... А может, просто для дочери будет небесполезно прочитать, как он рос и что запомнил... Ведь даже первые три-четыре года, как стал помнить себя, чрезвычайно любопытны... Всем близким его казалось тогда, что не выживет малец... Сколько уж до него перемерло, а этот такой слабый, чуть дышит... «Чего только со мной ни делали, чтобы сохранить жизнь, — вспоминал Михаил Васильевич. — Какими медицинскими и народными средствами ни пробовали меня поднять на ноги, а я все оставался хилым, дышащим на ладан ребенком. Подумать только, пробовали меня класть в печь, побывал я и в снегу, на морозе, пока однажды не показалось моей матери, что я вовсе отдал Богу душу. И обрядили ведь, положили под образа, на грудь положили небольшой финифтяной образок Тихона Задонского. Мать молилась, а в это время уже копали мне могилу около могилы дедушки Ивана Андреевича Нестерова. А в это время я возьми да громко и задыши. Мать услышала и радостно стала благодарить Бога, вознося молитвы Тихону Задонскому, который, как и преподобный Сергий Радонежский, пользовался в нашей семье особой любовью и почитанием. А разве мои первые шаги в живописи интересны только мне?.. А посещение передвижной выставки, которая помещалась на Мясницкой в Училище живописи, ваяния и зодчества... Да, это незабываемый день... Я впервые был на выставке, да еще какой, лучшей в те времена... Разве забудешь свою растерянность при виде знаменитой «Украинской ночи» Куинджи? Я был восхищен этой картиной. Что это было за волшебное зрелище! Как быстро исчезают краски с этой дивной картины, краски меняются чудовищно... Вот вам судьба художественных полотен... А ведь именно Куинджи раскрыл мое призвание как художника писать природу...»

«А хорошо вот так сидеть и вспоминать свое детство, свои первые шаги, первых учителей... Отойти бы от всего сиюминутного, ну что мне до того, что Владимир Маковский вышел из Товарищества, обозвав их позорно — старыми девами, которые хвастаются своей невинностью... Ну что мне до того, что он получил за эти слова нарекания? Вот уж сколько страниц я написал о своем детстве... И ведь как все вспоминалось, будто вчера все и произошло. Буду продолжать...»

Михаил Васильевич посмотрел на часы: не заметил, подошло обеденное время. Вышел в коридор, спустился вниз. Оказалось, приходил Архипов, оставил карточку, на которой известил о своем скором приходе. «Ну что ж, успею пообедать, а потом уж поговорим...»

Нестеров любил этого незаурядного художника.

Не успел он возвратиться после обеда к себе, как тихо постучали в дверь — вошел Абрам Ефимович Архипов. Обнялись, и пошли разговоры...

Архипов сказал:

— А ты ничего не слышал о новом открытии Саввы Великолепного? Вся Москва об этом говорит.

Михаил Васильевич, любивший оперу, может, только чуть меньше живописи, встрепенулся...

— Вся Москва говорит о Федоре Шаляпине. Такого прекрасного артиста давно не было у нас...

— Что, лучше Мельникова и француза — баритона Девойода?

— Говорят, что-то невероятное, так играет, что все просто ахают от восторга...

— Ну уж, разве может быть кто-то лучше Девойода... Вот недавно я слушал Девойода в итальянской опере... Так он до того нас увлек, что решили поднести ему как-нибудь свои рисунки, благо, говорят, он любит страстно живопись и человек с очень тонко развитым эстетическим чувством. И вообще, скажу тебе, вот артист в полном и широком значении этого слова! Его манера петь и играть полна царственной прелести и высоко поэтична. А какое умение в выборе костюма, грима... Вот кто действительно имеет право на мировую славу... Только подобный ему артист...

Михаил Васильевич увлекся — он мог говорить о музыке до утра. Превосходно знал оперное искусство, часто бывал и в Большом театре, и в Мариинском...

После этого разговора с Архиповым Михаил Васильевич, бывая у знакомых, друзей, повсюду слышал о Федоре Шаляпине как о чуде, о его необыкновенном трагическом таланте, способном увлечь, заразить своей игрой, красотой голоса. Наслушавшись всякого о новом феномене, так что трудно было отличить быль от небылиц, а говорили и такое, во что трудно было поверить, Михаил Васильевич твердо решил пойти на следующее же представление «Псковитянки» с Шаляпиным в главной роли — Ивана Грозного. Оказалось, что не так-то просто было достать билет. Но трудности были преодолены, много знакомых художников сотрудничали в Мамонтовском театре... Поленов, его учитель, Костя Коровин, с которым учились вместе в Училище живописи, ваяния и зодчества, Сергей Малютин...

И вот он в театре, переполненном публикой. Торжественные лица, ждущие какого-то необыкновенного чуда, все уже достаточно наслышаны о происшедшем на первом представлении «Псковитянки».

Настроение публики невольно передалось и Нестерову. «Да, как будто пришли посмотреть на игру Дузе или Эрнесто Росси или на Антона Рубинштейна, когда он дирижирует оркестром... Ну что ж, не будем заранее обольщаться надеждами толпы... Посмотрим... Послушаем, так ли хорош мамонтовский феномен, как разносит молва, а то, может, опять газетчики трубят по найму Саввы Великолепного...»

Нестеров внимательно смотрел на сцену. Все как обычно, ничего сногсшибательного, и он, несколько разочарованный, глядя, как глупо и несуразно толкутся статисты на сцене, изображая толпу народную, как слабо поют певцы, задумался, вспоминая все картины, на которых видел Ивана Грозного в последние годы... «Стольких даровитых художников привлекала фигура грозного царя... У Антокольского, пожалуй, Грозный не получился, слишком бледен. Шварц тоже дает лишь намеки на сложный и противоречивый характер властителя. У Репина не Грозный, а обезьяна... И потоки крови, коей художник залил картину, вызывают патологические ощущения, а сколько истеричек падали в обморок при виде всего этого страшного злодеяния, как будто все происходило наяву. Да, не было большей сенсации на моей памяти. Петербург был потрясен! Тысячи посетителей, конные наряды... А Грозный Виктора Васнецова, пожалуй, ближе к исторической правде. Но успех вряд ли придет к такому Грозному. Все жаждут сенсаций, чего-нибудь остренького, а тут ничего особенного, картина написана в условной, декоративной манере, а главное в ней — это характеристика, психология Грозного. Что ж тут бросающегося в глаза? Идет себе человек от ранней обедни, один после «тяжких дум и казней», с душой страдающей и бурной... Как важно для художника избрать мгновение, в котором особенно ярок человек... Виктор Михайлович взял тот момент душевной драмы, когда невозможно сказать о человеке, плохой он или хороший. А что даст Федор Шаляпин? Кажется, приближается выход грозного царя, ишь публика тянется к биноклям, да и на сцене будто живой водой вспрыснули, все ожили, чего-то ждут, куда-то смотрят, к чему-то тянутся... Да, видимо, ждут царя, напряжение вон как возросло... Ну-ка, посмотрим...» — размышлял знаменитый художник.

Нестеров затаил дыхание, нервы его напряглись, словно электрический ток пронзил все тело, когда на сцене все пали ниц при виде богато убранного белого коня, который, кажется, еле-еле переступает по сцене. На коне — сгорбленная фигура грозного царя, уставшего в сражении с новгородцами, еще не снявшего тяжелые боевые доспехи. Какое-то время кажется, что царь равнодушно обводит глазами павших в покорности псковичей. Но нет, из-под низко, до бровей, надвинутого шлема засверкали внезапно ожесточившиеся глаза, не обещая ни снисхождения, ни пощады... Конь остановился. Царь неподвижен, лишь глаза его устремлены на распростертых рабов своих... «Да, страшная минута... Грозный час пришел... Господи, помяни нас, грешных!» — прошептал про себя Нестеров, видя, как онемел от ужаса весь зрительный зал, как вздрагивают бинокли у глаз ошеломленных зрителей. Какая тишина. Немая сцена, а впечатление производит потрясающее. Долго длиться она не может. Ух, слава Богу, занавес опускается. Нестеров вздохнул с облегчением. Немая сцена без звука, а какое трагическое, жуткое воздействие... И просто достигает своей цели... Весь театр в тяжелом оцепенении...

И тут раздался такой взрыв аплодисментов, с выкриками, стонами, что Нестеров, подхваченный общим восторгом, тоже вскочил и начал аплодировать и кричать, хотя это и было не очень-то свойственно ему в эти годы. Как в юности, проявился его несдержанный темперамент, взрывной, горячий.

Во время антракта только и было разговоров о Шаляпине. Да это и естественно, такого впечатления никто еще в немой сцене не производил. А что-то будет, когда он заговорит...

В следующем действии внимание зрителей было приковано к Ивану Грозному — Шаляпину. Нестеров уже без всякого скептицизма смотрел на ожидающих в трепете членов семьи боярина Токмакова, они мечутся, бестолково, растерянно поглядывают на дверь. Наконец дверь открывается, все замирают в бессильном страхе при виде появившегося в дверях царя, вроде бы боящегося переступить порог дома, дескать, ему неизвестно, как здесь примут его. Он озирается по сторонам и застыл, согбенный, смиренный, в проеме двери. Первые его слова: «Войти аль нет?», обращенные к боярину, сказаны так, что по залу пробегает леденящий душу трепет. Кто-то не может двинуться с места, кто-то поневоле начинает выражать радость от прихода столь высокого гостя... Действие разворачивается... Грозный, не обращая внимания на присутствующих, играет свою игру: он ласков, груб, внимателен и ехиден, притворяется и говорит правду, он восторгается прекрасной Ольгой, чем-то напомнившей ему давнюю его любовь, Веру Шелогу, он сладострастен и чадолюбив... Он и когда молчит, приковывает к себе внимание, ни на одну секунду не переставая жить на сцене. Он нервно озирается, ожидая отовсюду подвоха, за свою-то жизнь он всякого натерпелся, а потому имеет право никому не верить... Ему подносят угощение. Он и готов бы поверить в добрые намерения хозяина, но уже не может отказать себе в удовольствии насладиться силой и властью, которая его пьянит, доставляя истинное наслаждение, потому что он видит, как трепещут перед ним... Игра Шаляпина заставила забыть зрителей, что перед ними всего лишь актерское действо. Они словно стали участниками драмы, происходящей на самом деле, и каждый должен был выразить свое отношение к тому, что происходит на сцене... Грозный нравился Нестерову своим непреклонным стремлением централизовать Россию, могучую, сильную, гордую в разговоре со всеми европейскими государствами. «Как играет, как играет, просто непередаваемо! — проносилось в голове у Нестерова, напряженно следящего за развитием событий на сцене. — Шаляпин все делает до того естественно, до того правдиво и как-то по-своему, по-нашему, по-русски, дескать, смотрите, мы все такие в худшие, безумные минуты наши... А потом меняемся к лучшему...»

Упал занавес. Снова буря аплодисментов... Нестеров вздохнул с облегчением — слишком велико было напряжение и от игры замечательного артиста, и от музыки, и от драмы, которая происходила на сцене, все было великолепно, непередаваемо... А человеческие силы не безграничны...

Нестеров ходил по фойе, обменивался приветствиями со знакомыми, друзьями, но его мысли и чувства были еще на сцене.

Последнее действие. В гриме Шаляпина Нестеров увидел того Грозного, каким нарисовал его Виктор Васнецов в этюде к картине «Царь Иван Васильевич»... Значит, и тут Мамонтов успел воспользоваться уже найденным, послав своего ученика к большому специалисту по Древней Руси... А в сцене убийства Нестеров заметил влияние известной картины Репина, то же движение, то же положение действующих лиц... Но игра Шаляпина по-прежнему великолепна, держит в напряжении настолько, что нервы сдают в непосильных сопереживаниях тому, что происходит на сцене... Утрачена свежесть восприятия драматических событий, хочется отдохнуть, глотнуть свежего воздуха, увидеть смеющиеся лица... Снова немая сцена, где убитый горем царь мучительно переживает один из драматических моментов своей жизни...

Нестерову никогда не приходилось слышать такую бурю аплодисментов. Неистовству зрителей, казалось, не было предела, но, когда появился Федор Шаляпин, уже без шлема, лишь в кольчуге и доспехах, поднялось что-то невообразимое... А на сцене улыбался огромного роста добродушный парень, его вятское умное лицо легко преображалось, поддаваясь, казалось, всем сиюминутным переживаниям и чувствам, оно было простодушно, и доверчиво, и горделиво, и величаво...

Его долго не отпускали, и Нестеров поражался, глядя на это наивное молодое лицо, тому, что совсем недавно вот на этой сцене перед ним был создан трагический образ, которому сейчас не было равных... «Может, Росси и Девойод превосходят его школой своей, но не глубиной и искренностью... Во всяком случае, созданный Шаляпиным Грозный — фигура живая, трагическая, полная той болезненной и странной поэзии, которая заложена в сказаниях и песнях о царе Иване Васильевиче», — думал Нестеров.

Нестеров уехал на свою Кокоревку и долго еще оставался под впечатлением увиденного. Он не пропускал теперь ни одной возможности побывать на спектаклях, в которых принимал участие Федор Шаляпин. 23 февраля 1897 года он из Петербурга сообщил жене: «В четверг с великим удовольствием слушал Ван-Зандт и Шаляпина в «Фаусте». Лучшей Маргариты и лучшего Мефистофеля я не слыхал. Успех был громадный. Шаляпину поднесли громадный ящик, убранный цветами, с серебряным сервизом (ящик аршин около двух). Мы вышли из театра, как полупьяные от впечатлений».

Но это произойдет через несколько месяцев. А пока...

Глава четвертая

ВПЕРВЫЕ ЗА ГРАНИЦЕЙ

Федор Шаляпин соскочил с подножки пролетки, на ходу бросив деньги извозчику, и быстро вошел в дом Мамонтова на Садово-Спасской. В этом двухэтажном вместительном доме он уже не раз бывал. Просторный вестибюль, высокие лепные потолки, повсюду гипсовые слепки античных статуй, мебель, привезенная из Италии, великолепный рояль с прекрасной инкрустированной крышкой... Полотна Васнецова, Серова, Поленова, Репина, Коровина, Врубеля... Старинное оружие по стенам...

Широкая мраморная лестница вела в большую столовую. И здесь бросались в глаза полотна Васнецова, которые, как узнал Шаляпин, были отвергнуты чиновниками Донской железной дороги, для здания которой и были заказаны эти чудесные панно. Огромный камин, украшенный цветными изразцами... Мраморный Христос Антокольского как бы благословляет всех здесь собравшихся и призывает помнить о суде народа как высшем суде на земле... А за громаднейшим столом уже сидели его знакомые, друзья, инженеры, артисты, художники и вовсе неизвестные ему люди. Так уж издавна повелось, что в доме Мамонтовых множество разнообразного люда усаживалось за этот хлебосольный стол по торжественным дням.

Сегодня был как раз один из таких дней. В центре стола — Савва Иванович. Большие лучистые глаза его приветливо улыбались. Да и весь его облик излучал уверенность и силу. Крепкий, богатырского сложения, несмотря на средний рост, Мамонтов и здесь, за обеденным столом, являл собой пример деловитости и простоты, кипучей энергии и страсти. В обращении он был обходителен и прост.

Шаляпин, извинившись за опоздание, сел на свободное место, между Коровиным и Василием Дмитриевичем Поленовым. Федор Иванович сел за стол, и разговор, прерванный его приходом, потек по привычному руслу.

— Как партия прошла? — спросил Савва Иванович, взглянув своими большими глазами на Семена Николаевича Кругликова.

— Превосходно...

Не успел Семен Николаевич развить свою мысль до конца, как к Мамонтову подошел лакей и сообщил:

— По телефону инженер спрашивает насчет вчерашнего...

— Скажите: Петербург, двадцать семь, Вятка, одиннадцать.

И тут же повернулся к архитектору Бондаренко, вспомнив что-то необходимое и важное:

— Скажите, все готово? Можно приступать к настилке полов? — Получив утвердительный ответ, обратился к Врубелю: — Миша! Как идет работа с плафоном?

Михаил Александрович начинает подробно рассказывать о своей работе, но Мамонтову уже все ясно, мысль его заработала в другом направлении, и, улучив момент, он спрашивает инженера Чоколова:

— Не вышло, не вышло... Вы обещали выпустить семнадцать вагонов, не вышло...

Федор слушает и не понимает, как может один человек держать в памяти столько дел, быть в центре огромного хозяйства, во всем разбираться... Он, оказывается, нужен десяткам людей, все от него ждут каких-то решений, советов, рекомендаций... Просто поразительный человек. Вот опять спрашивают про какие-то акции, как с ними поступить.

— Нет, не нужно... Пусть дадут телеграмму и принесут ее мне на подпись.

И тут же поворачивается к Маше Черненко, солистке оперы, и укоризненно говорит ей:

— Плохо выучили роль, плохо выучили... А потому и не знаете, что делать на сцене и как по ней передвигаться. Надо знать, кто вы, надо жить на сцене живой человеческой жизнью, тогда все получится, вот как у Федора Ивановича...

Все добродушно посмотрели на Федора, а Маша Черненко смущенно улыбалась, прекрасно понимая, что Савва нарочно напомнил ей о Шаляпине... Куда ей до Шаляпина, ей бы лишь не потерять себя на сцене, до сих пор боится выходить на сцену, все ее пугает — и зрители, и декорации, как бы в них не запутаться...

Обед продолжается... И уж когда все получили свою долю внимания учителя и наставника, Мамонтов неожиданно просительно обращается снова к Кругликову:

— Семен Николаевич! Может, вы как-нибудь убедите Бедлевича не высовывать во время пения язык... Пусть он его прячет... Ведь невозможно без смеха смотреть, как он его высовывает!..

И сколько еще таких замечаний, свидетельствующих о поразительной наблюдательности Мамонтова, услышат собравшиеся у него дома..

Но вот обед закончен, все встают, расходятся по комнатам большого дома, разбиваются на группы в ожидании шампанского и фруктов, ведут разговоры кто о чем.

Мамонтов вышел в свой кабинет, нашел письмо Петра Мельникова, недавно присланное им из Парижа, и подошел к Федору Шаляпину.

— Ну что, Феденька, собирайся в Париж! — обратился Мамонтов к Шаляпину, как всегда неожиданно переходя в своем к нему обращения с «ты» на «вы». — Сезон закончен успешно. Ваш первый сезон в нашей опере превзошел все ожидания. Вся Москва обожает вас... Поездка обогатит вас, разовьет вкус, даст понятие о красоте и правде в искусстве. Через несколько лет вы будете образованным артистом... Пишите мне только почаще, как вот Петруша Мельников... Послушайте, что он мне пишет, вам полезно знать, с чем там придется столкнуться... «...Во-первых, о Бертрами. Это чрезвычайно энергичная женщина, превосходно знает свое ремесло, и это меня подкупило в ней сразу. Полное отсутствие шарлатанских жестов. Она требует настоящего пения, простого, как пение птиц... У нее поют легко, а не воз везут в поте лица. Я попробовал у нее заняться, походил неделю, а потом окончательно решил остаться у нее, от добра добра не ищут, тем более что мой голос, устройство всей маски как нельзя больше подходят к ее требованиям. Как толкователь вещей она нуль, как я заметил, но инструментом технически владеет мастерски, а это нам необходимо обоим раньше всего. Встретила она нас радушно, нашла у Варюши хороший голос, драматическое сопрано, с первого же урока при всех показала прием пения, и сейчас все ее высокие ноты зазвучали совсем иначе, и теперь она свободно поет от верхнего ми бемоля до альтового ми бемоля — три октавы...» Каково? — прервав чтение письма, восхитился Мамонтов. — Послушайте дальше, еще интереснее... «...Звук голоса с первого же урока совершенно переродился, дудки совсем уже нет, а есть ядро в голосе, и вы чувствуете, что это идет хорошо вдаль... Бертрами очень довольна ее восприимчивостью и артистичностью. Мой голос развернулся хорошо, как оказалось, я не напрасно берег его. В голосе Бертрами не нашла никаких недостатков, напротив, он совершенно нетронут, и петь она заставляет меня еще более открыто (так же, как всех вообще), чем я пел прежде. Результат получается блестящий, голос оказался не только не маленький, а, наоборот, большой и, по словам Бертрами, с таким же большим количеством колебаний, как и у Тальданта...» Знаете, это знаменитый баритон, — пояснил Мамонтов Федору. — Вам будет полезно знать для того, чтобы сориентироваться, как себя вести с ним, ведь он мечтает стать таким же знаменитым, как и его отец, да таланта отцовского Бог не дал ему... — И он продолжал читать: — «...Причем баритон вне всякого сомнения. Бертрами говорит каждый день так много комплиментов, что у другого закружилась бы голова. Например, она уверяет, что мой голос лучше всех голосов здешних баритонов, и пророчит мне блестящую карьеру. Вообще ее недостаток — захвалить. Мне это бросилось в глаза сразу, при первом знакомстве, а когда я сказал Гальциной свое впечатление, то оказалось, что это ее прием вообще, чтобы придать бодрости. Отчасти она права, но все-таки... верить ее словам не следует. Это надо иметь в виду и Вам, так как во всех письмах она остается верна себе и выражает более сильно, чем следует...» Ну вот что интересного сообщил нам Петруша о Бертрами... Вы, Феденька, верьте только самому себе, у вас нет необходимости проверять, есть у вас голос или нет, у вас другая задача — набраться впечатлений... Париж есть Париж...

Шаляпин в смущении потупился, хотя к тому времени он не был таким уж застенчивым. Другие чувства волновали его.

— Не могу себя представить в Париже! Я мечтал в детстве побывать там, а уж сейчас-то как тянет меня туда... И вот стал взрослым, все время думаю о Париже... Сколько там прекрасного! Но так боязно...

— Ничего. Встретит вас наш Петруша Мельников. Медовый месяц у него прошел. Пусть и вам уделит время. Посмотрите Европу: сначала Вену, походите по музеям. Австрия — тоже удивительная страна, музыкальная и деловитая. Все нужно посмотреть, там многое можно увидеть... А главное, не медлите, быстро собирайтесь и отправляйтесь...

— Петруша обещал перед отъездом найти мне учителя пения, если я поеду в Париж. Хотелось бы за это время отдыха пройти вместе с учителем партии Досифея и

Олоферна... Никак у меня они пока не получаются... Я не вижу этих людей...

Шаляпин говорил искренне о своих затруднениях, и в голосе его было столько печали, что можно было подумать — он только об этих партиях и думает.

— Ладно, вы отдыхайте. Развлекитесь, посмотрите Париж, Вену, посмотрите, чем богата Европа, а когда приедете, мы займемся ролями.

— Да ведь не успею подготовить, Савва Иванович... Уж очень трудные партии-то... Может, Петруша что-нибудь посоветует, может, эта самая Бертрами...

— Да я ведь специально вам прочитал письмо Мельникова... Знаю, что Бертрами, возможно, и годна для вытягивания голосов, но в деле музыкального развития она нуль, даже скорее минус... Я напишу Петруше, дам ему ряд советов, как вас всех держать в ежовых рукавицах. Он будет вами руководить, все-таки вас там будет несколько человек: сам Мельников, его жена Эберле, Шкафер, Маша Черненко тоже приедет... Можете поработать с Бертрами над голосом, но и только, а музыкальной частью заниматься с ней бесполезно. Поищите кого-нибудь, сейчас много хороших педагогов. Мельников подберет. С умным и способным музыкантом, если такого найдете, будете заниматься каждый день...

— А вы-то будете в Париже?

— Трудно сказать. Сейчас еду в Кострому по делам железной дороги, а потом поеду в Карлсбад отдыхать и лечиться... Годы, Феденька, берут свое...

Мамонтов и Шаляпин увлеклись разговором и не заметили, что к ним подошли Коровин, Поленов и Кругликов с бокалами шампанского.

— Савва Иванович! Давайте выпьем за успехи Федора Шаляпина! И пусть за границей ему будет так же хорошо, как и в России...

Обед подходил к концу, а никому не хотелось уходить из этого гостеприимного дома.

Через несколько дней Федор Шаляпин сидел в вагоне первого класса и смотрел, как быстро мелькают за окном картины российской природы... Казалось, что так же быстро менялась за эти годы и его жизнь... Давно ли он отбыл из Тифлиса со своим другом Агнивцевым в поисках ангажемента в столице... И вот он, в сущности, через три года добился того, о чем мечтал: у него есть театр, который дорожит им; у него есть почитатели, с любовью слушавшие его чуть ли не в каждой опере. Значит, пришел успех...

Все эти дни Шаляпин ходил как во сне. Все будто происходило под действием колдовских чар, вмешался в его жизнь добрый волшебник и подарил ему эти минуты счастья, неожиданного и негаданного. Спокойное созерцание прекрасного пейзажа за окном неожиданно сменилось бурными взрывами радости, и он, вскакивая, кричал в окно «Ура!», вел себя просто по-мальчишески, хорошо, что рядом с ним в купе не было никого.

Наконец поезд пересек границу. От полноты чувств Шаляпин то смеялся, то чуть не плакал. И, глядя со стороны на этого высокого, ладно одетого, стройного молодого человека, выражение лица которого мгновенно менялось, нельзя было и подумать, что вскоре о нем заговорит вся Европа, весь мир.

Шаляпин долго еще не мог успокоиться. Поезд уже набирал скорость: замелькали незнакомые города, станции, непривычно одетые люди. «Сразу все переменилось, — подумал он, — и природа, и люди... Пожалуй, природа-то похуже нашей, российской...»

Приехав в Вену, Шаляпин в первый же день отправился побродить по улицам, внимательно разглядывал величественные дворцы, поражаясь изящному стилю многих памятников былого величия распавшейся империи. Австрийцы, с которыми ему приходилось иметь дело, были неизменно вежливы, почтительны. Да и вообще, наблюдая чужую жизнь, Шаляпин отметил, что все они удивительно хладнокровны, невозмутимо делают свое дело, что бы ни происходило рядом.

Но как жизнь переменчива! Только вчера Шаляпин был весел, а сегодня он почувствовал себя неважно: его лихорадило, знобило, да и горло побаливало. Ничего не поделаешь, пришлось проваляться в постели целых три дня...

Он достал клавир «Хованщины» и стал вдумываться в каждую его фразу. И строка за строкой открывала ему неведомую землю, со своими порядками, обычаями, неповторимыми характерами людскими... «Блеск, сила, ритмическое богатство, — думал Шаляпин, — а главное, простота и непринужденность изложения...» Но чем проще и понятнее становилась музыкальная сторона оперы, тем сложнее казались ему характеры действующих лиц, особенно старец Досифей. Много непонятного в его странных действиях... Почему в человеке вдруг возникает такая страшная сила в борьбе за идею, ради которой он может пожертвовать даже жизнью? И почему сильный, богатый достоинствами народ так поддается властному голосу одинокого человека, поводыря? Поводырем людских масс может быть только крупная личность... Говорят, Досифей был некогда князем Мышецким, а потом ушел из мира светских развлечений и полностью отдался служению Господу Богу... Удивительное время!..

А сколько колоритных народных персонажей действует в опере!.. Крестьяне, сильные, страстные и темные, заблуждающиеся... Стрельцы, раскольники. Верны все они своим старинным верованиям и обычаям! Еще живы воспоминания о восстании Степана Разина — прошло-то не более десяти лет... Многие из соратников Разина ушли к раскольникам. И среди раскольников живет вольный дух непокорного народа. А как же тогда понимать хоровые сцены первого действия, когда крестьянская толпа забурлила на Красной площади и разнесла будку подьячего. «Ох ты, родная матушка Русь, нет тебе покоя, нет пути. Грудью крепко стала ты за нас, да тебя ж, родимую, гнетут...»

Шаляпин подошел к окну, выглянул: Вена жила своей привычной жизнью. Неторопливо вышагивали солидные люди по тротуарам, быстро неслись по мостовой коляски с нарядными женщинами и расфранченными мужчинами.

Шаляпин был явно недоволен собой. Нет, не повезло ему... Простудился летом, в первые же дни пребывания в Вене, где столько хотелось посмотреть... Но делать нечего. Надо работать. И он снова погрузился в изучение клавира.

На третий день болезни Шаляпин все же отправился в художественно-исторический музей, куда он давно стремился попасть. И был ошеломлен богатством собранного здесь. Он растерянно бродил по первому этажу, где находились экспонаты Древнего Египта и Рима. Внимательно разглядывая статуи, мощи, мумии, золотые украшения работы старых мастеров, он все ожидал увидеть что-нибудь из древней ассирийской культуры: в предстоящем сезоне Мамонтов обещал поставить оперу Серова «Юдифь», где партию Олоферна должен был спеть он, Шаляпин. Федор мучительно вглядывался в строгие немецкие надписи под каждой вещью, но так и не смог ничего разобрать.

Раздосадованный, Шаляпин поднялся на второй этаж и был снова потрясен открывшимся поразительным для него зрелищем: здесь были выставлены картины старых мастеров. Долго вглядывался в лица изображенных на картинах Мурильо, Гвидо Рени, Андреа дель Сарто и многих других итальянских и испанских художников. Подолгу простаивал у каждой картины... «Господи, какая красота!.. Что за прелесть лики Богородицы, Христа, святых... Но почему нет ни одной картины Рафаэля?» И сколько ни ходил по музею, Рафаэля так и не нашел.

В тот же день в письме к Мамонтову Шаляпин признался, что в музее «ходил до того, что свои ноги еле уложил потом на извозчика, который меня, полумертвого от усталости, привез домой».

Быстро пролетели семь дней, отведенных на Вену. Шаляпин сел в поезд и помчался в Париж, о котором так давно мечтал.

Поезд шел через Швейцарию, и Федор не отрывался от окна: перед глазами проплывали величественные горы, поросшие соснами, кустарником. А то вдруг открывались причудливые ущелья... «Боже, какое величие... И если существует это нечто, что мы называем Богом, то это, несомненно, или жило, или должно жить здесь, в этой потрясающей всякую обыкновенную душу величественной, святой красоте... И почему поезд так быстро мчится?

А может, вообще выйти на какой-нибудь станции и пойти, благословляя Бога, куда глаза глядят...»

Шаляпин невольно вполголоса стал напевать знаменитый романс Чайковского: «Благословляю вас, леса...» И ему хотелось в свои объятия заключить весь мир.

Через двое суток Шаляпин подъезжал к Парижу. Он вспоминал названия улиц, известных ему по книгам, вспоминал все, что слышал от знакомых, которые надавали столько советов и рекомендаций, узнав, что он собирается в Париж. Здесь у него друзья, которые не дадут ему ни скучать, ни бездельничать.

«О Париж! Так это ты? Здравствуй!» — Шаляпин мысленно приветствовал его. Он вышел из вагона, взял фиакр и помчался на рю Коперник, 40.

В отеле его приветливо встретила хозяйка. Мешая французские слова с итальянскими, Шаляпин объяснил ей, что у него здесь живут друзья — Петр Мельников с женой.

Хозяйка ответила, что еще слишком рано, чтобы будить их. Но Шаляпин был непреклонен: будите, они будут рады видеть меня, они ждут.

И действительно, хозяйка была крайне удивлена, что ее русский постоялец обрадованно бросился на шею долговязому гостю. Она тихонько удалилась, а друзья начали расспрашивать друг друга о настроении, о самочувствии и прочая, и прочая.

— Ну как тебе Париж, Федор? — спросил наконец Петр Мельников.

— О! Я пьян от наслаждения! Боже, за несколько минут сколько удивительных ощущений, всевозможных чувств, переполнивших мою несчастную душонку. Я взял фиакр, еду по улицам, с усилием читаю названия улиц на каждом углу и все еще не верю, что я в Париже... И, только увидев вдали башню Эйфеля, поверил: наконец-то я в Париже...

— Да, Париж такой, он не оставляет никого равнодушным...

— Ты пойми, Петруша, Париж — это, как бы тебе сказать, то же самое, что и Москва... Такой же исторический и интересный...

Петр Мельников показал Шаляпину его комнату, пообещал зайти за ним, когда они с женой будут готовы идти завтракать.

После завтрака вышли побродить по улицам Парижа. Все волновало Шаляпина, все привлекало его внимание. Он, как ребенок, все хотел посмотреть и даже потрогать руками.

Но через день-другой он уже чувствовал себя в Париже старожилом. Появились знакомые, с которыми он на невероятном языке способен был объясняться, пуская в ход жесты, французские, итальянские и русские слова, когда было слишком трудно понять друг друга.

Петруша Мельников и его жена певица В. А. Эберли учились у прославленной мадам Бертрами. По рекомендации известной русской певицы Скомпской, учившейся в Московской консерватории у Комиссаржевского и с успехом певшей в Большом театре, Мельников и Эберли брали уроки у Бертрами, поэтому много разговоров было о ней.

— А чем она знаменита? — спрашивал Шаляпин. — Что, ее ученики прославились на весь мир своими голосами? Кто они? А сама она пела в опере? Ведь сейчас так много знаменитых учителей, не имеющих знаменитых учеников...

— Ну вот, ты уже с недоверием относишься к ней, а сам еще не видел ее...

— Да нет, я просто жду, что вы мне скажете о ней.

— Почему стала знаменитой мадам Бертрами, никто не знает. И была ли она вообще певицей, есть ли у нее знаменитые ученики, тоже никто нам не говорил... Сказали, что она умеет учить петь, и все. Что тебе еще нужно? Ты волнуешься раньше времени... Не понравится — уйдешь...

— Мне нужно подготовить две совершенно новые для меня партии, Олоферна и Досифея, особенно Досифея... Так что мне не до экспериментов с учителями пения... Ты же знаешь, что мне нужно устранить некоторые недостатки моего голоса... Даже в Нижнем писали об этом...

Три месяца тому назад Шаляпин вместе с Секар-Рожанским и Эберли гастролировал в Нижнем Новгороде и Казани. Два выступления в Нижнем прошли с огромным успехом. «Нижегородский листок» снова, как и в прошлое лето, отмечал выдающийся сценический талант артиста, редкостный по красоте, силе и мягкости голос, его изумительную гибкость, тонкий художественный вкус исполнения, ясную и отчетливую дикцию, редкую разносторонность дарования. Но вместе с тем говорилось и о его слабостях: недостаточная обработанность голоса в чисто вокальном отношении — напряженность звука на некоторых нотах, случайная вибрация...

И не только в Нижнем писали об этом. В Москве тоже не раз отмечали эти недостатки. Без их преодоления нельзя было двигаться вперед.

— Федор, — вмешалась Эберли, — мадам Бертрами предлагает приехать к ней в Дьеп. — И, перехватив удивленный взгляд Шаляпина, быстро продолжала: — Это маленький курортный городок на берегу Ла-Манша. Мы все поедем туда и прекрасно проведем время. И поработаем, и отдохнем...

— А как же Париж? Я ж так мало здесь прожил... Никуда и не ходил... Не видел ни одной театральной постановки, не слышал ни одного приличного голоса.

Федор был не против поехать в курортный городок, где тихо, привольно они могут провести летнее время, но в то же время хотелось еще и еще побродить по Парижу, поглядеть, как живут французы, веселый, умный, беззаботный, талантливый народ...

— Конечно, тут много интересного для артиста, — заговорил Петр Мельников. — Мы вот тут уж сколько живем, а до сих пор ведем споры, оставаться ли на зиму... Столько здесь еще можно узнать... Но нет, оставаться на зиму ни я, ни Варюша не собираемся. Работаем так, чтобы к сезону быть в Москве. Я лично убежден, что смогу и буду петь. Самое важное теперь — узнать, какой репертуар предоставит нам Савва Иванович...

— А что, еще не было разговоров? — спросил Шаляпин.

— Да в том-то и дело... Он не уверен в моем голосе и ничего не обещает. А мадам Бертрами готова помочь мне пройти любые партии. Я просил Мамонтова прислать самые необходимые как мне, так и Варюше. Для нее-то хорошо бы подготовить «Псковитянку», а Мамонтов все не извещает нас о будущем репертуаре... Уж ладно я, но Варя-то так успешно выступала...

— Ну ничего, пришлет, Савва Иванович закрутился с делами... Как он бывает занят, ты даже не можешь представить... Скажи лучше, что тут наиболее интересно и значительно, ведь пока соберемся?..

— Сам понимаешь, что интересного тут много. Скажу откровенно: опера здесь на высоком уровне. Иные постановки просто блестящи, декорации поразительно хороши... Здесь, в Париже, встряхиваешься и живешь теми молодыми восторгами, о которых почти уже забыли в наших современных русских театрах. Я видел «Царя Эдипа». Боже мой, да что же это за силища! Актеры с Муне-Сюлли во главе произвели на меня впечатление искусных врачей, заставивших своим искусством снова жить мертвеца, да как жить-то...

— А мне вспоминается, что в Москве Сюлли не имел успеха. Или я ошибаюсь? — спросил Шаляпин.

— Да разве можно в таком спектакле обращать внимание только на одного актера, пусть даже очень талантливого! Здесь все актеры играют превосходно, а он лучше всех. Вот ведь в чем сила такого спектакля!.. Он велик в полной гармонии окружающих его, превосходного хора и чудной музыки Мендельсона... Это производит потрясающее впечатление. После занавеса стоишь какой-то обалделый, и грудь не вмещает всего пережитого.

— Ну а что больше всего тебе понравилось в игре Муне-Сюлли? — Жадные глаза Шаляпина впились в Петра Мельникова.

— Он великолепен! Как мастерски носит он одежду! Каждая складка его одежды играет. Я не помню никого другого, у кого были бы столь же выразительными жесты, походка, движения... В этом ему нет равных...

— А что еще видели? — продолжал допрашивать Федор.

— В Комической опере видели «Фальстафа». Морень — хороший Фальстаф, но я ждал от него большего, в особенности в «Дон Жуане». А самое поразительное в том, что маленькую роль Квини пела Дельмас... Ну что же это за талантище! Голос, Бог ее знает, откуда он! Видя и слушая ее, я понял желание Саввы найти что-либо подобное и у нас. Дай Бог, чтоб удалось! Мне кажется, что «Дельмас должна производить впечатление на нас, русских, еще больше, чем на французов: в ней сидит наша русская баба, только ртуть в ней не русская. С первых же слов вы уже любите ее всем существом и никогда не забудете. Вот какая она... И вообще здесь много хороших голосов, но играют чаще всего шаблонно, так, что порой слушать хорошие голоса скучно...

— Ну а когда скучно, что делаете?

— Иду на скачки.

— И как?

— А знаешь, неплохо. Во всех театрах бывали, потому что хожу всякий день на скачки и выигрываю хорошие деньги, на которые, в сущности, и живем, ходим в театр. Покупаю всегда хорошие, дорогие места, оплачиваю уроки и пансион. И выходит, что приехали сюда за свой счет. Иначе нам пришлось бы плохо. От тысячи, которую дал Мамонтов, осталось четыреста... Конечно, нам не хватило бы... А так... Вчера вот выиграл пятьсот франков, несколько раз по четыреста франков, по триста. Если пойдет так дальше, то еще в Россию деньги повезу.

— Сходим вместе? Может, и мне повезет... — Федор загорелся от нетерпения: страсть игрока не давала ему покоя.

— Конечно! Новичкам всегда везет.

...Как хорошо, что Шаляпину удалось побывать в Париже, в Дьепе. Столько интересного познал его жадный ум, много наслаждений испытала его впечатлительная душа. В Россию вернулся он, обогащенный новыми впечатлениями... И снова окунулся в радостную повседневность любимого дела.

Глава пятая

«РАДОСТЬ БЕЗМЕРНАЯ»

Раскаты шаляпинского баса донеслись до Петербурга. Интерес к московской Частной опере все больше возрастал, особенно после того, как успешно были поставлены оперы «Хованщина» Мусоргского и «Садко» Римского-Корсакова. Оперы привлекали всеобщее внимание своей оригинальностью, новаторством, смелостью музыкальных решений, глубиной национальных проблем, могучим пафосом утверждения нового в жизни России. Образы Досифея и Садко — могучие характеры, воплощающие высокие исторические черты русского человека в переломные годы, — появились наконец на русской сцене.

...Характер Досифея так до конца и не был понятен Шаляпину, как он ни бился над раскрытием его музыкальными средствами. Знаменитая мадам Бертрами помогла ему в вокальном отношении, но постигнуть смысл характера Досифея в то время Федор никак не мог.

Вернувшись в Москву, Шаляпин рассказал Мамонтову о своих затруднениях в трактовке образа Досифея.

— Не вижу Досифея... — Шаляпин как-то виновато посмотрел на Мамонтова. — Давно были такие люди... Я их не понимаю...

— А сегодня разве нет таких, как Хованский, Голицын, Марфа? Разве нет таких, как Досифей? Сходите на Преображенскую заставу или на Рогожскую... Сколько там увидите персонажей из нашей оперы...

Вошел молодой человек приятной наружности. Шаляпин никогда не видел его в театре. Недоуменно посмотрел на Савву Ивановича.

— Познакомьтесь. Это Василий Шкафер, мой новый помощник, певец, тенор. Я только что взял его вместо сбежавшего в Париж Петруши Мельникова.

В кабинет Мамонтова вошли Коровин, Серов, Врубель.

— Вот и хорошо, что все собрались. Пора нам начинать серьезные репетиции «Хованщины»... Сезон вот-вот начнется, а мы еще ничего, в сущности, не сделали, так, эскизики да отдельные сцены без декораций... Надо пойти к нашим теперешним старообрядцам, посмотреть, как они живут, поближе на них взглянуть, прикоснуться, так сказать, к этим людям. Что-то там еще, вероятно, осталось от старины... Рогожское, Преображенское, нельзя всего этого не посмотреть... Эту оперу мы подготовим в срок. А вот что будем делать с «Садко»? Работы — непочатый край. К Рождеству мы ее должны поставить, так и знайте. Работать только над этой оперой... «Садко» должен быть гвоздем сезона! А в феврале поедем на гастроли в Петербург...

Шаляпин угрюмо слушал Мамонтова. Когда вышли из его кабинета, Коровин спросил Федора:

— Что с тобой?

— Ты не поймешь, — нехотя начал Шаляпин. — Я, в сущности, и объяснить-то не могу. Понимаешь, как бы тебе сказать... В искусстве есть... постой... как это называется... Есть «чуть-чуть». Если этого «чуть-чуть» нет, то нет искусства. Выходит «около». Дирижеры не понимают этого, а потому у меня не получается то, что я хочу... А если я хочу и не выходит, то как же? У них все верно, но не в этом дело. Машина какая-то. Вот многие артисты поют правильно, стараются, на дирижера смотрят, считают такты — и скука!.. И вот я понял раз и навсегда, что математическая точность в музыке и даже самый лучший голос мертвы до тех пор, пока математика и звук не одухотворены чувством и воображением... Искусство пения нечто большее, чем блеск пресловутого бельканто...

— Ну и что ж... Ты говоришь об этом ведь не потому, что хочешь начать теоретический разговор... Что-то опять не получается?

— Непонятен мне Досифей, да и Олоферна не вижу... А когда не вижу, не могу играть... Есть дирижеры, которые не знают, что такое музыка. Можешь назвать меня сумасшедшим, а я говорю истину. Труффи следит за мной, но сделать то, что я хочу, не может, ему трудно понять меня. Ведь оркестр, музыканты играют каждый день — даже по два спектакля в воскресенье! Нельзя с них спрашивать много-то, играют, как на балах. Вот и получается, что и опера скучна. «Если, Федя, все делать, как ты хочешь, — говорит мне Труффи, — то это потребует такого напряжения, что после спектакля придется ложиться в больницу». В опере есть места, где нужен эффект, его ждут — возьмет ли тенор верхнее до, а остальное так, вообще. А это вот и неверно...

Коровин и Шаляпин, не сговариваясь, пошли по направлению к мастерской художника на Долгоруковскую улицу.

— Знаешь, — заговорил вновь Шаляпин о наболевшем, — я все-таки не могу объяснить. Верно я говорю, а в сущности — не то. Все не то. Это надо чувствовать. Понимаешь, все хорошо, а запаха цветка нет. Ты сам часто говоришь, когда смотришь на картину, — не то. Все сделано, все выписано, нарисовано, а не то. Цветок-то отсутствует. Можно уважать работу, удивляться труду, а любить нельзя. Работать, говорят, нужно. Верно. Артист думает всю жизнь, а работает иной раз полчаса. И получается, если только он действительно артист. А как — неизвестно... Как вот играть Досифея? Непонятен мне он... А после Ивана Грозного не могу на авось играть. Почувствовать его характер и увидеть его внешний облик я должен, а я его не чувствую и не вижу... Вот в чем беда-то! Ведь я скоро должен выйти на сцену, а не с чем...

— Ты не кипятись. Время еще есть. Я, во всяком случае, вижу его, твоего Досифея... Мне ведь легче понять такие характеры, я вырос среди старообрядцев, как раз на Рогожской улице, в доме деда моего, Михаила Емельяновича Коровина, московского купца первой гильдии...

Коровин и Шаляпин пришли в мастерскую, разделись. Коровин подошел к своим эскизам и начал показывать их.

— Вот посмотри... Тут Досифей — гневный изувер, а вот — страстный и прямолинейный фанатик, а здесь — добрый пастырь... Сколько же различных, прямо противоположных душевных движений нужно пережить тебе, Федя, чтобы воплотить столь противоречивую, сложную натуру, как князь Мышецкий — Досифей, на сцене...

— Да, ты здорово поработал... Досифей у тебя как живой... Особенно глаза, мудрые и страстные...

— Только такие и могут пойти на самосожжение.

Шаляпин хорошо знал, что Коровин давно занимается этой оперой, но то, что он увидел, поразило его продуманностью и точностью деталей, касающихся историко-бытовой обстановки петровского времени.

В мастерской Коровина было много начатых эскизов: к операм «Садко», «Псковитянка», «Снегурочка». Какую бы оперу ни задумал поставить Мамонтов, он всегда обращался к своим любимым художникам прежде всего. Они и декорации готовили, и эскизы костюмов, а иной раз и принимали участие в спектакле в качестве сорежиссеров-постановщиков. Чаще всего Мамонтов рождал идею, давал указания о постановке в общем плане, а на отделку мелочей у пего не хватало времени. Он не был способен к методичной, шаг за шагом, сцена за сценой, отделке деталей и мелочей. Докапываться до глубин, заниматься кропотливой исследовательской работой он был просто не способен. Он давал общие указания, а деталями занимались чаще всего художники, режиссеры.

«В опере нет надобности, как в драме, выявлять мелкие подробности...» — вспоминал Шаляпин слова Мамонтова. — Музыка и пение занимают здесь главенствующее место. Но игра актеров все же должна быть на высоте. Что бы мы ни ставили, будь то «Снегурочка», «Псковитянка», «Юдифь» или «Садко», — это прежде всего зрелище, музыкальная драма, и каждая роль в ней должна получить исполнителя крупного актерского дарования. Коровин тоже высказывался в подобном духе».

Шаляпин первоначально был согла́сен с Коровиным, но все чаще ловил себя на мыслях, которые противоречили высказываниям художника. Нет, и в опере, и в драме важны подробности, вплоть до мельчайших... Как одевались раскольники? Как одевались стрельцы? Да и вообще все играет роль в оперном спектакле, как и в драме.

Федор пришел на следующую репетицию задолго до ее начала: что-то беспокоило его по-прежнему, хотя и Коровин ему многое растолковал. На лестнице он встретил нового режиссера Василия Шкафера.

— Ну, ездили к раскольникам на Преображенку? — приветливо спросил его Шаляпин.

— Просто поразительно, как много старины еще сохранилось в этом селе! — восторженно воскликнул режиссер. — Это ж окраина Москвы, маленькие домишки, почти что избы, немощеные грязные улочки, огромные пустыри... А люди — удивительно разнообразные типажи... И не деревенские, и не городские, а какой-то особенный люд, все они какие-то иные, елейные, что ли, тихие, смиренные, особенно женщины.

— Жаль, что я не мог поехать с вами, — вздохнул Шаляпин.

— Да, все были довольны поездкой... Многое стало понятнее. Мы прошли к единоверческому храму, около которого раскинулось небольшое кладбище, поодаль флигелечки, богадельня для престарелых. В храме, куда мы вошли, шла служба, пели по крюкам, старинным напевом, унисоном, как будто нестройно и фальшиво, но громко, крикливо и неприятно. Такое пение резало слух, а интересно, нигде этакое не услышишь...

— А что там за люди-то были? Типажи интересные?

— Удивительно разнообразные!.. Каждого встречного мы рассматривали только с точки зрения нашего задания... Стоило пройти мимо нас стройной женщине в черном сарафане, покрытой большим платком, как кто-то сказал рядом: «Это Марфа»... И вы знаете, Федор Иванович, сколько мимо нас проходило Сусанн, начетчиц и начетчиков в длинных, до полу, кафтанах! Нам казалось, глядя на них, что живы религиозные фанатики, в них не погасла глубокая вера в свои догматы... И какие лица! Художник Нестеров, видно, здесь часто бывал... Разговорились со сторожем у ворот кладбища, он все расспрашивал нас, кто мы да откуда. А я смотрел на него и думал: какой живописный облик, прямо точь-в-точь ожившая икона древнего письма, нигде я не видел таких... Смотрит выразительно, остро, глубоко и пытливо... Все рассказал о мытарствах раскольников и о преследованиях, которым подвергалась их старая вера. В словах старика была та правда, за которую он крепко стоял и которой стойко держался.

— Мой Досифей такой же, видно. Только покрупнее характером...

— Впечатление все это произвело глубокое и сильное. До сих пор будоражит ум и сердце. Конечно, это не подлинная допетровская Русь, не всамделишный сколок той эпохи, но мы все-таки получили хотя бы намеки, легкие штрихи их быта... И кажется, мы ушли не пустыми...

Репетиции продолжались упорно и настойчиво. Одновременно с «Хованщиной» шла подготовка «Садко». Здесь уже господствовал Антон Владиславович Секар-

Рожанский, исполнявший партию Садко. Шаляпину очень нравилась роль Варяжского гостя, но, занятый образом Досифея, он не горел пока желанием исполнять ее. Роль была эпизодической, коротенькой и, думалось ему, невыигрышной. Другое дело роль Досифея. Да и роль Олоферна тоже у него не получалась. Но эта опера откладывалась на неопределенное время, а потому и не волновала так, как «Садко». Все готовились к «Садко». Разучивали партии, создавали декорации. Художники Коровин и Малютин со своими помощниками готовили подводное царство, где должна была состояться свадьба Садко с царевной Волховой.

Шаляпин увидел страшное глазастое чудище на дне подводного царства. Как живое, это чудище вращало глазами, качалось на волнах и шевелило плавниками морские водоросли. Настоящими казались и морские звезды. А на переднем плане проплывали самой причудливой раскраски и затейливой формы рыбы и другие морские обитатели. Подсвеченное морское дно действительно казалось волшебным царством и просто очаровывало.

Федор уже видел красочное «Торжище», готовый к отплытию «Сокол-Корабль», а вот теперь и подводное царство... Весь спектакль становился ярким, красочным, праздничным... «Может, и действительно этот спектакль станет торжеством русской оперы, русской музыки вообще?» — думал Шаляпин.

В театре чаще всего исполнялись иностранные оперы с исполнителями-гастролерами в центральных партиях. Шаляпин пел вместе со знаменитой Марией Ван-Зандт, Жюлем Девойодом, который с поразительной глубиной и силой исполнил партию Риголетто. Сцену третьего акта, когда несчастный шут обращается ко всем приближенным герцога, Жюлю Девойоду пришлось повторить по настоянию зрителей, настолько публика была потрясена талантливым исполнением.

Жюль Девойод сразу вошел в труппу Мамонтовского театра: чуткий, отзывчивый по своей натуре, он оказался хорошим товарищем, вел себя без всякого высокомерия, иной раз присущего заезжим гастролерам. Более того, он не делал секрета из своего искусства. Охотно рассказывал о французской школе оперного исполнительства. И Мамонтов, не раз слушая Жюля Девойода, надумал предложить ему руководить оперным классом, который он предполагал в скором времени открыть при своем театре.

Шаляпин удивлялся простоте и естественности этого замечательного человека. Все баритоны театры обращались к нему за помощью. И он никому не отказывал. Ощупывали его диафрагму, осматривали его горло, язык, маленький язычок. Знаменитый певец превосходно понимал, что молодые артисты хотят учиться у него, и делал все, чтобы удовлетворить их естественный интерес: его голос одинаково сильно звучал во всех регистрах, от крайних басовых низов до верхнего ля. Вот это-то и привлекало всех. Во время репетиций можно было слышать не совсем привычное мычание, подобное тому, какое издает корова. И вскоре все узнавали, что это Жюль Девойод дает уроки постановки голоса какому-нибудь молодому артисту. Его советы по правильному держанию звука иной раз приносили существенную пользу.

По обыкновению, Шаляпин заглянул в кабинет Мамонтова. Савву Ивановича он не мог застать уже несколько дней: с постановкой «Садко» родилось большое количество вопросов, и тому нужно было посоветоваться с Римским-Корсаковым. И вот он здесь. В кабинете уже были Коровин и Серов.

Мамонтов радостно приветствовал Шаляпина:

— А-а, Феденька, заходите, заходите. Виделся с Римским-Корсаковым. Очень интересуется Частной оперой, хотел бы приехать на генеральную репетицию... Подробно расспрашивал, как разошлись роли, кто дирижер... Опасается, что хор маловат, да и оркестр тоже не для такой большой оперы...

— А спрашивали его относительно ручейков и речек светловодных? — спросил Коровин Мамонтова.

Все заулыбались. Шаляпин хорошо знал, что имел в виду Коровин: при первом чтении клавира оперы в присутствии всей труппы Мамонтов был озадачен некоторыми словами и тут же высказал свое недоумение:

— У автора здесь написано: «Ручейки зеленые и речки светловодные»... Сестры царевны Волховы, как поет хор... Как же их показать на сцене?.. Завтра выезжаю в Петербург, увижусь с Корсаковым и обо всем с ним переговорю.

Шаляпин с любопытством ждал ответа Мамонтова. А тот, смеясь, сказал:

— Что он мог ответить... — Хмыкнул и надолго задумался... — «Право, не знаю, как это сделать. У вас есть художники, это уж их дело, а я что ж, музыкант...» И дальше, Феденька, заговорил о «Псковитянке», благодарил. Вот у вас, говорит, Шаляпин спел Грозного, его мне очень хвалят. Приеду как-нибудь после Рождества, посмотрю и «Садко» и «Псковитянку»... Так что ждите строгого суда...

— Опера будет яркой, красочной, действительно фантастической... Много фантазии вложили мы в эту оперу, — заговорил с улыбкой Коровин. — Вы понимаете, очень трудно было одеть настоятелей. Они ведь дурачье, в них есть эта баранья тупость. Мы их оденем, как наших городских голов. Будут важные степенства, купцы, обиралы — торгаши, одним словом.

Мамонтов понял ход мыслей своего любимца и продолжил:

— Один, с рыжей бороденкой, севрюгой торгует, а другой, с брюхом, все молится, вздыхает и свечки в церкви ставит, очень верующий. О Господи! Помилуй и спаси нас, грешных!

Все засмеялись, представив этих настоятелей.

— Костя, — заговорил обычно молчаливый Серов. — Ты морскому-то царю сделай отвислый животик, ведь он, подлец, рыбу жрет, смешно будет...

Снова засмеялись.

— Ну а теперь за работу... Времени на репетиции совсем мало осталось, — сказал Мамонтов.

Но Коровин уже разошелся, никак не унимался:

— Сейчас, Савва Иванович! Никак не могу передать свое восхищение этим произведением... Сижу, думаю и все восхищаюсь, как это здорово все у Николая Андреевича... Вы понимаете, до чего глупо-то: идут на спор с Садко, рукавицы снимают медленно, спесиво — важный спор... А Садко-то закинул — и готово, поймал рыбу золотую...

Все давно знали, что Коровин заядлый рыболов и его уже ничем не остановить: затронул любимую тему.

— Рыба-то хвостом машет, играет в руках-то, живая. Вот те черт! А потом закинул — золото! Оно горит, а купцы-то, дурачье, ха-ха-ха, и не знают, что случилось, стоят дураками! Правда, ловко это сделано, а? До чего же глупо, понимаете? А Садко-то и поплыл... «Высота, высота поднебесная, глубота, глубота, океан-море...» Действительно, высота и глубота — это музыка Римского... Как бы нам быть ее достойными...

Последние слова Коровин произнес уже серьезно. И все понимали, что он хотел сказать. До премьеры оставалось чуть больше месяца, а работы было еще очень и очень много.

12 ноября 1897 года в Частной опере Мамонтова состоялась премьера «Хованщины».

Шаляпин исполнял свою роль с подъемом, но внутренне все время чего-то опасаясь. Все у него получалось на редкость гармонично, жесты, движения как бы сливались с музыкой. И уже казалось ему, что все прошло благополучно. Подходил к концу последний акт. Хор раскольников в белых одеждах со свечами в руках... Марфа ведет Андрея

Хованского, сломленного и несчастного. Языки пламени уже начинают касаться краев одежды... Вот-вот прозвучат последние аккорды трагической музыки. Вдруг в напряженной тишине раздался грубый голос из зрительного зала:

— Довольно Бога! Опустите занавес, не кощунствуйте!

Шаляпин вздрогнул, как будто его ударили хлыстом по лицу.

Оркестр умолк. Занавес опустился, но не было обычных шумных аплодисментов, к которым Федор уже привык за последний год. Вышел на авансцену и увидел, что публика спешила покинуть зал...

Утешением Шаляпину послужили газетные отчеты, вышедшие на следующий день. «Московские ведомости» писали: «Г-н Шаляпин дал отличный внешний облик Досифея, прекрасно пел и сумел оттенить в игре, мимике и гриме ту перемену, которая произошла в Досифее, когда наступили грозные для раскольников события». «Русские ведомости» еще более высоко отозвались об исполнении Шаляпина: «Между исполнителями сольных партий мы назовем прежде всего г-на Шаляпина, создавшего очень законченную и выдержанную фигуру Досифея с его умом и фанатической убежденностью в правоте своего дела, чисто человеческими чертами сочувствия страдающей Марфе и с горестной угнетенностью старика, чувствующего свое бессилие в борьбе и неизбежную гибель единомышленников. Мы достаточно уже высказались о таланте артиста и не будем еще раз повторять ему наших похвал...»

Настоящим триумфом Шаляпина была опера «Садко». 26 декабря 1897 года состоялась премьера оперы, как и было задумано Мамонтовым. Много было недостатков в исполнении, особенно хор и оркестр допустили много ошибок, но опера была встречена как большой праздник русского искусства. В первых спектаклях Шаляпин не участвовал. В третьем спектакле он исполнил роль Варяжского гостя.

30 декабря на третьем спектакле присутствовали Римский-Корсаков с женой Надеждой Николаевной, Владимир Васильевич Стасов...

Римский-Корсаков был возмущен тем, что опера была разучена плохо, оркестр допускал много фальшивых нот, не хватало многих инструментов, хористы в первой картине пели по нотам, держа их в руках, словно обеденное меню, а в шестой картине хор вообще не пел, играл один оркестр. Понравились лишь декорации да некоторые артисты. Но буря аплодисментов долго не смолкала, требуя автора и исполнителей. И, чувствуя, что опера имеет успех у публики, автор смирился с недостатками. В конце концов, опера исполнялась впервые на сцене, причем на частной. Откуда взять большие средства для большого оркестра и большого хора?

Римский-Корсаков успокоился и во время антракта пошел за кулисы поблагодарить труппу. Тут и познакомился с Забелой, ученицей Петербургской консерватории, художником Врубелем, ее мужем, поблагодарил остальных участников спектакля.

Поразил его Варяжский гость. Действительно, могучий викинг предстал перед ним таким, каким он и хотел его изобразить. Воплощение его замысла было исключительно точным и глубоким.

— Шаляпин, браво! Браво, браво, Шаляпин! — неслось, как буря, по театру.

«Так вот он, исполнитель моего Ивана Грозного!» — подумал Римский-Корсаков, радуясь первому знакомству с талантливым артистом.

О своем первом впечатлении от игры Шаляпина Владимир Стасов писал: «Итак, сидел я в Мамонтовском театре и раздумывал о горестном положении русского оперного, да и вообще музыкального дела у нас, как вдруг в III картине

«Садко» появился предо мною древний скандинавский богатырь, поющий свою «варяжскую песнь» новгородскому люду на берегу Ильмень-озера. Эта «варяжская песнь» — один из величайших шедевров Римского-Корсакова. В ее могучих, суровых звуках предстают перед нами грозные скандинавские скалы, о которые с ревом дробятся волны, и среди этого древнего пейзажа вдруг является перед вами сам варяг, у которого кости словно выкованы из скал. Он стоял громадный, опираясь на громадную свою секиру, со стальной шапочкой на голове, с обнаженными по плечо руками, могучим лицом с нависшими усами, вся грудь в булате, ноги перевязаны ремнями.

Гигантский голос, гигантское выражение его пения, великанские движения тела и рук, словно статуя ожила и двигается, взглядывая из-под густых насупленных бровей, — все это было так ново, так сильно и глубоко правдиво в картине, что я невольно спрашивал себя, совершенно пораженный: «Да кто это, кто это? Какой актер? Где они отыскали в Москве? Вот люди-то?» И вдруг в антракте, в ответ на мои жадные вопросы, узнаю, что это — не кто иной, как сам Шаляпин».

Занавес опустился. Взрыв аплодисментов, бесконечные вызовы автора и исполнителей. Смущенный автор кланяется. Он вовсе не ожидал такого бурного успеха своей отклоненной императорским театром оперы. За кулисами крепко обнимает Римского-Корсакова его давний друг Семен Кругликов, профессор консерватории, музыкальный критик, консультант Мамонтовского театра.

— Как прекрасен ваш триумф, Николай Андреевич... Пусть позавидует Мамонтову Мариинский театр... Всеволожский теперь будет кусать локти... Вы имеете свой театр...

Своей «радостью безмерной» поделился семидесятичетырехлетний Стасов в статье.

Глава шестая

ГАСТРОЛИ В ПЕТЕРБУРГЕ

16 января 1898 года загорелся театр Солодовникова. Пожар потушили, но давать спектакли в нем было невозможно. Вроде бы ничего не предвещало несчастья. Театр принадлежал одному из богатейших людей Москвы, Гавриилу Гаврииловичу Солодовникову, владельцу так называемого Солодовниковского пассажа. Начинал он, как говорится, с нуля, торговал спичками, потом открыл галантерейную лавчонку, магазинчик — и так пошел по восходящей... И все-таки что-то должно было случиться... Тень обреченности нависала над всеми его предприятиями — он был просто фантастически скупым, выгадывал на мелочах, даже па питании своих детей, которые жили буквально на каше и щах. И сам одевался в косоворотку, русскую поддевку, высокие сапоги... По-прежнему, как много лет назад, ездил на конке, а если приходилось пользоваться железной дорогой, то непременно третьим классом...

По городу шла молва о его скупости, рассказывали презабавнейшие случаи об этом архимиллионере...

Однажды профессор Склифосовский согласился сделать ему операцию, но при условии, что Солодовников, пожелавший оперироваться только у себя дома, приобретет некоторые необходимые хирургические инструменты. Солодовников купил на Сухаревке, конечно по дешевке, ржавые инструменты... Как же он был разочарован, когда Склифосовский отказался делать этими инструментами операцию и потребовал инструменты от Швабе, что на Кузнецком мосту...

Савва Иванович, огорченный, опечаленный, мучительно старался понять причины происшедшего, вспоминая все ходившие легенды о скупости Солодовникова, экономившего и на театре, во всем ограничивавшего своих арендаторов. Что ж теперь делать? Пытались хотя бы репетировать в полуразрушенном театре. Привели его чуть-чуть в порядок, но все это было от отчаяния...

Принесли письма от Лентовского. Мамонтов стал читать: «Не умею Вам выразить того тяжелого впечатления, какое я вынес вчера, бывши на репетиции Солодовникова театра. Более всего мне жалко, что начавшееся так блестяще развиваться под Вашим художественным наблюдением дело Русской оперы вдруг принуждено приостановить свою полезную деятельность. Приостановить в то время, когда это дело стало проникать в публику и, так сказать, входить в силу. Грустно и тяжело!

Москва город трудно поддающийся, его опасно разочаровывать. Если б позволяли обстоятельства... Было бы лучше оставить зрителя под обаянием прошлого, к сожалению потерянного, чем скитаться по картонным театрикам. Как ни старайтесь играть, какие спектакли ни давайте — все будет казаться в уменьшенном, умаленном виде после того великана театра, как сгоревший, вполне соответствовавший и красоте, и широте, и размаху Русской оперы. Что ни говорите, а для Ваших задач Вам нужен театр особенный, где бы Вы могли развернуться во всю мощь! Да, жалко, искренно жалко! И простите, что я высказался... Это сделал както невольно...»

«Все правильно, — думал Мамонтов, — стоит хоть на месяц задержаться с выступлениями, как зритель пойдет искать другие развлечения и забавы, забудет про Русскую оперу, которая принесла ему уже столько эстетических наслаждений... Надо что-то придумать...»

Савва Иванович Мамонтов срочно выехал в Петербург для того, чтобы там договориться о гастролях своего театра.

22 февраля русская Частная опера в театре Консерватории начала гастроли оперой «Садко». На следующий день дава-

ли «Псковитянку». И вообще было решено эти две оперы Римского-Корсакова показывать как можно чаще. Кроме того, привезли для показа оперы «Хованщина», «Жизнь за царя», «Снегурочка», «Майская ночь», «Русалка», «Рогнеда», «Опричник», «Фауст», «Миньон», «Самсон и Далила», «Богема», «Орфей».

Первые же спектакли, прошедшие успешно, показали, как неподходящ был этот театр для постановки таких опер, как «Псковитянка», «Хованщина» или «Снегурочка», где действовало много исполнителей. Но выбора не было...

Шаляпин сидел в своей уборной и горько размышлял над всеми этими неудобствами гастрольной жизни. Только было привык к московскому театру, почувствовал себя там уверенно, как нужно было привыкать вот к такой совершенно не приспособленной для оперы сцене. Глядя на свое отражение в зеркале, Шаляпин довольно ухмылялся: «Грозен царь, все пугаются его... Плохо театр устроен. Невыгодно и для артистов, плохо голоса звучат, акустика подводит, да и для публики... Это не театр, а какой-то длинный коридор с небольшой сценой в глубине. Что могут увидеть и услышать в дальних рядах? Поразительно невыгодный для нас театр... На сцене совершенно негде повернуться. Что это за въезд Грозного получился? Жалко было смотреть на все это. Не говоря уж про меня... Мне стыдно было играть на такой сцене...»

Шаляпин задумался. Мысли его унеслись далеко. Вдруг за дверью уборной раздался громовой голос:

— Да покажите, покажите его нам, ради Бога! Где он?

Дверь с шумом открылась, и на пороге возник высокий человек с большой седой бородой и весело блестевшими от возбуждения глазами.

— Ну, братец, удивили вы меня! — громко заговорил вошедший. — Здравствуйте! Я забыл вам даже «здравствуйте» сказать. Здравствуйте же! Давайте знакомиться! Я, видите ли, живу здесь в Петербурге, но и в Москве бывал, и за границей, и, знаете ли, Петрова слышал, Мельникова и вообще, а таких чудес не видал! Нет, не видал! Вот спасибо вам! Спасибо!

Шаляпин растерянно стоял и слушал гостя, громогласно расточавшего ему такие похвалы, которых он еще ни от кого не слышал.

— Вот мы, знаете, вдвоем пришли...

Шаляпин наконец обратил внимание и на второго человека, который скромно стоял чуть сзади своего высокого товарища.

— Вдвоем-то лучше, по-моему. Один я не могу выразить, а вдвоем... Он тоже Грозного работал. Это — Антокольский. А я — Стасов Владимир Васильевич.

Шаляпин растерялся, не мог от волнения даже слова вымолвить. А уж пригласить сесть и вовсе не догадался. Да и сесть-то не на что было: уборная была тесной и маленькой...

Стасов понял его состояние и продолжал:

— Да вы еще совсем молоденький! Сколько вам лет? Откуда вы? Рассказывайте!

— С Волги, из Казани. Учился в Тифлисе...

— Вот что, приходите-ка завтра ко мне в Публичную библиотеку, и мы обо всем поговорим...

В тот вечер Шаляпин играл великолепно... Всегда похвалы на него действовали положительно, а в этот раз он просто, как признавался впоследствии, «задыхался от счастья».

На другой день Шаляпин зашел в Публичную библиотеку и снова был ошеломлен радушным приемом старого литератора, глаза которого по-юношески заблестели при виде входящего Шаляпина.

— Ну, батюшка, очень рад... Здравствуйте! Очень рад! Спасибо! Я, знаете, всю ночь не спал, все думал, как это вы здорово делаете! Ведь эту оперу играли здесь когда-то, но плохо. А какая ведь, а? Вы подумайте, каков этот Римский-Корсаков Николай Андреевич! Ведь вот что может сделать такой человек, а! Только не все его понимают!

Стасов вышел из-за своего огромного стола, заваленного книгами, рукописями, и долго тряс руку Федору Шаляпину, восторженно смотревшему на этого удивительного человека.

— Садитесь, Федор Иванович! — сказал Стасов, отвязывая шнур от ручек кресла. И, увидев, что Шаляпин сел, тут же показал на кресло, которое освобождал от шнурка. — Да вот сюда садитесь-то... Для вас его готовлю... Вот здесь, в этом кресле, сиживали Николай Васильевич Гоголь, Иван Сергеевич Тургенев... Да-с... А из музыкантов-то кто только не сиживал...

Шаляпин, услышав такие имена, заколебался.

— Ничего, ничего, садитесь! Не беда, что вы такой молоденький! Достойны...

Шаляпин за последние годы встречал немало людей, поверивших в его талант и ждущих от него немалых художественных свершений, а этот просто поразил своей бескорыстной щедростью. «Господи, что за человек, — влюбленно поглядывая на Стасова, думал Шаляпин. — Он как бы обнял меня душою своей. Редко кто в жизни наполнял меня таким счастьем и так щедро, как этот человек...»

— Ну, расскажите мне, как вы начинали... Кто вы? Слышал я, что вы бросили императорский театр в Петербурге, отказались служить в казенном театре. Правильно и хорошо сделали.

— Большую неустойку до сих пор выплачиваю...

— Черт с ними, с неустойками! Что такое деньги? Деньги будут! Это всегда так: сначала не бывает денег, а потом явятся. Деньги — дрянь! А Савва Иванович — молодец! Молодчина! Ведь какие штуки разделывает, а? Праздник! Раньше-то какими пустяками занимался — итальянской оперой! Римский-Корсаков тоже молодец. Ах, как рад! Русское искусство — это, батенька, рычаг, это, знаете, ого-го! На Ваганьковом, конечно, ничего не понимают! Там министерство и прочее. Но это ничего! Все люди — люди и будут лучше. Это их назначение — быть лучше. Ничего!

Стасов объяснил Шаляпину, что Ваганьковым кладбищем он называл дирекцию императорских театров, где похоронены многие замыслы и оперы великих русских композиторов, таких, как Мусоргский и Римский-Корсаков.

Шаляпин смотрел на Стасова и как бы заряжался его энергией и страстью. Сколько ж этот человек знает и скольких перевидал на своем веку...

Возвращаясь в гостиницу, Шаляпин скупил чуть ли не все газеты, выходившие в Петербурге. На спектаклях присутствовало обычно много музыкальных критиков, мнение которых интересовало Шаляпина. В Москве он привык к похвалам, а что-то скажет северная столица?.. Тем более, что гастроли русской Частной оперы совпали с гастролями немецкой оперной труппы, в репертуаре которой были знаменитые оперы Вагнера.

Опасения оказались напрасными — зал был переполнен в первые же дни... Да и первые отзывы предрекали большой успех русской опере. Цезарь Кюи, послушав «Садко», высказал убеждение, что русское искусство продолжает блестяще развиваться, и «Садко» свидетельствует об этом лучше всего.

25 февраля 1898 года в «Петербургской газете» писали: «...Мы просмотрели последнее действие в царской палатке и должны сказать, что мы видели перед собой Грозного. В каждом движении, в каждом слове чувствовался грозный царь. Голос его такой хороший, свежий, звучный, как и был; дикция выработана (петь ему мало приходится в этой опере) и отчетлива. Обработать и типично передать такой слож-

ный характер Грозного — для этого нужны большие способности».

4 марта «Санкт-Петербургские ведомости» писали по поводу «Русалки»: «Русалка» Даргомыжского, поставленная московской антрепризой 2 марта, привлекла массу публики, которая особенно одобрительно отнеслась к г. Шаляпину, выступившему в роли Мельника. Действительно, этот молодой артист обрабатывает каждую порученную ему партию до мельчайших подробностей и является перед зрителями во всеоружии своего обширного таланта. Сцена сумасшествия, представляющая богатый материал для игры, была проведена г. Шаляпиным с большим увлечением и искренним чувством; что же касается вокальной стороны исполнения, то и здесь этот артист выказал много художественного вкуса и темперамента...»

30 марта М.М. Иванов выступил в «Новом времени» со статьей «Музыкальные наброски (московская Частная опера, «Псковитянка» и г. Шаляпин в роли Ивана Грозного)». Статья произвела впечатление разорвавшейся в театре бомбы. Столько возникло разговоров, споров... А этого-то и добивался Иванов и его распорядители... Удар нововременцев был направлен не столько против Шаляпина, сколько против Стасова и всей русской музыки кучкистов, особенно против музыки Мусоргского и Римского-Корсакова. И об этом прямо говорилось в статье: «Совершенно равнодушным оставил меня г. Шаляпин, о котором так закричал г. Стасов в «Новостях». Я не хочу сказать, что не доверяю суждениям г. Стасова, совсем напротив; но все-таки, когда вдруг слышишь большой шум даже на улице, невольно останавливаешься, невольно ожидаешь встретить что-нибудь необычайное: конечно, зачастую и разочаровываешься.

Разочароваться мне именно и пришлось в г. Шаляпине на представлении «Псковитянки». Г-на Шаляпина мы, петербуржцы, усердно посещавшие Мариинский театр, знали очень хорошо: хороший, мягкий голос и дарование, обещавшее развернуться в будущем. Некоторые роли он проводил удачно, другие, например Руслана, ему совершенно не удавались. Зависело это, вероятно, не только от недостатка у него сценической опытности, но и от недостаточного круга пройденных им вокальных занятий в момент поступления его на Мариинскую сцену.

Затем, в прошлом году, г. Шаляпин, пробывши на нашей сцене приблизительно полтора сезона, перешел на московскую сцену к г-же Винтер. Тут с талантом его начинается неожиданная метаморфоза. Не прошло и месяца после его отъезда из Петербурга, как в Москве о нем стали говорить как о выдающейся, исключительной сценической силе. Кажется странным, что простой переход из стен одного театра в стены другого мог влиять таким образом на расцвет дарования. Легче можно было бы объяснить такие похвалы обычным антагонизмом Москвы и Петербурга, только редко сходящихся в художественных приговорах. Не могли же петербургская критика или посетители театра проглядеть дарование артиста или не заметить голос певца; не такие это трудные вещи для понимания! Действительно, его достоинства и были своевременно отмечены всеми, да и не могли пройти незамеченными. Г-ну Шаляпину приходилось довольно часто выступать на Мариинской сцене в ролях его репертуара; его там не прятали. Но чем черт не шутит! Может быть, и в самом деле проглядели исключительное дарование г. Шаляпина!..»

Шаляпин читал эту статью, и разнообразные чувства сменялись в нем. То он яростно бросал газету, то в бессильном гневе снова вчитывался в гнусные строки... А может быть, действительно он еще ничего не сделал в опере, чтобы его вот так хвалить, как это делают Мамонтов, Стасов, Коровин, Серов и многочисленные его московские друзья... Может, Иванов прав и Досифей действительно благодушный старец, взывающий к покорности и смирению? «Задача нетрудная, — читал Шаляпин, — и не дающая права многого и спрашивать с артиста, тем более что петь в этой роли решительно нечего, а потому и о голосе и вокальном искусстве разговаривать не приходится...» А он-то мучился, искал, отказывался от предлагаемых ему вариантов костюма, грима, искал пластический рисунок роли для того, чтобы легче было проникнуть в глубину человеческого духа этого образа. Оказывается, все очень просто...

Нет, он не согласится с этим. Задача, стоявшая перед ним, была чрезвычайно трудная... «Г-н Шаляпин, бесспорно, даровитый человек, — продолжал читать статью Федор, — но пока он не может претендовать на то исключительное место среди сценических деятелей, о котором говорят его почитатели, фанатические или мало вникающие в дело...» «Это, конечно, он о Стасове... А пойду-ка я к нему, послушаю, что скажет наш старик...»

Всю дорогу до Публичной библиотеки Шаляпин думал о том, как себя вести: не обращать внимания на эту статью, делать вид, что не читал и ничего о ней не знает, или... А что «или»?.. Что он может сделать этому Иванову, ведь не вызывать же его на дуэль. Каждый может иметь свою точку зрения... Одному нравится «Кольцо Нибелунгов», а другому «Садко» или «Псковитянка»... Автор весьма убедителен в своих доводах... Должно быть, он очень умный человек...

Шаляпину стало грустно. Казалось, он достиг каких-то высот, и вот уже его ниспровергают с них... Ведь критик «Нового времени» тоже отмечает его даровитость, отказывая только в праве на исключительность... Так, может, он прав?

От столь категорической мысли Шаляпину стало не по себе. Сразу исчезли его боевитость, он почувствовал какую-то необъяснимую сонливость... «Видно, так чувствует себя октябрьская муха», — промелькнуло в его сознании.

Вошел он в кабинет Стасова в таком вот расслабленном состоянии.

Владимир Васильевич сразу вскочил, широко шагнул навстречу молодому артисту.

— Знаю, читал! Чепуха! Не обращайте внимания! Это не человек писал, а верблюд! Ему все равно! Ему что угодно. Сена ему — отворачивается, апельсин ему — тоже отворачивается! Верблюд! Я ему отвечу, ничего!

Шаляпина он бережно обнял и, как больного, усадил в знаменитое кресло.

— Я заканчиваю статью, так и называю ее: «Куриная слепота»... Завтра же она появится в «Новостях». И дело не только в вас, в вашем исполнении. Полемика идет вокруг новой русской музыки...

31 марта в музыкальном мире только и говорили о статье Владимира Стасова «Куриная слепота», опубликованной в газете «Новости и Биржевая газета»...

В театр консерватории в тот же день пришел Римский-Корсаков. Может быть, это произошло случайно, а может, композитор пришел поддержать труппу Мамонтова, и прежде всего Шаляпина

— Написал небольшую вещичку в духе «Каменного гостя» Даргомыжского, «Моцарт и Сальери», — сказал Николай Андреевич, когда многие были в кабинете директора, желая послушать знаменитого композитора. — Принес вам показать...

Римский-Корсаков сел за пианино, жестом пригласил Шаляпина взять клавир.

— Федор Иванович, партия Сальери словно для вас написана, посмотрите...

Шаляпин посмотрел и сразу понял, какие богатые возможности сулит ему эта роль.

Римский-Корсаков проиграл вступление, кивнул Шаляпину. Вполголоса Шаляпин начал партию Сальери...

Мамонтов охотно взялся ставить оперу в следующем сезоне. Но кто будет исполнять Моцарта?

— А ты, Василий, — обратился Шаляпин к Василию Шкаферу, — разве не можешь сыграть эту роль?

— Спеть-то ее нетрудно, роль небольшая, голоса много не потребует, но трудна сценически... Я чувствую это...

— Да, сценически роль трудная, — подтвердил Римский-Корсаков.

— Попробую, — согласился Шкафер.

— Вот и договорились, — вмешался Мамонтов. — Тут и пробовать нечего, получится. Я лично буду заниматься с вами. А летом, возможно, съездишь в Париж, возьмешь несколько уроков пения... Нужно восстановить свой голос...

— А я загримируюсь под Иванова, рыжим, ведь он-то как раз и походит на Сальери. Вот мы и сведем с ним счеты...

Федор Шаляпин был доволен своей шуткой. Он видел, что все присутствующие заулыбались, представив, как это будет выглядеть на сцене...

На следующий день, 1 апреля, Федор Шаляпин отправился к Стасову. Он успокоился, нападки Иванова как-то перестали быть злобой дня. Он допускал, что Иванов мог и мстить ему за то, что он отказывался исполнять его песни и романсы. Да и вообще он мог оказаться в центре бушующих страстей, всегда возникавших между Москвой и Петербургом.

Федор весь был в новой работе. Вчерашнее знакомство с новой оперой Римского-Корсакова захватило его, и он уже не переставал думать о новой партии... И не только музыка увлекла его, но и скрытые возможности драматизма этого характера... Нет, ему некогда спать... Его ждет у крыльца русская тройка с валдайским колокольчиком — надо ему стремиться в дальнейший путь, все выше к звездам Искусства.

К дому Стасова Шаляпин подходил в бодром настроении. Конечно, можно было взять извозчика и лихо подкатить к самому подъезду. Но Федор решил прогуляться и вот не раскаивался в этом решении: многое удалось продумать, многое уточнить, а то ведь в вечной суете не всегда даже успеваешь подумать о самых простых вещах.

Не успел он позвонить, как дверь тут же открылась, и он попал в объятия Владимира Васильевича:

— Превосходно, что вы своим Сальери так понравились Николаю Андреевичу! Он от вас в совершеннейшем восторге, только о вас и говорит... Вам, знаете, необходимо сыграть еще одну замечательную вещь — «Каменного гостя» Даргомыжского! Это превосходное произведение! Вы должны сыграть его!

— Да я уже хорошо знаю эту оперу... Для Лауры и Дон Жуана необходимы превосходные артисты... Обычное исполнение исказило бы оперу...

Стасов огорченно развел руками, показывая, что рушатся его надежды.

— Я могу спеть все партии единолично, — предложил Федор.

— Вот это великолепно, вот это будет праздник... — Стасов обрадовался, как дитя, получившее новую интересную игрушку.

Гости стали прибывать. Шаляпин впервые увидел здесь восходящую звезду — Александра Константиновича Глазунова. Римский-Корсаков, Лядов, братья Блуменфельд...

Разговоры шли вокруг статей Иванова и Стасова. Завидев Шаляпина, подходили к нему, успокаивали, высказывали много комплиментов, объясняли, почему разгорелась полемика вокруг него и его ролей.

Появились Цезарь Кюи, Врубель с супругой, артисткой Забелой. Многих гостей Шаляпин так и не успел узнать, потому что его попросили спеть что-нибудь.

Шаляпин никогда не отказывался, всегда охотно откликался на подобные просьбы, но здесь собрались такие знаменитые люди, такие знатоки, что невольная робость закралась в его душу. Однако делать нечего. Он взял клавир

«Каменного гостя», перелистал его. Римский-Корсаков, захваченный необычным предложением Стасова проаккомпанировать необычному исполнителю, уже сидел за роялем...

Никто не знал, как воспринимать столь необычное исполнение: шутка это или нечто серьезное... Но первые же звуки рояля всех настроили на серьезный лад. Многие еще помнили Александра Сергеевича Даргомыжского, его удивительное музыкальное дарование. При нем все кучкисты мирно уживались. А после его смерти все разбрелись кто куда и уже редко собирались вместе. И вот в память о нем, первом после Глинки, исполнялась его замечательная опера.

Все были ошеломлены проникновением Федора в образы Лауры, Дон Жуана и Командора. Поразительный талант. Вот так взять и без подготовки исполнить сложнейшие три партии...

А Шаляпину хоть бы что... Тут же перевоплотился в раешника и спел сатирический монолог Мусоргского «Раек», потом «Блоху», «Семинариста»... Разошелся певец, разгулялся, как море, волна за волной, плескал звуками... И казалось, был столь же неутомим и бесконечен.

Стасов млел от восторга и каждый раз, когда песня кончалась, вскакивал, возвышаясь, как колокольня, над всеми собравшимися, и громко, бурно аплодировал своему юному герою. Римский-Корсаков, блестя двойными очками, казалось, вполне был спокоен, но все знавшие его видели, как радовался знаменитый композитор, слушая этого небывалого исполнителя, который на глазах талантливо создавал прекрасное, необычное и неповторимое...

Александр Константинович Глазунов испытывал неповторимые чувства, глядя на Шаляпина... Господи! Как талантлива Россия, и сколько она еще даст... Только недавно он дирижировал Первой симфонией молодого Сергея Рахманинова. Блестящая, талантливая музыка... Ничего, что симфония провалилась. Публика не поддержала. Говорят, что и Шаляпин не всегда выступал удачно. Ну и что ж. Главное, что эти люди талантливы и неуступчивы. И как хочется дружить вот с такими искренними, причудливыми в своих страстях и прихотях... Надо же, исполнить целиком «Каменного гостя»! Ну кто бы из знаменитых стариков осмелился на такое?! А он — пожалуйста... Да еще как исполнил... с блеском, с юмором и драматизмом...

А Шаляпин, глядя, как знаменитости слушают его, пел, как никогда. Пропала робость, ушло волнение, он чувствовал себя как дома, спокойно и раскованно.

А потом сели ужинать.

Ужин подходил к концу, когда Стасов предложил исполнить «Серенаду четырех кавалеров одной даме» Бородина. Тут же распределили роли: Шаляпин — первый бас, Римский-Корсаков — второй, Блуменфельд — первый тенор, Цезарь Кюи — второй.

— «Ах, как люблю я вас», — хмуро сообщал приятную новость седобородый Римский-Корсаков, игриво поблескивая стеклами двойных очков.

— «Ах, как люблю я вас!» — весело вторил Цезарь Кюи.

— «Ах, как мы любим вас!» — дружно подхватывали все четыре участника этой музыкальной шутки...

Стасов веселился, глядя на все происходящее. Он радовался, как дитя. И ему казалось, что вернулись старые добрые времена, когда кучкисты вот так же дружно собирались и бурно обсуждали предстоящие задачи музыкального возрождения в России. Превосходно получилось сегодня, как в былые старые времена... Что-то похожее на студенческий вечер, весело, непринужденно и неописуемо забавно...

Владимир Васильевич, прощаясь в этот вечер, сказал Шаляпину:

— А все-таки жаль, что «Каменного гостя» нельзя поставить в театре... Действительно, некому играть Лауру и Жуана... Но если найдутся артисты на эти роли, мы поставим оперу. Даете слово?

— Конечно, буду очень рад... Мне моя роль в этой опере нравится...

— Вам, батюшка, надо в Англию поехать, да! Они там не знают этих штук. Это замечательный народ — англичане. Но музыки у них нет! Им надо показать Грозного, надо! Вы поезжайте в Англию.

— Да ведь надо языки знать!

— Пустое! Какие там языки! Играйте на своем языке, они все поймут! Не надо языков!

Шаляпин ушел, довольный тем, что так приняли его в этом доме. Да и вообще в Петербурге было у него много встреч с дорогими и близкими его сердцу людьми.

Тепло и задушевно встретились с Мамонтом Дальским. У Тертия Филиппова пел... С Василием Андреевым часами гулял по Петербургу, обедал в ресторане... Всем своим старым друзьям и знакомым хотелось показать, чего он достиг, не теряя времени даром.

Успешные гастроли русской Частной оперы заставили задуматься Мамонтова и его помощников-художников о новых операх, о новых постановках. И тут снова на выручку пришел Владимир Стасов, предложив поставить оперу Мусоргского «Борис Годунов». Но кто же будет дирижировать этой оперой?

А почему не предложить эту работу молодому композитору и дирижеру Сергею Васильевичу Рахманинову? Талантлив, строг, музыкально образован... Недавно познакомились Шаляпин и Рахманинов в театре...

Ни в чем они не походили друг на друга, а сразу что-то сблизило их — во всем сдержанного, даже аскетичного Рахманинова и безоглядно щедрого во всем Шаляпина. А может, они оказались нужными друг другу? Ведь Рахманинов шесть лет тому назад окончил консерваторию, был одним из грамотнейших в музыкальном отношении человеком, а Шаляпина учил только Усатов. И никто с ним с тех пор всерьез не занимался...

Глава седьмая

В КОНЦЕ СЕЗОНА

Может быть, лишь один работник русской Частной оперы был не совсем доволен гастролями в Петербурге. Его не пленил внешний успех, который наметился сразу.

Сергей Васильевич Рахманинов, молодой дирижер и композитор, после провала своей Первой симфонии в Петербурге и критических отзывов о нем как композиторе такого музыкального авторитета, как Цезарь Кюи, несколько месяцев переживал острый духовный кризис. Приходили мысли и о том, чтобы вообще покончить с композиторской деятельностью. Как раз осенью 1897 года пронеслись слухи, что в Москве русской Частной опере может понадобиться второй дирижер. Многие его друзья были дружны или знакомы с Мамонтовым, так что особых хлопот с поступлением в театр у Рахманинова не было. Не очень приветливо его встретил лишь главный дирижер театра Евгений Доминикович Эспозито. Он был очень доволен, когда первая репетиция под руководством второго дирижера не удалась. Рахманинов никак не мог догадаться, почему солисты и хор вступают на несколько тактов позднее. Он не мог и предположить, что дирижеры обычно дают знак солистам и хору, когда начинать свои партии.

Хорошо, что Мамонтов и Шаляпин поддержали молодого дирижера. В тот вечер оперой «Жизнь за царя», которую второй дирижер выбрал сам, зная ее чуть ли не наизусть, дирижировал Эспозито, а Рахманинову поручили готовить новую оперу.

Поразительный все-таки человек Мамонтов. Понимая всю тяжесть переживаний молодого дирижера, тут же подошел к мрачно застывшему в растерянности Рахманинову и сказал:

— Знаете, Сергей Васильевич, пусть действительно сегодня дирижирует оперой «Жизнь за царя» Евгений Доминикович, а вам я предлагаю взяться за «Самсона и Далилу»... — Мамонтов говорил с ним так, будто не было провала его как дирижера и не отстранили его только что от дирижерского пульта. — Мы начали готовить оперу, и я решил ее отдать вам. Не торопясь подготовьтесь. Первую пробу сделаем, скажем, в пятницу на будущей неделе, в десять утра...

Рахманинов еще тогда поразился словам Мамонтова, давшего на новую оперу всего лишь несколько дней. Позднее он убедился, что Мамонтов всегда торопился и не всегда успевал отделывать постановку опер и балетов с чисто художественной стороны. Главным для него была сама постановка, а качество его меньше всего заботило. Рахманинову же нужно было время для того, чтобы заставить оркестр и хор, уж не говоря про солистов, понять и осмыслить творческий замысел композитора. Он сам был творцом, сам сочинял музыку и прекрасно понимал, как все это важно, особенно если музыкант талантлив. И как трудно было преодолеть инерцию оркестра и хористов, привыкших к приблизительному исполнению, да к тому же и мало заинтересованных в том, чтобы кропотливо отделывать каждую музыкальную фразу. Очень тяжело было на первых порах...

Во второй раз встав к пульту, он увидел насмешливые взгляды и откровенные улыбочки оркестрантов. Только выдержка и воля помогли ему преодолеть явное сопротивление оркестра. Музыканты фальшивили на первой репетиции отчаянно. Холодно, сдержанно приходилось объяснять исполнителям, чего он хочет. И все они, за редким исключением, поверили в молодого дирижера, почувствовали в нем волевую настойчивость и слушались его беспрекословно, зная, что придется исполнять одну и ту же музыкальную фразу до тех пор, пока она не удовлетворит требованиям дирижера. И оркестр зазвучал так, как никогда до сих пор.

На генеральной репетиции опера прошла отлично. Концертмейстер поблагодарил дирижера. Мамонтов откровенно радовался, довольный своим новым сотрудником. Эспозито мрачно и ехидно улыбался, показывая всем своим видом, что испытания молодому дирижеру уготованы впереди — на первом выступлении. Шаляпин выражал бурный восторг, заражая своей радостью свободных от репетиции художников, осветителей, пожарных...

«Самсон» имел шумный успех. В газетах заговорили о богатых дирижерских возможностях молодого музыканта. Да и материальные дела поправились сразу же. Вскоре Рахманинов знал почти всех художников, артистов, музыкантов. Перед ним открывалась карьера оперного дирижера.

Но Рахманинов затосковал. И он давно бросил бы эту работу, если бы не Федор Шаляпин. Рахманинов вспомнил первое знакомство с театром Мамонтова. Как искренне и естественно повел его знакомить Шаляпин со всеми артистами и служителями театра... Суховатый, сдержанный Рахманинов был покорен этой непосредственностью, половодьем чувств, искренностью, неподдельностью. Шаляпин долго водил его, не переставая шутить и радоваться тому, что вот его ровесник будет дирижировать в родном ему театре. Поразительной была чуткость этого простоватого на вид певца. Все так хорошо начиналось... Но работать здесь просто невозможно. Дирижер, оказывается, здесь ничего не значит. Любой другприятель Мамонтова может оказать большее влияние на постановку той или иной оперы, чем руководитель оркестра. К тому же первый дирижер Эспозито мог дирижировать и теми операми, которые подготовил Рахманинов. Так что невозможно было достичь полной согласованности, художественного единства. А зачем тратить силы ради простой материальной обеспеченности?.. Нет, он твердо решил уйти. Только немного поработает с Шаляпиным, удивительный талант которого просто пленил Рахманинова...

А как он устал за эти несколько месяцев изнурительной работы. Ему пришлось дирижировать не только «Самсоном», но и операми «Русалка», «Кармен», «Орфей», «Рогнеда»... За три месяца столько нужно было освоить нового... Было и поучительно, интересно и вместе с тем трудно. И все же ему не удавалось достигнуть того, чего он хотел. Все проходило на посредственном уровне.

Рахманинов беспокоился не напрасно: в театре Мамонтова действительно царствовал настоящий хаос. Никто в театре не мог сказать, что будет не только завтра, но и сегодня. Репертуар огромный, а петь некому: увлекающийся Мамонтов мог взять в труппу певца или певицу на какую-нибудь роль только за одну подходящую внешность. Голос, выразительность музыкального исполнения его меньше всего интересовали, авось как-нибудь вытянут. Так и получилось, что большая труппа в 30 человек чаще всего не справлялась с постановкой той или иной оперы.

«Зачем столько негодных певцов набирает Мамонтов, прекрасный человек сам по себе? Разве можно таким делом, как оперный театр, заниматься от случая к случаю?.. Двадцать пять человек из тридцати за негодностью нужно выгнать. Давать также нечего, да и то, что идет, исполняется так скверно, так грязно... За исключением, пожалуй, одной «Хованщины»... От девяноста пяти процентов репертуара нужно или совсем отказаться, или переучивать все по-новому...»

Сергей Васильевич не раз предлагал Мамонтову обратить внимание на художественную сторону постановок, не гнаться за сомнительным успехом у публики и поработать над качеством исполнения. Но...

Вот и на этот раз Рахманинов шел с твердым намерением высказать Мамонтову все, что он думает по поводу сложившегося репертуара.

Как всегда, Мамонтов был не один. Разговора могло не получиться.

— Савва Иванович, — заговорил Рахманинов. — Мне передали, что вы собираетесь возобновить «Аскольдову могилу» и «Громобой» Верстовского?

— Да, думаю, что эти оперы соберут массу публики.

— Театр не достигает ни высокого художественного, ни коммерческого уровня. Ну, скажите, пожалуйста, будет ли толк от этих опер? — обратился Рахманинов к Шаляпину, тут присутствовавшему.

— Да кто ж ее знает, эту публику... То валом валит, то ничем ее не заманишь...

— Не лучше ли нам поставить «Манфреда» Шумана с Шаляпиным в заглавной роли? — хмуро спросил Рахманинов Мамонтова.

— Так ведь и в вышеуказанных операх есть простой разговор вместо речитативов. Почему же одно можно, а другое, с теми же художественными особенностями, но более талантливое, нельзя...

Рахманинов на этот раз так ничего и не добился. Показалось, что удалось увлечь Мамонтова постановкой «Манфреда», но стоило ему выйти за дверь, как сидевший тут же Коровин отговорил Мамонтова от этой постановки...

В общем, все шло так плохо, что одно время он боялся припадка черной меланхолии... Что ж, сезон подходит к концу. Как ни тяжко ему было, он все-таки выдержал. Этот сезон ничего ему не принес: дирижерский рубикон он перешел, и теперь нужно только безусловное внимание и подчинение себе оркестра, а этого добиться он как второй дирижер не сможет... Только он что-нибудь наладит, как дирижировать этой оперой берется Эспозито, и сразу же возвращаются старые недостатки, возникает разлаженность, фальшь, против которых он столько воевал. Если бы не Шаляпин, он ушел бы в середине сезона. А как прекрасен он будет в роли Бориса Годунова! Рахманинов готов был уже сейчас объявить Мамонтову, что не будет работать в театре, по его удерживало желание поработать летом с Шаляпиным над этой ролью. Да и вообще с Федором нужно заниматься...

Сергей Васильевич Рахманинов ушел от Мамонтова явно не в духе, а Савва Иванович, оставшись один, задумался. Савва Иванович вспомнил недалекое прошлое своего театра, когда начинали свой творческий путь и Лодий, и Салина, и Татьяна Любатович... Сколько было упреков со стороны тех, кто не понимал, что театр для него — это не забава преуспевающего дельца, а сама жизнь... Сплетни одна чудовищнее и нелепее другой разносились по Москве с быстротой лесного пожара. А он делал свое дело, преображал оперный русский театр... Но ничто не проходит бесследно. И порой ему казалось, что московская купеческая тина затягивает его в свои глубины, жизнь в эти моменты была безотрадной, уходило всякое желание бороться, иссякали силы и чувства. Но встречи с Римским-Корсаковым, Стасовым, их энергия, вера в великое предназначение русской музыки, ее новаторский дух и высокий патриотизм действовали на него успокаивающе, и он вновь брался за постановки русских опер...

Прошло несколько недель — в обычных хлопотах...

Савва Иванович собирался уже ехать на Большую Спасскую, как дверь открылась и вошла Клавдия Спиридоновна Винтер, бессменный руководитель всего оперного хозяйства в последние годы. «Вот не успел уехать, теперь опять будет просить денег», — мелькнуло в голове. И спокойно, с вежливым поклоном пригласил ее сесть: предстояла долгая беседа, ведь она только что побывала в деревне, где должна состояться свадьба Шаляпина и где вскоре соберется чуть ли не вся группа Частной оперы.

— Ну, как там живете? — не утерпел горячий Мамонтов, пока полнеющая Клавдия Спиридоновна усаживалась на крепкий стул. — Устроились?

— Да, Савва Иванович, устроились, все уже приехали, работают вовсю... Ох и хлопот много...

— Ну, рассказывайте все по порядку, как дела, как настроение?..

— Жизнь у нас в деревне идет хорошо. Шаляпин ежедневно учит Фальстафа часа полтора, а уж о Сереже Рахманинове и говорить нечего, он теперь совсем от нас удалился: или бродит один по лесу, или занимается у себя в домике...

— Уж не обиделся ли он на меня, наш любезный Сергей Васильевич?

— Да нет, он ничего не говорил. Только и сказал, что устал, хочет отдохнуть, может, напишет что-нибудь в такой благодати. Он же несколько дней тому назад и приехал-то. А что у вас здесь произошло?

— Да пустое, репертуар наш не удовлетворяет Сережу Рахманинова, вот чуть-чуть и повздорили... Ну а что вы еще мне расскажете?

— Я думаю, было бы полезно и Тане что-нибудь учить. Она, когда занимается, меньше думает о мелочах и, следовательно, меньше расстраивается. Я с ней ничего не говорила об этом, но вижу, как она страдает от своей незанятости. Дайте ей что-нибудь учить к новому сезону.

— Право, и не знаю, что вам сказать сейчас... Еще не думал. — Мамонтов давно уже остыл к Татьяне Любатович, и действительно ему и не приходило в голову, что надо бы позаботиться о ее репертуаре.

— Антонова тоже просила дать ей что-нибудь учить... Она имела громадный успех на концерте в Сокольниках, да вы уж слышали, поди?

— Нет, расскажите, я захлопотался, собирался узнать, да все некогда... Как публика, сбор был?

— Сбора я еще не знаю, Литвинова еще не видела, но успех концерта определенный... Пожалуй, только Балабанова не имела успеха, после арии не могла даже выйти и раскланяться. Во втором же отделении ей немножко похлопали, и она тут же спела второй романс, после него один раз вышла. В особенности эта неудача была заметна в сравнении с Антоновой и Шаляпиным. Антонова имела громадный успех, и надо отдать ей справедливость, должно быть, подзанялась и пела Лакме очень хорошо. Бисировала во втором отделении. Шаляпин же имел такой успех, что просто стон стоял в Сокольниках... А сбор, что ж, на долю каждого пришлось не меньше ста пятидесяти рублей, гораздо лучше первых двух разов.

— А как к свадьбе-то готовится наш Феденька? Ведь скоро уж.

— Да как только приедет Иолочка из Италии, так и свадьбу сыграем.

— А что с «Виндзорскими проказницами»? — Мамонтов сказал это как-то нехотя, все это не могло его удовлетворить, не было чего-то гвоздевого, как в прошлом году «Хованщина».

— Шаляпин последнего акта «Виндзорских проказниц» не может учить, потому что нет слов, а из либретто не подходят. Я ему сказала, чтобы он учил пока «Анджело». Петров возвратил клавир, говорит, нет слов... А вы получили от Тани письмо? Она же вам писала о «Борисе Годунове», что он очень хорош в исполнении Шаляпина.

— Писала. Да не успел ответить.

— Один раз только разбирали, а впечатление громадное. Все так заинтересовались этой оперой, что спрашивают, не думаете ли ее поставить, пока у нас служит Шаляпин. Вот сейчас бы и могли ее выучить на свободе.

— Нет, я еще не решил... Опера-то прекрасная, великая слава наша, да справимся ли... Ведь столько для нее понадобится...

— Да, денег не хватает, — по-своему поняла госпожа Винтер заботы Мамонтова. — Меня все время одолевают артисты, прося авансов. На днях был Петров и просил двести рублей. Был также Иноземцев... Потом Сабанин, дала ему десять рублей. Только сто семь рублей у меня осталось, Савва Иванович... Мне пришлось платить Антоновой, Гладкой. Сегодня дала сто рублей Кругликову. Сегодня же послала за театральным имуществом в Петербург. А сколько приходится возить провизии в деревню... И вообще траты по дому и деревенскому хозяйству так увеличились... А все в разъездах, часто приходится в Москву наезжать: то одного не хватает, то другого недостает, вот и мотаешься...

«Сейчас опять начнет насчет денег», — пронеслось в голове Мамонтова, который привык к Клавдии Спиридоновне, доверял ей и уже хорошо знал ее характер, слабости.

— Если вы надумаете насчет постановки «Бориса Годунова», то в Путятино собирается приехать Секар на неделю, чтобы совместно с Шаляпиным учить Самозванца. А первого июля едет за границу. Самое наилучшее, если б я могла расплатиться с ними на той неделе, когда оба они будут налицо, а то, пожалуй, придется опять ехать в Москву, а это всегда стоит денег.

Мамонтов задумался, положив свою большую голову на вытянутые перед собой руки. «Ох, тяжко, тяжко принимать решение, но, видно, придется ставить «Бориса Годунова». Отовсюду в последние дни я слышу это предложение...

— Скорее всего, Клавдия Спиридоновна, будем ставить «Бориса Годунова». Деваться некуда, — оторвался наконец Мамонтов от своих раздумий. — Так и скажите в Путятине. Роли для всех найдутся...

ЧАСТЬ ТРЕТЬЯ

ТРЕВОЖНОЕ СЧАСТЬЕ

Глава первая

СВАДЬБА

Сезон закончился. Иола уехала в Италию к матери просить благословения на брак, а Федор Иванович был занят приготовлением к свадьбе. Весь театр был озабочен этим важнейшим событием. Мамонтов предлагал провести лето в Абрамцеве, вечерами собираться вместе, обсуждать текущие театральные дела, а днем работать, готовясь к новому сезону, который обещал быть очень интересным. Уж слишком много было задумано: «Борис Годунов», «Моцарт и Сальери», «Олоферн» и многое другое. Мамонтов не мог отвлекаться от главных для него дел — по-прежнему он занимался железнодорожным строительством и надолго не мог покидать свою контору.

Татьяна Любатович, имевшая большое влияние на дела Частной оперы, предложила провести лето в ее имении Путятине во Владимирской губернии.

— Усадьба недалеко от станции Арсаки по Ярославской дороге, всего в двух верстах, можно пешочком пройтись или на тарантасе... Всегда можно уехать по делам, если нужно побывать в Москве, — уговаривала Татьяна Спиридоновна. — Большой дом, огромный парк, рядом лес, полный грибов и ягод... Что вам еще нужно?

Мамонтов и Рахманинов согласились с ее доводами. Шаляпин поехал к Коровину.

— Костенька, поедем в Путятино к Любатович... Возьми ружье, ты ведь охотник...

— Да я ведь собираюсь к Мамонтову, в Абрамцево, мы уж и договорились...

— Но Татьяна и его уговорила, все собираемся к ней... Там дичи, наверное, много. Глушь, говорит, место замечательное... Да, а ты знаешь, я ведь женюсь!

— Как женишься? На ком? — удивился Коровин. — Неужто на ней?

— На ней! На Иолочке... Ты шафером будешь? Там поблизости, в деревне, я и венчаюсь. Должны приехать туда Труффи, Малинин, Рахманинов, Мамонтов...

— Да мне же за лето нужно эскизы декораций подготовить, а вы там будете веселиться... Так дело не пойдет... Я Мамонтову скажу...

— Ничего не надо говорить, Мамонтов согласился. Я только от него...

Шаляпин, глядя на недоумевающего Коровина, расхохотался:

— Да мы все едем туда работать... Рахманинов будет с нами, все годуновцы... — Он встал, прошелся по комнате, посмотрел какой-то набросок. — Ты думаешь, получится у меня Борис Годунов?.. Ужас как боюсь...

— И как это ты, Федя, надумал жениться-то, уж два года, поди, дело тянется... — Коровин критически посмотрел на друга: он-то знал, что женатый друг — потерянный друг... Начнутся семейные ужины, семейные разговоры, тут станет не до друзей.

— А как ты думаешь, можно мне в деревне в поддевке венчаться? Я терпеть не могу эти сюртуки, пиджаки разные, шляпы... Картуз умней, лучше. Козырек от солнца загораживает, и ветром не сносит. Вот ехал недавно к Корзинкиным в Пушкино, высунулся в окошко, у меня панама и улетела... Двадцать пять рублей заплатил...

— Ну, ты много получаешь, не разоришься!

— Да сколько попадобится-то теперь... Снять новую квартиру, всю обставить и прочая, и прочая... Ох, денег не напасешься... А так хочется жить по-человечески, надоело скитаться по углам... Дети пойдут... Если б ты знал, как я люблю детей... Ну, ты едешь с нами? Хорошо будет...

— Куда ж от вас деться.

Путятино действительно оказалось райским уголком. Большой, вместительный дом со светлыми, просторными комнатами был словно создан для творческой работы: в одной из комнат стоял рояль, здесь собирались...

А главное, огромный запущенный сад, где было место для уединения и отдыха от совместной работы. Надоело быть на людях...

Постепенно съехались все. Оказалось, что Татьяна Спиридоновна пригласила всех, кто имел отношение к постановке «Бориса Годунова». Рахманинов поочередно со всеми артистами проходил их партии в большом доме. Коровин в сарайчике трудился над эскизами.

Поначалу Шаляпину казалось, что здесь он просто отдохнет. Сколько ж можно работать... Он привык с лету все схватывать, все у него получалось в последние годы. Думал и на этот раз не особенно утруждать себя, тем более что скоро должна состояться свадьба, и настроение у него было приподнятое. Там, где он появлялся, сразу начинали веселиться. Шутки, смех отвлекали от серьезных занятий.

— Федор Иванович, — строго глядя на него, говорил в этих случаях Рахманинов, — ты нам мешаешь, мы еще не закончили работать... Да и тебе бы надо посидеть за партитурой.

Шаляпин, обиженный, уходил в березовую рощу, но ненадолго: слова Рахманинова больно ранили его, и он яростно садился за книги, стараясь проникнуть в образ русского царя, жившего за двести лет до него. «Мамонт говорил, что нельзя на оперной сцене играть Шекспира, — думал Шаляпин. — А образ Бориса Годунова разве не шекспировской глубины и размаха?.. Пожалуй, ни один образ с этим не сравнится... Как же играть его?..»

Шаляпин пока только чувствовал и догадывался, что образ Бориса Годунова ничуть не уступает самым ярким образам мировой литературы. Но как подступиться к этому гениальному созданию Мусоргского и Пушкина? Ведь и Шекспира играют разные актеры, и получаются у них разной глубины образы... Так что многое зависит и от проникновения актера в характер исторической личности. Каким был тот или иной герой в действительности, как играть его — с присущими тому человеческими слабостями и характерными историческими чертами? Или освободиться от всего временного, преходящего и играть только того человека, который остается понятным во все времена и всем народам?.. Историческое или общечеловеческое?.. А как быть с обвинениями Борису Годунову? Преступник он или нет?.. По его наущению был убит царевич Димитрий или действительно роковой случай произошел в те далекие времена, лишивший русский престол законного наследника?.. Сколько разных точек зрения существует по всем этим вопросам и проблемам...

Однажды утром Шаляпин, как обычно, опоздал на завтрак. Все уже сидели за столом сосредоточенные, никто почему-то не улыбнулся на шутливое приветствие Шаляпина. И Рахманинов холодно на него посмотрел:

— Федор, опять ты опоздал! Опять срываешь наши занятия... Если будешь продолжать так относиться к делу, я брошу заниматься с тобой... Такой актер нам не нужен, предложу взять другого на роль Бориса...

— А кто ж может меня заменить?.. Вот было бы интересно посмотреть!..

— Я скажу о тебе Савве Ивановичу... Он скоро придет, и тогда посоветуемся, что нам делать... Так продолжаться не может... Ты срываешь нам постановку главной оперы сезона...

Шаляпин поразился такой вспыльчивости всегда сдержанного друга и, как обычно, все хотел превратить в шутку. Но ничего не получилось. Рахманинов был непреклонен, и попытки Федора окончились неудачей. Рахманинов приводил примеры теоретической неграмотности Шаляпина, и самолюбивый Федор затаил обиду, решив всерьез доказать, что Рахманинов не прав. Вставать стал раньше, больше читал, усерднее занимался теорией музыки.

Рахманинов задумал пройти с ним полный курс теоретической подготовки в размере консерваторского. Шаляпин дулся, но трудился усердно: вскоре должна была приехать из Италии Иола, он с нетерпением ждал от нее телеграммы, и тогда будет не до работы.

Дни летели за днями... Наконец-то Федор получил долгожданную телеграмму от Иолы. Встреча была радостной. Приехала не только невеста, посвежевшая под итальянским солнцем, но и многие общие друзья: одни — готовиться к очередному сезону, другие — на свадьбу, третьи просто погостить — в Москве было душно, жарко, а здесь, в Путятине, стояла такая благодать.

Свадьбу решено было сыграть через неделю. Приехал и Мамонтов, Секар-Рожанский, которому поручена роль Самозванца, сестры Страховы, Анна и Варенька, только что окончившая консерваторию и готовившаяся стать солисткой Частной оперы. Словом, собралась чуть ли не вся труппа. Всех нужно было разместить, уговорить мириться с неудобствами, которые, естественно, возникали при таком количестве людей.

Душой всей этой разнообразной по своим характерам компании была Татьяна Спиридоновна Любатович, женщина властная и добрая, отзывчивая и решительная. При ней никто не томился от безделья и скуки, всем она находила дело, для каждого у нее было слово поддержки и одобрения.

В день свадьбы к егерскому домику, где жил Шаляпин, подкатили подводы. Шаферы жениха и невесты — Коровин, Семен Кругликов, Сабанин, Рахманинов, — посаженый отец Савва Мамонтов уже нетерпеливо поглядывали на три окошка этого одноэтажного домика, а жениха все не было.

Константин Коровин нетерпеливо вошел в дом. Взволнованный Федор, всегда такой веселый и быстрый на решения, задумчиво стоял посреди комнаты и не знал, что ему делать.

— Федор! Ты что? Пора ехать... Поп дожидается... Невеста на подводе...

— Да вот не знаю, что я должен еще сделать... Что-то должен, а что — не помню...

Высокий, одетый в поддевку и белый картуз, он растерянно топтался на месте. И, только увидев входящего Рахманинова с папиросой в руке, неожиданно вспомнил:

— Ах да! Забыл папирос набить... Думаю, что же это я забыл сделать... Оказывается, вот оно что...

«Удивительно, что делает женитьба с человеком», — подумал Константин Коровин и вышел вслед за Рахманиновым.

Вскоре выбежал и Шаляпин, сел на подводу. Все повеселели, и заждавшиеся лошади бодро рванули вперед, подгоняемые возчиками.

Не успели подводы проехать мост через пруд, как из крайней избы, где квартировал Коровин, не желавший стеснять ни себя, ни хозяев, выскочил его приятель, охотник Коля Хитров, и прыгнул на облучок, испугав возчика.

181

Все с интересом ждали. Но ему, чувствовалось, было не до смеха.

— Господи, до чего я испугался! — начал он скороговоркой. Все переглянулись, заулыбались: уже не раз Коля веселил их своими нелепыми и веселыми приключениями. — Говорят, здесь каторжник бегает. А меня вчера заставили сад сторожить — там ягоды воруют, клубнику. Сижу... Затаился... Вдруг слышу, по мосту кто-то бежит и звякает. Помстилось мне, что звякает кандалами. Ну вот, подумал, сейчас возьму ружье, покажу ему... А тот мост пробежал — и ко мне... Я скорей домой, схватил ружье и стал палить прямо из окна. Мужики сбежались, ругаются: «Что ты из дома стреляешь, деревню зажжешь!» А я им: «Каторжник сейчас пробежал в кандалах к саду Татьяны Спиридоновны». Мужики — кто за косы, кто за вилы — ловить его. Мы все побежали к саду. Слышим, кандалы действительно звякают за садом. «Вот он где!» — кричу я. Подбежали — вдруг видим... лошадь, и ноги у нее спутаны цепью... На подводе весело рассмеялись.

— Вот меня мужики ругали... — сокрушенно вздохнул Хитров.

— Замечательный парень у тебя этот Коля, — сквозь смех проговорил Шаляпин. — Откуда достаешь таких?

Коровин только улыбнулся.

А между тем лошади бодро пробежали уже половину пути; показался лес, за которым скрывалась небольшая деревушка Гагино, где в церкви и должны были венчаться молодые.

— Будет дождь, — глядя на быстро приближающиеся тучи, сказал Коля Хитров.

И действительно, тучи обогнали подводы, сверкнула молния, грянул гром, и дождь полил как из ведра. Над невестой взметнулся зонтик, припасенный скорее от солнца, чем от дождя. Лошади прибавили шагу, и скоро показалась церковь. Вбежали в церковь не по чину торопливо.

Обряд венчания не обошелся без приключения. Поп старался все сделать обстоятельно, по всем законам службы. Коровин, державший тяжелый металлический венец над головой жениха, скоро устал и тихо спросил его:

— Ничего, если я на тебя корону надену?

— Валяй, — еле слышно ответил тот.

Но венец не удержался на голове и съехал прямо на уши Шаляпина. И это чуть было не испортило всей брачной церемонии. Федор незаметно поправил венец, но от этого не стало лучше. Так, с перекошенным венцом, и достоял Шаляпин всю брачную церемонию.

Дождь продолжал лить, и священник пригласил их в свой небольшой домик. Шумной ватагой молодые и гости ввалились в дом. Матушка и дочь священника засуетились, стараясь угодить столь знатным господам, начали готовить чай. Но Шаляпин прошагал на кухню и, склонившись к невысокому священнику, тихо спросил его:

— Нельзя ли, батюшка, достать вина или водки? Ведь промокли под дождем-то...

— Да вы снимите платье-то да положите на печку, быстро высохнет, недавно только протопили... А водки нет... Лишь кагор как причастие держим...

— Вот нам самое время причаститься, батюшка... А то продрогли... Сил нет...

Чай уже был готов, и мужчины весело подливали в него кагор.

Дождь перестал, выглянуло робкое солнышко, и снова небо затянуло черными тучами. Добрый священник выдал дорогим гостям все зонтики, которые были в доме: на всякий случай.

Отдохнувшие лошади весело бежали по проселочной дороге. Показалось Путятино, и многие вздохнули с облегчением. И тут снова возникло неожиданное препятствие: поперек дороги местные девушки и парни протянули ленту и, увидев подъезжающие подводы, затянули свадебную песню:

Мы видели, мы встречали
Бродягу в сюртуке, в сюртуке, в сюртуке...

«Что за странные слова в этой песне... Никогда не слышал ничего подобного...» — подумал Шаляпин. Лошади остановились, и нужно было расплачиваться с мужиками, которые терпеливо простояли вместе с девушками и парнями не один, видно, час, надеясь на щедрое угощение.

Коровин дал рублевку одному из мужиков.

— Мало. А нам-то на пряники? — сказала самая шустрая баба.

Рахманинов тоже вынул рубль, и девушки, получив законную лепту, со смехом убрали ленту. Подводы продолжали свой веселый путь.

На ступеньках барского дома толпилась почти вся труппа Мамонтовского театра. Серьезно и торжественно прошествовали молодые мимо своих товарищей и друзей... А сколько было цветов!.. Федор переживал свой самый радостный миг жизни. Внимание друзей, откликнувшихся на его приглашение, радостная обстановка дома, где он почувствовал себя счастливым и необходимым человеком, идущая рядом красавица жена — все это настолько волновало, что на его глазах показались слезы.

Татьяна Спиридоновна сделала все, чтобы молодые чувствовали себя как дома. Готовились к свадьбе целую неделю, и столы ломились от вин и различных закусок. Начались тосты. Все желали молодым счастья, целовались с ними, и, конечно, крики «горько!» частенько вспыхивали в этот день. А позже начался самый настоящий пир. Когда официальная часть была закончена, все стали веселиться как могли. Комната, где теперь пировала компания, просто утопала в полевых цветах, а на коврах было много вина и фруктов.

После традиционного шампанского Сергей Рахманинов сел за рояль, и гости мгновенно затихли после первых же аккордов: красивые и полные жизни звуки заполнили огромную комнату. Мелодии «Щелкунчика» Чайковского, учителя Рахманинова, трогали до глубины души.

Рахманинова любили не только как художника, но и как человека доброжелательного, чуткого, внимательного к другим. Он никогда не отказывался играть, когда его просили, и играл блестяще, вдохновенно. А уж когда бродил по аллеям парка, задумчивый и тихий, никто не нарушал его одиночества — знали, что в это время он может сочинять музыку или обдумывать какое-либо серьезное предложение. Молчаливый, корректный, скромный, он часто жаловался друзьям на отсутствие вдохновения, а без вдохновения он не мог работать. Высокая фигура Рахманинова в пиджачной паре, с цветочком в петлице, была далеко видна, и все старались не попадаться ему на глаза. Но бывало, он гулял с Шаляпиным, и уж тогда-то он становился веселее, шаги его, обычно медленные и как бы крадущиеся, — увереннее, лицо оживлялось, чаще появлялась улыбка. Шаляпина он любил за веселый нрав, неукротимый темперамент.

Как бы ни были заняты своей работой, а время обеда всеми соблюдалось четко. Приходили, перекидывались словечками. Но все сразу оживало, как только приходил Шаляпин. Сыпались остроты, шутки: какие-нибудь совершенно пустяковые в устах другого, рассказы Шаляпина приобретали необыкновенную юмористическую окраску.

Вот тяжелое, длинное, смугло-желтое лицо Рахманинова — оно кажется изваянным словно из бронзы, он неподвижно смотрит перед собой в глубокой задумчивости. Входит, хмуро поглядывая на то место, где должен сидеть его любимец. Нехотя садится на свое место, то и дело посматривая на балкон.

— А Феди все нет?.. Где же Федя? Ведь я ж его только что видел... — наконец не выдерживает Рахманинов.

Ну а если Шаляпин уже сидел на своем месте, что бывало крайне редко, Рахманинов входил оживленный, с улыбкой раскланивался, даже бросал какую-нибудь остроумную фразу и затем надолго замолкал, предоставляя слово Шаляпину. И сыпались шутки Федора, веселый его голос аккомпанировал как бы всему обеду... И часто холодные серые глаза Рахманинова оживали, и не раз он хохотал до слез вместе со всеми.

Рахманинов был необходим Мамонтову и его труппе, но все чувствовали, что он не будет мириться с той обстановкой вольготности и всепрощения, которая установилась в театре: все делалось обычно на скорую руку, люди свободно чувствовали себя во время спектакля; авось как-нибудь пройдет... Рахманинов же требовал дисциплины... Во время длительной паузы духовых инструментов один мог уйти покурить, другой — взять газету. Замечания Рахманинова вызывали недовольство, ропот.

Конечно, должность капельмейстера давала заработок и удовлетворение от общения с такими, как Шаляпин, но отнимала уйму времени, отвлекала от творческой работы, а пора было уже выступать со своими концертами. И Рахманинов часто подумывал о том, что он расстанется с этими прекрасными, но такими безалаберными людьми. Театр Мамонтова был своего рода болотом со своими нравами, традициями, нетерпимыми для его строго дисциплинированного характера...

...И вот Рахманинов играет... Мгновенно застыли только что смеющиеся лица... Смолкли шутки Федора, он задумался... «Какой удивительный человек... Отличный артист, великолепный музыкант, недаром он был учеником Чайковского... А сколько интересного рассказал он мне о Мусоргском и Римском-Корсакове... Познакомил меня с элементарными правилами музыки и даже немного с гармонией, хоть сейчас начинай сочинять музыку! Да и вообще его желание музыкально воспитать меня невозможно недооценить... Главное — Сережа веселый, компанейский, живой человек...»

Шаляпин повернулся к Иолочке и увидел, как глубоко и страстно она переживает любимую музыку... А вот Коровин, чудесный художник, изумительный человек... Савва Мамонтов... Семен Кругликов, сестры Страховы... Господи, как он счастлив... Будет своя семья, пойдут дети, много детей...

Но свадьба есть свадьба, то и дело возникали шутки, смех, создававшие неповторимое настроение.

— А сейчас, дамы и господа, я спою вам из «Фауста», — сказал Константин Коровин, поднимаясь с ковра.

Он подошел к роялю, уморительно сложил руки на груди, как это обычно делали почти все артистки, исполнявшие партию Зибеля, и запел: «Ах, цветы мои, они опять завяли...»

Коровин в этой роли был превосходен. Он так потешно заламывал руки, что все искренне, до слез хохотали...

— Помните, мы ставили «Фауста», я пригласил итальянцев... — начал Савва Иванович после того, как взрывы смеха смолкли.

И пошли бесконечные воспоминания о былом, разговоры о будущем, то и дело прерываемые тостами в честь молодоженов...

Уже была ночь, а гости и не думали расходиться. Сколько изумительных песен спели хором...

Шаляпин заметил, что Коровин собирается уходить, и вышел вслед за ним.

— А где наш Коля? — спросил он Константина Алексеевича на улице.

— Да ему опять выпал жребий сад сторожить.

— А ты что, совсем уходишь? — огорчился Шаляпин. — Пойдем посмотрим, как твой приятель караулит... А?

Коровин согласился. В глубине сада они увидели огонек фонаря... Шаляпин махнул Коровину, дескать, ложись, и сам первый ткнулся в траву и осторожно пополз к фонарю, который висел, прикрытый рогожей, в маленьком шалашике. Коля был явно чем-то напуган и дико озирался по сторонам.

— А этого сторожа надо зарезать! — гаркнул Шаляпин, закрывая рот от душившего его смеха.

— Кто такой? — испуганно заорал Коля. — Стрелять буду!

Но смелости Коли хватило только на то, чтобы произнести эти громкие слова. Он тут же вскочил и пустился бежать от этого проклятого шалаша...

— Держи его! — уже не скрываясь, встав во весь свой огромный рост, кричал Шаляпин. — Не уйдешь! — И для большей убедительности затопал ногами.

— Разбойники! Разбойники! — кричал Коля, подбегая к дому Татьяны Спиридоновны.

Веселье смолкло, все выскочили на улицу. Иола, перепуганная больше всех, оглядывалась по сторонам и, не находя своего мужа, волновалась:

— Господи! Где Федя, что с ним?..

А Федя и Коровин уже подошли к дому и смешались с гостями.

Увидев Федю, Иола успокоилась. Над страхами Коли вдоволь посмеялись и пошли гулять по саду. Луна вышла из-за туч, было светло как днем. Шаляпин то и дело задевал головой за китайские фонарики, которыми украсили сад художники.

Молодые ушли, а гости еще долго бродили по саду.

«Поутру, часов в шесть, у окна моей комнаты разразился адский шум — толпа друзей с Мамонтовым во главе исполняла концерт на печных вьюшках, железных заслонках, на ведрах и каких-то поразительных свистульках. Это немножко напомнило мне Суконную слободу. «Какого черта вы дрыхнете? — кричал Мамонтов. — В деревню приезжают не для того, чтобы спать! Вставайте, идем в лес за грибами».

И снова колотили в заслоны, свистели, орали. А дирижировал этим кавардаком Рахманинов», — вспоминал позднее это утро Федор Шаляпин.

Глава вторая

РАЗГОВОР С КЛЮЧЕВСКИМ

Жизнь в Путятине входила в свои привычные берега. В конце июня наступили самые жаркие дни. Ни одного дождичка не выпало за весь июнь. А это во Владимирской губернии не так уж часто случается. По-прежнему утро начиналось с работы. Артисты разбредались по огромному парку с книжками, усаживались где-нибудь в укромных местах и разучивали свои роли. А в это время в главной комнате, где стоял рояль, Рахманинов проходил роли уже под аккомпанемент пианистки Страховой.

Федор Шаляпин должен был приготовить к новому сезону не только Бориса, но и роль Сальери, Олоферна и другие. Партии были почти готовы, а вот роль Бориса все еще не удовлетворяла его. Не было твердой уверенности, что он хорошо знает характер Бориса. Каков он был на самом деле? Кто был прав в том историческом противоборстве триста лет тому назад? Эти и многие другие вопросы не давали ему покоя. А как трагична и мучительна судьба Мусоргского... Так блистательно начинать, столько сделать для музыкального развития русского и мирового искусства и так закончить свою жизнь... Обладать столь прекрасным талантом — и жить и умереть в бедности... Жутко стало Шаляпину, когда он представил себе эту тяжелую картину.

А первый ли Мусоргский из русских талантов, так кончивший свою жизнь? И скольких еще талантливых людей ждет та же участь... Почему возникает такое отношение к своей собственной жизни, к своему таланту?.. Люди не сразу принимают новое искусство... Привыкли к итальянским мелодиям, привыкли к мелодраме, ее легко играть в опере, а вот такие, как «Хованщина» и «Борис Годунов», оказались не по нутру... Вот почему Мамонт Дальский утверждал, что в опере невозможно сыграть Шекспира... Просто он не был знаком с Мусоргским... Если бы он знал эти его работы, он бы понял, что и в опере тоже можно играть Шекспира. Многое зависит от композитора, от тех проблем, которые он затронет.

— Ты почитай Пушкина, Карамзина, — как-то сказал Рахманинов, недовольный сценой, которую они проходили...— Тогда глубже поймешь образ Бориса... Ты схватил превосходно лишь внешнюю сторону роли, научился хаживать по-царски, но где глубина проникновения в характер? Ведь он пришел к власти не по праву...

— Почему не по праву? Его избрал на царство весь народ...

— Почитай еще раз Пушкина...

— Да я читал его не раз... Могу тебе сказать наизусть... — И Шаляпин целыми главами читал «Бориса Годунова»...

Шуйский и Воротынский с презрением говорят о Борисе Годунове. Ужасным злодейством он запятнал себя, подговорив к убийству царевича Димитрия. «Вчерашний раб, татарин, зять Малюты, зять палача и сам в душе палач, возьмет венец и бармы Мономаха...» — так говорит о Борисе его политический противник, завидующий его смелости, умению хитроумными приемами увлечь народ за собой...

В утомительных размышлениях проходили дни Шаляпина в Путятине. Однажды он поделился своими сомнениями в кругу друзей за обедом. И Татьяна Спиридоновна неожиданно посоветовала:

— А вы, Феденька, сходите к Василию Осиповичу Ключевскому. Он совсем недалеко от нас живет. К тому же он удивительный человек... Все студенты от него без ума...

Было решено, что в ближайшие дни Татьяна Спиридоновна все узнает, а уж потом поедет Шаляпин. Ключевский хорошо знал Шаляпина по его выступлениям в театре и был готов принять его в любое время.

Ехал Шаляпин к знаменитому историку с чувством радости и смущения. Тут люди ученые, образованные... Как быть?.. Вдруг что-то не так скажешь или не так повернешься... Всякое может быть. Шаляпин бывал в различных салонах, бывал и у великих князей, там нужно было одно: его божественный голос, его талант... А как еще на него посмотрит знаменитый человек, пользующийся большим влиянием в московской среде?..

Не успел Шаляпин покинуть тарантас, как навстречу ему вышел из калитки Ключевский, небольшого роста, с бородкой, посверкивая из-под очков быстрыми, пронзительными глазами. Он и здесь, на отдыхе, производил впечатление делового человека, спешащего на лекцию, где ждут его сотни студентов.

— А, Федор Иванович! Здравствуйте, здравствуйте, милости просим к нашему шалашу...

Федор крепко пожал руку профессора:

— Василий Осипович! Столько хочется узнать о Борисе Годунове...

— Знаю, знаю, ко мне просто так не приезжают... Чем могу, тем помогу... А сейчас давайте пить чай... Вот, познакомьтесь... Анисья Михайловна, моя жена, представитель не самой худшей половины рода человеческого.

Шаляпин подошел к плотной женщине с добрым, милым лицом, живые, умные глаза ее с любопытством смотрели на молодого гиганта, в ладонях которого легко уместилась ее немаленькая ладонь.

— Федор Иванович! Мы смотрели «Псковитянку» с вами... Вы превосходно передали характер Грозного... Он был именно таким многоликим, каким вы его показали... — Ключевский заговорил быстро, как бы зажигаясь, чувствуя перед собой человека, который может многое усвоить, пропустив то, что узнает, через магическую призму своего великого таланта.

— Да полно вам все о деле да о деле... Все уже готово. Давайте спокойно попьем чайку... А потом уж разговаривайте... — возразила Анисья Михайловна.

— А что? Действительно, давайте попьем чайку, да и за чаем можно поговорить... Так вот, Грозный у вас не только ханжа, лицемер, но прежде всего великий государственный деятель... Столкновение всех самостийников с единой государственной властью у вас передано совершенно правильно. Римский-Корсаков тут уловил самое главное. А вы передали характер Грозного просто скульптурно точно. Ведь поймите, что самым талантливым выразителем боярства, стремящегося к собственной власти, был Курбский... А они так и не поняли друг друга... Каждый из них твердил свое и плохо слушал противника... «За что ты бьешь нас, верных слуг твоих?» — спрашивал князь Курбский.

«Превосходно, профессор... Несколько слов произнес, а будто сидит передо мной уже другой человек...» — подумал Шаляпин.

— «Нет, — отвечает ему царь Иван, — русские самодержцы изначала сами владеют своими царствами, а не бояре и вельможи...» Дело было не в том, как править государством, а в том, кто будет им править. В царе сидел еще князь-вотчинник. Он не мог поступиться своими правами, данными ему от Бога, от рождения. И он стоял на своем. Кому хочу, тому и дам княжество...

— А что собой представляет фигура Бориса Годунова? — горячо прервал Ключевского Федор. — Мы сейчас готовим постановку «Бориса Годунова» Мусоргского... Играю главную роль, а ясности нет у меня... Читал Пушкина, Карамзина, но столько осталось непонятного для меня... Проходят годы, от картины к картине Борис меняется... А что меняется в его душе за это время?..

— Это сложнейшая личность в истории государства Российского...

Ключевский снова загорелся, и лекция готова была стремительно начаться, но Анисья Михайловна шумно встала:

— Вот что, друзья мои, идите-ка в лес, прогуляйтесь перед обедом...

Ключевский и Шаляпин, подчинившись, вышли за калитку и направились по узенькой тропинке, которая пролегала через пшеничное поле и вела к лесу.

— Первое, что мне неясно, Василий Осипович, это различные мнения о злодейском покушении на жизнь Димитрия и о косвенном пособничестве этому злодейству Годунова, — продолжал Шаляпин.

— Карамзин полностью стоит за виновность Годунова в этом злодействе, а что было на самом деле?.. Я читал все источники, которые проливают свет на эти трагические события давних лет... Во-первых, царь Федор был жив, и все ждали, что наследник по его линии еще может появиться... Так что Димитрий не мог надеяться быть наследником.

И у Шаляпина прорвалось:

— Борис признает, тяжко будет ему потому, что он наследует могучим Иванам и «ангелу-царю» Федору... И тут же указывает, что не так уж случайно пришел к власти: он верный слуга покойным царям, и они любили его за эту верность и службу, поэтому он просит у них священного благословения на власть. И он обещает править своим народом праведно и привести его к славе и покою. И просит бояр помочь ему в этих трудах: «От вас я жду содействия, бояре, служите мне, как вы ему служили, когда труды я ваши разделял, не избранный еще народной волей»... И на пир зовет он весь народ, всех, от вельмож до нищего слепца, всем вольный вход, все гости дорогие... Казалось, что наступает новая эпоха, когда все люди должны объединиться для устройства нового государства Российского, когда все должны обрести, наконец, родину-мать, а не злую мачеху, раздающую чужим детям подзатыльники направо и налево... Прошло шесть лет... Царя Бориса не узнать... Он чем-то надломлен, сколько испытаний прошло через его сердце, не так просто складывается в его личной жизни... Казалось бы, достиг он высшей власти, шестой уж год он царствует спокойно, но счастья нет его душе... Почему? Неужто он действительно охладел к высшей власти, скучает и томится и дни долгие, дни власти безмятежной — ни власть, ни жизнь его не веселят? В чем его предчувствия и почему счастья нет его душе?.. Почему не удалось ему в довольствии, во славе успокоить свой народ, щедротами снискать его любовь? Почему он считает, что «живая власть для черни ненавистна. Они любить умеют только мертвых»? И почему думает, что народ остался неблагодарным за то, что он для него сделал: по его словам, он отворил им житницы во время голода, выдавал из казны все, что у него было... Народ же проклинал его... Кто же он, Борис Годунов? Какова его роль в истории России?

Шаляпин и Ключевский уже давно шли по лесу, среди высоких сосен, и увлеченно беседовали. Старичок, подстриженный в кружало, в очках, за которыми блестят узенькие, мудрые глазки, с маленькой седой бородкой горячо и страстно о чем-то говорит, а высокий, могучий молодой гигант с развевающимися белокурыми волосами, то и дело поправляющий их своими огромными ладонями мастерового, чуть-чуть даже пригибается к старичку, чтобы получше расслышать, что тот говорит ему...

Старичок пройдет несколько шагов, остановится, заговорит то вкрадчивым голосом, с тонкой усмешкой на выразительном вдохновенном лице, то вдруг преобразится... А высокий в это время неожиданно для себя тоже неузнаваемо преображается, приобретает какую-то необыкновенно царскую величественность, снисходительно посматривает на рядом идущего старичка...

— «...И тут молва лукава нарекает виновником дочернего вдовства — меня, меня, несчастного отца!..»

Ключевский поразился, с какой точностью произнес Шаляпин эти последние слова известного монолога Бориса.

— «Гонца схватить», — грозно сказал Шаляпин, нахмурился, смело взглянул на старичка Ключевского... и поразился, так был похож Ключевский в этот момент на лукавого царедворца Василия Шуйского. А тот и взаправду заговорил словами Шуйского:

— «...Так, государь: мой долг тебе поведать весть важную...» Шаляпин вздрогнул при известии о появлении Самозванца, резко повернулся к сосне и тихо произнес мучительные для него слова:

— «Но... чем опасен он?»

Ключевский — Шуйский приосанился, еще ничто ему не грозило, он выполнял свой святой долг примерного помощника правителя государства:

— «Конечно, царь... сильна твоя держава...»

Шаляпин и Ключевский так увлеклись игрой, что не заметили, как оказались на берегу реки.

Ключевский, осторожно переступая по дорожке, хитренько поглядывая снизу вверх на своего «повелителя», вдруг сильно произнес имя убиенного Димитрия.

Шаляпин — Борис в ужасе отшатнулся, грозно посмотрел на лукавого царедворца, так неожиданно пронзившего его сердце этими страшными словами.

— «Димитрия!.., как? этого младенца! Димитрия!.. Царевич, удались».

Совсем недавно Годунов гордо заявил о том, что «царевич может знать, что ведает князь Шуйский», но сейчас понял, что предстоит более серьезный разговор, который может надломить неокрепшую душу царевича...

Величаво продолжает Шаляпин — Годунов наставлять своего помощника Шуйского, что нужно сделать, чтобы имя Самозванца не проникло в Россию: закрыть границу заставами, чтобы ни заяц, ни ворон не проникли в Россию из Литвы и Польши.

Но тут Годунов начинает мучиться, он напуган... Он пытается себя успокоить, напоминает Шуйскому, что ведь он сам был председателем следственной комиссии по делу об убийстве Димитрия, неужто обманул тогда и сейчас всплывает то полузабытое дело?.. Страшно становится Борису...

Ключевский неожиданно обращается к Шаляпину:

— Федор Иванович! А попробуйте не задумываться над тем, что Борис Годунов причастен к убийству Димитрия... Он ведь нигде не признается в этом, кроме одной вот этой оговорки: «...как я узнал, что отрока сего... Что отрок сей лишился как-то жизни...» Это несущественная оговорка... Так пропустите ее полушепотом... Главное в словах Шуйского: «Димитрий во гробе спит...» И не случайно после этих слов Шуйского он «спокойно» говорит: «Довольно: удались»...

И Ключевский продолжал читать Пушкина теперь уже за Годунова. И не было в нем царственной осанки, он по-прежнему шел, чуть-чуть забегая вперед, произнося:

— «Ух, тяжело!., дай дух переведу... Я чувствовал: вся кровь моя в лицо мне кинулась — и тяжко опускалась...» Вот его состояние в момент разговора с Шуйским, в момент, когда узнал о появлении Димитрия... Он испугался не за себя, а за своих наследников, за своего Федора...

Шаляпин смотрел на него и поражался мастерству перевоплощения профессора, только что читал тот за Шуйского и был превосходным Шуйским, а сейчас готов уже читать и произносить монологи за Бориса, и по всему было видно, что слова Бориса удаются ему больше, чем Шаляпину...

«Говорит, а сам хитрыми глазами смотрит, как бы прощупывает, какое впечатление на меня произвели его слова — испуган ли я, встревожен ли... Ах, какой бы из него Шуйский получился... как он смотрит на меня, царя Бориса, готов пронзить насквозь... И не отвернешься от него... Ему, Шуйскому, важно знать мое состояние для политической игры... А я должен понимать, что, когда говорит такой тонкий хитрец, как Шуйский, я, царь Борис, и слушать его должен, как слушают ловкого интригана, а не просто как бесхитростного докладчика-царедворца... Какой замечательный актер вышел бы из этого профессора», — думал Шаляпин, восторженно глядя на Ключевского.

— Эх, если бы роль Шуйского сыграли вы, Василий Осипович, — вслух произнес Федор.

— Я чувствую этот материал, я вижу этих людей... Может, поэтому...

— В вашем рассказе, Василий Осипович, фигура царя Бориса рисуется такой могучей, интересной... Слушал я и душевно жалел царя, какой огромной силой воли и умом обладал он... желал сделать Русской земле добро, а создал крепостное право...

— Трагедия Бориса была в том, что он был одинок. Он стремился к просвещению страны...

И снова — меткие, точные слова историка о былом, минувшем...

— Гляжу я на вас, Василий Осипович, и кажется мне, что воскрес Василий Шуйский и сам сознается в ошибке своей — зря погубил Годунова...

— Да, Смутное время принесло столько бедствий на Русскую землю...

— Но и дало двух трагических героев для русской оперы!..

— Иван Сусанин и Борис Годунов — замечательные русские люди... Но сколько несчастий другого характера творилось на Руси... Борис получится у вас, я не сомневаюсь... Только вы должны работать по шестнадцать часов в сутки. Так-то, Федор Иванович, работать и работать...

Переночевав у Ключевского, Федор Иванович поблагодарил хозяина за гостеприимство и утром отправился в Путятино. Всю дорогу думал об этом удивительном человеке. И много еще раз впоследствии вспоминал он эти поучительные беседы.

Глава третья

ПАРИЖСКИЕ УНИВЕРСИТЕТЫ

С радостью возвратился Петр Иванович Мельников в Москву из Парижа... Казалось, все складывается прекрасно, встретили его сердечно, принимал активное участие в постановках новых опер, готовился к дебюту как оперный певец, но... Горько вспоминать прошедший сезон. Конечно, Петр Иванович знал, что голос его далек от совершенства, но так провалиться он не ожидал. И снова уехал в Париж, чтобы еще раз попытаться упорной серьезной работой с профессорами пения достичь хорошего результата.

Как и год тому назад, Петр Иванович стал заниматься с Бертрами. Каждое утро от девяти до десяти он работал с ней. Сначала обычные упражнения для постановки голоса, потом пел выученные им партии, особенно те, где он еще недостаточно овладел постановкой звука. После небольшого перерыва он начинал самостоятельно, с помощью аккомпаниатора естественно, разучивать партии, которые он предполагает попросить для нового дебюта у Мамонтова. И с каким наслаждением он занимался в эти часы, не теряя надежды на успех... Вот его настоящее дело, вот его будущее.

Апрель, май прошли в упорной, самозабвенной учебе. Оно и понятно. Он должен за это время серьезно подготовиться к самостоятельной работе, ведь в один прекрасный день он будет предоставлен самому себе, не век же ходить в учениках, не век же ходить на помочах, и если не устоишь на своих ногах, то можно потерять все — надежду, мечты, радость жизни. Выучив «Хованщину», «Псковитянку», затем «Анджело», приступил к разучиванию партии Петра во «Вражьей силе».

Не теряя веры в себя, он вовсе не был убежден, что оперный певец может рассчитывать на успех каждой исполненной им партии. Напротив, горек хлеб певца, столько потов сойдет с него, прежде чем он достигнет успеха. В особенности трудно на первых порах, когда приступаешь к разучиванию партии. Стоило ему взяться за новую партию Петра, как голос потерял звучность, утратил какие-то приобретенные в других партиях краски... И каждое утро, перед самостоятельными занятиями, он идет к Бертрами и настраивает свой инструмент на привычных, простых упражнениях. Вот и вся его работа с ней. Чисто механическая. Да оно и понятно: прежде чем играть на скрипке, идут в лавочку и покупают скрипку. Эти-то «скрипки», и чрезвычайно надежно, готовятся у Бертрами. Он это понял еще по прошлому году, когда она многому научила не только его самого, но и даже Федору Шаляпину было полезно с ней позаниматься. Именно она научила Петра Мельникова всем позициям, не только вызвала наружу голос, но и превосходно поставила каждую ноту так, что теперь только от него самого будет зависеть, как он распорядится всем приобретенным у Бертрами. Что же касается музыкальной стороны, то она ничему его не научила, тут она сама слаба. Интересно то, что на всех уроках Бертрами заставляет преувеличивать, заставляет петь каждую ноту, каждую фразу много шире, чем следует. И скорее всего, она права, ведь на сцене, из-за естественного волнения, масштаб изменится сам собой. Но только по утрам она заставляла петь преувеличенно большим звуком, вечером же, если уроки проходят и вечером, то она предлагает прикрывать звук, в противном же случае, если не уравновешивать звук утренним открытым упражнением, певец может совершенно загнать его, и он утратит свою природную красоту, как уже много раз бывало. Так что во всех ее приемах обучения есть здравое основание. Вот почему он снова вернулся к ней.

В Москве ходили слухи, что Бертрами самозванка, что ее система обучения не дала еще никаких положительных результатов. Петр Иванович в письмах, в разговорах с приезжающими в Париж пытался опровергать все эти слухи. У нее есть определенные успехи как у педагога. Недавно ее ученицу Марго приняли в Комическую оперу, и она дебютирует в «Орфее». Петр Иванович был на пробе, голос Марго звучал превосходно. Так что же еще нужно? Нет, с педагогом ему повезло. А как порадовалась сама Бертрами успешному дебюту своей ученицы.

А бывало, Петр Иванович, разочарованный в своих успехах и больше не надеясь ни на что, бросал все, увлекаясь праздной парижской жизнью, пропадал на скачках, выигрывал и проигрывал и вообще вел бесшабашную жизнь молодого человека, беззаботного и богатого. Но снова одумывался, снова брался за работу. Жизнь входила в свои берега, восстанавливался порядок, но наступало раскаяние, сожаление, ибо прекрасно налаженный голос после такого перерыва в занятиях невозможно было снова наладить за много дней упорного труда. А это приводило его в ужас. А если это произойдет и в Москве, когда он начнет свою артистическую карьеру? Нет, нельзя пропускать занятия, нельзя допускать перерывы. Иначе ему никогда не видать оперной сцены, а без этого он жить не может.

И дело даже не в том, что он родился и вырос в семье знаменитого солиста Мариинского оперного театра; просто все отцовское: его заботы, радости, огорчения, удачи и неудачи — вошло в жизнь, в душу его сына. Он слышал разговоры вокруг поставленных опер и сыгранных партий. С детства волшебный мир театра манил его своими таинственными делами, и с тех пор эта любовь к театру стала словно неизлечимой душевной болезнью.

Конечно, таким, как отец или Федор Шаляпин, ему не стать, нет такого голоса и таланта. Но он добьется чести работать в труппе Частной оперы, вместе с Мамонтовым, Шаляпиным, Коровиным, работать и думать, что совершаешь большое дело становления русской оперы. Никто не знает, выйдет ли из него певец и вообще хоть что-нибудь, а только сейчас он испытывает гордость, и гордость оттого, что он со всеми этими выдающимися деятелями искусства близок, готов помогать им, служить им. И, вспоминая Частную оперу, Петр Мельников радовался сопричастности к большому делу. В эти минуты ему казалось, что и его дело спорится, что многие его личные заветные планы близки к осуществлению, что наконец-то и он достиг своего, занялся серьезно любимым делом и с каждым днем чувствует всевозрастающие силы, голос его крепнет неустанно, связки развиваются, и он ежедневно убеждается, что может одолеть такие вещи, о которых и мечтать не смел, и тогда он с особенной радостью и наслаждением думал о работе в Частной опере под руководством любимого Мамонтова.

После таких раздумий ему уже казалось, что он рядом с Мамонтовым, помогает ему в его заветном деле. И он с новой яростью принимался за работу, бесконечное число раз повторяя роль Петра из «Вражьей силы». Весь издергался, после трехнедельного труда ему снова показалось, что он одолел роль, убедился, что сможет с ней справиться, но снова брала его оторопь перед сложностями партии, и он готов был бить стекла от бессилия. А через несколько дней он просит эту роль у Мамонтова для дебюта в новом сезоне. В такой роли, считает Петр Мельников, можно развернуться, можно выдать все, что Бог ему дал, и потом верно оценить себя. Естественно, он понимает всю трудность такого дебюта и все-таки рискует взять на себя такую ответственность. Он не побоится, он из тех людей, которые думают: хотеть — мочь. Он поставил перед собой задачу — во что бы то ни стало будет петь, и вот он работает изо всех сил, причем берется за вещи самые трудные. С его «гунявым» голосом он взялся за роль Лереца в «Самсоне» и на первых порах, конечно, был смешон. И Мамонтов, и другие его доброжелатели заметили, что он не готов к исполнению таких ролей. Но энергия его не ослабевала, и он добился своего и пел Лереца так, как надо. И спасибо Мамонтову, что он поверил в него. Второй его задачей была еще более трудная — «Рогнеда». Татьяна Спиридоновна Любатович, следившая за его первыми репетициями «Рогнеды», очень деликатно и, как всегда, доброжелательно говорила ему, что он берется за непосильное. Но он продолжал все-таки работать, и порой возникало трудное положение: он словно до предела натянутая струна, готовая вот-вот лопнуть. И что же? В ходе беспрерывного труда он вдруг почувствовал, что связки поддаются работе, здоровы и не утомляются, и к январю он одолел и «Рогнеду». Вот когда он убедился, что связки его отцовского происхождения, постоянным упорным трудом он нашел многие отцовские звуки. Это бесконечно его обрадовало и придало ему еще больше энергии...

И теперь новая победа над ролью Петра. Это не могло его не обрадовать. Теперь он с радостью будет ждать нового дебюта. Конечно, он не нахал и хорошо знает, что иллюзия и что действительность. В результате усиленной работы из него сейчас получается певец-декламатор, и в минуты откровенности с самим собой осознает: кантилены ему стоит побаиваться, и не только потому, что не учился этому, а просто потому, что у него нет этих способностей. Правда, Иноземцев его утешал, дескать, не все сразу, но он-то понимал: этому трудно научиться, если нет голосовых данных. А может... Бог даст, и на будущее лето он приедет снова в Париж и займется тогда кантиленой... Ах, если б Савва Иванович послушал, как он поет «Таис» на французском языке, то, наверное, порадовался бы за своего преданного помощника и ученика и сказал бы, что уроки во Франции не прошли даром. А какую школу проходит молодой певец, постоянно слушая французских басов, таких, как Дельмас.

Живые уроки лучше всяких занятий даже со знаменитым Дюбирелли... А разве не получает он серьезные и глубокие уроки у актеров Французской комедии, где бывает очень часто. И не только сценическое искусство постигает Петр Мельников во Французской комедии, но даже чисто голосовая работа этих трагиков ему как будущему артисту очень полезна, и он берет у них довольно многое...

И, полный противоречий, поисков своего места в жизни, Петр Иванович Мельников вспоминал свои дебюты в Москве. Частная опера переживала подъем, предлагая своим слушателям одну премьеру за другой... Вслед за «Псковитянкой», «Садко», «Рогнедой» и многими другими русскими операми поставили «Хованщину». Но как поставили-то? Уж слишком поспешно. Конечно, не сравнить ни с какими другими постановками, слабыми, любительскими, но и эта постановка не может удовлетворять возросшим вкусам... Положение Частной оперы, вроде бы исчерпавшей весь русский репертуар, требует большого обновления... Петр Мельников, внимательно наблюдая за всеми постановками Частной оперы, видит это обновление только во введении еще неизвестного Москве комического элемента. И он готов поискать в мировом репертуаре комические оперы и перевести их на язык родных осин, как любил говаривать Иван Сергеевич Тургенев...

И часто в своих мыслях он возвращался к разговорам с Мамонтовым, которые происходили в Москве. Не так уж и много было таких разговоров, настолько занят этот действительно деловой человек, но то, что говорилось между ними, полностью сроднило их, и теперь Петр Иванович на многое смотрел глазами Мамонтова, многое они понимали и любили одинаково... Но его окружение разочаровало Петра Мельникова... Как, видимо, невесело живется Савве Ивановичу... Пришел он как-то к Семену Николаевичу Кругликову после провалов и неудач и стал горячиться, доказывать свою правоту, а ближайший помощник Мамонтова, выпятив ручки перед животиком, так прямо и сказал: «Да что вы горячитесь-то, ведь тут только жалованье получать надо». У Петра Мельникова и руки опустились. Если уж ближайшие друзья Мамонтова такого мнения, то что спрашивать с других... Пожалуй, только один живой человек и помогает Мамонтову — это Шкафер. Говорят, он стал ближе к Мамонтову, чем раньше. Вот это хорошая новость, слава Богу. А то ведь общество Клавдии Спиридоновны Винтер изо дня в день может убить животворные струны и в самом гениальном человеке, не в обиду ей будет сказано... Может, на первых порах она и была полезным человеком, этакой ширмой, которая скрывала истинные намерения Мамонтова и подлинное значение его для открывшегося театра, но и теперь она чувствует себя директоршей, позволяет себе говорить на потеху окружающим о вещах, в которых ничего не смыслит. И ее с некоторых пор еще более активное участие в деле — большое пятно на театрально-артистической «физиономии» самого Мамонтова.

«Странный человек Мамонтов, — думал Петр Иванович. — Держит Клавдию Спиридоновну в директоршах, это ничего, в порядке вещей, вроде бы так и надо... Что хочу, то и ворочу... И больно бывает слушать такие рассуждения о Мамонтове, как я люблю его и высоко ценю, а в его защиту ничего не могу сказать, когда речь заходит о таких его сотрудниках, как Клавдия Спиридоновна... А может, он вовсе и не нуждается в защите какого-то там Мельникова?.. Может. Но неужели он не понимает, что из таких вот маленьких вещей в жизни родятся большие последствия?.. Зачем после себя оставлять дурную славу в истории, когда судьбой ему дано сыграть огромную роль? Пускай она останется такой, какой должна быть... Нужно набраться смелости и высказать ему все то, что накопилось у меня на душе...»

Петр Мельников по-прежнему жил в том же самом пансионе, на улице Коперника, ставшем своеобразным пристанищем всех пансионеров Частной оперы, приезжавших в Париж для повышения своей квалификации. Секар-Рожанский, Маша Черненко, Варвара Эберле...

Пришла Варя и обрадовала:

— Петруша, мы все едем в Трувиль... Радуйся...

— А мадам Бертрами?

— И мадам Бертрами. Это ее предложение, будем купаться и заниматься...

— Ясно, мадам Бертрами, конечно, не решится всколыхнуть собою гладь моря, но будет присутствовать на берегу, соблюдая нравственную чистоту своих учеников, а также давать уроки пения.

— Ну что ты язвишь по поводу мадам Бертрами, славная у нас учительница пения...

— А я что говорю, я полностью согласен. Давай собираться, замечательное предложение, отдохнем и поработаем.

По дороге в Трувиль, знакомой и до мелочей памятной, Петр Мельников то и дело, отвлекаясь от своих друзей, жены, мадам Бертрами, возвращался мысленно к Москве, Частной опере. Совсем недавно он получил письмо от Мамонтова, в котором любимый учитель просил его помочь подобрать репертуар будущего сезона. Ну, ясное дело, не весь репертуар, а хоть что-нибудь свеженькое, не поставленное в Москве и

Петербурге. Интересный человек Мамонтов. Только недавно упрекал его за неправильное отношение к постановке «Евгения Онегина», а вот сейчас пожалуйста, как ни в чем не бывало просит... Странный не только в этом... Говорят, на свадьбе Шаляпина и Иолы, которая состоялась в имении Татьяны Любатович, с которой у него были самые теплые отношения, уже опекал Машу Черненко... И почему Мамонтов так привязался к Маше? Говорят, любовница... Вполне возможно, конечно... А может, просто любимое дитя, бывают же любимые дети. Вот и Маша... Мамонтов еще в Москве спрашивал его о Маше, но он тогда промолчал...

Мамонтов смотрит на всякого молодого актера, поступившего в Частную оперу, как на ученика. Таким учеником вошел и Петр Мельников в ее состав. И сколько уж прошло времени, а он все еще ученик... Ну что ж... Каждый спектакль — это экзамен. И каждый ученик должен приходить к директору и признаваться чистосердечно: «Вот эти билеты я не могу хорошо ответить на экзамене». Директор, конечно, сердится, что ученик не «стреляет»... А что было бы, если каждый, кто не готов, не умеет, стрелял бы мимо цели?.. Ведь только так мог стрелять начинающий стрелок. Только так может начинать и молодой артист... Допустим, он, Петр Мельников, рискнул бы стрельнуть плохо. На Частную оперу напали бы, упрекнув, зачем выпускать таких артистов... Нет, он ружье, которое всегда стреляло, и никогда Мамонтов не слышал от него «не знаю» или «не мое дело», и ни разу он не манкировал службой...

Петр Мельников драматически серьезно переживал свой провал в Частной опере. И уж приехали в Трувиль, купались, отдыхали, работали, а все воспоминания его уходили в прошедший сезон. Одним из его любимых собеседников стал приехавший во Францию молодой артист Шкафер, спокойный, обаятельный человек, тоже мечтающий о карьере артиста. Мамонтов стал поручать ему и режиссерские работы, а поэтому темы многих бесед сводились к прошедшим в сезоне операм.

— Вот вы все восхищаетесь постановкой «Хованщины»... Ну, ясное дело. Шаляпин бесподобен, тут и говорить нечего... А остальные? — Высокий Мельников иронически повернулся к небольшому Шкаферу, как будто именно он и был виноват во всех недочетах нашумевшей постановки. — На мой взгляд, Голицына должен был петь только один Секар. Он сам по себе настоящий Васенька Голицын, без всякого грима, и его иностранный акцент, к тому же польский, был бы совершенно на месте тут. Он один может более или менее дать барина, и опера имела бы другую физиономию с его участием в этой небольшой партии. И потом... Почему вы одели его во французский кафтан? Это резко, слишком резко на общем фоне.

— А мы ничего не могли найти более подходящего, а потом, вы же знаете Мамонтова, ему так вот захотелось подчеркнуть индивидуальность князя Голицына. — Шкафер принимал участие в постановке «Хованщины» и все замечания принимал на свой личный счет.

— Надо было суметь найти переходную ступень от одного костюма к другому, не такой кричащий контраст возник бы на сцене...

— Художники долго искали...

— Что ж тут искать... Достаточно было посмотреть картину Перова «Софья и раскольники», а еще лучше повнимательнее рассмотреть суриковскую «Петр и стрельцы», налево от Софьи стоит фигура в кафтане, бритый и с одними усами. Это и есть, если не ошибаюсь, Голицын...

— Надо подсказать Мамонтову, он чутко воспринимает подобные замечания. — Шкафер внимательно слушал своего товарища.

— А уж про декорацию кабинета князя Голицына и говорить не хочется...

— Нет уж, говорите, говорите.

— Да положительно нехороша, ни по композиции, ни по грязноватому, скучному тону ее. В Малом императорском театре есть декорация, которая как нельзя лучше подходила бы сюда, это кабинет боярина в «Веницейском истукане». Если бы Коровин дал себе труд хоть раз посмотреть ее, то он сам бы сейчас переписал всю декорацию, поняв, что Мусоргский хотел тут дать.

— Петр Иванович, ваши замечания очень интересны. Что ж вы в ходе работы не высказали их?

— Да там столько авторитетов, и все с таким гонором. Разве послушают... А вот еще одно... Разве вы не заметили, что в «Хованщине» нет Хованского? Это тоже в своем роде ружье, которое не стреляет. Только первый выход у Бедлевича интересен, и это дело рук, конечно, самого Мамонтова, в каждом месте я видел его, а есть момент, где словно сам Мамонтов был на сцене собственной персоной. Бедлевич просто демонстрировал свою фигуру, а мысль была Мамонтова. Этот выход исчерпывает собою весь интерес исполнения Бедлевича. Вся же остальная роль — это просто жирная свинья, а не Хованский. Поет Бедлевич невозможно скверно. И вот что я бы сделал на месте Мамонтова...

Мельников и Шкафер гуляли по берегу моря. Вокруг сновали модно одетые отдыхающие, а два русских певца ни на что не обращали внимания, поглощенные своими разговорами...

— Частная опера, — продолжал развивать свои мысли Петр Иванович, — приобрела физиономию чисто русского характера. Если ставить теперь иностранный репертуар, то надо это делать с большой осторожностью. Все теперь должны понять, что эта публика не так отзывчива к иностранному репертуару, как к русскому. А русский основан весь на басах, а басов-то по-настоящему у Частной оперы — только один Шаляпин. А между тем можно поискать подходящие басы... Вот в Петербурге сейчас есть молодой бас Шаронов, о котором я слышал самые лестные отзывы... Стоило бы Мамонтову повидать его, двумя-тремя словами очаровать, как он это умеет делать со всяким, и включить его в состав Частной оперы. Ведь предприятие растет не по дням, а по часам... Надо искать хорошие силы, а не довольствоваться золотою посредственностью... На одном Шаляпине репертуар не вытащишь...

— Мамонтов говорил, что весь репертуар русский исчерпали, нечего ставить. А каждый сезон должен иметь свою изюминку. — Шкафер тоже был уверен, что ничего уже и не осталось из русских опер, которые не ставились в русских театрах.

— А почему бы не поставить очаровательного оберовского «Бронзового коня»? Москва, кажется, не знает совсем этой вещи. Там две басовые партии, Шаляпин сможет блеснуть своей колоратурой в партии Фермера. Это будет новостью для Москвы.

— Когда я уезжал из Москвы, стали упрямо поговаривать о постановке «Бориса Годунова»...

— А вот и прекрасно. «Борис» сделает большое дело. Я недавно столько наговорил Шаляпину про Бориса, что разогрел его до последнего градуса, и, должно быть, он сам упросил Мамонтова поставить «Бориса Годунова».

— «Бориса» еще не решено, Мамонтов колеблется, боится, что не вытянем... А вот «Анджело» решено твердо ставить, уже и вам отведена роль.

— Да, я уже знаю, Мамонтов мне написал... И чем больше я изучаю оперу, тем больше я люблю ее, и люблю не только свой потраченный на нее труд, а с каждым новым днем открываю все новые и новые красоты. Роль моя почти готова. Я истратил три недели на изучение и только теперь постиг удивительные вещи этой партитуры... И меня занимает вопрос... Если я с трудом понимаю ее красоты, то, спрашивается, когда же поймет оперу публика... По теории вероятности — никогда, что и случилось при первой постановке, двадцать пять лет назад, когда опера была поставлена в бенефис отца. Это был, кажется, первый бенефис отца... Кроме потрясающей драмы, каждая роль имеет свои красоты. Но самая большая роль — это роль Секара, сколько в этой роли красоты, чисто итальянского, трагического характера, и как нельзя лучше соответствует данным Секара. А Шаляпин может дать удивительную фигуру Подесты, в длинном сенаторском балахоне, с черной бородой чуть не по пояс, словом, эту фигуру, которую вы видите на маленьком офорте в самом начале драмы. Помните?

— Да, я тоже начал изучать драму, — заинтересованно сказал Шкафер.

— А для грима я бы порекомендовал лицо маркиза, брата жены Сергея Саввича, только лет сорока — сорока пяти, с длинной широкой бородой. Вот каким я бы представил Подесту.

— Ну уж если возьмется за эту роль Шаляпин, то он сделает так, как ему захочется.

— Так хочется работать в театре Мамонтова, сколько можно было бы хорошего сделать, — мечтательно заговорил Мельников, который все еще переживал свою неудачу прошедшего сезона. — Мы с Секаром вскоре начнем разучивать свои дуэты по «Анджело». И вообще как я счастлив, что вы с Секаром приехали. Я надеялся, что приедет и Федор, но любовь превыше всего...

— Цезарь Кюи уже не раз спрашивал Мамонтова, когда же он поставит его оперу, а Савва Иванович все почему-то тянет...

— Видимо, пугается больших затрат... Декорации, костюмы... Но для постановки такой оперы ничего не нужно жалеть... Бесподобный получится спектакль, если его поставить с душой, как Савва Иванович это может...

— Согласен, сильное впечатление может произвести этот спектакль... Но и работа нас ожидает трудная.

— Я понимаю «Анджело» как истинную музыкальную драму... Это тоже драма, которую мы видим во Французской комедии, где всякий актер тщательно, четко и не торопясь поет стихи своей роли. Кюи так же, как и Мусоргский в «Хованщине», приходит на помощь актеру и рисует ему музыкальную ткань декламации, но все-таки декламация должна быть на первом плане... Мучаюсь, думаю, работаю, но не знаю, достиг ли я этого в передаче авторского замысла и достаточно ли четко произношу слова. Вот что меня интересует...

— Если хотите, я послушаю вас с Секаром, когда вы будете готовить дуэты... Мне это тем более интересно, что Мамонтов обещал и мне дать роль в «Анджело»...

— Это замечательно. Вы знаете, там все роли интересны. Вот вам сыграть бы короля. Как можно бы красиво обставить выход короля, правда, ему должно быть не больше девятнадцати лет.

— Боюсь, я не готов для такой характерной роли. Может, мне в качестве режиссера попробовать свои силы?

— Режиссеру-то трудно работать над этой оперой... Декорация одна и та же от начала до конца. Это скучно, но в то же время лишняя причина написать ее тщательно... А роли все действительно интересны... Тут есть над чем поработать... И если постановка «Анджело» действительно решена и мне поручат роль Галеофы, то я, пожалуй, съезжу в Падую и посмотрю на места, где происходит действие, не найду ли что любопытного для постановки. Что вы скажете?

Шкаферу было интересно говорить с этим молодым талантливым человеком, который самостоятельно и серьезно судит об искусстве, готовясь к театральной деятельности.

— Конечно, это просто будет очень кстати... А как вы находите Большую оперу в Париже?

— А... — Мельников досадливо махнул рукой. — В последний раз я был на «Фаусте», и на меня пахнуло немного Большим театром в Москве. Та же страшная рутина, которая чувствуется в постановках «Гугенотов» и «Пророка». Даже тошно делается. Те же люди превосходно ставят новейшие произведения и терпят такую гнусность в старых шедеврах. Ну ни одного светлого проявления режиссерской мысли за весь спектакль, черт знает что такое! Мефистофель Дельмаса — это канатный плясун, Тонио из «Паяцев» в первых трех актах и какой-то кардинал в последнем. О Фаусте Ларри и говорить даже не хочется. Ну, словом, все скверно и прямо позорно для Французской академии... А вот «Богема» — совсем другое впечатление...

— Мамонтов собирается поставить «Богему».

— Да, он удивлялся, почему мы не свели знакомства с художниками или артистами, хотел через нас познакомиться с настоящей богемой. Вот мы и познакомились, я проник в настоящую богему... Завел дружбу с настоящим Рудольфом и настоящей Мадлен. Мы даже встречали вместе Новый год, когда жили здесь зиму, компания попросила меня спеть, я имел шумный успех и на другой день получил от Рудольфа сонет... Довольно презабавный...

— Это все может пригодиться, когда мы будем ставить «Богему».

— Возможно, наблюдений предостаточно...

— Но вы знаете, Петр Иванович, самой главной работой очередного сезона Мамонтов считает «Орлеанскую деву». Понятно, мы будем работать и над «Богемой» и «Вражьей силой», возможно, и «Бориса Годунова» поставим, но прежде всего «Орлеанскую деву».

Мельников словно ждал этой темы, радостно взмахнул руками и весь расплылся в улыбке. Шкафер будто подслушал его мысли, тайные мечтания поработать и над этой одной из любимых его опер.

— О, я уж давно мечтал, когда Савва Иванович решит поставить эту оперу. В Париже я нашел у букинистов издание истории Иоанны д'Арк, иллюстрированное в красках. По рисункам оно напоминает старое английское издание иллюстраций шекспировских трагедий в одних контурах. Не знаю, случалось ли вам видеть это дивное издание. — Шкафер горестно пожал плечами. — У моего отца оно есть, и он страшно им дорожит... И вот эту книгу я пошлю Мамонтову, вся монтировка «Орлеанской девы» как на ладони. А какие чудесные костюмы! Сколько стиля и простоты. Когда я приобрел эту книжицу, я не мог целыми днями наглядеться, бесконечно мог разглядывать рисунки...

— А когда вы собираетесь послать книгу Савве Ивановичу, он ведь собирался сначала на свадьбу Шаляпина, а потом в Карлсбад, в Италию...

— Как это похоже на Савву Ивановича... Ни минуты покоя... Кстати, в Карлсбаде живет сейчас Лакруа. Вот кто мог бы как нельзя лучше спеть, голос ее чрезвычайно подходит ко всем требованиям Чайковского.

— Голос-то голосом, но какова она на сцене, вы знаете ее? Савва Иванович сейчас особое внимание обращает на эту сторону артиста.

— Мне удалось ее видеть всего раз... в «Песне торжествующей любви»... Она была трогательна, прекрасна, дала полную иллюзию на сцене. И ее недостаток — ее холодность на сцене — как нельзя больше подойдет к Иоанне.

— Разве холодность — главная особенность Девы? Савва Иванович видит прежде всего в ней силу и героизм и на этом будет настаивать...

— Вот та книга, которую я вам покажу в Париже, увлекала меня настолько, что я был покорен тем толкованием образа Девы, которое дано в рисунках. Думаю, что и Мамонтов тоже пересмотрит свои взгляды на этот образ, да и вообще на оперу... Просматривая книгу, я словно бы вместе с художником проигрываю все на сцене и сближаюсь с ним в толковании Девы, в понимании ее характера и ее роли в истории Франции.

— Так что же вы имеете в виду?

— Существуют два толкования образа Девы. Первое — немецкое, выработанное не Шиллером, а немецкими актрисами, которых я пересмотрел пять или шесть, сейчас точно не припомню. Это какой-то гренадер, утративший всякую женственность, который прет в сражение с распущенными волосами. Единственное обстоятельство, заставляющее зрителя предполагать, что под кирасой женское тело. И вот поймите... Если б так было в действительности, то скоро б нашелся здоровый детина, который, будучи сильнее ее физически, уложил бы ее на месте. Нет, не в том была ее сила, заставившая без оглядки бегущие войска остановиться, а потом повернуть на преследовавшего неприятеля и одержать победу... Это была внутренняя сила, которая всего лишь несколько раз, как ярко вспыхивающее на мгновение пламя, разгорелась в этом хрупком детском тельце... Так поражала она все вокруг себя, что свои шли на самые отчаянные подвиги, а неприятель бежал. Вспомните, по истории Иоанна даже не умела владеть мечом, шла со своим знаменем, и только раз шальная стрела поразила ее в икру. Вот почему я согласен со вторым, чисто французским, современным толкованием Девы... Это хрупкое детское тельце — ведь Иоанне всего лишь девятнадцать лет. Ничего в ней необыкновенного нет, и только в минуты необходимости разгоралось в ней вдохновение, все в ней преобразовывающее, и окружающие поклонялись ей как святыне... Вот две основные черты роли, и их строго надо разделить и оттенить...

— Петр Иванович! Но вы только что говорили, что Лакруа холодна в своем исполнении... Как же она...

— Понял. Беру свои слова обратно. Нет, не Лакруа должна петь Иоанну, она ее не поймет и сведет на немецкое толкование: распушит волосы, которые все время должны быть заплетены в детские косички. Пожалуй, две артистки могут дать настоящую Иоанну — это Пасхалова и Цветкова. Первая превосходно даст деревенскую девочку с косичками, но будет слабее Цветковой в моменты ее вдохновения. Цветкова, уже испытанная, талантливая артистка, с ее чудесными глазами, даст просто превосходно. И фигура Цветка — этой Снегурочки — отлично будет гармонировать. Только надо Татьяне Сергеевне поручить, чтобы ни одно полотенце не утолщало бы ее корсета. А Пасхалова будет дублировать ее... Вот вам и решение главного вопроса...

— Мы-то решим здесь, а Мамонтов уже все наметил. И будет так, как он скажет...

— Ну что ж, хозяин барин, как говорится, тут мы можем ему только советовать...

Мельников умолк, подавленный сказанным. Действительно, он так сроднился с этой эпохой, так проник в образ юной Иоанны, дивный в своей героической прелести образ, полюбил эпоху, так ярко и рельефно показанную Шиллером и художником, создавшим иллюстрации к драме. И вот все может пойти прахом... Если уж Мамонтов упрется, его не переубедишь, и получится еще одно немецкое толкование этого неповторимого характера.

— Да, пожалуй, вы правы... Грустно бывает... Все вроде бы продумаешь, а результат не тот... А я уж продумал почти все картины. Думал и о костюмах... Самое интересное... Основной топ костюмов характеризуется в излюбленной Василием Дмитриевичем Поленовым гамме тонов костюма Мефистофеля...

— То есть полиняли красно-коричневые и оранжевые тона?

— Вот именно... Это очень красиво, и веет чем-то архаическим. Как был бы хорош епископ в таком одеянии, строго допрашивающий Иоанну. В той книге, о которой я вам говорил, есть полная церемония коронования, вся как на ладони... Фигур не много... Надо обязательно заготовить трубы. И как хорош был бы в вашем исполнении образ короля, у вас масса данных для этого образа...

— Савва Иванович, может, и даст что-то в этой опере, но определенного еще ничего... Определенно Мамонтов лишь говорил, что в образе Девы он видит прежде всего силу и героизм.

— Ах да... Теперь относительно самой Девы... Я позволю себе отстаивать свой взгляд на этот образ... Сила и героизм... Но как это понимать... Нравственная сила — да... Но по-моему, в основе этого образа лежит таинство. Повторяю, это не личность, это идея. Ее-то и надо воплотить, вот блестящая задача перед всеми исполнителями «Орлеанской девы». Тут Мамонтов может показать себя... Пусть публика с Кондратьевыми и Барцалами поймет, как надо работать и трактовать такие высокие сюжеты, и приступать к ним надо как к священнодействию.

— Все восхищаются постановкой в Малом...

— Я не видел постановки в Малом театре, но не раз слышал восторженные отзывы о Ермоловой и общем исполнении трагедии. Но вот у меня не укладывается в голове Ермолова с Орлеанской девой... К несчастью, как-то увидал я ее портрет в костюме Девы, чуть не в белых атласных туфлях. Да я бы за одну такую внешность не пустил ее на сцену! Вот Частной опере следует показать, что мы такое, и утереть нос Малому театру да посбить им спесь немножечко...

— Петр Иванович, разве дело в том, чтобы устраивать соревнование... Нужно взять у них самое лучшее в игре драматических актеров, поучиться у них игре, распределить роли так, чтобы каждый мог выявить свои лучшие данные...

— Конечно, если Мамонтов будет настаивать на своей трактовке «Орлеанской девы» и давать в спектакле, в образе Иоанны, «силу и могучую энергию, а главное — талант и восторженность», то вряд ли получится что-то новое и оригинальное по сравнению со всеми предыдущими постановками. И главное, не согласен относительно силы... Ну давайте рассмотрим оперу. Где артистка может проявить силу? Разве только в начале сцены с Лионелем, и нигде больше. Первый акт — смирненькая девочка, требующая восторженности, тут я с Мамонтовым согласен. Второй акт — у короля: ее рассказ и чудесная передача молитв короля. И чем исполнительница будет проще, тем лучше. Опять-таки силы никакой не требуется... О третьей картине мы уже говорили... В четвертой и пятой: любовный дуэт и раскаяние... Вот и все... Имея сильную исполнительницу, театр может дать один маленький хороший момент в опере, а все остальное, главное, проиграет. В исполнении же маленькой Иоанны проиграет один мимолетный сильный эпизод, кстати не представляющий ничего особо важного, но зато выплывает вся простая, поэтичная и трогательная Дева. Судите сами... Скорее всего, вам придется помогать Мамонтову...

— Кто знает... Не исключено, конечно... Но уж очень много интриг вокруг каждой постановки...

— С мужскими-то ролями интриг меньше... Тут все просто... Роль Карла Седьмого написана как будто для вас, Василий Петрович. Вы дадите прекрасную фигуру короля... Кардинал — настоящая роль Бедлевича... Зычен, величаво-неподвижен — словом, оперный кардинал. Теперь две интересные фигуры: Дюнуа и Лионель. Лионель — обыкновенный баритон-любовник, партия певучая, подходящая Соколову по певучести, только фигура его может испортить знаменательный момент, когда лунный луч падает на обезоруженного Лионеля и меч Иоанны замирает в воздухе — так неотразим был Лионель. Кстати, Соколов остается в труппе?

— Ничего невозможно пока понять... Я ничего не могу вам сказать... Все так сложно...

— Ну да ладно... Фигура Дюнуа сложнее и интереснее. Мне кажется, что Чайковский писал его для отца, ибо его лучший номер — дуэт с королем — написан в чисто басовой тесситуре, тогда как все другие ансамбли Дюнуа поет выше Лионеля. Партия меньше Лионеля, но надо дать фигуру дышащего благородством, энергией и мужеством. Мне кажется, эта фигура лучше всех удалась бы Федору Шаляпину, но вопрос, стоит ли так расходовать его, чуть ли не во всех операх... В Петербурге эту партию пел Стравинский и был плох... Меня самого тянет на Дюнуа, но не знаю, сумею ли дать этого благородного героя. Может, славный голос Мутина и его фигура будет здесь на месте. Партию крестьянина Бертрана надо обязательно дать Малинину, там есть небольшая кантилена, в которой Миша большой мастер, роль не требует большого актера и дает интерес бедняге Мише...

— А Воппа?

— Умирающего в доспехах Воппа, умирающего перед королем, лучше всех сыграет Брехов. Этого маленького человека я уважаю за серьезное отношение к делу. Не знаю, кто будет режиссировать...

— Вот вам бы и режиссировать... Так у вас все отлично получается, вы уже все знаете и все точно распределили... Мадам Бертрами всех поначалу хвалит, но что можно за месяц сделать... Вряд ли я успею подготовиться к началу сезона...

— Вы знаете, я с удовольствием буду помогать ставить спектакль, только с Мамонтовым очень трудно. Вот он был здесь, слушал в Париже двух певиц, наших пансионерок, прошедших школу у лучших вокалистов. И что же? Конечно, выбрал Папаян... Ее, естественно, нельзя считать новичком, она на своих плечах с честью вынесла уже не один сезон на профессиональной сцене, и не думаю, что она в Частную оперу пойдет на маленькие условия. Впрочем, я на этот счет ничего с ней не говорил и не знаю. А вот что касается Ильиной, то, откровенно говоря, я не понимаю, как Мамонтов не обратил на нее должного внимания... Правда, Папаян, как более живая, яркая стрекоза, с большим блеском мелькнула перед его усталыми от зимних трудов глазами и таким образом отвлекла на себя все его внимание и оставила в тени Ильину. Эта же, как нарочно, в тот же день вернулась из Гавра, после двух бессонных ночей да вдобавок утром перебиралась в другой отель и в результате была кислая и усталая. Савва Иванович не понял Ильину... А какой серьезный взгляд у нее на искусство. Посудите сами... Ей предложили два ангажемента: один в американское турне Мельба, где ей предложили две тысячи франков в месяц на всем готовом, в том числе и расходы по отелю. Турне идет два года. С нашей русской точки зрения, чего бы лучше. Но нет, она понимает, что в таком коммерческом мероприятии вопросы художественные отходят на задний план, и она приняла скромный ангажемент в 500 франков в месяц, на восемь месяцев, в Брюссель... Прекрасная актриса, она взяла три урока у знаменитого Дюбюлля, и этот очень хороший, славный человек сразу сказал ей, что ничему особенному выучить ее не может. Выучить играть, по его словам, чепуха, в каждом театре свой режиссер, свои требования. Сам он, когда пел Мефистофеля, по требованию режиссера несколько раз должен был менять весь план роли. И в этом он, безусловно, прав... Ильиной он показал, как следует ходить, руками двигать и что-то в этом духе...

— Если она лучше Маши Черненко, то он еще вашу Ильину не скоро возьмет...

— Вот-вот, интриги, интриги... В Савве Ивановиче живет вечная мысль об интриге и временами вообще черный, отрицательный взгляд на вещи: он склонен все повернуть в обратную сторону, если почувствует интригу против Маши... Но за мной этого не водилось, и вот почему я ничего не стал говорить про Ильину, когда он ее слушал здесь... Пусть сам решает... А Маша сюда приехать от него должна из Карлсбада... Так-то вот...

Долго гуляли по набережным Трувиля два молодых певца, мечтавшие о больших делах в Частной опере, и не могли до конца выговориться. Столько накопилось у них заветных мечтаний... А с кем поговорить, как не друг с другом... Секар-Рожанский был уже прославленный певец, его не волновали мелкие дрязги Частной оперы. Маша Черненко, иной раз приезжавшая к мадам Бертрами немножко поучиться, тут же уезжала вслед за Мамонтовым... Шаляпин в прошлом году промелькнул как метеор и скрылся где-то в гастрольных поездках в провинциях России.

Так что приехавший Шкафер был для Мельникова, еще не остывшего от обид прошедшего сезона, как бы целительным бальзамом, и уж ему-то все хотелось и высказать, заветное, продуманное, дорогое.

— Как-то там Федор Иванович... — после долгого молчания сказал Петр Мельников.

Шкафер понимающе посмотрел на друга.

Глава четвертая

СМЕЛЫЙ ЗАМЫСЕЛ

В середине лета произошло событие, которое огорчило всех в Путятине: в один из последних приездов Мамонтова Сергей Рахманинов объявил, что уходит из Частной оперы.

Мамонтов помрачнел, тут же встал из-за стола и вышел в сад. Но через час собравшиеся на веранде услышали его быстрые шаги и веселый голос.

— Что ж, молодой человек, — сказал он, подойдя к Рахманинову, — может быть, вы и правы... Что вам, художнику, даст в дальнейшем дирижерство? «Ой, честь ли то молодцу да лен прясти, воеводе да по воду ходить!» Исполать вам за то, что вы для нас сделали! Дружба наша на том не кончена, надеюсь. Но стоять у вас поперек дороги, пожалуй, не вправе...

Вскоре все поразъехались кто куда...

Федор и Иола сняли квартиру в Брюсовском переулке, сносно ее обставили. Мамонтов подарил им превосходный рояль. Теперь у них был дом, куда приходило много друзей, где обедали, веселились, пели до утра.

Вспоминали поездку по южным городам России — Харьков, Киев, Одессу, Ялту... Осень стояла превосходная. Концерты проходили с большим успехом. Рахманинов, Шаляпин, Секар-Рожанский... Последний концерт состоялся в конце сентября в Алупке. Шаляпин пел арию короля Рене, Рахманинов исполнял свою «Мелодию»...

...И вот они снова все собрались в Частной опере: открытие сезона задержалось из-за ремонта здания театра. Начались спешные репетиции трех новых опер.

Мамонтов принимал большое участие в постановках опер, внося много выдумки и изобретательства. Но что-то раздражало его и беспокоило.

Однажды Шаляпин, как обычно в последние месяцы, зашел в кабинет Саввы Ивановича. Там уже сидели Коровин, Серов, Шкафер...

Никогда еще Федор Иванович не видел Мамонтова в таком состоянии.

— Вы что же, Савва Иванович, — хмуро говорил Валентин Серов, — желаете в театре «садик эдакой» открыть? Лентовского в руководители позвали... Савва Иванович, я не могу допустить, чтобы он со своими помощниками в «Юдифи» показывал свой вкус, так что прошу вас ему это сказать! А то и сам скажу ему, что я о нем думаю...

Мамонтов лихорадочно ходил по кабинету.

— Вы правы, Валентин Александрович. Что мне делать с этим Лентовским, ума не приложу... Пожалел его — он у разбитого корыта остался, вот я ему и предложил поработать у меня... Пришел он как-то ко мне, принес книгу по искусству из своей библиотеки: «Возьмите в подарок, мне она не нужна». Смотрю на него, вижу: скучен, и нет его прежней осанки, спрашиваю: «Ну, что поделываете, Михаил Валентинович, как живете, почему не слышно и не видно вас? В Частной опере бываете? Что скажете?» Долго молчал, задумался. «Ничего, — говорит, — не делаю, Савва Иванович, копаюсь в старом хламе своем, живу на покое с сестрой и племянником. В опере у вас бываю, хорошо... Шаляпин... Помню его, вырос, актер настоящий, но вот, простите, вашего Врубеля — не понимаю... Что же это за занавес нарисован, что там красивого, не понимаю вашего увлечения этим декадентством... Вот Коровин — другое дело: ярко, сочно, понимаешь, чего человек хочет, грамотно, а у Врубеля и рисунка-то нет, кривляется он, что ли, непонятно и ненужно... И вас за дело ругают... Я согласен, нельзя поощрять такое вредное направление в живописи»...

— Ценитель нашелся... — Серов был по-прежнему мрачен. — Он нам из оперы оперетку сделает с феерией, как в прежние времена...

— Да, так он и кончил такой вот критикой. Я уж привык к такому отношению и думаю: «Ничего себе, когда-нибудь поймет, уразумеет» — и прямо ему: «А не хотите ли поработать в Частной опере? Там на очереди «Борис», «Орлеанская дева», «Юдифь», «Моцарт и Сальери»... — «Что ж, я с удовольствием, рад и благодарю!» — отвечает Лентовский. Он будет ставить, но только, чур, не надо давать ему расходиться, попридерживать его нужно, когда его вдруг занесет, он это может, натура у него широкая, я его знаю... Так вот мы и договорились.

— Да ведь он что предлагает... Черт знает что!.. Он все испортит, я не позволю ему портить «Юдифь»...

— Ну, странности-то у него есть, конечно, он человек старого пошиба... Приходит как-то ко мне, вижу, в руках огромную какую-то книгу держит. «Я, — говорит, — с монтировкой к вам...» Разложил перед нами эту огромную книгу и стал читать: «Олоферну — одеяние из драгоценных тканей, пояс убран каменьями, меч... Юдифи — длинная рубашка...» — и пошел читать, вроде апостола в церкви на амвоне. Я посмотрел на Валентина, а он отвернулся в сторону и лепит из хлеба каких-то лошадок, обезьян или собачек, не поймешь, видимо, не слушает, лицо злое, а тот все свое: «Асфанезу в руки жезл два аршина три вершка вышиною...» Ну, тут я не выдержал и говорю ему: «Все это, Михаил Валентинович, глупости, и этой вашей монтировки не нужно». — «Как это не нужно, что вы говорите?» — «Так и не нужно!» Он молча закрыл свою огромную книгу, встал из-за стола и ушел... Мы же остались с Серовым вдвоем, и я видел, что Лентовский обиделся... Ну ничего, это у него пройдет, я поговорю с ним...

— Да он ведь ходит по театру и всем говорит, что вы самодур. «Не пойму Саввы, — говорил тут кому-то... — Я ему хочу рассказать про дело, все приготовил, у меня в монтировке все расписано, расчерчено, как у режиссера, ясно и понятно, а он закрыл мне книгу на самом нужном месте и говорит: «К черту монтировку, и этого слова я вашего не понимаю и понимать не хочу, идите в гардероб, в бутафорскую, выбирайте, что там есть, вот и вся ваша эта, как ее там, мои... мон-монтировка!» Встал, говорит, Мамонтов и ушел, а я остался как дурак. Ну и самодур, чего моя нога хочет, трудно с ним... Зачем я только с ним связался на старости лет...»

Шкафер, передававший этот разговор, даже покраснел от волнения, а Мамонтов только улыбнулся.

— Все правильно, только одно неверно: я осталась у себя в кабинете, а он ушел, не знаю, как дурак или умный, но именно он ушел от меня рассерженный... Ну, поговорили, пора и за дело... У нас столько еще работы, а сезон вот-вот начнется...

Федора Шаляпина такие разговоры сначала забавляли, а потом стали раздражать. Уж слишком много времени теряли на эксперименты. Слишком торопились с постановками. Вот в этом сезоне у него три новые роли, и все по-своему трудные. Взять хотя бы Олоферна, 23 ноября — премьера «Юдифи», 25 ноября — премьера «Моцарта и Сальери», 7 декабря — премьера «Бориса Годунова»... Сколько нужно сил, чтобы все это подготовить... Репетиции следуют одна за другой. И какие все разные, эти роли, и по музыке, и по характерам... А главное, целые эпохи разделяют их... Олофери... Еще год назад, в Париже, он начал готовить эту роль... Ах, Париж, Париж, каким забавным приключением одарил его Париж... До сих пор ему вспоминается маленькая пианистка, которая пришла к нему в его последнюю ночь пребывания в Париже...

Шаляпин учился тогда у мадам Бертрами. Ему не нашлось комнаты в доме, поселился он на чердаке. И как он благодарен судьбе за это: там было чисто, хорошая кровать и полная независимость ото всех жильцов, он был абсолютно свободен. Все шло нормально, Бертрами хвалила его, обещала, что он будет петь хорошо, если будет слушаться ее наставлений... Но дело не в этом, он и без Бертрами понял, что будет петь хорошо...

И вообще все складывалось превосходно... В Дьепе по вечерам играл оркестр, выступали симпатичные певицы, веселые куплетисты... К тому же увлекла его игра в «железные лошадки»... Игрок по натуре, Шаляпин ставил и ставил на этих лошадок, пока не проиграл все деньги. Пришлось пожаловаться Савве Мамонтову, тот не замедлил побранить его, но денег дал, запретив, однако, играть в этих проклятых лошадок. Так и катилась его заграничная жизнь. Но он даже и не догадывался, что маленькая пианистка, которая так охотно аккомпанировала ему, влюбилась в него... А он предлагал вознаграждение ей за то, что она так любезно соглашалась помогать ему... Она попросила его научить ее ездить на велосипеде. Ему-то казалось, что он полностью вознаграждает ее за любезность, а ей просто хотелось подольше побыть с ним... Он научил ее ездить на велосипеде. Бегал с ней по площади Дьеппа, показывал разные приемы езды. Зная всего лишь несколько слов по-французски, они объяснялись только жестами, междометиями, смехом... Как было весело с ней!.. Какой у нее легкий характер...

«Накануне отъезда в Россию я ушел на чердак рано, чтобы пораньше проснуться, — вспоминал позже Шаляпин те прекрасные дни. — И вдруг на рассвете я почувствовал сквозь сон, что меня кто-то целует — открыл глаза и увидел эту милую барышню. Не могу передать сложного чувства, которое вызвала она у меня своей великолепной лаской, — я был удивлен, и растроган почти до слез, и страшно рад... Мы с нею никогда не говорили и не могли говорить о любви, я не ухаживал за нею и не замечал с ее стороны никаких романтических намерений. Я даже не мог спросить ее, зачем она сделала это? Но я, конечно, понял, как много было в ее поступке чисто человеческой и женской ласки. Я никогда больше не встречал ее и уехал из Франции под странным впечатлением, и радостным, и грустным, как будто меня поцеловала какая-то новая жизнь».

Вот какие воспоминания возникали у Федора всякий раз, когда он шел на репетицию «Юдифи» или вспоминал дни учебы у знаменитой Бертрами.

Олоферн... Олоферн... Как мучительно дается этот образ... Да, он жесток и властен... Но стоит ли изображать его этаким волосатым чудовищем, каким обыкновенно его показывают на русской сцене? «Ассирийская» бутафория плохо скрывала безличие персонажа, в котором не чувствовалось ни малейшего дыхания древности... И хорошо, что взялся за художественно-декоративную часть постановки Валентин Серов... И не только сыновнее чувство двигало им в работе над постановкой оперы... Огромный талант художника, чутье и желание создать неповторимые образы давнего времени, оживить то время... как хочется представить его не только живым, но и характерным образом древнего ассирийского сатрапа. Разумеется, легче желать, чем осуществить... Как уловить суть этой давно погасшей жизни, как восстановить живые подробности и детали быта?..

Шаляпину репетиция не понравилась. Приглашенный в этом сезоне Труффи хорошо знал Шаляпина, знал его возможности. И все шло превосходно. Но не удавалась пластика образа, а значит, и внутреннее в него проникновение...

В тот же день Шаляпин по обыкновению зашел на квартиру Татьяны Спиридоновны, жившей в небольшом одноэтажном доме на Долгоруковской улице, в доме Беляева, благо идти от его квартиры было совсем недалеко, стоило только пересечь двор... После восьми вечера здесь, как и в Путятине, собиралась большая компания членов Частной оперы. Бывал частенько и Мамонтов.

Шаляпин пришел чуть ли не последним. Были Коровин, Серов, театральный художник Бондаренко, Мамонтов, Врубель.

— Что же мне делать с нашим Олоферном? — горестно развел руками Федор. — Не могу поймать его личности... Каким он был?.. Каким его играть?..

— А вот посмотри эти книги... Их принес сегодня наш Бондаренко. Необходимо дать образ настоящего ассирийского владыки — Серов был, как обычно, строг и серьезен. — Савва Иванович просил меня купить какие-нибудь художественные издания, отражающие эту эпоху... Вот я и купил... Посмотри...

Шаляпин взял «Историю Ассирии» Перро и «Историю внешней культуры» Гюнтера и долго завороженно всматривался в рисунки и барельефы, запечатлевшие давнюю культуру. Над ним склонился Валентин Серов... Он уже просмотрел эти книги, и мысль его лихорадочно заработала... Он давно отличался умением схватывать движения и передавать их.

— Вот, Федя. — Серов взял полоскательницу, первое, что попалось ему на глаза. — Смотри, как должен ассирийский царь пить, а вот, — и он указал на барельеф, — как он должен ходить...

И, картинно раскинув руки, Серов прошелся по столовой, гордо и страстно закинув голову, как настоящий ассириец.

— Превосходно... Очень впечатляет... Только пластика должна быть гораздо резче, чем на изображении, ведь нужно рассчитывать на сцену... Ну-ка, Федор, попробуйте... — попросил Мамонтов.

Шаляпин встал, резко выбросил руки, выгнулся величественно, прошелся по столовой... Потом взял полоскательницу и возлег на диван, именно возлег — столько было царственности во всех его движениях, жестах. И наконец, он принял ту позу, которая так покоряла потом всех зрителей, музыкальных критиков, художников...

— Может, так играть Олоферна — величественным, царственным? — быстро встав, сказал Шаляпин. — Посмотрите эти фотографии памятников старинного искусства Египта, Ассирии, Индии, эти снимки барельефов, эти каменные изображения царей и полководцев, то сидящих на троне, то скачущих на колесницах, в одиночку, вдвоем, втроем.

— Возможно, именно здесь нужно искать пластическое решение роли? — Мамонтов задумчиво рассматривал альбом.

— Меня поражает у всех этих людей профильное движение рук и ног — всегда в одном и том же направлении. Ломаная линия рук с двумя углами в локтевом сгибе и у

кисти наступательно заострена вперед. Ни одного раскину-
того в сторону движения.

Шаляпин, копируя эти позы, продемонстрировал собравшимся то, что было изображено на барельефах

— В этих каменных позах чувствуется великое спокойствие, царственная медлительность и в то же время силь-
ная динамичность. Недурно было бы изобразить Олоферна
именно таким, в этих динамических движениях, каменным
и страшным. Может, и не так жили люди той эпохи, даже
наверняка не так, не так ходили по своим дворцам и военным лагерям. Это очевидный прием стилизации. Но ведь
стилизация — это не сплошная выдумка, есть что-то в ней
и от действительности.

Шаляпин говорил, и все были захвачены его мыслями
Всегда-то его слушали внимательно, а тут было совсем иное
рождался образ. Он был сосредоточен, весь поглощен своими мыслями, своими поисками.

— Что ты думаешь о моей странной фантазии? — обратился Шаляпин к Серову.

Серов радостно повернулся к нему.

— Ах, это было бы очень хорошо! Очень хорошо! Однако
поберегись! Как бы не вышло смешно. Можешь достигнуть
обратного результата. Легко ли будет Олоферну при такой
структуре фигуры заключать Юдифь в объятия?

Мысль эта не давала покоя Шаляпину весь вечер. Уже
разбрелись из-за чайного стола по всей квартире, разбились
на группы, обсуждая свои проблемы. А Шаляпин все ходил
от группы к группе и делал профильные движения взад и
вперед руками, убеждая себя, что он прав. Но можно ли
заключить в объятия Юдифь? Шедшая навстречу Клавдия
Спиридоновна была от неожиданности шокирована, когда
будущий Олоферн заключил ее в объятия по только что
изобретенному способу.

Клавдия Спиридоновна отшатнулась, громко засмеялась и сказала:

— Каков нахал!

Шаляпин радостно на всю комнату крикнул Серову:

— Можно!..

— Что можно, Феденька?

— Можно таким способом обнимать!

Все громко рассмеялись.

Художник Бондаренко был доволен, что ему удалось отыскать столь полезные для работы над постановкой книги.

Глава пятая

«БОРИС ГОДУНОВ»

Здание театра не было еще готово, но к репетиции приступили. Сезон обещал много новых постановок, и прежде всего — «Бориса Годунова». Еще весной Савва Иванович понял, что ему не справиться с постановкой оперы. Чаще стали его упрекать за недоделки в спектаклях. Хвалили за свежесть, новизну, но и критиковали за досадные промахи, которые неизбежны при торопливости постановок. И упрекали-то ведь друзья, соратники — Римский-Корсаков, Кругликов...

По-прежнему много сил он отдавал организации строительства железных дорог, предпринимательству вообще. Все свободное время он посвящал своему любимому театральному делу... Он пригласил в театр Михаила Валентиновича Лентовского. По своему характеру Мамонтов не любил копаться в деталях, доводить спектакль до совершенства. Он давал идеи, всегда оригинальные, новые, намечал общий контур спектакля, а уж детали, подробности медленно, шаг за шагом, разрабатывали помощники, художники, режиссеры, дирижеры и другие участники спектакля. Он любил говорить, что в опере нет надобности, как в драме, выявлять мелочи, главное — это музыка и пение. Нет, опера — это не концерт в костюмах на фоне декораций, здесь актер должен играть, быть на высоте требований музыкального произведения.

В оперу Мамонтова Лентовский пришел постаревший, но прежняя энергия, а главное — любовь к театральному делу еще пылала в его беспокойной душе. И он взялся за дело с присущей ему страстью.

Федор Шаляпин участвовал в репетициях трех новых постановок. «Моцарт и Сальери» особых трудностей ему не доставляла. Олоферна он готовил давно, как-то уже вошел в образ этого воителя. Пугали предстоящие репетиции «Бориса Годунова», но наконец приступили и к ним. Сначала все показалось трудным, но упоительно прекрасным. Музыкальную часть оперы Федор Иванович разучил с Рахманиновым и знал превосходно. Молодчина, Сергей Васильевич, заставлял работать, ясно, что теперь и роль свою Федор знал назубок. Знал Пушкина, помог и Ключевский разобраться в сложностях и противоречиях эпохи...

Но первые же репетиции показали, что сделанного и накопленного в душе маловато для постижения глубин трагического образа, созданного гениальным композитором. Что-то получалось не так, как думалось. Хотел сказать одно, а получалось совсем другое, что-то напыщенное... «У Мусоргского, — думал Шаляпин, — каждая фраза полна необычайной выразительности. Все у него продумано до мельчайших нюансов. И это сложное содержание нельзя выразить без соответствующего жеста, интонации. Тут без помощи художников не обойтись...»

Часто Шаляпин задумывался о первых своих успехах, о том, кто же научил его петь... «А вот художники и научили. Они научили меня понимать образ, а значит, научили и петь... Ведь вокалисты стремились к тому, чтобы я умел упирать голос на диафрагму, ставить голос в маску, и много других мудреных вещей приходилось слышать от них... Между тем дело ведь не в одном голосе. Главное — надо заставить слушать себя. Конечно, голос нужно иметь, голос много значит. Но это не все. Корова мычит, но ее никто не будет слушать, а вот соловей не оглушает силой своего голоса... И если поет даже за рекой, мы его слышим, потому что к нему прислушиваемся, стараемся услышать... И это очень важно — заставить слушать... Вот Мамонтов водил меня смотреть на «Микулу» Врубеля, а я смотрел на эту картину и ничего не понимал. «Поймешь, — учил меня Мамонтов, — ходи чаще смотреть, это полезно, зря не пропадет». И действительно, ходил в Третьяковку, ходил один, стараясь понять то, что все они, художники, понимали, вкладывали в каждый мазок свой смысл... Репин, Васнецов, Серов с его фотографиями с ассиро-вавилонских барельефов... Вот где тоже было для меня откровение... А без Васнецова разве я мог бы создать своего Грозного? Сколько я получил от него указаний об одежде, о том, как влияет она на походку, о жестах — как сделать их выразительными, о поворотах головы, плеч и о многом другом, всего не перечесть и не упомнить... Только благодаря моим друзьям-художникам я стал понимать, как можно придать тому или иному образу достоверность... А когда найдешь краски верные, убедительные, то и музыкальная фраза примет должный оттенок...»

Нет, не все принимал Шаляпин в художественных поисках своих друзей-художников. Одни были ближе ему по духу, по натуре, других он так и не понял. Коровина любил, а вот Врубеля с его откровенным аристократизмом не принял. Нет, внешне все складывалось благопристойно. Более того, Врубель восхищался его Сальери, сам вызвался сделать оформление оперы, костюмы, принимал участие и в постановке оперы вообще. Но Врубель по своему характеру был антиподом Шаляпина, открытого до бесшабашности, быстро воспламеняющегося и тут же гаснущего, как свеча на ветру.

Шаляпин познакомился и с Левитаном, высоким, худощавым брюнетом с умным и выразительным лицом; его восточная красота и прекрасные глубокие глаза сразу обращали на себя внимание. У Шаляпина с Левитаном был один круг друзей и знакомых, а потому они часто встречались. Левитан восхищался игрой и голосом Шаляпина, видел, с какой жадностью он впитывал в себя знания, как тянулся к культуре. Казалось, ему все по плечу.

— Вы, Федор Иванович, чего доброго, и живописью занимаетесь? — добродушно спрашивал Шаляпина Левитан.

— А как же, конечно, занимаюсь, Исаак Ильич, — простодушно отвечал Шаляпин. — Только пока на собственной шкуре. Так размалюю себя, что все думают, а может, перед ними всамделишный Мельник и действительно сумасшедший?

Федору Шаляпину был понятен Левитан, простой и душевный человек. Из общения с ним и по рассказам его друзей он узнал, какую трудную жизнь прожил талантливый художник: голодные годы учения в Училище живописи, постоянное безденежье в годы самостоятельной творческой работы. И порой думал о том, что бедность и голод зачастую постоянные спутники истинных дарований. Шаляпин любовался пейзажами Левитана, и все же, глядя на волжские пейзажи Левитана, он почему-то вспоминал именно веселые ребячьи забавы, а не голод и нищету... Сколько раз в российской жизни талант вступал в борьбу с бедностью, предвзятостью, непониманием... На долгие годы завязывалась борьба, многие погибали, не выдержав испытаний, но иной раз талант побеждал, и тогда отступали нужда, голод, приходили признание, слава, но за всем этим непременно следовали зависть и недоброжелательство тех, кто остался там, внизу, у подножия славы и богатства, у подножия Олимпа... Не было у Левитана приличной одежды, говорят, носил старую красную рубаху, дырявые брюки и опорки на босу ногу... Почти точь-в-точь как и он, Федор Шаляпин. Но благородная мягкость, душевное изящество, простота пленяли в Левитане сразу. Да и живопись Левитана сразу же покорила Шаляпина своей естественностью, неповторимой прелестью и глубиной мысли. Его околицы, пристани, монастыри на закате: «Осенний день. Сокольники», «Тихая обитель» — что ж тут непонятного... И так хорошо становится на душе после просмотра его картин, совсем особенное возникает настроение...

И совсем по-другому чувствуешь себя, посмотрев картины Врубеля... Там тревога, смятение, душевный разлад. А в картинах Левитана — покой, торжество света и здоровой любви... Правда жизни — вот что пленяло Шаляпина в искусстве, и его полотна, словно задушевные песни, трогали сердце.

Да, художники так много значили в его жизни... Вот Коровин сделал эскизы декораций и костюмов к «Борису Годунову». А сколько для этого он просмотрел старинных книг, миниатюр, картин старых мастеров...

Шаляпин репетировал Олоферна, Сальери, Мефистофеля, но полностью был поглощен только ролью Бориса Годунова. Репетиции оперы продолжались. Работали много, не жалея сил. Работали все — художники, машинисты, рабочие, декораторы... Декорации, костюмы, грим прежде обсуждали у Мамонтова по нескольку раз и лишь тогда давали указание выполнять. Костюмы шили из лучших материалов. Носили их, подолгу привыкая к одежде, чтобы вжиться в ту далекую эпоху... А здание театра еще не было готово к началу сезона.

Времени было много. Городские власти придирчиво осматривали новое здание театра, то и дело находя какие-то неполадки. А это шло на пользу театральным постановщикам: чем больше репетиций, тем меньше упущений.

Казалось бы, Шаляпин тщательно подготовился к исполнению роли грешного царя Бориса: изучил состав исполнителей, звучание хора, не раз скандалил с дирижерами, упрекая их в путанице тактов. Шаляпин знал каждый такт не только всех вокальных партий, но и каждую ноту играющих в оркестре музыкантов... Но он мало обращал внимания на драматическую сторону постановки. Это, неожиданно для него, уверенного после стольких удачных ролей в своих драматических способностях, оказалось самым слабым в его исполнении. Начинает, вроде бы все получается, но чутье актера подсказывало: нет, фальшивишь, войти в роль удачливого царя, достигшего высшей власти, не удается... И сразу — в панику: как же так, все, казалось бы, он знает, делает так, как продумал, а чувствует, что это не то. Никак не может найти точного движения, верной поступи при выходе и нужной интонации первых победных фраз... И начинались мучительные терзания: «Первое появление артиста должно приковать внимание к нему зрителей, а у меня получается вяло, что-то искусственно вяжет меня по рукам и ногам... О, проклятье! Боже, дай силы мне!»

Уходил домой раздосадованный, терзаемый муками. Ничто его не веселило. Иола смотрела на него, не понимая его терзаний: подумаешь, получается на репетициях не так, как хотелось бы, получится, дорогой мой, ты такой талантливый! Как ты играл Мельника в Нижнем Новгороде и Грозного в Москве... Но слова любимой мало утешали Шаляпина. Приходили друзья в их маленькую семейную обитель — Михаил Слонов, Юрий Сахновский, Арсений Корещенко. Среди интересного, казалось бы, разговора молодых людей, смеха и шуток Федор вдруг умолкал и неожиданно просил Слонова:

— Миша, поиграй мне «Бориса», в первом выходе у меня что-то не получается...

Вставал у рояля, внимательно слушал первые фразы, начинал петь, пытаясь играть роль Бориса, венчающегося на царство, но столь же неожиданно умолкал, к неудовольствию собравшихся, — ведь так хорошо получалось.

— Нет, не то... — Шаляпин досадливо махал рукой, останавливая Мишу.

Все вскакивали и начинали уговаривать Шаляпина продолжать домашнюю репетицию — так хорошо выходит, голос прекрасно звучит, слышится величие и царственность в голосе, что же тебе еще нужно?..

— Сыграй-ка, Миша, «Блоху»...

И начинается привычное пение, великолепное, вдохновенное... Долго, чуть не до утра, продолжается этот импровизированный концерт, а Шаляпину хоть бы что, свеж, прекрасен, счастливый бог музыки...

А время не ждет, стремительно несется, приближая день премьеры. Вот уже последние придирки городской комиссии, принимающей здание театра, устранены благодаря настойчивым стараниям Мамонтова. Начались репетиции с декорациями, в полном гриме и костюмах.

Оркестр начинает вступление. Колокольный звон. Собирается толпа. Бояре выходят. Выходит царь Борис. Величав, прекрасен, трагически скорбит его душа... Вроде бы все пошло нормально... Все так думают... Но Шаляпин, обессиленный невозможностью сыграть то, что задумал, прекращает репетицию... Устало опускаются его руки, и он в изнеможении уходит за кулисы. Валится там в первое попавшееся кресло... Через несколько минут все приходит в движение, снова выходит, и снова прерывает репетицию... Ничего не получается... Ноги ватные, нет твердости в движениях... Через несколько минут все повторяется сначала. Толпа, бояре... Выход Шаляпина...

В это время с шумом открывается дверь, порывисто входит Савва Иванович Мамонтов и, не раздеваясь, садится в центре зала. По всему чувствуется, что все уже на пределе, огонек раздражения коснулся всех участников репетиции, уставших от этих бесконечных выходов... Сколько же можно так истязать себя!..

— Не то, Феденька, — раздался неожиданно для Шаляпина хрипловатый знакомый голос. — Федя, не то...

Напряжение было слишком велико, и Шаляпин не выдержал. Разъяренный, бросился в уборную. Все кончено, он не может играть эту роль... Сколько затрачено усилий на создание этого образа, и все напрасно... К черту, он бросит все и откажется играть проклятого Богом и людьми царя Бориса... Пусть Бедлевич играет...

В уборную Шаляпина вошел Мамонтов. Не впервой он находил ключ к сложной роли, когда, казалось, она не получалась у талантливого артиста.

— Федя, ты успокойся... Все прекрасно у тебя получится. Ты отдохни, не мучай себя сомнениями... Будь спокоен, у тебя все получится. Ошибка твоя в том, что ты еще не представляешь себе, каким должен быть Борис, когда он произносит «Скорбит душа»... Представь себе этого Бориса, представь, что ты рисуешь его, каким ты его видишь, каким ты его представляешь, тогда появится и должная поступь, и нужные интонации в голосе... Все у тебя есть, но ты еще смутно представляешь себе образ...

Мамонтов пригляделся к лежащему на диване Шаляпину и тут же отвернулся, стараясь не видеть слез его. Сорванные парик и борода валялись у стола. Шаляпин приподнялся на кушетке. Грязное от грима лицо его совсем потеряло царское величие, резко контрастируя с пышным облачением. Он казался беспомощным, растерянным. Волосы всклокочены, ноздри шевелились в ярости и тревоге. Медленно сел, вслушиваясь в слова Мамонтова. «Ага, ожил», — подумал Савва Иванович и продолжал:

— Ну пойми только одно. Ведь ты достиг высшей власти. Ты царь, коронованный по всем правилам. Зачем тебе выступать, как боярину, кичащемуся своим званием, положением, родом? Зачем лезть из кожи Годунову, строить выскочку, хозяина в поддевке, самодура? Выходи проще.

Мамонтов смотрел на него и поражался перемене, происходившей с Федором Ивановичем. Растерянное, беспомощное, какое-то даже бесформенное, его лицо стало постепенно приобретать осмысленное выражение, упрямо твердеть, стало суровым и властным. Вытер кулаком остатки слез. Встал, пошел к столу, молча стал заново гримироваться. Надел парик, приклеил бороду, привел в порядок волосы. Молча встал, грозно поглядел на собравшихся в уборной, ожидавших дальнейших указаний Мамонтова:

— Пойдемте попробуем еще.

Савва Иванович первый вышел, за ним последовали участники репетиции. Последним вышел Шаляпин.

Снова вступление... Музыка, звон колоколов. Настроение у всех приподнятое, торжественное. Сейчас, все ждут, что-то произойдет на сцене... Во всяком случае, все так настроились, зная огромную способность молодого артиста перевоплощаться из одного состояния в другое. Снова толпа, бояре ждут выбранного царя с нетерпением: как он выйдет, что-то скажет? В каком он настроении? Все замерли в ожидании... Так совпало — ждут не только царя Бориса, но ждут Феденьку Шаляпина, ждут его исполнения... Медленно, торжественно выходит... Сколько пережито волнения. Поднял голову кверху, смотрит как бы безразлично. Смолкают колокола. Спокойно закрывает глаза и произносит первую фразу, тихо, вроде бы про себя: «Скорбит душа, какой-то страх невольный тяжелым предчувствием сковал мне сердце...»

И сердца собравшихся бояр, артистов, режиссеров, художников пронизывает настоящая, неподдельная боль, сострадание к царю-человеку, способному так остро переживать происходящее в его жизни... Тихо шествует дальше. Торжественно приглашает бояр: «...поклонимся гробам почиющих властителей России». Скромно показал на храм, и все пошли за ним как за повелителем...

«Ну вот все и прекрасно, — подумал Мамонтов, — образ царя, трагического царя, еще не царствующего, но уже обреченного, найден. Теперь он не уступит, это открытое им состояние души».

Так оно и вышло. Действие развивалось стремительно и правдиво. Царь Борис вышел из храма, полный сил и волевой целеустремленности. Нерешительность он оставил в храме, голос его зазвучал в полную силу. Он почувствовал сладость неограниченной власти, свою мощь, способность управлять великим государством. «Всех звать на пир... все гости дорогие...» — так мощно и красиво приглашал Шаляпин собравшихся его чествовать.

Последние аккорды музыки были еле слышны: все собравшиеся так аплодировали Шаляпину, такой подняли шум, что ничего не было слышно. Все радовались удаче товарища по сцене. Некоторые плакали и целовались от счастья... Все чувствовали себя празднично, понимая, что на их глазах произошло чудо — рождение великого художественного образа.

Горько размышлял Лентовский о своей незадавшейся жизни. Сколько он перепробовал путей, сколько он метался в поисках своего места в жизни... Скольким он дал путевку в жизнь, а своей так и не нашел. И вот показалось, что наконец-то у Мамонтова он найдет то, что всю жизнь искал. И вновь опоздал... Другие художники-режиссеры уже совсем по-иному видят задачи искусства. Что бы он ни предложил, все вызывает возражения со стороны всех этих декадентов. Особенно яростным противником оказался Врубель. По каждому поводу готов лезть в драку. Уж вроде бы старался усмирить свою буйную натуру — ведь вовсе и не претендовал на режиссерскую диктатуру у Мамонтова. Просто хотел быть продолжателем антрепризы оставленного Мамонтовым Солодовниковского театра после его перехода в новый театр — и только... Он надеялся с помощью Мамонтова создать Общедоступный театр. Он и вошел в оперное дело Мамонтова с полным уважением, с чистой душой, без нахальства, скорее с недоверием к своим силам. И только... На какие только преграды он не наталкивался, положим, мелочные, но довольно омерзительного характера, подрывающие его авторитет, столь необходимый во всяком деле, особенно в театральном. Он хотел трудиться в театре, но увяз в тине... А как сам Мамонтов упрекал его за неумеренную подозрительность... Все, дескать, нормально, работайте. Это заставило его быть доверчивым, искренним. И что же изо всего этого вышло? Сам же Мамонтов назвал его наивным человеком... «Правда, порядочный люд мне симпатизирует, — с облегчением думал Лентовский, — а вот клоп-то закусал, насовался. Э, да что тут!.. Петух трижды не прокричал, а Савва от меня уже отрекся. Врубель, Серов у него законодатели всех мод. Ну и пусть... Я уйду скоро, долго терпеть самодовольства этих декадентов не буду... А может, мне действительно делать нечего у Мамонтова? — снова задавал себе все тот же вопрос Лентовский. — Ведь у них совсем иные задачи... Я стою за простонародный театр, за театр особого типа, исключительно для серой публики, с исключительной, так сказать, проповеднической целью, с выработанным репертуаром, живыми прологами, чтением, печатными листками... Надо играть повсюду, на площадях, в деревнях, в балаганах, на открытых площадках... Всюду, очищая народную затемненную душу... Живое слово — живое действие. Надо только пожертвовать собой. И тогда театр исполнит свое гражданское назначение, служа тому, кто нуждается в развитии».

Лентовский восторженно принял успешные репетиции Шаляпина сразу в трех новых ролях. С увлечением работал над постановкой массовых сцен в «Борисе Годунове», пытался давать советы при постановке «Юдифи» и «Моцарта и Сальери», по часто его предложения отвергались, его упрекали в расточительности и чрезмерной, до безвкусицы, фантазии.

И здесь, в театре Мамонтова, Лентовский любил на первых порах говорить:

— Если расход имеет разумное основание — не жалей денег! Трать их — деньги дело наживное, обернутся — и к тебе придут. Все, что необходимо, должно быть сделано. Тут скаредничать и жать копейку нечего...

Но у Мамонтова на этот счет были свои соображения. За первые два года существования Частной оперы он столько в нее вложил своих средств, что сейчас, спустя два года, уже стал чуточку бережливее.

— Фантазер, и только фантазер, — упрекал Мамонтов Лентовского, не находящего себе применения в Частной опере. — Вам бы только фейерверки устраивать.

Да, Лентовский любил извлекать из самой никудышной сценки зрелищные эффекты. Да, был склонен к рекламе, фейерверку. И бывал беспомощен, когда нужно было добиваться психологической глубины и жизненной достоверности спектакля.

А с каким рвением Лентовский взялся за постановку массовых сцен в «Борисе Годунове»! Мамонтову некогда было следить за мелочами театрального дела, к тому же у него столько дел на основной службе. Он надеялся на Лентовского. Хороший администратор, наладит дисциплину, рекламу... да и постановщик известный. Но первые же репетиции массовых сцен показали, что Лентовский вряд ли справится с постановкой...

Присутствуя на одной из репетиций, Мамонтов не мог поверить глазам своим: участники массовых сцен были какими-то грязными оборванцами, суетливыми, не знающими, что делать на сцене.

«Толстопятые! Как бараны! И это наш народ, от которого зависит судьба великого государства...» — горько размышлял Мамонтов.

Но то, что он увидел позже, совсем разочаровало его.

...Шаляпин медленно выходит из Архангельского собора, а на его пути толпятся какие-то люди, мешающие ему идти. Раздосадованный Шаляпин громко пробормотал сквозь зубы:

— Черти проклятые, не мешайте... Вглубь отойдите...

Из директорской ложи Мамонтов все видел и все слышал. «Черт знает что такое! Я-то думал... И это знаменитый Лентовский!..»

Ясно, что после такого случая Мамонтов охладел к Лентовскому. Ему передали, что Лентовский недоволен своим положением в театре и хотел бы повидаться с ним в более интимной обстановке для того, чтобы поговорить, но Мамонтов отвечал: «Не могу же я каждого полупьяного кучера к себе в дом вести...» И принимал Лентовского только в конторе.

А кто таким положением дел останется доволен? И начались всяческие козни, интриги, разговоры...

Глава шестая

ПРЕМЬЕРА ЗА ПРЕМЬЕРОЙ

23 ноября 1898 года Шаляпин впервые на сцене Частной оперы исполнил роль Олоферна. Он очень волновался в этот день, все казалось ему не так, как хотелось бы, все раздра-

жало. Театр Солодовникова был переполнен, а это всегда радовало сердце артиста. Но удастся ли ему воплотить на сцене то, что родилось в его душе?.. Он первым решается на рискованное новшество — играть Олоферна этаким суровым каменным барельефом, одухотворенным, правда, силой, страстью и грозным величием...

Успех был несомненным. Впечатление Шаляпин произвел незабываемое. Критики писали, что Шаляпину удается образом Олоферна раскрыть перед зрителями психологию варварства, грозного варварства, с которым познакомила в свое время Библия... Признавалось, что варвары были разные... Гунны покорили и разрушили целые государства в Европе. Татары бесчинствовали на Руси... Казалось, такого жгучего страха, какой переживаешь, читая в Библии описание разрушений и насилий, которые творили варвары, покоряя народы и страны, больше не испытаешь... Но, глядя на Олоферна и вслушиваясь в его песню, когда он призывает «рвать, топтать конем, рубить мечом» все живое, понимаешь: ничто не может сравниться с этой кровавой вакханалией, к которой он зовет своего Вагоа .

Говорили, что Олоферн Шаляпина — это живой грозный восточный сатрап, незабываемы черты его лица, каждый жест, каждое движение монументальны, заставляют трепетать, испытывать ужас, необоримый страх... И одновременно зрители испытывали необъяснимое наслаждение от этой личности на сцене... Шаляпин был страшным и вместе с тем доставлял радость своей мощной игрой.

На следующий день Шаляпин, жадный до театральных новостей, велел скупить все газеты. И когда ему принесли их, набросился на них, читая только об Олоферне... Иола, мило коверкая русские слова на итальянский манер, тщетно звала его завтракать. Федору было не до этого. Только для виду он не признавал критиков, а на самом деле прислушивался к их мнению.

Послезавтра новая премьера — «Моцарт и Сальери»... Как удержать внимание зрителя?.. Для такой глубоко правдивой роли все оперные заготовки совершенно непригодны, фальшивы, неестественны. Моцарта и Сальери нужно глубоко почувствовать, уловить тончайшие движения их души, сжиться с этими характерами, перевоплотиться в них... С появлением на свет таких опер, как «Моцарт и Сальери», перед оперным артистом встают иные задачи — надо научиться играть, а не только петь, каждый жест, каждое движение должно максимально соответствовать характерам героев... Надо научиться играть в опере и Шекспира... Ох, незабвенный Мамонт Дальский... Ты многому меня научил...

После репетиции «Моцарта и Сальери» Шаляпин зашел к Мамонтову. Савва Иванович рассказывал своим гостям:

— Сидим на заседании, вижу, Витте смотрит на меня очень внимательно. Думаю, в чем дело, какие такие мысли бродят в его министерской голове на мой счет?.. Любопытно! После заседания он мне и говорит этаким сердитым, раздраженным тоном: «Савва Иванович, я вычитал в газетах, что вы везете за границу какую-то Частную оперу. Что это за вздор такой? У вас там на дороге черт знает что делается, а вы нянчитесь с какой-то там оперой?» Я растерялся, никак не ожидал такого разговора. Что-то невразумительное ответил, зная, что от вопросов искусства он всегда был далек, они ему мало понятны... Ну что, Федор Иванович, — обратился он к Шаляпину. — Олоферн произвел фурор, все только и говорят об этом... Теперь Сальери и — Борис... Сколько забот! А тут еще неприятности на дороге, недовольство Витте...

— Савва Иванович, — заговорил Шаляпин, когда они остались одни. — Первые же репетиции «Бориса» и «Моцарта» показали, что мои товарищи понимают роли неправильно... Существующая оперная школа уже не отвечает тем требованиям, которые продиктованы новыми операми, такими, как

243

«Борис» и «Моцарт»... Уже и в «Псковитянке» это чувствовалось... Конечно, я и сам человек старой школы, как и вообще все певцы наших дней. Это школа пения, и все. И только... Она учит, как тянуть звук, как его расширять, сокращать, но она не учит понимать психологию изображаемого героя, не рекомендует изучать эпоху, создавшую его... Профессора этой школы употребляют только одни термины: «опереть дыхание», «поставить голос в маску», «расширить реберное дыхание»... Очень может быть, что все это необходимо делать, но все-таки суть дела в не том. Мало научить человека петь каватину, серенаду, романс, надо бы учить людей понимать смысл произносимых ими слов, понимать чувства, вызвавшие к жизни именно эти слова, а не другие...

— Да, ты прав, Феденька... Но что делать, мы имеем дело с теми, кто у нас есть... А вот Шкафер... Интеллигентный ведь артист...

— На репетиции «Бориса» и «Моцарта» особенно отчетливо сказываются наши недостатки... Тут Пушкин, Карамзин, высоты и глубины человеческого духа... Тяжело, Савва Иванович, играть свою роль, не получая от партнера реплик в тоне, соответственном настроению сцены... Особенно меня огорчает как раз Шуйский, хотя его играет Шкафер, действительно один из наиболее интеллигентных артистов, понимающих важность задачи... Но все-таки, слушая его, я невольно думаю: «Эх, если б эту роль играл Василий Осипович Ключевский...»

— Федор Иванович, я делаю все, что только можно. Ни у кого такой оперы нет, как у нас. Вы делаете все, что вам хочется... Любые костюмы...

— Савва Иванович! Даже самые лучшие декорации, бутафория, оркестр и хор не вытянут оперы! Нужно что-то делать... Так дальше играть просто невозможно. Все эти бездарные артисты меня раздражают, я не могу с ними спокойно работать. «Борис» провалится с таким составом... Эта вещь написана сильно и красиво. А мы что делаем? Губим спектакль...

— Не волнуйтесь, все будет хорошо... Опера более или менее слажена Лентовским, особенно массовые сцены удались, да и хор играет прекрасно. Поймите, Федор, не все могут играть так, как вы... Вы играйте, как наметилось, как создается... На Борисе вся и опера-то должна держаться, а все остальное вытянем на «удовлетворительно» и «хорошо». Вот «Моцарт» вместе с «Орфеем» — это гораздо труднее. Готовьтесь, Федор. Все будет хорошо.

25 ноября состоялась премьера «Моцарта и Сальери». Как и предполагал Шаляпин, публика приняла спектакль сдержанно. Спектакль-то был превосходным зрелищем. Сама постановка, декорации, исполненные по эскизам Михаила Врубеля, костюмы, сделанные также по его эскизам, переносили слушателей в атмосферу музыкальной Вены XVIII века, ощутимо передавали стиль того времени. Да и Мамонтов как режиссер-постановщик многое сделал, уж не говоря о том, что Шаляпин был превосходен в роли Сальери...

Шаляпин полностью перевоплотился в образ человека, безумно завидующего своему младшему собрату по музыке. Есть ревность, но есть и ревность Отелло, все сметающая на своем пути, не знающая удержу, яростная и безумная... Есть зависть, но есть и зависть Сальери... Вот такую зависть играл Шаляпин. Он создавал человека, живущего полной жизнью, испытывающего и радости, и наслаждения. С огромной радостью он слушает фортепьянное соло. И, слушая игру Моцарта, Шаляпин — Сальери, небрежно откинувшись на спинку стула, спокойно помешивал кофе. Но, вслушиваясь в гениальную музыку, легкую, чарующую и беззаботную, как и сам ее творец, Сальери медленно встает, про кофе он давно уже и забыл — чашечка сиротливо стоит на столе, — медленно останавливается за спиной Моцарта, мучительно вглядываясь в нотные знаки, как бы спрашивая себя самого: а действительно ли не снится ему эта божественная музыка?.. И глухо произносит слова восторга и недоумения:

> Ты с этим шел ко мне
> И мог остановиться у трактира
> И слушать скрипача слепого! Боже!
> Ты, Моцарт, недостоин сам себя.

> Какая глубина!
> Какая смелость и какая стройность!
> Ты, Моцарт, бог и сам того не знаешь;
> Я знаю, я.

Он не может понять характера Моцарта, не может ему простить его легкости, виртуозности и легкомысленного отношения к тому, что он делает...

Столько трагического разлада чувствуется в душе этого человека... Он весь никнет, глубоко переживая зависть к тому, что происходило на его глазах.

Нет, Шаляпин не хотел играть простого злодея, завидующего таланту гения... Сальери — талантливый человек, тонко понимающий красоту гениальной музыки...

Высоко оценили игру Шаляпина критики. «Благодаря необыкновенному дару музыкальной декламации, достигающей последней степени совершенства, благодаря неслыханной гибкости шаляпинской вокализации шаг за шагом развертывается перед зрителем в этой бесконечно льющейся мелодии картина душевного настроения Сальери, глубоко пораженного отравленною стрелою зависти, проходит вся гамма сложных, противоположных ощущений, вся тонкая углубленная психология человека, борющегося между противоположными чувствами: бесконечным преклонением перед гением Моцарта и стремлением устранить его с земной дороги, потому что он слишком ослепителен...» — так писал Э. Старк об игре Шаляпина.

Публика приняла спектакль по-разному: одни восторженно, другие сдержанно. Шаляпину было не по себе, он уже казнил себя за неумение донести до зрителя возникший в его душе образ несчастного человека, завидовавшего гению... Но первые же слова, которые он услышал после спектакля, подбодрили его:

— Черт знает как хорошо! Слушаешь целое действие, звучат великолепные слова, и нет ни перьев, ни шляп, никаких ми бемолей, — горячо произнес пришедший за кулисы Михаил Врубель.

Шаляпин благодарно повернулся к нему — так нужна была ему сейчас поддержка. Странные отношения сложились у него с этим удивительным человеком... Врубель, приехав из Киева, поселился у Коровина в мастерской, где частенько бывал и Шаляпин. Картины с Нижегородской выставки «Принцесса Греза» и «Микула Селянинович», все, что ни делал Врубель, Федор не понимал и не принимал. Однажды он повернул мольберт и увидел большую странную голову с горящими глазами, с полуоткрытым сухим ртом. Все было сделано резкими линиями, все было сдвинуто, деформировано, начало волос уходило к самому верху холста. Все было не так, как Шаляпин привык видеть на картинах других художников... Лицо было неправдоподобно белым, но какое-то гнетущее страдание было написано на нем...

Шаляпин долго тогда смотрел на это полотно.

— Это что же такое? Я ничего подобного не видел. Это же не живопись. Я не видел такого человека. — Шаляпин растерянно смотрел на Коровина и Серова, которые тоже оказались в мастерской. — Это кто же так пишет?

— Вот Михаил Александрович Врубель пишет...

— Нет. Этого я не понимаю. Какой же это человек?

— А нарисовано как! — вмешался в разговор Серов. — Глаза... Это, он говорит, «Неизвестный».

— Ну, знаешь, этакую картину я бы не хотел у себя повесить. Наглядишься, отведешь глаза, а он все в глазах стоит...

— В тяжелые годы нужды он в соборах писал архангелов. — Коровин подошел поближе к картине. — И конечно, это они, архангелы, внушили ему его демонов... И с какой страстью он пишет своих демонов... Посмотрите...

— Да... Крепко, страшно, жутко и неотразимо... А где же он сейчас?

— Должно быть, еще в театре, а может быть, ужинает с Мамонтовым.

Так произошло знакомство. А потом сколько раз Шаляпин поражался необыкновенному характеру Врубеля! Вся Россия читала первые рассказы и повести Горького. А когда Шаляпин спросил Врубеля, читал ли он Максима Горького, Врубель, в свою очередь, недоуменно пожал плечами: «А кто это такой?» Как же не знать писателя Горького?.. Даже не знает, что есть такой писатель... «А вы читали Гомера?» — в свою очередь спросил Врубель. Нет, он тогда не читал Гомера. «Почитайте, — говорит. — Неплохо... Я всегда читаю на ночь Гомера...» Странный человек... Шаляпин тогда поинтересовался этой книгой, удивительный мир открылся ему. Каково же было его удивление, когда Коровин сказал ему, что Врубель знает восемь иностранных языков...

— Я его спрашивал, — сказал тогда Коровин, — отчего он читает именно Гомера. «За день, — ответил он, — наслушаешься всякой мерзости и скуки, а Гомер уводит...» Врубель очень хороший человек, но со странностями. Он, например, приходит в совершенное расстройство, когда манжеты его рубашки испачкаются или помнутся. Он уже не может жить спокойно... И если нет свежей под рукою, бросит работу и поедет покупать рубашку. А в газетах читает только о спорте и скачках. Скачки он обожает, но не играет. Обожает лошадей, ездит верхом, как жокей. Приятели у него все — спортсмены, цирковые атлеты, наездники. Он ведь и из Киева с цирком приехал.

Вошел Врубель.

— Послушайте, Михаил Александрович, мы только что говорили о вашей картине... Такая жуткая картина... Смотреть невозможно, страшно... Вот вы человек образованный, что вы хотели показать здесь? Что это за человек, Неизвестный? — спросил Шаляпин.

— А это из лермонтовского «Маскарада» — вы же знаете, читали.

— Не помню...

— Ну, забыть трудно.

— Я бы не повесил такую картину у себя.

— Боитесь, что к вам придет такой господин? А может прийти...

— А все-таки, какой же это человек — Неизвестный, в чем тут дело?

— А это друг ваш, которого вы обманули.

— Я-то никого не обманул, а вот меня все время обманывают... Это все ерунда. Дружба. Обман. Все только и думают, как бы тебя обойти... Я, например, делаю полные сборы, а спектакли без моего участия проходят чуть не при пустом зале. А что я получаю? Это же несправедливо! А говорят — Мамонтов меня любит... Я сказал третьего дня Мамонтову, что хочу получать не помесячно, а по спектаклям, как гастролер. Он и скис. Он молчит, и я молчу...

— Да, но ведь Мамонтов зато для вас поставил все оперы, в которых вы и создали себе имя, славу. Он тоже имеет право на признательность...

— А каменщикам, плотникам, архитекторам, которые построили театр, я тоже должен быть признателен? И может, даже платить им? В чем дело? Я делаю сборы... Меня эксплуатируют, а я не пикни... Это вы господские разговоры ведете...

— Да, я веду господские разговоры, а вот вы-то не совсем...

— Что вы мне говорите! — вскипел тогда Шаляпин. — Ишь вы, господа собрались... Пороли народ и этим жили... А вы знаете, что я по паспорту крестьянин и меня могут выпороть на конюшне?

— Это неправда, — возразил Врубель. — После реформ Александра Второго никого, к сожалению, не порют...

— «К сожалению»? — вскричал Шаляпин. — Что это он говорит, какого барина выставляет из себя!

— Довольно! — вышел из себя и Врубель.

Всем присутствующим было неприятно и неудобно, поэтому каждый делал вид, что разглядывает картины Коровина.

— И впрямь, к черту, не будем больше об этом говорить...

— Мы разные люди...

Врубель оделся и ушел, а Шаляпин долго тогда бушевал, недовольный словами Врубеля.

— Кто он такой, этот Врубель?.. Что он говорит?! «К сожалению»... Гнилую правду говорит... Да и каких-то все болезненных создает...

— Да, Федор, когда разговор заходит о деньгах, всегда какая-нибудь гадость выходит, — сказал Серов и отвернулся. — Но Мамонтову театр тоже, кажется, много стоит. Его ведь все за театр ругают. Только вы не бойтесь, Федор Иванович, вы получите...

Все понимали, что создалась неприятная ситуация. В мастерской повисла тишина, которая не могла долго продолжаться.

— Есть что-то хочется, — как ни в чем не бывало сказал Федор — Хорошо бы поехать в «Гурзуф», что ли, или к

«Яру». Константин, у тебя деньги есть? А то у меня только три рубля...

И с сокрушенным видом вынул из кармана смятый трешник. Накаленная атмосфера несколько разрядилась. Коровин поспешно полез в бумажник, вытащил всю наличность, быстро пересчитал.

— Рублей пятнадцать... Нет, двенадцать... Придется извозчику дать... Этого мало... Антон, у тебя нет денег?

Серов тоже сунулся в карман. Вытащил бумажник.

— Мало. Всего семь рублей. Я ведь не поеду. Возьмите пять рублей...

Ясно было, что поездка срывается. Шаляпин с горечью махнул рукой и ушел домой.

Недовольны были и Серов, и Коровин, который много лет спустя и рассказал об этом драматическом эпизоде о взаимоотношениях двух великих людей.

Дорога к дому была полна горьких раздумий. Почему они все издеваются над ним, когда он заговаривает о деньгах? Все они из богатых, не видали его нужды и бедствий... Коровин из богатых купцов, его детство было окрашено довольством и изобилием, ему не приходилось голодать и получать подзатыльники... Серов сын знаменитого композитора, ни в чем не нуждался никогда, вырос в семье Мамонтова... Врубель... Вот кто не давал ему покоя... Барин. Обедневший, но ишь ты, не может работать, если на нем грязная рубашка... А он, Шаляпин, был уже солистом императорского театра, а все еще выплачивал долги и не мог как следует одеться...

Врубель... Снова, как и три года тому назад, его картины озадачивали Шаляпина... Врубель сделал прекрасные эскизы костюма Сальери, вложил немало выдумки и фантазии для того, чтобы опера «Моцарт и Сальери» прошла благополучно... Он, Шаляпин, мог уже понимать разницу между яблоней в цвету, перед которой он преклонялся раньше, и настоящим искусством, которым занимались Коровин, Серов, Левитан, Остроухов и многие другие художники, близкие к Мамонтову, — с ними он познакомился в Абрамцеве и бывал у них в московских квартирах и мастерских. Но Врубель... До сих пор он ему непонятен... В искусстве есть «фотографы», будь они живописцы, писатели или актеры, они копируют то, что видят... Такие «фотографии» Мамонтов называет «скучной машинкой»... В этом суть... Не нужно копировать предметы и раскрашивать их с усердием, достойным лучшего применения, хотя после такого раскрашивания они будут более эффектными. Все равно это не будет искусством... Это нужно твердо усвоить... Во всяком искусстве важнее всего чувство и слух. Ох как много нужно работать, чтобы добиться чего-нибудь... Прав Ключевский, действительно, нужно работать по шестнадцать часов в сутки... Одной спасительной силой таланта ничего не добьешься... Без упорной работы выдохнется и самый большой талант... «Я уверен, что Моцарт, казавшийся Сальери «гулякой праздным», в действительности был чрезвычайно прилежен и много работал... Педант Сальери негодует, что Моцарт, забавляясь, слушает, как слепой скрипач в трактире играет его, Моцарта, творение. Гению Моцарту это было «забавно», потому что, слушая убогого музыканта, он работал. Да, можно по-разному понимать, что такое красота... Каждый может иметь на этот счет особое мнение. Но о том, что такое правда чувства, спорить нельзя... Она очевидна и осязаема. Двух правд чувства не бывает. Единственно правильный путь к красоте — это путь правды. Правильно говорят на этот счет мои друзья: только правдивое — прекрасно... И проверкой будет мой Борис... Сумею ли я сыграть эту роль? Показать страдания его совести... Есть буквы в алфавите, и есть знаки в музыке. Все можно написать этими буквами, и все можно начертать этими знаками. Все слова, все ноты... Но... есть интонация вздоха... Как написать или начертать эту интонацию? Таких букв нет... У каждого своя интонация вздоха, и каждый находит ее в одиночку...

Вот Борис Годунов... Я изучил партитуру, познакомился с ролью, которую мне надлежит сыграть... Я прочитал Пушкина, Карамзина, поговорил с Ключевским... Казалось бы, сделал все, что должен был сделать неплохой актер... Но сколько же раз, читая партитуру, я спрашивал себя, что это за человек? Хороший или дурной, добрый или злой, умный, глупый, честный хитрюга? Или сложная смесь всего этого? Я изучил, какие действительно события происходили вокруг него, чем он был отличен от других людей своего времени и своего окружения, каким он представлялся современникам и каким его рисуют историки. Виновен ли царь Борис в убиении царевича Димитрия в Угличе или не виновен? Пушкин делает его виновным. Мусоргский наделяет Бориса совестью. Я должен быть верным замыслу Пушкина и Мусоргского. Ах, Борис, Борис, сколько мне еще предстоит переживать и мучиться вместе с тобой... Черт возьми, неужто правда, что во мне ни трудоспособности, ни усидчивости, ни способности к вдумчивому, глубокому анализу, к отвлеченным, объективным суждениям. Вот говорят же, что во мне преобладают чутье, интуиция, настроение, вдохновение, что я могу копировать каждого, могу, как фотографическая или граммофонная пластинка, запечатлевать все увиденное и услышанное».

Дома Шаляпин сел за рояль и начал репетировать монолог «Достиг я высшей власти...». Получалось что-то приблизительное... Раздосадованный, он прилег на диван, но раздался звонок в дверь, и вскоре в кабинет ввалились его молодые друзья: Михаил Слонов, Юрий Сахновский, Арсений Корещенко, Василий Шкафер.

— Как хорошо, что вы пришли, друзья мои!.. Сидел за роялем, пытался себе аккомпанировать, но сбивался. Не получается...

Шаляпин добродушно улыбался, он был искренне рад приходу гостей. Иола уже хлопотала на кухне...

— Миша, — обратился он к Слонову, — поиграй мне «Бориса», что-то тут у меня не выходит одно место, а ведь скоро премьера...

Михаил Слонов сел за рояль, взял ноты — и началась работа... Интересно было наблюдать за ними. Шаляпин, если был недоволен, сам останавливался, чувствуя малейшую фальшь в интонации. Разбирали, критиковали неточности, упущения, пытались что-то подсказать друг другу.

Так постепенно Шаляпин постигал красоту произведений Мусоргского...

Глава седьмая

ГОРЬКИЕ ДНИ

Савва Иванович переживал горькие дни. Солодовников построил новое здание театра и сдал его в аренду Мамонтову на несколько лет, но здание, готовое и отделанное, до сих пор не принимали городские власти. Думали начать строить оперный сезон в начале октября, а еще и в ноябре разрешение не поступило. Разве можно было так работать?..

Мамонтов имел поразительный талант и был человеком разносторонним, многогранным, увлекающимся, вспыльчивым и мудрым. Ничто человеческое не было ему чуждо, хотя ему и перевалило уже за пятьдесят. Он увлекался театром, живописью. Антокольский находил, что он мог быть талантливым скульптором, многие режиссеры признавали его своим учителем, он был прост, добр, очень любил музыку, неплохо пел, и голова его была по-прежнему светла. Ему бы заниматься искусством, а не строить железные дороги, но судьба распорядилась по-своему. Он не мог бросить дело, завещанное отцом. К тому же, чтобы заниматься искусством, нужны средства, а где их взять, если не строить дороги, столь необходимые развивающейся России. Он поет, рисует, лепит, но такого «Христа» или «Ивана Грозного», как у Антокольского, он создать не может. А в таком случае лучше быть первым в строительстве железных дорог, чем второстепенным в искусстве...

Но Частная опера — его любимое детище... Сколько уже создано за эти два года!.. Резко поднялся интерес к русской опере не только у нас, но и за границей. Но нет, время оваций еще не пришло, больше критикуют, чем радуются. Думают, что все так просто. Взять хотя бы последние гастроли в Петербурге. «Садко», «Псковитянка», «Снегурочка», «Майская ночь». ...Только «Садко» за короткий срок — с 26 декабря 1897 года по 19 апреля 1898 года — был исполнен двадцать четыре раза. А «Псковитянка» с Шаляпиным в роли Ивана Грозного за эти два года составила целую эпоху в оперном искусстве. Но все недовольны, в том числе и Римский-Корсаков... Гневаться мы все умеем, а наладить дело не каждому удается. Вот взялся Римский-Корсаков дирижировать своими операми, а что получилось?.. Скандал! Ведь все только и говорили о том, что он на репетиции попробовал было напеть тему заключительного хора берендеев, но так плохо, что одна из хористок не выдержала и передразнила его писклявым голосом. Ясно, что этого делать было нельзя, просто некрасиво и бестактно с ее стороны. В интересах дела можно было бы и пропустить мимо ушей эту глупую шутку. А Римский-Корсаков вскипел: «Я не виноват, что у меня нет голоса... Я не виноват в этом, но зато во мне, быть может, есть кое-что другое, чего ни у одного из вас нет», — и так стукнул дирижерской палочкой по пюпитру, что едва не сломал ее. Заключительный хор берендеев был, конечно, исполнен второй раз хорошо, и можно было бы этим удовлетвориться. Ан нет, знаменитый композитор не сдержался и хлопнул дверью, не простившись ни с кем, лишь крикнув в сердцах: «До завтра... с Эспозито!» И надулся на него, на Мамонтова. А ведь он, Мамонтов, поставил несколько опер Римского-Корсакова, которые до него никто не торопился ставить. Так в чем же дело?.. А разразился он гневом потому, что роль Снегурочки исполняла Пасхалова, а не Забела-Врубель... Вот и раскис, не сдержался обычно корректный Николай Андреевич...

Сложные, противоречивые отношения складывались у Мамонтова с Римским-Корсаковым. Крепко выручил Савва Иванович петербургского композитора, поставив его оперы как раз тогда, когда императорские театры Петербурга и Москвы не очень-то жаловали его. Ведь кто не знал историю постановки в Мариинском театре оперы «Ночь перед Рождеством»! Сначала все складывалось благополучно, Иван Александрович Всеволожский самолично принимал участие в постановке оперы, узнав о высочайшем разрешении к представлению ее на императорской сцене «без изменений либретто». Царица была загримирована под Екатерину Вторую, отпущены были большие средства на постановку в надежде угодить императорскому двору, и все пошло прахом: великие князья, приехавшие на генеральную репетицию, возмутились тем, что Царица оказалась похожей на Екатерину Вторую. «Вы нынче моя прабабушка, как я посмотрю!» — грубо ткнул великий князь Владимир в сторону артистки, игравшей Царицу. «Всеволожский был смущен, и все не знали, что делать, ведь уже афиши были отпечатаны, билеты продавались, — рассказывал Римский-Корсаков. — Я считал свое дело пропащим, так как государь, по сведениям, вполне согласился с Владимиром и отменил собственное дозволение на постановку моей оперы. Всеволожский, желая спасти бенефис Палечека и свою постановку, предложил мне заменить Царицу (меццо-сопрано) — Светлейшим (баритоном). Замена эта в музыкальном отношении не представляла затруднений: баритон легко мог спеть партию меццо-со-прано октавой ниже, а партия состояла из речитатива и не заключала в себе ни одного ансамбля. Конечно, выходило не то, что я задумал, выходило глупо, но выставляло в дурацком свете самих же высочайших и низших цензоров, так как хозяином в гардеробе Царицы оказывался Светлейший. Хоть мне было жалко и смешно, но противу рожна прати все-таки нельзя, а потому я согласился. Всеволожский стал хлопотать — через кого, не знаю, — но добился разрешения дать «Ночь...» со Светлейшим вместо Царицы... Никто из царской фамилии, конечно, не приехал ни на одно представление, и Всеволожский с той поры значительно переменился ко мне и к моим сочинениям». Вот ведь как было дело-то... Если б не Мамонтов, то кто знает, были бы поставлены «Садко», «Псковитянка» и другие его оперы... Да, возможно, в постановке были и просчеты, фальшивые ноты, действительно не хватало некоторых инструментов, пусть в шестой картине хор не пел, играл один оркестр, но опера имела громадный успех у публики. Можно, конечно, возмущаться этой постановкой, но ведь императорские-то театры не приняли оперу вообще. Еще год назад представил Римский-Корсаков в театральную дирекцию «Садко». В присутствии директора Всеволожского, Направника, Кондратьева, Палечека и других руководителей театра, артистов и артисток опера исполнялась под фортепиано. Опера не понравилась, ее просто не поняли, после чего Всеволожский уже стал по-другому разговаривать с Римским-Корсаковым: он говорил, что ничего не может сделать, репертуар утверждает государь, который лично просматривает все предложения дирекции, что постановка «Садко» дорога и затруднительна, что есть произведения, которые должны быть включены в репертуар по желанию царской фамилии. Вот тогда-то он, Мамонтов, и взялся поставить «Садко»... Конечно, в спешном порядке... И вот разгневался... Ни одного упущения не прощает... А ведь он, Мамонтов, ни ему, ни делу никогда зла не желал.

В эти дни тяжких раздумий и недовольства положением своих дел в театре Мамонтов неожиданно получил письма от Римского-Корсакова, в которых Николай Андреевич высоко отзывался о роли Частной оперы в его судьбе оперного композитора и вообще в судьбе русского искусства.

Как хорошо, что гнев преломил на милость... У Частной оперы, по крайней мере, одной болячкой меньше. Она, сердешная, никому зла не делала, а ее то и дело прогоняют сквозь строй... Вот и сейчас сидят, совершенно готовые начинать, и ждут милости от начальства, которое усматривает какие-то мелочные неустройства в соседнем доме Солодовникова и затягивает разрешение открыть до мелочей законченный театр... Уж чего только и в голову не приходит! Кто знает, может быть, соседи ревниво действуют... Ведь у дирекции Большого театра влияние огромное... Ну что ж, наше дело покорствовать и беречь нервы. Зато срепетированы «Садко», «Юдифь», «Моцарт и Сальери», «Орфей», «Евгений Онегин», «Русалка»...

Римский-Корсаков приезжал в Москву дирижировать концертом, а заодно встречался и с Мамонтовым, с которым вел переговоры о постановке «Боярыни Веры Шелоги» и «Псковитянки». Ну уж тут Мамонтов блеснул московским гостеприимством: обеды, небольшие кутежи с тостами, пением, комплиментами по адресу выдающегося композитора современности так и сыпались в застольях... И был прощен... Приезд Римского-Корсакова был сплошным праздником для Частной оперы и лично для Мамонтова. Он выражал свою радость искренне, многое их сближало, и прежде всего взгляды на значение русской музыки в современной жизни, любовь к Глинке, Даргомыжскому, Мусоргскому, Бородину... Четче выявилась в эти дни симпатия Римского-Корсакова к Частной опере, что придало бодрости духа артистам и всем работникам вообще и силы продолжать начатое дело... А может быть, Частная опера в свою очередь повлияет на Римского-Корсакова?.. Как это было бы чудесно!.. Какой радостной страницей вошло бы это в историю русского искусства! А Мамонтову больше ничего не надо — все остальное мелочи... Во всяком случае, Николай Андреевич приехал в Москву утомленным, а уехал в хорошем настроении. И Мамонтов рад этому, пусть знает, что на Руси есть люди, которые ценят и горячо любят Николая Андреевича.

Римский-Корсаков пригласил Надежду Ивановну Забелу спеть в одном из Русских симфонических концертов и вот в письме просит Мамонтова отпустить ее на несколько дней в Петербург в декабре... О чем может быть разговор, конечно, он отпустит ее. Пусть поет и Веру Шелогу, и Морскую царевну, и вообще ни малейшего затруднения не может быть по поводу ее поездки в Петербург, в интересах Частной оперы ее участие в Русских симфонических концертах.

Наконец-то Частная опера начала свой очередной сезон. 22 ноября 1898 года блестяще прошла опера «Садко», единственная по своему светлому, радостному настроению. После спектакля Савва Иванович дал банкет по случаю торжественного для всего театра события. Ведь так долго ждали, столько носилось слухов, и, слава Богу, все самое страшное позади...

...Надежда Ивановна Забела, возвращаясь с мужем домой, на новую квартиру, угол Пречистенки и Зубовского бульвара, дом Шакеразинова, все время думала о противоречивых отношениях, которые у нее сложились с Саввой Ивановичем. Ясно, что он боготворит талант Михаила Врубеля, способного написать оригинальнейшие декорации к полюбившемуся ему музыкальному произведению. А вместе с тем не дает ходу ей, певице лирического плана. Ведь во время петербургских гастролей девять раз ставили

«Садко», а всего четыре раза она спела партию Морской царевны. Антонова же — пять. Ну можно ли сравнивать ее голос с этой хриплой Антоновой?.. Так почему же Савва ставит Антонову, а не ее?.. Как сложен и противоречив Савва Великолепный! То он восхищается Машей Черненко, то выдвигает на первые роли Пасхалову, то в слабеньком теноре Кольцове находит бездну певческих качеств... Савва все может. Может и не отпустить на концерт в Петербург, куда пригласил ее Римский-Корсаков, который не раз восхищался ее голосом, ее Снегурочкой и Морской царевной... И вот прислал ей приглашение... Великая радость, но как отнесется к этому Савва Иванович? Театр, поврежденный пожаром, спешно отстраивался, Мамонтов торопил, труппа постоянно репетировала, но ее почему-то мало занимали работой. Почему? Михаил Александрович Врубель говорил ей, что ничего страшного, но все-таки почему все так переменилось? Несколько раз она собиралась написать Римскому-Корсакову, но робость одолевала ее, и она каждый раз откладывала... И в то же время он шлет ей такие ласковые письма... Почему бы и ей не признаться в своих сомнениях?.. Интриги, интриги и интриги... А ведь как все было хорошо в минувшее лето... И она вспомнила, как еще в мае занемогла, и надо было ехать в деревню, но лечиться легче в городе, чем в деревне. Но слава Богу, никакой серьезной болезни у нее не оказалось, приняла обычный курс лечения, чтобы укрепиться и храбро принимать удары, которые готовили, оказывается, ей судьба и Частная опера. Но вот уже в мае по театру разнесся слух, что Мамонтов занимается розысками старых итальянских опер, переводит их на русский и намеревается включить в репертуар. И уже тогда она предвидела для себя ряд испытаний: ясно, что она должна петь в этих операх, а значит, уже тогда он хотел отнять у нее русский репертуар. Уже тогда у нее закрались сомнения, но она под влиянием Михаила Александровича отогнала прочь эти мрачные предположения... Нет, нет, она будет петь и в «Садко», и в «Снегурочке», и в «Псковитянке»... Положение ее в театре казалось ей незыблемым. И вот пошатнулось... Не раз она пыталась поговорить по душам с Саввой Ивановичем, но все не удавалось. «Почему он упрямо твердил, что я интриговала против Пасхаловой, что я поссорила Римского-Корсакова с ним, делала все предумышленно и намеренно и, наконец, в «Снегурочке» я была плоха и даже фальшивила?! Вот уж зря!!! Это кого хочешь оскорбит... Пусть его... Не это меня огорчало, не все ли мне равно, какого он мнения обо мне, лишь бы петь то, что мне интересно... Но этот год так и прошел, можно сказать, безрезультатно... Ну, до 26 декабря осталось недолго, а там можно и не продлевать контракт с Мамонтовым».

Надежда Ивановна, легко покачиваясь на рессорах коляски, грустно смотрела на бегущих впереди лошадей, на крепкую спину извозчика и снова вернулась к своим беспокойным мыслям и воспоминаниям: странный все-таки Савва Иванович — то искал итальянские оперы, то показал ей список из двадцати трех опер на текущий сезон, среди которых — «Анджело» Кюи, «Орлеанская дева» Чайковского... Уж ее-то не обманешь, ей сразу стало ясно, почему «Орлеанская дева»... Потому что Савва Иванович мечтает о том, какую великолепную фигуру даст Маша Черненко, а подойдет ли эта партия к ее голосовым данным, он как-то не думает... Ну что ж, пусть «Орлеанская дева», и для нее там красивая партия королевы Агнессы, правда, работать придется много, но работы она не боится. Савва Иванович увез их в имение Любатович, это недалеко, всего в двух часах езды от Москвы, и они быстро вернулись, но какое незабываемое впечатление осталось у них от пребывания там... Оказывается, там собралась чуть ли не вся труппа, любимчики конечно. Ну и пусть. А как прекрасен был Шаляпин, исполнивший «Моцарта и Сальери», пел и за баса, и за тенора, пел превосходно, и ему аккомпанировал Рахманинов. О Господи, есть же Богом одаренные люди... Какое редкое наслаждение она испытала в эти минуты... А музыка какая, изящная, трогательная и вместе с тем такая умная, если можно так выразиться... Незаметно прибыли они домой, в новую квартиру. Квартира была чудесная, большая, светлая, правда, далековато от театра, но что ж поделаешь, идеальных условий, видно, никогда не добьешься...

Михаил Александрович Врубель всю дорогу молчал, был явно не в духе, что-то тревожило его последние дни. Да и можно его понять: работает много, а выставляется еще очень мало. Только работа в театре приносит ему удовлетворение.

— Ты знаешь, Миша, — постаралась расшевелить его Надежда Ивановна, — сегодня успех у публики был полный, не ослабевающий до конца, много раз вызывали, устраивали овации, и все-таки нет удовлетворения. И Савва Иванович всех хвалил сегодня на банкете, был рад и счастлив. А у меня почему-то такое настроение, как будто прощаюсь с театром вообще.

— Ты слишком много думаешь о своих разногласиях с Мамонтовым, во всем видишь его интриги против тебя...

Врубель, сославшись на усталость, вскоре ушел к себе, а Надежда Ивановна, возвращаясь к событиям последних дней, снова окунулась в воспоминания...

В тяжелых раздумьях проходили дни Надежды Ивановны Забелы. Прекрасная певица, закончившая Петербургскую консерваторию, не один год с успехом выступавшая в Киеве, Москве, Петербурге, она растерялась перед новыми для нее обстоятельствами, когда артистические данные не всегда определяли занятость в театре. Уверенная в себе, хорошо знающая сильные стороны своего дарования, она пришла к Мамонтову, как всегда озабоченному бесконечными делами. После обычных приветствий Забела сказала:

— Савва Иванович! Не сочтете ли вы за демонстрацию, если я буду петь Пролог в концерте?

И каково же было удивление Надежды Ивановны, когда, вместо вежливого отказа, Мамонтов ответил:

— Пожалуйста, Надежда Ивановна, какие могут быть возражения! Какие слова вы говорите — демонстрация... Я бы желал раз и навсегда выяснить наши отношения, чтобы не было между нами таких разговоров. Что я могу иметь против того, чтобы вы пели в Петербурге Пролог? Вы ведь знаете мое мнение о вас, я вас считаю выдающейся артисткой.

Мамонтов не скупился на комплименты, а Надежда Ивановна стояла совершенно сконфуженная, не ожидавшая такого оборота дела: она готовилась к длинной полемике, к защите своих интересов — и вдруг такое признание ее таланта...

Возвратившись домой, Надежда Ивановна рассказала Михаилу Александровичу о победе.

— Таков Савва Иванович... Никогда нельзя знать, как он тебя примет.

— Ну, слава Богу, цель достигнута, ты прекрасно исполнишь эту партию.

— Ты даже не можешь себе представить, какое я значение придаю этому концерту! Жизнь становится интересней, потому что я могу работать над вещами, которые мне нравятся. А без цели я не могу работать. Даже если вещь мне нравится, но я не надеюсь ее исполнять публично.

— Да и у нас ведь так же... Пишешь картину за картиной, а тебе их возвращают с издевательской отпиской... Все никак не могу собраться написать Николаю Андреевичу и изложить ему свои мысли по этому поводу...

— Соберись, соберись, ему это должно быть интересно, он всеми этими вопросами занимается всерьез...

Глава восьмая

СНОВА НА ВЫСОТЕ

Савва Иванович сидел на своем обычном месте и ждал, когда поднимут занавес. Вроде бы все сделал, отдал распоряжения, убедился, что все занятые сегодня в спектакле на местах... А главное — Шаляпин уже гримируется. Ах, как он волнуется!.. Еще бы, премьера его любимой оперы... «Борис Годунов»... Сколько тревог, мыслей, чувств вложено в постановку гениальной оперы Мусоргского... А что ему-то волноваться? Во всем сейчас чувствуется ансамбль... И зал полон, вся интеллигенция налицо, все ждут чего-то необычайного. Ох, как ему хотелось, чтобы представление удалось, чтобы опера прошла без обычных на первых представлениях оплошностей, без задержек, без излишних споров... Гневить Бога нечего, все идет пока прекрасно... «Садко», «Юдифь», «Моцарт и Сальери»... Вот ведь многим казалось, что «Моцарт» провалился, да и Николай Андреевич так думал, а выплыли, да еще с каким успехом... Он и сам, если уж признаться откровенно, мало верил в большой успех этой камерной оперы. Безусловно, произведение благородное и прекрасное, но публика ведь так строптива и ненадежна в своих симпатиях. А на деле вышло другое. Несмотря на то что рядом, в Новом театре, Фигнеры пели «Паяцев», на «Моцарта» пришло большинство московской интеллигенции. И что ж, опера прошла гладко, и все были потрясены — так сильна драма. Слава Богу, исполнение было серьезное, и краснеть за него не пришлось. Молодец Шаляпин, исполнял свою партию прямо-таки вдохновенно, горячо, и превосходный грим — до полной иллюзии — действительно, это человек той эпохи. Такое перевоплощение дается только людям мощного таланта. Да и Шкафер дал живой, легкий и симпатичный образ Моцарта, получилось все чисто, бодро, и, начиная с рассказа о черном человеке, игрой приковал внимание публики... И когда опустился занавес, общий восторг был искренним и неподдельным. Как хорошо, что и Римский-Корсаков, и он, Мамонтов, ошиблись, предрекая провал оперы у публики. До сих пор он не может вспомнить равнодушно то впечатление, которое на него произвела опера, так он был захвачен... Трудно предположить, конечно, что было бы при других исполнителях, но Шаляпин и Шкафер были очень хороши... Второе представление «Моцарта» вкупе с «Майской ночью» прошло еще успешнее, «Орфея» Глюка почему-то пугаются наши слушатели... А почему?.. Прекрасная опера... Нет, определенно можно сказать, что «Моцарт» — еще одна лестная страница его любимого детища — Частной оперы... Как вот пройдет «Борис»? За Бориса — Шаляпина он спокоен, тот заинтересован ролью и будет превосходен. Шуйский — Шкафер сойдет, исправен, произносит ясно, Секар в Самозванце будет хорош, за Пимена — Мутина тоже он может быть спокоен, красиво дает голос... Беда, что Левандовский никак не может найти интересной передачи роли Варлаама, правда, старается, авось получится неплохо, Мисаил — Кассилов забавен, тоже сойдет... Так что же тревожит? Неужто Юродивый, которого он не успел прослушать, жаль, но, говорят, он типично плачет, голос небольшой, но чистенький, ведь недурно же он поет Индийского гостя... Авось и тут сойдет... Вроде бы и женские роли отработаны: Ксения — Пасхалова деликатна, Федор — Страхова, пожалуй, мила и исправна, Мамка — Черненко поет верно и играет хорошо, Шинкарка — Любатович хороша, поет толково, Марина — Селюк очень хороша, да и Рангони — Оленин фразирует недурно, играет характерно... Кажется, все... Да... А ведь самое главное — это хоры, массовые сцены. Ох и намучился он тут... А в общем-то тоже сойдет хорошо, хоры разучены твердо... Труффи ведет оркестр горячо, хотя, может быть, местами и сильно. Это, кажется, его грешок. Но работает с любовью, за что его невозможно не любить. С каким увлечением он работал над «Садко»...

Занавес не поднимался. Публика все еще собиралась, по проходам спешили запоздавшие. Зал был уже полон. Постепенно стихал привычный шум переполненного театра.

«В исполнении «Бориса» я предвижу крупный недостаток, — думал Мамонтов, искоса посматривая, как заполнялась директорская ложа, сзади него рассаживались художники, певцы, не занятые в опере, рассаживались тихо, зная, что Мамонтова в эти минуты тревожить нельзя. — Опера очень длинна, несмотря на то что в ней сделаны большие изменения в трех актах. Декорации превосходны, лучше всех будут Кремль, Грановитая палата и сад у Мнишек. Костюмы верны времени и красивы. Словом, стараемся и надеемся «Борисом» подняться. Да и сейчас, чего греха таить, во мнении публики стоим высоко. — Мамонтов тяжело вздохнул. — Придется ставить «Боярина Оршу» Кротова, может, Секар и Соколовская вытянут оперу, у нее мощный голос. «Боярыня Вера Шелога» готова и скоро пойдет с Цветковой. Задержка за Шаляпиным, которому слишком часто приходится петь... Потом примемся за «Анджело» Цезаря Кюи, который может пойти в январе... Ну что ж, нынешний год радует меня урожаем молодежи. Среди новичков есть такие, которые подают надежды. Вот в воскресенье дебютировал новый тенор в партии Садко — Кольцов. Голос хотя и меньше Секара, но чистый, звонкий, верный и очень симпатичен искренно русской фразой безо всякой пошлости, да и сам красивый, деликатный парень. Он будет иметь успех, если не сробеет...»

Перебирая в памяти будущий репертуар, Мамонтов остался недоволен. Нужно идти вперед и служить русскому искусству. А где ж брать репертуар? Ведь все русские оперы поставлены. Так и хотелось ему крикнуть: «Давайте же нам новые произведения, поддерживайте нас!» А кто поддержит? Один Римский-Корсаков...

Опера началась. Мамонтов подался к барьеру, прикрыл лицо руками, чтобы менее заметно было его волнение для окружающих. Слава богу, пролог прошел гладко, хор работал стройно. Хорошо, что каликами поставили артистов, а то хористы могли бы что-нибудь напутать. И декорация недурна, может, несколько темна в тонах? Нет, все идет своим чередом. Картина в Кремле вышла очень эффектной, молодец Коровин, декорации очень красивы... За Шаляпина он не беспокоился, Федор вышел торжественно, прекрасно исполнил свой речитатив. Ясно, что в конце — гром аплодисментов.

В перерыве Мамонтова уже поздравляли, говорили, что представление исключительное, все удалось показать правдиво, публика принимает оперу горячо, с таким интересом, какого уже давно не бывало в оперных театрах. Мамонтов сдержанно отвечал на поздравления, опера только началась, всякое еще могло быть, главное — впереди...

Антракт кончился. Сцена в келье... Пимен — Мутин поет ровно, ясно и мягко. Спокойно сидит за столиком вроде налоя, хорошо, что так придумали... И вся сцена красиво освещена лампадой. Так, и Секар спит на полу, прекрасно загримированный. Вот встает, звучит его замечательный голос... Ну, все хорошо...

Сцена, как и ожидал Мамонтов, закончилась успешно, дружные вызовы были наградой всем им за старания.

Так, сцена в корчме... И Любатович, и Левандовский, и Кассилов удачно справились с ролями... Хорошо, что он настоял, чтобы одежда Варлаама и Мисаила не была целиком монашеской. Очень хорошо. И Мисаил превосходен, и Бедлевич уверенно провел роль пристава. Сцена была разыграна ровно — и вот награда: бесконечные вызовы.

И вот сцена в тереме... Здесь могли быть сбои. Но все идет нормально. Как все-таки важно создать превосходную декорацию... Смотришь и видишь то, что и ожидаешь увидеть, все правдиво, ни одной фальшивой детали в обстановке. Прекрасная, деликатная декорация и очень изящная царская обстановка, новые, красивые парчовые костюмы. Так, Пасхалова поет красиво и мягко. Мамка — Черненко очень исправна, недурно играет, Федор — Страхова — добрый, изящный красавец мальчик. Дуэт исполнен весело, но без малейшей пошлости. И тут благодарные зрители бурно зааплодировали. А вот появляется Борис... Ах, как фигура Шаляпина превосходна! Одет просто, но очень изящно. Серьезный царь...

Мамонтов замер.

Появился Шуйский. Ну что ж, и Шкафер фразирует ясно, ведет сцену умело и тонко играет...

Мамонтов искоса поглядывает на публику, ему важно было определить настроение зрителей: он был нетерпелив, ему ли ждать оценок газет, он и сам все может предвидеть. А в публике он почувствовал огромный подъем духа... «Да иначе и быть не могло, — успокоенно подумал он. — Шаляпин провел сцену с потрясающей силой. Да, это не просто хороший певец, а какой-то исключительный, мощный талант, человек необыкновенно и богато одаренный...»

И эта сцена позади, вызовам не было конца... Снова напряжение чуточку спало у Саввы Ивановича.

Сцена в саду... Прекрасны декорации Коровина... Секар красавец, Селюк хороша, за этих он не опасался...

И вот последняя сцена в Грановитой палате... Тут чуть было не вышло промашки. Приготовлены были певчие в черных одеждах со свечами для выхода. Перед поднятием занавеса Мамонтов догадался потребовать экземпляр либретто, разрешенного к представлению. Оказалось, что шествие не разрешено и вычеркнуто. «Не догадайся я справиться, —

с досадой думал Мамонтов, — налетели бы орлы, и прощай «Борис», сняли бы наверняка с репертуара».

Певчие пели за сценой. И Шаляпин превосходно закончил оперу. Успех был огромный. Вызовам, казалось, не будет конца...

Ну что ж, все прекрасно, второе представление «Бориса» завтра, в среду. В пятницу пойдут в первый раз «Шелога» и «Псковитянка», а на будущей неделе снова «Борис». А там уж пойдет сезон как по накатанной дорожке. Довольный Мамонтов снова вернулся к своим мыслям о предстоящем сезоне. Самое страшное было позади. Русская Частная опера снова оказалась на высоте, впервые дав «Бориса Годунова» в такой значительной и серьезной постановке.

ЧАСТЬ ЧЕТВЕРТАЯ

ТРИУМФ

Глава первая

СЕКРЕТНЫЙ КОНТРАКТ

«Борис Годунов» имел шумный успех. В Москве только и говорили о Федоре Шаляпине в этой роли.

Сам Федор Иванович внимательно следил за отзывами в прессе, за разговорами вокруг этой постановки, от которой он так много ждал. Написал письмо Тертию Ивановичу Филиппову, принялся писать Стасову, но раздумал. Нет времени... Хорошо хоть Тертию успел.

Как гора с плеч... Три месяца таскал письмо с собой и никак не мог ответить, а тут словно накатило, ишь расписался. А как же не ответить? Столько добрейший Тертий Иванович сделал для него... Благодетель, истинный благодетель... Без него он не понял и не разобрался бы так в Мусоргском, не открыл бы так рано для себя такого гениального художника... Да и материально поддерживал кое-когда этот славный старик... А вот еще один не менее славный старик требует от меня письма...

Шаляпин взял только что прочитанное письмо Стасова и снова стал пробегать по нему глазами: « ..Я получил Вашу телеграмму о первом исполнении «Моцарта и Сальери» и глубоко возрадовался Вашему великому успеху. Оно не могло и не должно было быть иначе! Но телеграмма говорила, что за нею следует Ваше письмо — к несчастью, этого не случилось, и я до сих пор все его ждал...» Зачем он написал ему о письме? Ведь всерьез думал написать... Но где взять времени-то?.. Все спешим, торопимся... А куда и зачем? Так хочется спокойно посидеть и просто поговорить о наболевшем... Хотя бы со Стасовым, поделиться с ним. Но где ж... Не может он заниматься только письмами. Вот опять надо бежать на репетицию. Хорошо хоть Тертию Ивановичу успел написать... Шаляпин встал, потянулся, попробовал голос, крикнул Иоле, что он пошел и скоро вернется, надел шикарную шубу, которую совсем недавно приобрел, и вышел на улицу.

Стоял крепкий мороз. Но холод теперь ему нипочем. А что было всего лишь три года назад в это же время? Страшно подумать! При воспоминаниях дрожь пробегает по телу... «Да, Владимир Васильевич, не нужно меня упрекать за молчание... Столько накопилось всего, что на бумаге не выскажешь... Каждый день собираюсь, а сяду за стол, так сразу оторопь берет меня: как все, что накопилось, высказать?.. А если таить в себе, то что получится?.. Хорошо ли? На душе и так беспокойно... Впрочем, бумага привыкла терпеть все... Так надо все-таки на днях взяться за перо и рассказать все Владимиру Васильевичу... Перво-наперво о новых ролях и операх, раз уж просит... Потом надо рассказать ему о нашей Частной опере. Все думают, что у нас все идет нормально, успех за успехом... А ведь недаром говорится, что «земля наша велика и обильна, да порядку в ней маловато»... Вот уж действительно святые слова...»

— Эй, извозчик! — крикнул Шаляпин и ловко уселся в подъехавшие сани. «...Да вот взять хотя бы нашу оперу. И голоса в ней есть порядочные, а иногда делается черт знает что. И все это потому, что наш уважаемый Савва Иванович, кажется, начал съезжать с рельс, из человека, преследовавшего как будто художественные цели, превратился в промышленника. Это скверно... Сначала мне казалось, что я ошибаюсь, теперь, после стольких фактов, вижу: это так. Не нужно особых доказательств. Можно ли так относиться к Мусоргскому, чьего «Бориса» мы поставили? Все время уверял, что «Борис» — грандиознейшая опера и вследствие этой грандиозности требует тщательнейшей постановки. А на деле махнул ее за две-три репетиции с ансамблем! Да разве так возможно? Ведь это черт знает что, на последней репетиции почти никто не знал своих ролей как следует... И дали спектакль, а все из-за того, что в кассе был вывешен аншлаг, все билеты проданы... Разве человек, истинно отдавшийся искусству, допустит такое легкомыслие ради наживы или ради призрачного успеха? Ведь нет? А у нас способны на это, и, конечно, мы, бедные артисты, должны лезть из кожи, чтобы как-нибудь не уронить ни оперы, ни произведения. Лезем, и здорово лезем, и, слава Богу, достигаем цели, но ведь цель достигнута одним-двумя, наконец, пятью исполнителями. А массы, а хор, а оркестр? Как не вспомнить тут слова Бориса — «скорбит душа». Вот канальство... А ну их к дьяволу... Хорошие люди принимают участие в опере, но многого просто не понимают или не хотят понять... Не понимают, что за явление Мусоргский. Это гениальный Человек, но гениальность его не рисуется в розовых красках, не уносит нас на седьмое небо и не разливается в нас, в нашей душе слащавым восторгом. Напротив, оставляет на настоящей как есть на земле, но каждый момент с каждым новым лицом, появляющимся в каждой новой картинке оперы, мы словно переживаем как собственную боль. Понятно, либретто основано на драме Пушкина, но без музыки Мусоргского спектакль не создает надлежащего настроения, которое возникает у слушателя-зрителя. Взять хотя бы сцену в корчме... Как можно было торопиться с этой сценой... Гениальная сцена, а сыграли ее без должного проникновения в замысел двух гениальных создате-

272

лей... Казалось бы, ничего особенного... Песенка хозяйки, Варлаам, Мисаил, Григорий и приставы... Может, Григорий и приставы... Я вижу все здесь по-другому. Может, потому, что вся эта корчма глубоко сидит в моей душе и я с ней знаком в самом деле... Сколько всех этих бродяжек повидал я на своем веку. А Варлаам, представитель бродяжной России, с какой потрясающей силой он нарисован! А разве Левандовский мог прочувствовать и понять такой образ? Нет, конечно... Неудовлетворительно провел он свою партию. Мусоргский с несравненным искусством и густотой передал бездонную тоску этого бродяги — не то монаха-расстриги, не то просто бывшего церковного служителя. А тоска в Варлааме такая, что хоть удавись, а если удавиться не хочется, то надо смеяться, выдумывать этакое разгульно-пьяное, будто бы смешное. В таком казенном исполнении пропадает горький юмор Варлаама, — юмор, в котором чувствуется глубокая драма. Неужели этого нельзя было уловить... Ведь когда Варлаам предлагает Гришке с ним выпить, а тот грубо, по-мальчишески ему отвечает: «Пей, да про себя разумей!» — какая глубокая тоска, горечь слышится в ответ: «Про себя! Да что мне про себя разуметь? Э-эх». А как можно сыграть всю эту сцену... Грузно навалившись на стол, запеть веселые слова минорным тоном:

Когда едет ён, да подгоняет ён,
Шапка на ём торчит, как рожон...

Шаляпин и не заметил, как вполголоса стал напевать слова Варлаама. Склонившись на один бок саней, он видел себя в корчме, переживая свою недавнюю постылую бродяжную жизнь, без куска хлеба, унизительную, чуждую... Вспомнил, как он всего лишь пять лет тому назад, в Тифлисе, только собирался учиться пению, хотя уже распевал какие-то пошленькие романсы в разных обществах, куда его частенько приглашали. Однажды отправился за восемнадцать верст от Тифлиса на концерт: в дачном местечке Коджоры хористы какой-то прогоревшей антрепризы попросили его участвовать в этом концерте и даже пообещали заплатить, если будет сбор. Что он мог им ответить? Со всем пылом начинающего певца, служившего тогда в правлении Закавказской железной дороги и получавшего рубль в сутки за подшивание и переписывание каких-то бумаг, он согласился и поехал. Но пошел сильный дождь. Концерт не состоялся, а он отпросился только на один день и не мог дожидаться, когда перестанет дождь. Нужно было возвращаться, а денег, конечно, ни гроша. И вот он отправился вместе со своим аккомпаниатором в Тифлис пешком. Вышли они вечером... При воспоминании об этой страшной, дождливой, темной ночи Шаляпин вздрогнул... «...Да, бродяги на Руси беспокойны и талантливы, совестливы и несчастны... Сколько в этих песнях Варлаама какого-то тайного рыдания, от него пахнет потом и ладаном, постным маслом и всеми ветрами всех дорог, у него спутана и всклочена седая борода, на конце расходящаяся двумя штопорами. Одутловатый, малокровный, однако с сизо-красным носом, он непременный посетитель толкучего рынка. Это он ходит там темно-серый, весь поношенный и помятый... В своей стеганной на вате шапке, схожей с камилавкой... Бездонная русская тоска... Вот попробую сыграть в свой бенефис эту роль, покажу им всем, как надо играть... Какие таит она в себе возможности и тайны душевные...»

Каждый раз за последние два года, подъезжая к театру Солодовникова, где помещалась русская Частная опера Мамонтова, Федор Шаляпин переживал необъяснимые теплые чувства... Кажется, можно было бы привыкнуть к тому, что здесь он испытал великий успех, огромное признание...

...Шаляпина тянуло в Большой театр, он с радостью думал о том, что вот совсем недавно, всего лишь несколько лет тому назад, он добивался встречи с управляющим Пчельниковым, но так и не добился, теперь его уговаривал сам управляющий, обещая чуть ли не золотые горы, а он, Федька Шаляпин, мог выбирать, куда пойти на следующий сезон...

С этих пор началась новая жизнь Федора Ивановича Шаляпина. По-прежнему он пел в театре Мамонтова, все с большим успехом исполнял партии Бориса, Олоферна, Ивана Грозного, Мефистофеля, князя Галицкого, но уже чувствовалось, что он как-то незаметно отходил от забот и дел русской Частной оперы. Рождение сына Игоря, гастроли в Петербурге, концерты в салонах знаменитых и влиятельных людей полностью захватили его и отнимали много сил. Жизнь несла его стремительно и без оглядки.

24 февраля 1899 года в Частной опере состоялся бенефис Шаляпина. Он исполнял партию Сальери в опере Римского-Корсакова и семь картин «Бориса Годунова», где он сыграл не только заглавную роль, но и роль Варлаама. Бенефис Шаляпина имел небывалый успех. И понятно почему. Дело не только в том, что на Шаляпина стали ходить все, кому были дороги судьбы русского искусства, но Шаляпин становился символом всего передового в искусстве, всего связанного с прогрессом и революцией. Не политической революцией, а художественной, с тем обновлением, которое стало пронизывать все поры русского общества. Студенты, курсистки, молодежь вообще просто боготворили Шаляпина, видя в нем начало обновления всей русской жизни.

После бенефиса Частная опера, как обычно за последние годы, отправилась гастролировать в Петербург. «Борис Годунов» с Шаляпиным в главной роли потряс петербуржцев. Мало кто не хотел в Петербурге в эти постные дни побывать в Частной опере Мамонтова. Газеты дали отчеты чуть ли не о каждой роли Шаляпина... Стасов ходил в праздничном настроении, Римский-Корсаков, Глазунов, Кюи и многие другие видные музыканты высоко отзывались об искусстве Федора Шаляпина.

7 марта 1899 года в Петербурге впервые Шаляпин исполнял роль Бориса Годунова, а уже 9 марта в газете «Санкт-Петербургские ведомости» сообщалось: «Переходя к исполнителям, отметим огромный успех г. Шаляпина, положительно создавшего Бориса Годунова. Этот высокодаровитый артист, бывший центром самых искренних оваций, превосходно пел и играл, что так редко встречается среди оперных артистов. Уже с первого действия, когда московский гость так психологически тонко передал душевную борьбу Годунова в момент избрания на царство, — аудитория могла заметить, что это тот же Шаляпин, который в прошлом сезоне дал нам живые образы Грозного, Кореня (Досифея. — В.П.) и др. Кульминационным пунктом же явился монолог «Достиг я высшей власти» и последующая сцена галлюцинации. Артист буквально потряс весь зал сценой бреда, и шепот «Чур! Чур! Дитя...» надолго останется в памяти слушателя. Даже сцена смерти, проведенная артистом тоже замечательно, бледнела перед этим потрясающим моментом. Дикция Шаляпина — образцовая, а его голос такой же сильный и симпатичный, как и прежде. По окончании оперы громадная толпа собралась у оркестра, тут же произошла грандиозная овация с бросанием шапок на сцену включительно».

10 марта была поставлена опера «Моцарт и Сальери», которая вызвала также положительные отзывы в прессе. В частности, Цезарь Кюи в газете «Новости и Биржевая газета» писал 11 марта: «Нигде, быть может, крупный талант г. Шаляпина как певца и артиста не выражался в таком блеске, как здесь».

Об исполнении «Фауста» во время этих гастролей есть замечательные воспоминания артиста и режиссера Шкафера. В роли Валентина выступил знаменитый французский певец

Жюль Девойод. «...Театр битком набитый, стоят в проходах, в ложах давка, настроение приподнятое, взвинчены нервы и у актеров. Своего рода благородный турнир — кто кого. В театре говорок: «Савва Мамонтов любитель преподнести публике сюрприз, поди, Федор-то шибко волнуется, посмотреть любопытно, кто одержит победу». В тот памятный спектакль Ф.И. Шаляпин превзошел себя, был на редкость в голосе, в ударе, некоторые номера покрывались бурной овацией, успех ошеломляющий. Французский артист проводил свою роль, как всегда, горячо, уверенно, эффектно. Выделял свои выгодные моменты, даже не брезгуя натуралистическими приемами — до того, что когда он, раненный на дуэли, падает, то через расстегнутый колет виднелась залитая кровью рубашка. Этот «кровавый натурализм» им был показан нам впервые.

Успех, конечно, имел и Девойод, но перевес оказался целиком у Шаляпина.

Здесь наглядно были перед нашими глазами продемонстрированы две различные манеры «оперной игры». Французский певец был на эффектной позе, на темпераментной, но строго рассчитанной пластике французской школы. Пафос и аффектация, подчеркнутость мастерства ни на минуту не покидали артиста, он весь был нашпигован виртуозным актерским темпераментом, которым щеголяли и наши прославленные артисты, вроде, например, Б.Б. Корсова. Шаляпин давал как раз совершенно противоположное: характер, силу и выразительность, выдержку, скупость движений и поз. Мамонтов потом говорил: «Да, эта французская игра была хороша до тех пор, пока не пришел и стал рядом талант милостью Божьей. Шаляпин ничего не делает на сцене, стоит спокойно, но посмотрите на его лицо, на его скупые движения: сколько в них выразительности, правды; а француз всю роль проплясал на ходулях, на шарнирах; старается, напряжение огромное, играет во всю мочь, а не трогает, не волнует, не убеждает».

Нужно сказать, что актерская техника у Жюля Девойода была все же первоклассная: мы все, артисты, восторгались его гибкостью, ловкостью и виртуозностью техники, с какой он тогда, будучи уже в зрелом возрасте, проводил свои роли.

Видна была солидная французская школа, работа, тренировка над ролью. По-своему это было артистически закончено и превосходно сделано. Прекрасный французский артист за тот прием, который он встретил в России, как он говорил сам, выучил роль Олоферна в «Юдифи» и несколько спектаклей спел в Частной опере с большим успехом, главным образом поражая мощностью и силой своего исключительного, богатейшего голоса».

Как ни старались скрыть Теляковский и Шаляпин секретно заключенный контракт на будущий сезон, тайное всегда становится явным, и гораздо раньше, чем этого бы хотели заинтересованные лица.

Теляковский забеспокоился, когда весной 1899 года по Москве пошли слухи о переходе Шаляпина на императорскую сцену. Эти слухи, понятно, не так встревожили его, пора было уже готовить афиши, объявлять о продаже абонементных спектаклей да и вообще готовиться к следующему сезону. Беспокоили его другие слухи: упорно говорили, что Шаляпин остается в Частной опере, что ему пообещали прибавить и он остается. Вот что было похоже на правду. И это огорчало Теляковского.

13 апреля 1899 года Всеволожский писал Теляковскому: «Здесь положительно утверждают, что Мамонтов опять переманил Шаляпина и подписал с ним контракт в 15 тысяч рублей. Я полагаю, что Вам полезно это знать теперь же, так как понадобится Вам заместитель на басовые партии».

Читая это письмо, Теляковский был явно раздосадован, гораздо больше, чем доходящими до него слухами о Шаляпине. «Судя по последней фразе, в Петербурге по-прежнему считают Шаляпина как одного из тех басов, которых если нет, то можно заместить другим... До сих пор не понимают, что мне нужен Шаляпин не как бас, которых в Большом театре достаточно, но как ШАЛЯПИН, то есть единственный и незаменимый певец... Заместителя же мне не надо, ибо заместить его никто не сможет...»

А ничего не подозревающий Федор Иванович, ставший предметом официальной переписки между двумя столичными конторами, был озабочен совсем другим. 9 апреля в Петербурге он исполняет заглавную роль в опере «Борис Годунов», а 12 апреля из Москвы пишет Римскому-Корсакову:

«Глубокоуважаемый Николай Андреевич!

Ужасно сожалею, что мне не пришлось быть у Вас в день моего отъезда, — уверяю Вас, что в этот день был разорван на кусочки петербургской молодежью, которая всячески старалась выразить мне свои симпатии и к русской опере, и к русским артистам, и, словом, ко всему, что близко относится к сердцу русского человека.

Дорогой Николай Андреевич!

Прошу Вас, ради бога, если это как-нибудь возможно, сделать теперь же, в возможно непродолжительном времени, оркестровку Вашего «Пророка», и пришлите мне, потому что у нас в театре предполагается пушкинский вечер, в котором будут поставлены несколько пьес с моим, конечно, участием, и я желал бы от души привести в неописуемый восторг публику, пропев ей в первый раз необычайного «Пророка».

По поводу этого я говорил с Мамонтовым, и он, со своей стороны, приняв мои желания спеть «Пророка» близко к сердцу, просил меня написать Вам это письмо.

Я умоляю Вас, надеюсь, что Вы сделаете эту оркестровку и пришлете мне, чем заставите меня благодарить Вас вечно, вечно!.. Относительно конца «Пророка», то есть слов

«Восстань, пророк, и виждь, и внемли» и т.д., я так и думаю, что мне в унисон споют восемь — десять басов...

Мой искренний привет супруге Вашей и деткам.

Жму Вашу руку и остаюсь в надежде, искренно любящий Вас покорный слуга

Федор Шаляпин».

И после непродолжительного отдыха — 20 апреля «Фауст», 22 апреля «Псковитянка», 23 апреля «Борис Годунов», 24 апреля «Русалка» в Солодовниковском театре. А в начале мая он уже гастролирует в Казани. 27 мая в Таврическом дворце в Петербурге он впервые исполняет партию Алеко в опере Рахманинова «Алеко», поставленной к 100-летию со дня рождения Александра Пушкина. И снова — в Москву, чтобы после короткого отдыха — снова в путь: 3 июня он уже снова в поезде... Несколько часов, проведенных в Киеве, сблизили его с Леонидом Собиновым, они вместе осматривали Владимирский собор, о котором столько ходило всяких разговоров в Москве и Петербурге, вместе и выступали в «Фаусте» 7 июня в Одессе в антрепризе В. Любимова.

Но как только прибыл в Одессу, сразу же отправил письмо домой:

«Одесса, 4 июня 1899 года

Дорогая Иолинка! Сейчас послал тебе телеграмму, что я отлично доехал, и теперь, когда я немного прогулялся по городу, пишу тебе это письмо.

Ты не можешь вообразить, какая красота этот город Одесса... Я так доволен. Вечером я был в театре с Бериарди (ты его помнишь, и он тебе кланяется), и я пришел в дикий восторг от красоты театра. Я никогда в жизни не видел ничего красивее этого театра. Я очень доволен, что буду петь в этом театре.

Здесь, в Одессе, мне сделали чудесную рекламу, во всех магазинах и на бульварах выставлены мои портреты, и в городе много говорят обо мне. Я напишу тебе другое письмо после первого спектакля, я еще не знаю, когда спою его — 6-го или 7 июня.

Я снял превосходную комнату, где жил Фигнер, просто хорошо меблированная квартира, и плачу в месяц 125 рублей... Крепко целую тебя и моего дорогого Игрушку, которого обожаю и без которого скучаю. Много раз тебя целую, моя милочка! Твой навсегда Федя. Кланяйся Анне Ивановне.

Федор Шаляпин».

Глава вторая

ПРАЗДНИК В БОЛЬШОМ ТЕАТРЕ

Театральная Москва ликовала...

И Теляковский, конечно, был в восторге: наконец-то Большой театр дождался великого праздника. В антракте он вызвал Альтани и в порыве необъяснимого прилива чувств, взволнованный небывалым успехом спектакля, поцеловал его, что было явным нарушением этикета. И потом, снова усаживаясь в кресло и внимательно следя за происходящим на сцене, Теляковский мысленно возвращался к этой сцене в антракте и чуточку осуждал себя за несдержанность. «Ну да ладно, ничего, я так был взволнован, что нужно было что-то сделать... И кого-то нужно было поблагодарить, и целовать Барцала или Альтани — это уж безразлично...» Но эти мысли мелькали как бы мимоходом, уже независимо от него самого, смотрелось на происшедшее в антракте как бы со стороны... И после спектакля не раз похвалил себя за настойчивость в таком приобретении. «Уж первый выход Шаляпина — явление большого значения. И только сейчас, после окончания спектакля, представляю себе, что ожидает Шаляпина в будущем... И спросил бы меня Всеволожский сейчас, почему я басу дал девять тысяч в первый год, десять — во второй и одиннадцать — в третий... А если бы вновь упрекнул меня, то это значит, что он показывает только полное свое непонимание, кого мы приобрели... Это приобретение скажется через несколько лет, ибо, несомненно, такой артист подымет всю оперу... Шаляпин — не певец Большого или Мариинского театра, он артист мировой, если не возомнит о себе и будет продолжать развиваться... Ну мне-то понятно, почему так Всеволожский недоволен контрактом с Шаляпиным, его уход из Мариинского — это приговор ему самому и всему управлению императорских театров... Господи! Как я рад, что удалось переманить Шаляпина: я чувствую в нем гения, а не только прекрасного баса...»

По-разному отнеслись в Москве и Петербурге к переходу Шаляпина на сцену императорского театра. Некоторые, в частности барон Н. Стюарт в «Московских ведомостях», высказали опасение, что талант Шаляпина увянет без той свободы творчества и того репертуара, который способствовал расцвету его могучего дарования. Тюдор, явный псевдоним, возражал барону, уверяя своего оппонента, что и казенная сцена ничего не может поделать с раскрывшимся даром крупного артиста, а репертуар, дескать, дело наживное...

В те же дни повышенного интереса к переходу Шаляпина в труппу Большого театра, 28 сентября 1899 года, «Русские ведомости» напечатали статью известного музыкального критика Ю.Д. Энгеля «Русская опера и Шаляпин», которая обратила на себя внимание своей глубиной постановки проблемы и убедительным анализом всего того, что Шаляпин достиг в свои двадцать шесть лет...

Критик прежде всего стремится отметить те общие и значительные черты русской музыки, которые выделяют ее «в семье своих европейских сестер»: связь музыки со словом; значительная роль отведена оркестру, который «не только служит аккомпанементом, поддержкой для певцов, но и дополняет и оттеняет все, что происходит на сцене... только в соответствии с ним действие может достигнуть максимума силы и выразительности»; «...мы сравнительно редко встречаемся в русской опере с безличными, отвлеченными фигурами, служащими только витриной для выставки той или иной эффектной мелодии. Наоборот, и в либретто (нередко заимствованном из лучших произведений нашей литературы), и в музыке мы встречаемся здесь с очевидным стремлением дать типы яркие и жизненные, музыкальную ситуацию поставить в связь со сценической, завязать и развязать драматический узел по возможности естественнее и проще. В связи с этим немало внимания уделяется и колориту места, эпохи, народности...». Критик указывает и на особенности музыкальной декламации, речитатива, отмечает, что, «развившись на почве русской народной песни», русская опера «по своему чисто музыкальному содержанию, по складу мелодическому, ритмическому и гармоническому нередко является в высшей степени национально своеобразной. И это, естественно, сильнее всего выступает на первый план в операх на сюжеты из русской жизни и истории... Итак, подводя итоги, мы можем сказать, что русская опера никогда не была концертом в костюмах. Подобно русской литературе, при всем своем идеалистическом складе никогда не терявшей под ногами здоровой реальной почвы, и русская опера по мере сил своих выводит на сцену живых людей, живые чувства, живые отношения. При несомненной технической зрелости музыка в ней большей частью отличается и своеобразной свежестью содержания, причем музыка эта тесно сливается со словом и сценой, взаимно дополняя и усиливая друг друга. Высоко чтя материальную красоту звука, русская опера не решается все-таки приносить в жертву этому оперному Молоху остальные живые оперные требования; она обращается не только к слуху, но и к душе слушателя...».

Автор статьи не ограничивает свои ценные свидетельства современника лишь констатацией широко известного факта, что существует «особая самостоятельная русская оперная музыка»... Ю.Д. Энгель, может быть, впервые с такой последовательностью и ясностью высказал мысль, что в лице Шаляпина явился необыкновенный, единственный в своем роде певец, один из артистов-гигантов, «которым дано созидать в искусстве новое, неведомое и вести за собой сотни и тысячи последователей». И, задавшись целью ответить на вопрос, почему же перед этим молодым гигантом одинаково преклоняются «и публика, и артисты, и критика», Энгель отмечает те счастливые элементы, из которых сложилась артистическая индивидуальность Федора Шаляпина.

«Голос певца один из самых симпатичных по тембру, какие нам приходилось слышать. Он силен и ровен, хотя по самой своей природе (бас-баритон, высокий бас) звучит на очень низких нотах менее полно, устойчиво и сильно, чем на верхних; зато наверху он способен к могучему подъему, к редкому блеску и размаху. Достаточно послушать этот голос в таких партиях, как Сусанин, Владимир Галицкий, Нилаканта («Лакме» Делиба) и др., чтобы убедиться, сколько в нем чисто звуковой красоты, насколько легко ему дается широкая кантилена, так называемое bel canto. Но что представляет характернейшую особенность этого голоса, что возвышает его над десятками других таких же или даже лучших по материалу голосов — это его, так сказать, внутренняя гибкость и проникновенность. Слушая этот голос, даже без слов, вы ни на минуту не усомнитесь не только в общем характере передаваемого чувства или настроения, но сплошь и рядом даже в его оттенках; вы услышите в нем и старческую немощь, и удалую силу молодости, и монашеское смирение, и царскую гордость; вы по самому оттенку звука различите реплики, обращенные к другим и сказанные про себя, — что до сих пор считалось, кажется, возможным только для драматических артистов, а не для оперных.

Эта особенность Шаляпина является только одной стороной его колоссального, чисто сценического дарования. Еще и в наше время «игра» для оперного артиста считается делом второстепенным, а иногда и излишним. Драматический арсенал оперного артиста и по сие время наполовину состоит из тех заржавевших приемов, которые господствовали в ложноклассической трагедии семьдесят — восемьдесят лет тому назад и остатки которых и теперь еще можно наблюдать кое-где в глухой провинции: там на сцене не ходят, а передвигают ноги, не жестикулируют, а разводят руками, и т.д.

Все эти приемы особенно неуместны именно в русской опере, одной из основных черт которой является, как мы видели, естественность, жизненная правда. И тем радостнее приветствуем мы в лице Шаляпина первого оперного артиста, в драматическом исполнении которого нет ничего условного, неестественного, ходульного. Любой его жест, поза, движение — все в высшей степени просто, правдиво, сильно...»

Критик обращает внимание и на глубину темперамента, на глубокую обдуманность и стремление передать историческую, бытовую и психологическую правду, а потому перед зрителем и слушателем возникают не отдельные моменты оперной жизни, а цельная, поразительно яркая, глубоко захватывающая художественная картина. «Сценическому обаянию артиста способствуют еще его счастливые внешние данные: его высокий рост, крепкая, но гибкая фигура и лицо с выразительными глазами, но лишенное резких черт. Последнее обстоятельство дает возможность в каждой роли дать новый, совершенно несходный с прежними, внешний образ. Мимикой и искусством грима Шаляпин владеет в высокой степени. Это — истинный виртуоз грима. Все его физиономии необыкновенно ярки, оригинальны, характерны. Каждый раз трудно отрешиться от мысли, что перед вами не живой человек, а сценическая фигура, завтра же могущая перевоплотиться в совершенно иной, неузнаваемый образ...» Автор статьи отмечает и «необыкновенную ясную дикцию», способность артиста «подчеркнуть любое слово, выделить любой логический акцент». «Поразительна та легкость, с какой артист проходит мимо вокальных, да и сценических затруднений; он так же легко произносит слова в пении, как драматический артист в разговоре. Такой же свободой и непринужденностью отличаются его жесты и движения, тесно связанные в то же время не только со словом, но нередко и с оркестровыми указаниями.

И если прав Гейне, сказавший, что величайший художник — это тот, кто с наименьшими усилиями достигает наибольшего художественного впечатления, то нельзя не признавать в Шаляпине именно великого художника, одного из тех, кому действительно удается «мастерской рукой стереть пот с лица искусства». Само собой разумеется, что все сказанное выше относится только к лучшим ролям артиста. В некоторых партиях он местами сравнительно слаб, но не о них ведь приходится вести в данном случае речь...»

Конечно Теляковский читал эту статью, да и все, что в то время писали о Шаляпине, и еще раз порадовался такому приобретению для Большого театра.

Понимал, что хлопот с ним прибавится... «Фауст», «Лакме», «Дубровский», «Жизнь за царя», «Князь Игорь», «Опричник», «Рогнеда» — вот оперы, в которых был занят Шаляпин. И было ясно, что такой репертуар не удовлетворял Шаляпина, который уже не раз напоминал Теляковскому его обещание поставить «Бориса Годунова», но не так это было просто, когда все уже заранее спланировано и утверждено высшими инстанциями.

Обещать-то обещал, но сам-то он, Теляковский, — лицо подчиненное, зависимое и от Всеволожского, и от кабинета его величества, и от министра двора Фредерикса... Уж не говоря о любой прихоти великих князей и влиятельных придворных... Ведь он был всего лишь управляющим московской конторой императорских театров... Совсем новое для него дело. И как трудно приходилось на первых порах. Да и сейчас нелегко. Шаляпин уже смеялся над постановкой «Руслана и Людмилы», столько несообразностей отметил... Да и Теляковский обратил внимание, что в гроте Финна стоял глобус. Вот Энгель пишет о том, что в русских операх, поставленных в Солодовниковском театре, стремятся передать не только психологическую правду характеров, но и бытовую, историческую правду эпохи, когда происходит действие... Этой же правды требует и Шаляпин, а для этого нужны новые декорации и прочее и прочее. Наконец, нужны просто такие режиссеры, как в Художественном театре, слава которых все шире распространяется по России. А декоратором Большого театра был главный машинист Вальц, опытный и энергичный специалист своего дела, декорации его были порой сносны, но иной раз напоминали балаганные постановки самого дурного пошиба. Что тут делать?.. Может, и в Большом театре провести такое же совещание в конторе, которое он провел недавно с выдающимися артистами Малого театра? Три часа беседовал с такими мастерами, как Федотов, Ермолова, Никулина, Лешковская, Садовский, Рыбаков, Ленский, Южин, Правдин, Музиль, Кондратьев... Сколько интересных, драгоценных мыслей для его работы как начинающего директора московской конторы высказали они. Пусть поспорили, погорячились, но за это время он лучше узнал каждого из них. Много высказывались и по поводу театрального начальства, особенно досталось чиновникам постановочного отделения конторы, которое занималось составлением репертуара и распределением ролей. Непосредственно они, артисты, должны и составлять репертуар, и распределять роли. Они же сами лучше знают возможности каждого артиста в труппе. Пришлось ему согласиться в виде опыта на полную автономию Малого театра. Никогда не поздно эту автономию пресечь, но кризис театра как-то нужно преодолевать. Как и в Большом театре...

И тут Теляковский улыбнулся, вспомнив казус, который произошел у него дома. Он всех артистов после столь бурного совещания пригласил на скромный ужин. «Как хорошо нужно знать людей, с которыми имеешь дело, даже за столом... Сколько мы переглядывались с женой тогда, не понимая, почему так скованны артисты за столом, хотя перед этим только что кипели бурные страсти... Да и стол вроде бы ничуть не хуже других: и закуска, и блюда, и вино, и фрукты, а все почему-то некоторые артисты не приступали к еде, все чего-то вроде бы искали, а сказать не решались. И все тот же «скаковой» мальчик Нелидов выручил, объявил, что на столе нет водки... Сам водку не пью и думал, что другие тоже... Хотел им навязать херес и мадеру, которые сам люблю... Ан нет, артистам свои вкусы не навяжешь, у них уже давно свои выработались... Если бы не буфетчик мой Михайло, который сам без водки не садился за стол, выручил, одолжил бутылку, а то просто беда... Потом в назидание мне сказал, что «порядочный, дескать, артист, если он настоящая персона, без водки ужинать не станет, хотя бы и у начальства. И все эти мадеры и хереса не могут заменить нашего настоящего русского вина. Это так, одна канитель. Хорошо, что у меня нашлась водка, а то конфузно было бы для первого вашего угощения артистов». Да, тоже ведь вот интересная личность, мой буфетчик и повар Михайло... Когда заказываешь ему ужин или обед, он непременно спрашивает, сколько будет персон и гостей. Так, например, доктора Казанского и художника Коровина он считает за гостей: «Много ли они съедят? Не стоит и считать!» А вот Нелидов и артисты — это, по его мнению, персоны. Для этих уж он непременно сделает что-нибудь этакое, особенное... Надо, пожалуй, познакомить этого Михайлу с Шаляпиным... Найдут сразу общий язык...»

В своих «Воспоминаниях» Теляковский писал: «Большим событием в опере Большого театра было поступление в 1899 году в труппу Ф.И. Шаляпина. Событие это — большого значения не только для Большого театра, но и для всех императорских театров Москвы и Петербурга вообще, ибо смотреть и слушать Шаляпина ходила не только публика, но и все артисты оперы, драмы и балета, до французских артистов Михайловского театра включительно...

К нему сразу стали прислушиваться и артисты, и оркестр, и хор, и художники, и режиссеры, и другие служащие в театрах. Он стал влиять на всех окружающих не только как талантливый певец и артист, но и как человек с художественным чутьем, любящий и понимающий все художественные вопросы, театра касающиеся... С этих пор, то есть с конца сентября, Шаляпин стал ко мне заходить и днем, и вечером, и после театра. Видал я его часто в течение всей восемнадцатилетней моей службы. Приезжал он летом ко мне в имение и вместе с К. Коровиным гостил по нескольку дней, видал я его и за границей во время его гастролей в Милане и Париже. Говорили мы с ним немало и об опере, и о театре, и об искусстве вообще. Все эти разговоры имели важные для театра последствия, ибо Шаляпин был не только талантливым артистом, но и умным человеком».

И снова жизнь Шаляпина потекла по привычному руслу: спектакли, концерты, письма, на которые необходимо отвечать. А тут еще посетители, да и в карты порой так хочется поиграть, позабыв все обязательства на свете, а их стало много... И чуть ли не всем, оказывается, нужен, столько у него приятелей, друзей, меценатов... И попробуй кому-нибудь откажи.

Но когда в кабинет, где он сидел за роялем, просматривая только что присланный из Петербурга клавир, тихо вошла его Иолинка и шепнула, что пришел Шкафер, Федор Иванович искренно обрадовался. Ну как же, сколько с ним уже связано: Моцарт, Шуйский... Да и вообще он узнал его за это время как человека способного, дельного и опытного, к тому же доброго, порядочного и преданного интересам искусства. Да и как там поживает Частная опера Саввы Мамонтова... Говорят, неплохо.

Вошел Шкафер. Встретились как добрые приятели, тепло поздоровались, и завязался тот непринужденный разговор, который всегда возникает между друзьями, давно не видавшими друг друга, но которых многое связывает и всегда не хватает времени, чтобы высказать накопившееся.

— Кто-то недавно, Василий Петрович, сказал мне, что вы были у Саввы Ивановича. Ну как он там, в Бутырках-то?.. — первым делом спросил Шаляпин.

— Да нет, он в тюрьме «Каменщики», на Таганке... А вы все никак не соберетесь проведать его? — удивленно спросил Шкафер.

— Да все времени нет... Просто хоть разорвись на части... Столько дел, столько дел, — сокрушенно сказал Шаляпин, улавливая скрытый упрек в словах старого приятеля.

— Лично мне не давала покоя мысль о преступлении Саввы Ивановича: в чем, как, где его вина, как все это получилось? Расспрашивал родных, которые изредка его навещают, говорят, что у него обострилась бронхиальная астма, которой он уже давно страдает, но он оттуда внимательно следил за нашей работой, писал нам в театр, что он работает над переводом новой оперы Зигфрида Вагнера «Медвежья шкура», увлекся забавным сюжетом, в котором много фантастики, может быть веселый спектакль... «Дух у меня бодрый», — писал Савва Иванович. Ну и действительно, когда я пришел к нему на свидание, конвойный ввел Савву Ивановича в отдельную комнату, и мы остались вдвоем. Неловко было преодолеть паузу, которая против моего желания возникла и терзала меня... Что сказать? Одет он был, как всегда, в черный застегнутый сюртук, выглядел свежо и бодро, но все-таки какой-то был взъерошенный, что ли...

Шаляпин внимательно слушал Шкафера, поругивая себя за невнимательность к человеку, столько для него сделавшему и оказавшемуся в беде, а он даже...

— Ну он сам и заговорил... Желчно, с издевкой, рассказывал о том, что он стал жертвой двух противоборствующих сторон в правительстве, оказался козлом отпущения в борьбе Витте с Муравьевым... «Знайте, что я в случившемся невиновен, это все объяснится на суде. Как ни странно, но здесь, в заключении, я отдыхаю, могу, наконец, прийти в себя, опомниться, чего со мной никогда не бывало в жизни, за массой нужных дел. Человеку иногда необходимо заглянуть внутрь и проверить себя. Совесть моя покойна, и к искусству я сейчас ближе, чем когда бы то ни было. Продержитесь до моего возвращения, и все будет хорошо».

— Ну и как, держитесь?

— Какое там... — горько махнул рукой Шкафер. — Сначала-то дела пошли на удивление хорошо. Михаил Михайлович Ипполитов-Иванов повел дело очень умело, пополнил труппу свежими талантливыми артистами, сделал упор на «ансамблевую сторону», на общую слаженность спектаклей, увеличил оркестр, хор, обогатил репертуар... И дело вроде бы пошло успешно, мы возликовали, сборы поднялись на столько, что дирекция воспряла духом и надеялась продолжать дело без особых аварий. Но, как всегда, в ожидании покойника в передней толкутся гробовщики, в кассу театра влезли «добрые» люди, спекулянты и кулаки. В трудные моменты платежей они ссужали дирекцию деньгами за грабительские проценты, надев, таким образом, петлю, крепко охватившую материальные ресурсы театра. Помогал этому и владелец помещения театра кулак Солодовников, не стеснявшийся поднимать и увеличивать аренду за театр. Тут была беда, как говорится, горше прежней...

— Молодой-то Солодовников оказался еще хуже отца своего?

— Хуже, хуже, просто бесстыдный мародер... Он-то и задушит нас... Савва Иванович только умел с ними обращаться, а мы-то что ж, все неопытные люди в таких делах.

— Да вот и Савва Иванович, казалось бы, опытный делец, а попался. Неужели он ничего не предчувствовал? — спросил Шаляпин.

— Нет, не предчувствовал. Я же его провожал за границу... Ну ему, как всегда, некогда, и предложил мне прокатиться несколько остановок в поезде... Проехали много станций и набрасывали план следующего сезона уже без Шаляпина и Коровина... Он был полон радужных надежд... А как только он вернулся из-за границы, его сразу и арестовали.

И, чуть-чуть помолчав, как бы вспоминая что-то очень важное, Василий Петрович медленно заговорил вновь:

— Пожалуй, что-то припоминаю... Вспомнил, как Савва Иванович, приехав от Витте, рассказывал: «Сидим на заседании, вижу, как несколько раз Витте посмотрел на меня более внимательно, чем обычно... Ну, думаю, что бы это значило, в чем дело, какие мысли бродят в его министерской голове на мой счет, любопытно. После заседания, когда многие разошлись, он мне и говорит таким сердитым, раздраженным тоном: «Савва Иванович, вычитал я в газетах, что вы везете за границу какую-то Частную оперу. Что это за вздор такой? У вас там на дороге черт знает что происходит, а вы нянчитесь с какой-то там оперой?» Я растерялся, — продолжал Мамонтов, — никак не ожидал такого разговора и что-то ему ответил невразумительное, зная, что вопросы искусства ему всегда были далеки и малопонятны». Вот что рассказал нам однажды Мамонтов, но он не понял тогда, что это был знак беды.

— Да, это было предупреждением всесильного министра обратить внимание на свои коммерческие дела... А Савва Иванович его не понял... Хитер, хитер, а вот как попался в ловко расставленные сети... Жалко. Может, все обойдется...

Говорят, что вы ставите «Пролог» Василия Калинникова, либретто которого написал Савва Иванович...

— Да, вот 16 ноября «Пролог» прошел с большим успехом, только Калинников-то безнадежно болен туберкулезом, а Савва сидит... Вот ведь какие дела-то... А ты-то, Федор Иванович, над чем сидишь? Вижу, оторвал я тебя от работы.

— Взял клавир «Сарацина» и просматривал Савуаза...

— Да, Кюи и нам прислал свою оперу. Неужели возьмешься петь Савуаза?

— Буду его петь в Питере или нет, я не знаю, но роль знать буду на всякий случай. Почти месяц тому назад получил я письмо от Стасова, который, узнав, что я собираюсь на гастроли в Питер, уговаривает взять роль графа Савуаза.

— В Петербурге ее только что поставили, — заметил Шкафер. — Савуаза исполнял Серебряков, Карла Восьмого — Иван Ершов...

— Я читал газеты... Действительно, в опере участвуют лучшие силы Мариинского, и Яковлев, и Касторский, и Стравинский, и Куза. Я их всех хорошо помню, знаю их возможности. Поэтому мне и не хочется готовить эту партию второпях, я, конечно, ничего не имею против того, чтобы спеть эту роль, по едва ли буду в состоянии приготовить эту роль настолько тщательно и добросовестно, чтобы включить ее в число гастрольных спектаклей, а потом, ужасно занят на московской императорской сцене...

— Да и опера-то уже срепетирована, состоялась премьера, трудно входить в готовый спектакль...

— Вот и я об этом же говорю своим питерским друзьям. Раз опера срепетирована, то вряд ли могу рассчитывать на необходимое количество репетиций, без которых совершенно новая для меня роль может выйти неудачной, а в Питере у меня много врагов, ужасно боюсь лютую петербургскую прессу, особенно «Новое время». Уж тут меня не пощадят, дай только повод... И мне кажется, что меньше неприятностей доставят мне, если будут ругаться за мои более или менее известные роли, нежели за совершенно новую, в которой я буду и сам сомневаться. Нет, мое слабое исполнение даст им богатую пищу, и они, себе во славу, мне во вред, будут жевать ее довольно продолжительное время... Во всяком случае, вот просматриваю эту роль, но наверное не могу сказать, исполню я ее в Петербурге или нет.

— Сейчас тебе торопиться ни в коем случае нельзя. От тебя ждут только побед, а враги действительно порадуются, если где-нибудь сорвешься.

— А с другой стороны, Цезарь Антонович, и Владимир Васильевич, и даже Кругликов упрашивают включить эту роль в гастрольный репертуар... А готовить все некогда, все недосуг. Признаюсь, я порядочный носорог или что-нибудь в этом роде, ведь до сих пор не ответил Цезарю Антоновичу, с большим опозданием отвечаю даже Стасову... Но что я могу поделать, когда времени совсем нет, а тут что-то накатило, взялся за перо и написал коротенький лирический этюд, что-то вроде стихов в прозе об одной осенней ночи после бенефиса, мой герой получил серебряные часы и восемь красненьких и мечтает купить на них на базаре кожаный пиджак, триковые панталоны и пальто...

— Что-то автобиографическое? — спросил Шкафер.

— Да, о первых своих шагах... Десять лет тому назад несчастному хористу дали бенефис, значит, заметили юное дарование. Хоть чуточку приоделся.

— А сейчас?

— Сейчас дела мои на артистическом поприще идут великолепно, слава Богу, боюсь только проклятой петербургской прессы.

— Ну, этого тебе уже нечего бояться. Столько у тебя там и защитников, отобьетесь со Стасовым в случае чего.

— Да вот и не хочется доставлять этот случай... Пожалуй, «Сарацина» отложу, пускай винят меня в неделикатности, но что я могу поделать, не успеваю к сроку, а торопиться уже надоело. Мамонтов тоже меня всегда торопил, несколько репетиций — и готово, иди на сцену...

— В Петербурге тоже понимают, Федор Иванович, что роль графа в этой опере никто лучше вас не исполнит. А это означает успех и всей оперы.

Шкафер высказал мысль, которая давно уже была понята Шаляпиным. Но почему он должен готовить новую роль в разгар сезона? Где взять столько времени?.. Пусть Цезарь Антонович «умолил-упросил» дорогого Владимира Васильевича написать ему письмо и представлял убедительные резоны в пользу исполнения роли графа... Да, скорее всего, он мог бы своим исполнением роли принести Кюи великую пользу и честь, как напишет ему Стасов, но почему тому же Стасову кажется, что он может принести публике удовольствие и великое наслаждение без особых со своей стороны усилий и хлопот... Да, они, все те, кто любит русскую музыку, русскую оперу и русских талантливых исполнителей, порадуются его приезду в Питер, еще больше порадуется Цезарь Кюи, если он исполнит роль графа в его новейшей опере... Но как это все успеть?

— Ты, конечно, прав, я тоже понимаю, что от меня ждут, но вряд ли я смогу, просто не успею.

— И не спеши, Федор Иванович...

Вошла Иола Игнатьевна.

— Федор, только что принесли тебе письмо. Кажется из Петербурга, я что-то не разобрала.

— Ну вот, опять Владимир Васильевич, опять про графа... Ох, люблю этого старика, но уж если что ему взбредет в голову, то век не отстанет.

Шкафер и Иола Игнатьевна вопросительно смотрели па взволнованного Федора Ивановича.

— Ну что вы удивляетесь-то? Читайте сами...

И Шаляпин подал письмо В.В. Стасова Шкаферу, который и прочитал нижеследующее:

Дорогой Федор Иванович!

С великим удовольствием получил я Ваше любезное письмо, и теперь мне остается только ожидать Вашего приезда сюда к нам в Петербург. И это — по многим причинам!

Во-первых, вполне бескорыстно, просто потому, что очень Вас люблю и уважаю, потому что мне всегда приятно снова и снова с Вами повидаться, Вас посмотреть и Вас послушать.

Во-вторых, потому, что, может быть, явится возможность Вам спеть роль графа в опере Кюи «Сарацин» (на что, впрочем, слишком мало надеюсь — и времени Вам мало, и Вы завалены репетициями и представлениями);

но, в-третьих, у меня явилось в эти последние дни — целое новое предположение, для меня очень важное. Выслушайте, какое именно.

Нельзя ли было бы, когда Вы будете здесь, среди нас, — чтобы нам всем, Вашим поклонникам и обожателям, снова услыхать «Моцарта и Сальери», где Вы так превосходны? Нельзя ли, нельзя ли? Нельзя ли?

Конечно, Вы можете тотчас же возразить мне (и совершенно справедливо!), что эта опера принадлежит — покуда — Мамонтовскому театру, а не императорскому, — но я тоже могу на это отвечать, и авось довольно основательно! Пускай театр императорский не хозяин этой оперы, но всетаки я думал бы, нельзя ли бы затеять какое-то особенное представление, в пользу которого-нибудь особо значительного благотворительного заведения, такого важного и значительного, которому театральная дирекция не могла бы отказать ни в оркестре (впрочем, невеликом), ни в Ершове — Моцарте.

Ваш *В. Стасов*».

Что Вы скажете в ответ на такое предложение?

Вот-то бы торжество, если б Вы нашли все это возможным и хорошим и дали бы уж теперь, заблаговременно свое согласие?!

Да вот что еще, кстати: когда именно думаете Вы приехать сюда, в Петербург, и на сколько времени? Желательно бы мне очень узнать это заблаговременно.

Знаете, у меня тоже и на это есть особая фантазия и затея: если бы Вы имели в виду остаться здесь, для пяти представлений, может быть, семь-восемь дней (меньше, кажется, нельзя), я хотел бы пристать к Вам хорошенько и просить Вашего согласия на то, чтоб в эти немногие дни вылеплен был Ваш небольшой бюстик, а еще лучше целая Ваша статуэтка, во весь рост (этак вершков семь — восемь вышины), в костюме Ивана Грозного (где Вы всего лучше, по моему мнению). Если б Вы согласились, это вылепит мой приятель, скульптор Гинцбург, который вылепил по моему указанию несколько прекрасных и характерных статуэток: 1) живописца Верещагина, 2) Льва Толстого (одна сидячая, другая стоячая), 3) Рубинштейна, 4) Римского-Корсакова, 5) Репина, 6) Чайковского, 7) графа Ивана Ивановича Толстого (вице-президента Академии художеств), наконец, мою и т.д. Можно?

Ваш *В. Стасов».*

Шкафер перевел дух.

— Каков старик? — тут же заговорил Шаляпин. — И вот каждый раз, когда приезжаю в Питер, готов затаскать меня, не давая мне ни минуты покоя. Иной раз просто не могу отвлечься от всяческих дел и занятий и просто поиграть в карты в своей дружеской компании.

— Но согласись, Федор, — серьезно сказала Иола Игнатьевна, — что господин Стасов больше заботится о тебе, чем о себе. Он называет такую хорошую компанию, как Римский-Корсаков, Лев Толстой, Чайковский и Федор Шаляпин. Это не такое уж плохое предложение.

— Да предложение-то хорошее, но где взять времени на позирование, когда я буду в Петербурге всего лишь несколько дней: 15 декабря — концерт в Большом зале Благородного собрания, а 27 декабря — «Князь Игорь» в Большом театре, а за эти десять дней я должен побывать в Питере, дать два представления и успеть вернуться в Москву... Ну когда я смогу там даже подумать о скульпторе Гинцбурге и позировании ему... Хоть разрывайся на части.

Столько отчаяния было в голосе Федора Шаляпина, что Иола Игнатьевна тут же перевела разговор в другое русло.

— Василий Петрович, а вы не видели нашего малыша? — радостно улыбаясь, сказала Иола Игнатьевна.

И как хорошо она знала своего мужа: он тут же расплылся при упоминании Игоря, который частенько заходил к нему в самые неподходящие моменты.

— Если б вы знали, Василий Петрович, как я обожаю этого маленького негодника, без которого просто дня не могу прожить, — сказал Шаляпин.

— А почему негодника? — спросил Шкафер, заглядывая по настоянию Шаляпина в детскую, где возился с игрушками славный мальчуган около двух лет. «А Иола Игнатьевна скоро, видно, подарит Федору второго ребенка», — подумал Шкафер, искоса поглядывая на фигуру Иолы Игнатьевны.

— А он всегда приходит ко мне, когда я сплю... Только прилягу, вот-вот сладкая дрема накатывает на меня, а он тут как тут... Ну какой уж тут сон.

Столько нежности слышалось в голосе Шаляпина, что Шкафер даже несколько удивился, вовсе не предполагая в своем старом приятеле таких трогательных чувств.

Вскоре Шкафер ушел, а на столе в приемной уже снова лежали письма, записки от друзей, приятелей, от благотворительных обществ, просто богатых людей, в которых, как всегда, были приглашения выступить, восторженные отзывы о спектаклях, в которых он принимал участие, просто предложения повидаться.

20 декабря 1899 года Федор Шаляпин исполнял роль Мефистофеля в «Фаусте» Гуно в Мариинском театре.

Мало что изменилось здесь за эти четыре года, с 12 сентября 1896 года, когда он после исполнения роли князя Владимира Красное Солнышко в опере Серова «Рогнеда», казалось бы, навсегда покинул сцену императорского театра. Все тот же Эдуард Францевич Направник, превосходный дирижер, но суховатый и строгий в общении с людьми, все тот же учитель сцены Осип Осипович Палечек, полный энергии и юношеского пыла, несмотря на свой уже преклонный возраст, все так же, как и четыре года назад, во время репетиций бегал, суетился на сцене, пытаясь показывать ту или иную сцену артистам, хору, статистам, все так же смешно коверкал русские слова, все так же с наивным пафосом жестикулировал в особо «зажигательных» сценах...

Шаляпин волновался. Но его успокаивал Теляковский, специально приехавший в Петербург, чтобы показать своего любимца и тем, кто все еще сомневался в Шаляпине. Ведь впервые Петербург приглашал певца из Москвы. Всегда же было наоборот: гастролеров обычно посылали в Москву для поднятия сборов, таких, как Медея и Николай Фигнер, Куза, Фриде, Больска.

К тому же Шаляпин накануне выступления занемог. «Дорогая Иолинка! Сегодня пою «Фауста», но чувствую себя очень плохо, — писал он жене. — Простудился так, что у меня инфлюэнца и я сижу дома. Ночью у меня всегда температура 39. Думаю, что только сегодня спою и уеду, не стану петь «Жизнь за царя». Вчера остановился над Кюба, а позавчера я был у Стюарта. Нет никаких новостей. После спектакля протелеграфирую тебе. Много поцелуев тебе и моему дорогому Гуле. Очень скучаю без маленького негодника...»

Но опасения Федора Ивановича оказались напрасными. «Успех был чрезвычайный», — вспоминал Теляковский.

Глава третья

РОЖДЕНИЕ ДОЧЕРИ. МИЛАН

«Я уже начал сравнительно недурно говорить по-итальянски и мечтал о поездке за границу, о дебютах в Париже, Лондоне, но — не считал это осуществимым. Уже несколько раз я ездил во Францию, но всегда чувствовал себя там маленьким и ничтожным самоедом», — вспоминал Шаляпин этот период своей жизни.

Вот о чем мечтает Федор Шаляпин. Ему уже тесны рамки Москвы и Петербурга, где он всегда успешно выступает, с неизменным триумфом. Он повсюду, в самых высоких аристократических и богатых домах, — желанный гость. Участвует в благотворительных концертах, особенно запомнился ему концерт в пользу московского дамского благотворительного комитета. И запомнился, конечно, не бурными восторгами собравшихся, а знакомством с пианистом Гольденвейзером, который через три недели после этого концерта в Большом зале Благородного собрания устроил ему и Рахманинову встречу в Хамовниках со Львом Николаевичем Толстым. Конечно, Шаляпин пел, Рахманинов и Гольденвейзер играли в присутствии знаменитого писателя и Софьи Андреевны, которые, как оказалось, сами великолепно играют и вообще тонко разбираются в музыке...

9 января 1900 года Шаляпин запомнит надолго... Пожалуй, это единственный вечер за последние годы, когда он не совсем был уверен в себе. Что-то словно зажимало его звук, и «Судьба» Рахманинова, «Старый капрал» Даргомыжского, «Ноченька» прозвучали совсем не так, как ожидали от него собравшиеся в гостиной... И Лев Толстой был весьма сдержан в своих похвалах молодому артисту. Шаляпина уже трудно было обмануть, он нутром чувствовал, когда он нравится, а когда не совсем...

(Н.В. Давыдову так запомнился этот день: «...Как-то вечером я застал у Толстых Ф.И. Шаляпина, который спел несколько романсов, но пение его не особенно понравилось Л.Н.; он нашел его чересчур громким и искусственным».)

И снова — «Жизнь за царя», поездка в Петербург, где он выступил в операх «Опричник», «Фауст», «Князь Игорь», «Русалка». А вернувшись в Москву — «Юдифь», «Лакме», «Фауст». Привычную жизнь артиста прервала долгожданная радость — 14 февраля родилась дочь Ирина.

9 марта вместе с Рахманиновым и Гольденвейзером в Большом зале Благородного собрания состоялся его концерт, где он пел романсы Шумана, Грига, «Еврейскую песню» Глинки, арию Фигаро из «Свадьбы Фигаро» Моцарта, «Паладина» и «Старого капрала» Даргомыжского, «О, если б ты могла...» Чайковского, «Песню о блохе» Мусоргского... Впервые на концерте он исполнил «Судьбу» Рахманинова. В частных домах он уже не раз исполнял это произведение своего друга, но на большой публике только на этом концерте...

И на месяц покинул Москву: гастролировал в Тифлисе и Баку.

А в это время в Москве произошло одно событие, которое существенным образом повлияло на судьбу Шаляпина. На следующий день после отъезда Шаляпина на гастроли, 12 марта 1900 года, в Большом театре в опере «Аида» в роли Радамеса выступил Энрико Карузо, приехавший в Москву после гастролей в Петербурге. Его успех можно было сравнить только с успехом Шаляпина, который незадолго до гастролей Карузо выступал на этой же сцене в опере «Фауст» вместе с Собиновым. Вот что писал итальянский журналист о гастролях итальянских артистов в Москве: «В воскресенье, 11 марта, оперой Чайковского «Евгений Онегин» открылся сезон в Московском оперном театре. Мазини, Баттистини, Бромбара; дирижировал Витторио Подести. Выступление каждого артиста было блестящим.

12 марта, в понедельник, шла «Аида». В ней пели: де Лерма, Кучини, Карузо, Пачини, Аримонди и Сильвестри. Спектакль был грандиозным. Триумфальным героем вечера был знаменитый тенор, кавалер Энрико Карузо, еще незнакомый московской публике. Карузо превзошел самого себя. В арии Радамеса из первого акта он был божествен, вызвал фантастический восторг публики: весь зал поднялся как один человек, требовали повторения. Но повторения не последовало... В третьем акте, в дуэте, он был великолепен. Карузо, как и де Лерма, вызвал огромную симпатию публики. Все московские газеты восхваляют Карузо, называя его богом музыки, великим певцом. «Новости дня», «Русское слово», «Московский курьер», «Слово» в унисон называли Карузо уникальным Радамесом, лучшим из всех, какие только были до сих пор.

В ближайшие дни я постараюсь дать более подробную информацию о гастролях, на основе еще более точных и авторитетных источников».

Естественно предположить, что итальянские журналисты и музыканты, в особенности Энрико Карузо, уже в то время знавший, что в будущем сезоне ему предстоит исполнять роль Фауста в опере Бойто «Мефистофель», вернувшись на родину, расхвалили московское чудо — Федора Шаляпина. Во всяком случае, в середине мая, вернувшись после гастролей из Тифлиса и Баку и успешно заканчивая свой первый сезон в Большом театре оперой «Жизнь за царя», наслаждаясь семейными радостями, Федор Шаляпин получил письмо от генерального директора театра «Ла Скала», в котором ему предлагали спеть в театре Мефистофеля в опере «Мефистофель» Арриго Бойто в марте 1901 года.

— Может, что-то я тут не разобрал. Посмотри, — попросил он Иолу Игнатьевну. — Или это чья-то недобрая шутка...

Иола Игнатьевна быстро пробежала текст письма.

— Нет, Федор, это не шутка. Тут спрашивают о твоих условиях за десять спектаклей. Ты отнесись к предложению серьезно, мало кому из русских предлагали петь в знаменитом «Ла Скала».

— Да я же никогда не пел по-итальянски, не знаю эту оперу. Не знаю театра, публики, а публика не знает меня... Нет, это чья-то шутка...

— А ты пошли телеграмму, пусть подтвердят текст письма, а потом уж будешь думать, посмотри клавир оперы, может, и партия не по твоему голосу... — Иола Игнатьевна была спокойна за своего несколько растерявшегося мужа, понимая, что его волнение пройдет, как только он посмотрит клавир и получит подтверждение серьезных намерений театра.

Через несколько дней Шаляпин получил телеграмму, а затем письмо от генерального директора театра. «Многоуважаемый синьор! — писал Дж. Гатти-Казацца. — Имею удовольствие приложить две копии контракта, один — подписанный нами, который Вы сохраните для себя, другой Вы возвратите нам в заказном письме, предварительно его подписав.

Содержание контракта тождественно с тем, которым мы пользуемся всегда, когда вопрос касается артистов, контрактуемых вне Италии. Я уверен, что Вам нечего будет возразить. Мы поставили четыре представления в месяц в случае какой-либо болезни, опоздания и т.д., но обычно в «Ла Скала» не бывает в течение недели более трех представлений одной и той же оперы. Дата Вашего прибытия в Милан фиксирована на 28 февраля...»

Дверь открылась, и Шаляпин увидел входящих Сергея Рахманинова и Иолу Игнатьевну.

— Все предусмотрели, деваться некуда, — заговорил Шаляпин, показывая жене и другу письмо из Милана. — Все-таки удивительные люди за границей, умеют работать. Уже договорились с графом Бобринским, что дирекция императорских театров ничего не будет иметь против моей поездки в Милан, а потому просят приехать дня на три раньше, ввиду того, что они должны поставить «Мефистофеля» как можно скорее. Отправили уже полный клавир оперы, либретто и постановочный план «Мефистофеля» Бойто для того, чтобы я имел все эти материалы под рукой для изучения и мог бы детальнее ознакомиться с тем, как исполняется эта опера в Италии...

Иола Игнатьевна за это время прочитала письмо и, чтобы еще больше укрепить дух своего мужа, сказала:

— А ты, Федор, обратил внимание, как он величает тебя: «...Я очень рад, что имею честь впервые представить итальянской публике столь именитого артиста. Желаю Вам одержать здесь полный триумф и получить высшее удовлетворение...»

— Ох, как непросто одержать полный триумф в Милане, — сухо сказал Рахманинов, вспомнив недавнее лето в Путятине, когда они работали над оперой «Борис Годунов». — Надо уже сейчас начинать работать над оперой.

Умел жестковатый Рахманинов охладить горячий и самолюбивый характер своего пылкого друга.

— А мы и будем работать все лето, — поддержала Иола Игнатьевна. — Возьмем все материалы и поедем в Италию, моя мама советует снять домик в небольшом местечке Варадзэ.

— А мне найдется там хоть крошечная комнатка? — неожиданно спросил Рахманинов.

— Неужели ты тоже едешь в Италию? — обрадовался Шаляпин.

— А почему бы и не поехать? Не все ли равно где работать...

— И ты поможешь мне пройти эту труднейшую партию? — неуверенно спросил Шаляпин.

Рахманинов молча кивнул.

— Господи! Если б знал, Сергей, какую радость ты мне доставил сегодня... Можешь себе представить, как мне это предложение дорого... Но я боюсь, мне страшно, как будто я впервые выхожу на сцену, уже сейчас поджилки трясутся...

— Сергей Васильевич! — оживленно заговорила Иола Игнатьевна. — Если б вы знали, как Федор волновался эти дни, почти ничего не ел и суток двое не спал...

— Ну, мать моя, не преувеличивай... Волновался, конечно, но уж не так... Как только посмотрел клавир, сразу почувствовал, что эта партия по моему голосу... И чувство радости у меня чередовалось с чувством страха... Вот это правда... А уж если поедет с нами Сергей, то чувство страха изгоняем совсем... Одолеем и покорим Милан...

— Ну вот и отлично, — сказал Рахманинов. — Я буду в Италии заниматься музыкой, а в свободное время помогу тебе разучивать оперу.

«Откуда у него такая уверенность? И весь он какой-то не такой, каким был еще совсем недавно... Растерянным, слабым...» — промелькнуло у Шаляпина.

— Я знаю, что ты сейчас подумал, Федор... Твое лицо как открытая книга, нужно уметь лишь читать на нем твои мысли. А я-то давно постиг тебя... — сказал, улыбаясь, Рахманинов. — Время лечит...

— А не лучше ли нам пойти в гостиную и выпить чайку, — сказала Иола Игнатьевна, женским чутьем догадавшаяся, что друзьям надо обстоятельно поговорить по душам.

— Действительно, ты прав... Я так рад твоей перемене, ведь помню, как ты загрустил после слов Льва Великого, как называет Льва Николаевича Толстого Стасов... Я как ни старался произвести впечатление на великого старца, но...

— Я ж просил тебя: «Не надо», как только ты выложил на пюпитр мою «Судьбу». Если б ты знал, как он меня пригвоздил своими словами: «Вы знаете, все это мне ужасно не нравится. Вы думаете, эта музыка нужна кому-нибудь? Зачем тут Бетховен, судьба... Бетховен — вздор. Пушкин и

Лермонтов — тоже...» — В словах Рахманинова послышалась ирония, и весь он вдруг стал необычайно привлекателен, потому что не удержался на серьезной ноте и заразительно искренне рассмеялся.

Шаляпины рассмеялись вслед за ним, еще не понимая, что так рассмешило Сергея Васильевича.

— Вы извините меня, но тут я вспомнил, как Софья Андреевна шептала мне в утешение: «Не обращайте внимания и не противоречьте. Левушка не должен волноваться. Ему вредно...» Да и сам он потом подошел ко мне и просил прощения за резкость, но мне-то в то время было нелегко, прямо могу сказать. Ты знаешь, Федя, все как-то обрушилось на меня в те поры, а эти слова просто как бы добили меня окончательно... После провала Первой симфонии три года тому назад мне показалось, что «Судьба» вполне приличная вещь, а тут...

— Конечно, не только приличная, но и превосходная вещь, уверяю тебя.

— Ну, может, это в твоем лишь исполнении, а если кто возьмется другой?

— Пусть не берется никто другой, если не может передать все богатство твоей музыки... Только и всего... Вот Алеко тоже мало у кого получается.

— Если б ты знал, Федор, как я тебе благодарен за Алеко. Оркестр и хор были великолепны, солисты тоже, ноты... Как ты в тот день пел!..

— Пушкинский праздник, столетие...

— И Дейша-Сионицкая, и Ершов, и Фрей — все были великолепны, но ты был на три головы выше их. Между прочим, я до сих пор слышу, как ты рыдал в конце оперы. Так может рыдать великий артист на сцене...

Шаляпин замахал на него руками.

— Нет, уж не возражай, и Стасов, и Энгель, и, в сущности, вся пресса так тебя и называют сейчас. Так вот, повторяю, так может рыдать или великий артист на сцене, или человек, у которого такое же большое горе в обыкновенной жизни, как и у Алеко.

— А как твои дела? — неуклюже перевел разговор Шаляпин, которому неловко было слушать такие комплименты от обычно сдержанного на похвалы Рахманинова.

Сергей Васильевич понял намек друга и вновь озадачил своей откровенностью:

— А что ты имеешь в виду? У всех людей, всей вселенной, всегда и везде есть только три сорта дел: сердечные, денежные и служебные, причем каждый из этих сортов занимает попеременно всего человека. Впрочем, вариантов тут много, всех не перескажешь. Утвердительно можно сказать лишь одно, что когда человека занимают в одно и то же время два сорта дел из вышепоименованных, то один из этих сортов не может быть сердечным делом, потому что эти дела всем другим делам только мешают. Вся прекрасная половина рода человеческого занимается всю свою жизнь тем сортом дел, который не терпит вмешательства чего-нибудь постороннего.

— Ну и что все три сорта дел твоих... — начал неуверенно Шаляпин, сбитый с толку агрессивным настроением друга.

— Да, все три сорта этих дел моих идут очень плохо...

— Даже сердечные? — вмешалась в их разговор Иола Игнатьевна.

— Эти дела в самом худшем положении... Но сейчас меня волнуют больше дела второго сорта. Я только и думаю о том, как бы получить и где бы достать. И реже — как бы отдать...

— О Сергей! Мне это знакомо... Но ты ведь собираешься в Ялту, а потом с нами за границу... Как у тебя с презренным...

— С презренным металлом вроде бы отношения налаживаются.

— Что? В Лондоне заработал?

— Да что ты! Хоть дорогу оправдал... Выступал лишь в одном отделении одного концерта филармонического общества, а второе отделение концерта шло под управлением Маккензи... А ругань поднялась там какая... Сорок две газеты, вырезки из которых я получил, подняли такой, оказывается, гвалт вокруг моего «Утеса» на слова Лермонтова. И слова-то нелепые, и музыка нехорошая.

— Ну а конкретно, в чем они тебя обвиняют?

— Конкретно? Припоминаю, в одной из газет было написано такое вот рассуждение: «...Как и следовало ожидать, принимая во внимание национальность автора, туман изображен в музыке как настоящее кораблекрушение, слезы покинутого Утеса переданы ужасным громом...» Ты не представляешь, до каких глупостей там могут договориться критики.

— Вот я и боюсь критиков в Милане. Понапишут такого, что сам черт не разберет, а мне нанесут урон.

— За тебя я спокоен. Но работать, конечно, нужно всерьез. Как хочется работать, но после слов Льва Николаевича во мне словно все замерзло, не чувствовал ни одной ноты... Если бы не доктор Даль, то не знаю, что бы сейчас со мной стало. Поверь, был на грани...

— Самоубийства? — испугался Шаляпин.

— Нет, конечно, но мне казалось, что я схожу с ума... Так все сошлось: моя любимая вышла замуж, а перед свадьбой сожгла все мои письма, чудовищное безденежье, а тут еще один удар, кому нужна моя музыка... И если бы не доктор Даль... Ты знаешь, он вроде бы и не лечил меня, а просто говорил со мной о моей музыке, о пользе этой музыки... Он говорил какие-то хорошие слова, а я в это время сидел в кресле, в котором сиживал при его прадеде Александр Сергеевич Пушкин... А потом доктор звал свою сестру-консерваторку, и они играли. И ты знаешь, я снова почувствовал себя здоровым, нужным людям и что-то уже слышу в себе, какие-то рождаются звуки... Чувствую, что будет Второй концерт для фортепиано с оркестром... Вот поеду в Ялту, княжна Ливен обещала мне там полные условия, а главное — покой.

— Туда и Чехов уехал, — вроде с сожалением сказал Шаляпин.

— Там уже много знакомых собралось, но я-то мечтаю об одиночестве: так хочется работать...

— А когда ж ты собираешься в Италию, к нам? И как ты поедешь? Может, с нами?

— Нет, я думаю побывать в Константинополе, а через Пирей и Афины в Геную, на вашу дачу. Вот как я размечтался, Федор. С размахом, денег занял у Зилоти, он сам предложил...

— А мы поедем через Вену и Милан.

— Я напишу тебе, Федор.

Рахманинов ушел, а Шаляпины долго еще говорили о нем.

Из писем Рахманинова к друзьям можно кое-что узнать о его пребывании в Италии.

Хотел он по пути в Константинополь заехать в Батум, где в это время отдыхал его друг Михаил Акимович Слонов. Но пришлось изменить маршрут из-за чумного карантина в Турции. Договорились с Антоном Павловичем Чеховым вместе ехать в Италию, через Одессу и Варшаву, но и из этого ничего не получилось: Чехов неважно себя почувствовал и отказался от поездки, а Рахманинову пришлось возвращаться в Москву из-за каких-то паспортных формальностей. Шаляпины уже уехали в Италию. Так что он поехал туда полный надежд, что застанет там налаженный быт и будет спокойно продолжать работать над начатым сочинением в Ялте. Не тут-то было... «11-го числа приехал сюда, Никита Семенович! — писал Рахманинов своему другу Морозову

14 июня 1900 года из Варацце. (Варадзэ — в воспоминаниях Ф.И. Шаляпина. — *В.П.*) — Если не сел тебе отвечать сейчас же, то только оттого, что у нас здесь в доме полная неурядица. Сегодня я хоть свою комнату знаю, и бумагу с чернилами себе достал, и то слава богу! А то бегают, переставливают, убирают и пылят, — а жара сама по себе еще. Беда просто! В настоящую минуту моя комната заперта. Не привык я к такому беспорядку!.. Имею тебе сообщить две вещи. Во-первых, что я глубоко сожалею, что поехал сюда, а не с тобой. А во-вторых, что в Париж я не поеду, так как за эту дорогу издержал денег больше, чем предполагал. И выходит в итоге опять тоска одна...»

Рахманинов был обескуражен тем, что не застал в Варадзэ Федора Шаляпина, укатившего в Париж сразу же, как только он разместил свою семью, сдав ее попечительству матери Иолы — Джузеппине Торнаги. Все тому же Н.С. Морозову Рахманинов писал 22 июня 1900 года: «По-нашему 22 июня, а по-Вашему, кажется, 5. Был очень рад получить твое письмо, милый друг Никита Семенович, и не только не сержусь на твои «увещания», как ты говоришь, а очень я за них тебе благодарен. Все это на меня действует всегда подбодряющим образом. Прожил здесь еще дней десять, после моего первого письма к тебе, а я еще продолжаю выражать сожаление, что не с тобой поехал. Такой домашний режим, какой здесь существует, не для меня и не по моим привычкам. Несомненно я сделал ошибку! Хотя комната у меня отдельная, но около нее бывает иногда такой крик и шум, что это только в таком доме, как наш, можно встретить. Самого Генерала Хераскова (так в шутку Рахманинов величал Федора Шаляпина) нет еще здесь. До сих пор не приехал. Застрял в Париже, где усиленно занимается, кажется, женским вопросом. В сведущих кругах поговаривают, что вряд ли Генерал разрешит этот вопрос скоро, ввиду его сложности, во-первых, а во-вторых, ввиду того, что он поставлен в Париже, где этим вопросом наиболее всех интересуются. Постреливает оттуда редкими телеграммами, в которых о своем приезде говорит как-то неопределенно. С его приездом мне будет, конечно, веселее... К тебе сейчас решил не ехать. Хочу продолжать аккуратно заниматься...»

Вскоре действительно приехал из Парижа Шаляпин. Жизнь, конечно, в Варадзэ стала «веселее», но Рахманинов «аккуратно» работал над оперой «Франческа да Римини», написал здесь сцену Паоло и Франчески из второй картины, а Шаляпин штудировал клавир оперы Арриго Бойто «Мефистофель». Об этом времени Федор Иванович вспоминал в более радужных тонах, чем Рахманинов.

Конечно, Рахманинов иногда вмешивался в работу Шаляпина, делал какие-то замечания. «Он так же, как и я, глубоко понимал серьезность предстоящего выступления, обоим нам казалось очень важным то, что русский певец приглашен в Италию, страну знаменитых певцов, — вспоминал позднее Шаляпин. — Мы поехали в Варадзэ, местечко недалеко от Генуи, по дороге в Сан-Ремо, и зажили там очень скромно, рано вставая, рано ложась спать и бросив курить табак. Работа была для меня наслаждением, и я очень быстро усваивал язык, чему весьма способствовали радушные, простые и предупредительные итальянцы.

Чудесная, милая страна очаровала меня своей великолепной природой и веселостью ее жителей. В маленьком погребке, куда я ходил пить вино, его хозяин, узнав, что я буду петь Мефистофеля в Милане, относился ко мне так, как будто я был самым лучшим другом его. Он все ободрял меня, рассказывая о Милане и его знаменитом театре, с гордостью говорил, что каждый раз, когда он бывает в городе, то обязательно идет в «Ла Скала». Слушал я его и думал: «Ах, если б и в Милане трактирщики так же любили музыку, как этот!»

Невозможно быть неподалеку от Милана и не побывать в нем. И Шаляпин поехал посмотреть этот город — Мекку оперных певцов. С превеликим любопытством рассматривал Федор Иванович этот шумный, веселый город, с неповторимо запутанными улицами, совсем не похожими ни на геометрически правильные улицы Петербурга, ни на живописные проспекты Парижа... Привлекла его внимание архитектура множества красивых домов, но когда он вышел к зданию феноменального Миланского собора, то сердце его зашлось от восторга... Вот он, гигантский мраморный дворец, словно устремившийся к небу, с его неповторимыми статуями, барельефами и горельефами. Шаляпин запрокинул голову вверх, туда, к высоте, и почувствовал себя маленьким, настолько подавляла эта его могучая красота... Да и все высокие постройки, окружавшие собор, тоже показались небольшими. Ничем не примечательное здание оказалось оперным театром «Ла Скала». Только тогда, когда он обогнул здание с другой стороны, понял, что оно тоже уходит вдаль и производит впечатление гигантское, словно бы расплющилось на площади. Вот он, самый приманчивый театр мира, столько самых замечательных певцов и певиц мечтают попасть сюда в качестве исполнителей... Говорят, здесь гигантский зрительный зал и обширная сцена. Ну, ничего, все это не так пугает, вот удастся ли ему создать Мефистофеля таким, каким он уже представляет его себе...

Шаляпин медленно пошел к Галерее, где собирались певцы, пианисты, преподаватели пения, концертмейстеры, дирижеры, суфлеры, врачи по горловым болезням, журналисты, множество тех, кто мечтал приобщиться к оперному делу... Он вошел под своды огромного пассажа со стеклянным потолком, кинул взгляд под ноги и увидел прекрасную мозаику. В многочисленных арках сидели артисты и что-то оживленно обсуждали. Как здесь хорошо...

И вдруг рассеянный взгляд Шаляпина наткнулся на знакомую и симпатичную фигуру. «Господи, да это ж Лёнька Собинов... — промелькнуло у него в сознании, а к нему уже подходил нарядно одетый господин и улыбался. — Только почему он так подстригся?»

И действительно, господин Собинов собственной персоной и с лысой головой.

— Что с тобой? Что ты так изуродовал себя, еле-еле узнал...

— Чтобы не отвлекаться, приехал работать, Федор, — тепло пожимая руку Шаляпину, сказал Собинов. — Пойдем куда-нибудь, за столиком поговорим, в это время здесь есть еще свободные места.

В одной из арок Галереи они уселись за столик и заказали по бокалу вина.

— А я собрался было погулять по Италии, — начал Собинов, отвечая на вопросительные взгляды Шаляпина. — Но потом неожиданно для себя раздумал. Оленин, мой приятель, он живет здесь в Италии, так много занимается и пением, и изучением партий, что я тоже не вытерпел и тоже взялся за дело, сначала договорился с одним русским за шестьдесят рублей в месяц заниматься каждый день по часу разучиванием партий. Мы уж приготовили половину Ромео, а потом я как-то пошел вместе с Олениным к его профессору пения...

— Как его звать-то? — спросил Шаляпин, отпивая глоток вина. — Тут их, этих профессоров-то, как собак нерезаных в Казани.

— Нет, ты знаешь, мне понравился способ его занятий. Он, если можно так выразиться, следит за гимнастикой голоса, не выдумывая ничего сам и не изощряясь лукаво над звуком.

— А сколько платишь? — допрашивал Собинова бывалый Шаляпин. — Ох, оберут тебя, а голос испортят, твой божественный голос. — Шаляпин помрачнел, словно бы уже это произошло...

— Ты знаешь, не оберут, плачу три лиры за урок. Совсем забросить пение было бы опасно, а заниматься одному невозможно по многим соображениям. А ты что здесь делаешь?

— Приехал на разведку, посмотреть город, театр, получил ангажемент в «Ла Скала» на будущий пост на десять спектаклей оперы Бойто «Мефистофель», а живу на Ривьере, недалеко от Генуи, сняли с Рахманиновым чудную виллу на самом берегу моря, прекрасный сад... Просто очень удачно складывается, работаем, отдыхаем, вот и тебе бы где-нибудь поблизости. Здесь-то, в Милане, уж очень жарко и душно.

— Да, это мысль, здесь становится действительно невозможно жить. А что было, когда мы только приехали. Сплошной скандал: проходили выборы в народные депутаты, открыто выступали против короля. А что творилось, когда народная партия победила! Вечерние газеты прямо рвали из рук разносчиков. В Галерее стоял гул какой-то. Теперь-то стало потише, жизнь вошла в колею, голоса газетчиков стали более человеческими.

— Но ты обратил внимание, Леонид, сколько здесь калек, уродов и горбунов? На каждом шагу мне кто-нибудь из них встречается... Ужас какой-то!

— Очень плохо смотрят за детьми. Если б ты видел, что с детьми выделывают их милые родители. Вечером никто дома не сидит, забирают с собой детей, даже грудных, в театр, в кафе, и это истязание продолжается до двенадцати ночи, а то и позднее. Сердце кровью обливается, когда видишь в театре на коленях у какой-нибудь черномазой родительницы раскрасневшуюся, сонную рожицу или встретишь в Галерее целую фамилию, которая плетется за свободолюбивыми родителями.

— Как хорошо, что я увидел тебя, Леня, ишь какие подробности итальянской жизни ты мне рассказываешь. Теперь буду знать.

— Одна беда: деньги тают как снег, я уж подумываю, скоро ли можно получить московское жалованье.

— О, и тут ты не одинок. Просто не знаю, куда они деваются. Вроде тоже взял много, нужно было в Париж махнуть, там повеселиться и отдохнуть. И вот уж подсчитывай убытки. Хорошо хоть «Ла Скала» платит.

— А сколько они дают тебе за десять спектаклей?

— Пятнадцать тысяч.

— Лир?

— Франков золотом!

— Ого! Хорошо устроился, я рад за тебя, ну, тебе и карты в руки.

— Да вот волнуюсь. Знаешь ведь, какая здесь строптивая публика. Каждую фразу, каждое движение, жест обдумываю по десятку раз, подбираю самые выгодные, самые удачные, на мой взгляд. А кто их тут поймет.

— Убежден, Федор, ты будешь иметь успех. Я уж побывал в театрах, насмотрелся. Сцена здесь занимает последнее место. Тут даже о шаблонном, традиционном исполнении всем известной партии не может быть речи. Артиста, чуть он только поднавострится в пении, учителя сцены подучат «жестам» и пускают петь. Вот такой и поет на сцене, а руки сами по себе. Я был на «Риголетто» и «Фаворитке». Тут и не помышляют о художественной передаче роли, вполне сценической, исторически верной, есть голос, сносно управляет руками — и артист уже вне конкуренции. И публика ничего другого не требует. Правда, я был в театре «Dal Verme», где слушал обе оперы, может, в «Ла Скала» публика другая, а тут публика самого низкого пошиба, хлопали среди арии, фразы, просто за высокую ноту. Представляешь?

— А ты помнишь, Леня, что Теляковский обещал поставить у нас «Бориса Годунова» и что ты будешь петь Самозванца? Или увлекся своим Ромео и о другом ни о чем не помнишь? — Федор Иванович широко улыбнулся, переводя разговор на другую тему.

— Ну а как же! Выписал я себе «Бориса Годунова», забыл взять с собой. Уж очень много вещей накапливается в дорогу, просто страх какой-то. Так что подучу его на досуге получше, чтобы не осрамиться перед Альтани.

— А с Моцартом как? — продолжал допрашивать Федор Иванович. — Так было б хорошо с тобой петь «Моцарта и Сальери»...

— Нет, пока не получается у меня с Моцартом. Я уж говорил тебе, что партия написана, в общем, так низко, что я хрипну после нескольких фраз.

— Досадно, но все-таки поищи возможности. Попробуй вот с этим профессором-то, может, он что-нибудь подскажет тебе. Ты был бы прекрасным Моцартом.

— Теперь я имею несчастье штудировать музыкальную нелепицу под названием «Принцесса Греза». И скучно, и грустно... Ну что, Федор, мне пора, с половины четвертого до половины пятого я занимаюсь с Плотниковым, а потом вместе обедаем.

— Да и мне уже пора на поезд. До встречи в Москве. А может, все-таки надумаете снять где-нибудь поблизости дачу? Вот было бы здорово.

Друзья на этом расстались. Попытки Собинова и его друзей снять дачу поблизости от Генуи не увенчались успехом, все оказались заняты. Сняли дачу в Виареджо, это было далеко от дачи Шаляпина. Так что они увиделись только в Москве, когда начались театральные будни.

Осень и всю зиму Шаляпин готовился к поездке в Милан.

И вот наконец-то Шаляпин на пути в Милан... Казалось бы, долгая и нудная дорога в трясущихся вагонах, а какое наслаждение испытывал он, оставаясь в одиночестве: теперь-то и можно было спокойно подумать, поразмышлять о жизни, бурной, торопливой, полной неожиданностей... Прав, видно, Мамонтов, в разговоре со Шкафером сказавший, что наступит время, когда нужно подвести итоги, хоть какие-то, предварительные, что ли... Савва Иванович подводил их в камере, а он, Шаляпин, чаще всего подводил их во время гастрольных поездок... Дорога словно бы освобождает его от всех привычных пут, семейных, дружеских, и он свободно может предаваться своим размышлениям... А потом, здесь, в вагоне, его никто не знает, не пристают с расспросами, можно полежать, можно выпить стаканчик хорошего вина в ресторане, почитать какую-нибудь легкую книжонку... Правда, иной раз что-то спросит Иола Игнатьевна, пожелавшая разделить с ним тяготы этой первой гастрольной поездки, но она совсем ему не мешает, полностью поглощенная ожиданием ребенка, которому предстоит родиться в Италии. Ах, дорога, как ты прекрасна, когда ты молод и полон сил и надежд.

Невольно Шаляпин посматривал в окно, было хмуро, изредка проглядывавшее солнце тут же скрывалось за быстро бегущими тучами... Середина февраля, еще зима, но бывали и теплые дни, когда под ногами хлюпали лужи, а потом снова схватывал все вокруг морозец... В Италии-то, видно, гораздо теплее, но кто знает... Всякое говорили ему о климате Милана, и в феврале может быть холодно, все-таки север Италии...

Сезон в России, можно сказать, закончился успешно. Чаще всего он исполнял привычные партии с неизменным успехом. «Жизнь за царя», «Русалка», «Фауст», «Князь Игорь», «Лакме»... Лишь две новые партии он исполнил в Большом театре за весь сезон: в ноябре прошлого года сыграл Бирона в «Ледяном доме» Корещенко, а совсем недавно, в начале текущего года, — роль Галеофы на премьере «Анджело» Цезаря Кюи... Так что у него было время для подготовки главного своего выступления в этом году... И не только он сам все время думал о поездке в Милан, готовясь, как обычно всесторонне, к этому своему выступлению, выучил всю оперу целиком, знал не только свою партию, но и все другие. Множество друзей и поклонников его таланта были озабочены поездкой и первыми столь серьезными выступлениями за границей, да еще в таком театре, как «Ла Скала»... «Какая жалость, — думал Шаляпин, — что не поддержали мои друзья мою заветную мысль сыграть Мефистофеля голым. У этого отвлеченного образа должна быть какая-то особенная пластика, черт в костюме — не настоящий черт. В «Фаусте» Гуно — совсем другое дело, там он уже очеловечен, а здесь-то, ну хотя бы в прологе, происходит внеземная борьба могучих сил, зачем тут традиционная одежда, просто смешно... Тут нужны какие-то особенные линии. Но все, наоборот, смеялись над моей затеей: как ты выйдешь голым на сцену, чтоб это не шокировало публику?.. Признаться, действительно с публикой нужно считаться, для нее ведь играем... Головин сделал несколько рисунков, хотя и он не дал мне голого Мефистофеля. Ну ладно, пролог я сыграю оголенным от плеч до пояса, нарушу традицию, но ведь это полумера, я вижу совсем другого Мефистофеля, это какая-то железная фигура, что-то металлическое, могучее. Нет, не получится такой, каким я его вижу... Строй спектакля, ряд отдельных сцен, быстро сменяющих одна другую, непременные антракты все равно не дают и не дадут такого целостного впечатления о Мефистофеле, каким я бы мог сыграть его полуголым, а шабаш на Брокене, вот где есть возможность развернуться, блеснуть новизной. Но вряд ли дадут, если уж у нас засомневались, то в Милане и подавно... Придется уступить необходимости, пусть Мефистофель будет таким, каким его изображают все, лишь бы не провалиться... Вот что сейчас главное... Конечно, некоторые изменения в костюме будут, но разве это может меня сейчас удовлетворить...»

Шаляпин ехал в Милан без особой уверенности в успехе. Конечно, он живо представлял себе своего Мефистофеля, знал роль наизусть, чувствовал все ее особенности и нюансы. И это укрепляло его веру в успех, но он знал, во всяком случае, много слышал, о беспощадной итальянской публике, которая не раз уже свергала оперных кумиров. А тут явится перед нею русский неизвестный ей артист... Только всегда побеждало чувство радости, его непобедимое желание творить.

Первые дни в Милане прошли для Шаляпиных благополучно. Федор Иванович зашел к директору, представился, получил от него указание быть на следующий день в театре, так как репетиция уже началась. Но потом становилось все тревожнее...

Поразил его театр. Конечно, он знал, что это самый большой и самый знаменитый театр в Европе, но не ожидал увидеть такой огромный и величественный. «...Я буквально ахнул от изумления, увидав, как глубока сцена. Кто-то хлопнул ладонями, показывая мне резонанс, — звук поплыл широкой, густою волной, так легко, гармонично», — вспоминал Шаляпин.

Началась репетиция... «Господи, как я буду в этом колоссальном театре, на чужом языке, с чужими людьми?» — невольно думал Шаляпин, разглядывая молодого дирижера Артуро Тосканини, о котором он еще ничего не слышал, Энрико Карузо, который, как и все, пел вполголоса. «Ну раз у них так принято, то и буду петь вполголоса, неловко как-то петь полным голосом, когда никто не поет так. А уж дирижер-то больно свиреп, уж очень скуп на слова, не улыбается вовсе, поправляет певцов сурово и очень кратко. Пойму ли я его, когда дело дойдет до меня? Но, кажется, этот человек знает свое дело и не потерпит возражений... Такой же, как Направник. Да и небольшой такой же и хмурый... А вот и до меня дошла очередь...» И вполголоса включился в репетицию.

Дирижер бесцеремонно постучал палочкой. Все недоуменно поглядывали на Тосканини.

— Синьор Шаляпин? — хрипло проговорил дирижер. — Вы так и намерены петь оперу, как поете ее теперь?

— Нет, конечно! — смутился Шаляпин.

— Но, видите ли, дорогой синьор, я не имел чести быть в России и слышать вас там, я не знаю вашего голоса. Так вы будьте любезны петь как на спектакле! — гораздо мягче произнес Тосканини.

— Хорошо! — согласился Шаляпин.

Репетиция продолжалась. Шаляпин пел полным голосом. Тосканини часто останавливал певцов, таким же хриплым и суровым голосом поправлял их, но никаких замечаний в адрес Шаляпина не сделал. «Что это? Просто меня не замечает, что ли?.. Как это понять?» — встревоженно думал Шаляпин, возвращаясь после репетиции к себе.

На следующий день репетицию начали с пролога, где Шаляпин пел один и, конечно, полным голосом. Тосканини ему аккомпанировал... В прекрасной комнате, украшенной старинными портретами великих и знаменитых музыкантов, великолепно звучал прекрасный голос русского артиста, покоривший всех собравшихся здесь.

— Браво! — не выдержал маэстро Тосканини.

«Ну вот и этого сухаря разобрало», — обрадованно подумал Шаляпин. Но репетиция продолжалась, и Шаляпин продолжал петь полным голосом, чувствуя, что с каждым мгновением он завоевывает сердца не только участников спектакля, но и тех, кто обслуживает театр, рабочих сцены, гримеров, кассиров...

После репетиции Шаляпина проводили к директору, который ласково сказал ему, что он понравился дирижеру и что в ближайшее время начнутся репетиции на сцене, с хором и оркестром, так что пора примерить костюмы, чтобы подогнать их, если понадобится. Шаляпин успокоил любезного директора, сказав, что он привез свои костюмы.

— В прологе я думаю изобразить Мефистофеля полу-голым...

— Как? — испуганно спросил синьор Казацца.

— Мне трудно себе представить Мефистофеля в пиджаке и брюках... Вот я и мои друзья-художники придумали такую хламиду, которая еле-еле скрывает тело Мефистофеля, оставляя открытыми грудь, руки, чуть-чуть ноги... Вы не пугайтесь, все получится здорово, — пытался успокоить директора Шаляпин. Но кажется, безуспешно.

— У нас, видите ли, существует известная традиция. Мне хотелось бы увидеть ваши костюмы. Публика у нас капризная. Вряд ли ваши костюмы подойдут нам. Все надо внимательно посмотреть.

Шаляпин еще раз попытался объяснить свое понимание образа Мефистофеля и свои принципы воплощения его на сцене, но чувствовал, что перепугал любезного директора своими предложениями и суждениями.

Еще большее разочарование испытывал Шаляпин во время репетиций мизансцен. Артуро Тосканини заведовал и сценой и показывал Шаляпину, как он должен играть в том или ином эпизоде. Шаляпин с грустью смотрел на него и вспоминал все приемы провинциальных трагиков, с которыми он был знаком и которые он давно отбросил как театральный штамп. «И почему он должен учить меня, где и как встать или сесть... Господи! Как грустно смотреть на него, такого замечательного дирижера, когда он по-наполеоновски складывает руки на груди или завинчивает одну свою ногу вокруг другой этаким штопором и считает, что эти позы — настоящие дьявольские позы... Такие же и у нас учителя сцены, Палечек например... И совершенно убеждены в том, что только так и надо играть, как они показывают... Публике все сразу становится ясным... Вот что для них важно...»

— Спасибо, маэстро! — благодарил Шаляпин. — Я запомнил все ваши указания, вы не беспокойтесь! Но позвольте мне на генеральной репетиции играть по-своему, как мне рисуется эта роль!

Что-то послышалось в его голосе такое, что маэстро Тосканини, внимательно поглядев на него, тут же согласился:

— Хорошо!

Шаляпин уже с большим уважением относился к Артуро Тосканини, присутствовал на спектаклях «Любовный напиток» и «Царица Савская» под его управлением и понимал, что это превосходный музыкант, глубоко переживающий и тонко чувствующий исполняемого композитора. Но играли в «Ла Скала» примерно так, как показывал ему Артуро Тосканини, самый одаренный из музыкантов-дирижеров: с ложным пафосом и аффектацией.

Приближалась генеральная репетиция... И чем ближе день спектакля, тем тревожнее становилось на душе. Оказывается, чуть ли не весь театральный Милан осудил дирекцию «Ла Скала» за приглашение русского артиста на роль Мефистофеля, особенно негодовали в знаменитой Галерее, где собирались оперные артисты, журналисты всех пятнадцати театральных газет, представители двадцати театральных агентств. Это был настоящий рынок, на котором совершались и сделки, и обсуждения последних театральных новостей. А главная новость — Шаляпин...

Федор Иванович, прогуливаясь по Галерее, уже не раз сталкивался с любопытными взглядами завсегдатаев, некоторые смотрели на него так, что у Шаляпина внутри холодело. Ничего хорошего эти взгляды не предвещали. А тут еще как-то подошедший Влас Дорошевич увел его в кафе, тоже набитое театральным людом, рассказывал ему о волнениях в театральном мире Милана.

— А что их беспокоит? Никак не пойму, Влас Михайлович, — удивился Шаляпин. — У каждого свои роли...

— А, Федор Иванович, будто вы не знаете этот народ... Завидуют, всех потрясло то, что из России выписали баса, да еще по тысяче пятьсот франков за спектакль... Вот все с ума и посходили... Да вы послушайте, что здесь говорят, итальянцы не умеют скрывать своих чувств... Прислушайтесь, только не обращайте на них внимания, а то совсем разойдутся.

За столиками, конечно, пили вино и возбужденно старались перекричать друг друга. Наконец Шаляпин услышал и свое имя.

— ...Десять лет не ставили «Мефистофеля». Десять лет, — горько рокотал бас, — потому что не было настоящего исполнителя. И вдруг Мефистофеля выписывают из Москвы, какого-то Шаляпина. Да что у нас, своих Мефистофелей нет? Вся Галерея полна Мефистофелями. Срам для всех Мефистофелей, срам для всей Италии...

«Срам», «стыдно», «позор» — эти словечки чаще всего употреблялись в кафе. И все вокруг постановки «Мефистофеля»...

— Это безобразие! Ведь это все равно что в Россию ввозить пшеницу.

— Он будет освистан! — предрекал бас с лихо закрученными усами.

— Шаляпин не дурак, он заплатит из своих пятнадцати тысяч клаке. Господин Мартинетти насаждает клакеров.

— Надо освистать и дирекцию!

— И Бойто! Зачем позволил это!

Шаляпин тронул руку Дорошевича, кивнул на дверь: больше он не мог слушать подгулявших артистов.

И в Галерее обсуждали все те же вопросы. До Шаляпина доносилось его имя, упоминался и господин Мартинетти, всесильный шеф миланской клаки.

— Да, клака здесь всесильна, — сказал Дорошевич, хорошо знавший нравы этих театральных паразитов, прозванных «негодяями в желтых перчатках». — У вас они еще не были?

— Нет! Я их выброшу с порога! — твердо сказал Шаляпин.

— К каждому неизвестному здесь артисту является «джентльмен в желтых перчатках» и диктует условия, которые, дескать, обеспечат ему успех. А нет — свистки, крики, бурные аплодисменты во время самой выигрышной арии, и таким образом срывают спектакль.

— Да, что-то слышал, но... Сюда я ехал как в храм искусства, с таким чувством, с каким верующий идет причащаться. А тут вон оно что творится. Благодарю, что просветили. Я им такую устрою встречу, век будут помнить Федора Шаляпина.

Федор Иванович, по обыкновению своему, храбрился, и для этого у него были все основания: театр он завоевал, все, кто слушал его и видел на репетициях, поняли, что приехал к ним действительно незаурядный оперный артист... Но эти театральные паразиты все могут испортить. Невольные опасения закрадывались в душу.

И как только он вошел в квартиру, жена, теща и другие его родственники, взявшиеся опекать его в Италии, перебивая друг друга, сообщили ему, что приходил «джентльмен в желтых перчатках» и обещал ему сделать успех на определенных условиях, которые лучше всего принять, если он не желает скандала.

— Нужно только заплатить четыре тысячи франков и дать им несколько десятков билетов, — наконец подвела итог семейного разбора теща Джузеппина Торнаги и на протестующий жест зятя добавила: — Надо соглашаться, Федор. Они будут аплодировать на первом представлении, когда обычно собирается самая богатая и знатная публика, а поэтому и самая холодная.

— Вы гоните их в шею, как только они придут, — сказал Шаляпин и ушел к себе в комнату.

Визит «джентльмена в желтых перчатках» встревожил его, но он все еще надеялся, что они не осмелятся прийти во второй раз. «Работаешь-работаешь в поте лица, по две репетиции в день, утром и вечером, почти тридцать репетиций уже позади, и на каждой ты обязан полностью показать, на что ты способен, а тут суют каплю грязного яда в мою душу... Ух, проклятые, не на того напали, вы еще не знаете, кто приехал к вам... И этим все сказано...»

На следующий день Шаляпин встал поздно: перед генеральной репетицией дали отдохнуть. Но спал он плохо. Поднялся в плохом настроении. А тут еще жена объявила, что снова приходили вчерашние «джентльмены», она им передала слова Федора Ивановича. И они заявили, что синьор Шаляпин пожалеет о своем отказе иметь с ними дело.

Оскорбленный Шаляпин бросился в дирекцию «Ла Скала» и высказал все, что он думал по этому поводу. Но директор ничуть не удивился визитам «джентльменов», для него это дело было привычным... И как мог успокоил разъяренного артиста.

Приближался день спектакля. Нервы были напряжены, хотя генеральная прошла успешно. Все тот же Влас Дорошевич, проникший всеми правдами и неправдами на репетицию, был в восторге от увиденного и услышанного и не скрывал своих впечатлений ни в артистическом кафе, ни в Галерее, ни в редакциях газет, куда он постоянно заходил к коллегам. И повсюду обсуждался, в сущности, один и тот же вопрос: что сделает Мартинетти с этим отважным русским, который отказался платить дань клаке? «Да он ведь согрет его в порошок», «Мартинетти не простит», «Нет, этот Шаляпин просто сумасшедший». Другие возражали и радовались, что наконец-то нашелся артист, который ответил негодяям так, как давно пора отвечать... «Молодчина!», «Вот это ответ, достойный артиста!», «Довольно, на самом деле, пресмыкаться перед этими «негодяями в желтых перчатках»!» — слышалось на Галерее и в кафе.

О скандале и о «беспримерном ответе русского артиста» было напечатано сообщение даже в политической газете «Corriere della sera». «Да этого никогда не бывало! С тех пор, как Милан стоит!» — кричали в Галерее.

А самые доброжелательные, хоть и одобрительно отнеслись к резкому протесту Шаляпина против шантажа Мартинетти и его компании негодяев, все-таки просили Власа Дорошевича передать Шаляпину, чтобы он остерегался клаки:

— Вы знакомы с Шаляпиным. Ну так посоветуйте ему... Конечно, это очень благородно, что он делает. Но это... все-таки сумасшествие... Знаете, что ни страна, то свои обычаи. Вон Мадрид, например. Там в начале сезона прямо является представитель печати и представитель клаки. «Вы получаете семь тысяч франков в месяц? Да? Ну так тысячу из них вы будете ежемесячно платить прессе, а пятьсот — клаке». И платят. Во всякой стране свои обычаи. Нарушать их безнаказанно нельзя. Пусть помирится и сойдется с Мартинетти! Мы, бедные артисты, от всех зависим.

Влас Михайлович пытался возражать, ссылаясь все-таки на публику, на зрителя как на главное лицо, определяющее успех спектакля.

— А! — пренебрежительно отвечали ему. — Что вы хотите от публики? Публика первых представлений! Публика холодная! К тому же она разозлена. Вы знаете, какие цены на места! В семь раз выше обыкновенных! Весь партер по тридцать пять франков. Это в кассе, а у барышников? Что-то необыкновенное. Ну к тому же вы понимаете... национальное чувство задето... Все итальянцы ездили в Россию, а тут вдруг русский, и по неслыханной цене.

— А ваше национальное чувство ничуть не ущемлено. Вы все должны знать, что он женат на итальянской балерине Иоле Торнаги, у него уже двое детей, — увещевал Дорошевич, чувствуя, что скандал ничуть не утихает, а, наоборот, грозит принять непредсказуемые размеры. И потому пытался со своей стороны как-то помочь Шаляпину.

— О, Иола Торнаги, мы помним ее совсем юной! Мы помним даже Джузеппину Торнаги, — говорили старожилы Галереи. — Но все-таки посоветуйте Шаляпину, чтобы он сошелся с Мартинетти. Все участники спектакля уже дали билеты, кто сорок, кто сорок пять. Такова уж у нас традиция. Один человек, да еще иностранец, не может ее изменить.

— Нет! — твердо говорил Дорошевич. — Если я ему посоветую, он разругается и со мной. Да он вам понравится, это великий артист. Я спрашивал даже у ваших хористов...

— Ну а что говорят хористы? Хористы — что?

Дорошевич медлил с ответом, прекрасно понимая, какое значение придают на Галерее суждениям хористов.

— Все в один голос говорят...

— Что говорят? — нетерпеливо допытывались на Галерее, хотя и сами давно уже расспрашивали их.

— Хористы говорят, что это великий артист, — приканчивал любопытных Влас Михайлович.

— Вот и надо сделать так, чтобы он не погиб у нас. Если он не помирится с клакой, то она ему такое устроит... Будет ужасный скандал! Вы этого добиваетесь?

Нет, Влас Дорошевич вовсе не хотел присутствовать на провале выдающегося русского артиста, но прекрасно понимал, что Федор Шаляпин не нуждается в том, чтобы ему «делали успех». И разве он виноват в том, что цены на билеты высокие. Так уж решила дирекция...

11 марта, за несколько дней до премьеры, Шаляпин получил письмо от Мартинетти:

«Досточтимый господин Шаляпин! Прочтя в одной из вчерашних газет резкую статью, направленную против миланской клаки, где говорится, что Вашу супругу испугали какие-то типы, которых газета называет шантажистами, и зная о том, что статья эта заключает в себе неправду, что может подтвердить и Ваша глубокоуважаемая супруга и мать, с которыми мы имели беседу и которые приняли нас любезно, мы позволяем себе обратиться к Вам с этим письмом. Мы вели себя с Вашей супругой как джентльмены и сообщили ей сведения о театре, которые ее интересовали. Мы предложили ей самым вежливым образом и без каких-либо оскорблений наши услуги. Беседа наша касалась рекламы.

По этому вопросу мы просим Вас, будучи наслышаны о Вашей любезности, опровергнуть статью в газете, поскольку Вы сами знаете, что мы вели себя вежливо и благопристойно, отвечая на все вопросы, заданные нам госпожами. И мы никак не навязывались ни словами, ни угрозами, как о том пишет газета.

Возможно, господин Шаляпин, Вы и не были инициатором этой статьи, но статью написали те господа, которые нам хотят навредить и в то же время хотели бы воспользоваться Вашей любезностью и неопытностью... Мы, со своей стороны, будем способствовать тем не менее Вашему блестящему успеху без какого-либо вознаграждения, видя в Вас великого артиста, как нам то было сказано. Если после того, что Вы узнаете о нас, Вы сочтете возможным дать нам несколько билетов, то мы заплатим за них Вам в день выступления. Если бы Вы были так любезны и прислали бы нам короткий ответ на это письмо, мы были бы Вам весьма признательны.

P.S. Доверяя Вашей любезности, мы просим Вас сохранить в тайне все происшедшее, поскольку мы вели себя как джентльмены и всегда готовы исполнить почтительнейшим образом Ваши приказания».

Получив это письмо, Шаляпин чуть-чуть успокоился, понимая, что Мартинетти и Ко тоже не хочет и даже побаивается скандала. А вдруг этот скандал уронит их влияние в глазах артистов? Они пришли договариваться о рекламе, и только...

Глава четвертая

«ЗАПИШЕМ ЭТУ ДАТУ ЗОЛОТЫМИ БУКВАМИ»

16 марта 1901 года Влас Дорошевич загодя занял свое место в самом большом театре мира. Ему ли, опытному театралу, не знать, что произойдет в этот день нечто небывалое. Он был на генеральной, а тут еще разразился скандал, который подогрел и без того горячую публику. Театр будет битком набит.

Публика неторопливо собиралась, но по всему чувствовалось, что сегодня здесь нет обычной холодной публики первых представлений, все на ходу о чем-то говорили, спорили, неожиданно останавливаясь, мешая следующим за ними спокойно идти к своим местам. А когда им делали замечание, то поражались, волновались: почему спешат люди и почему не могут понять, что как раз в это время им пришла в голову потрясающая мысль, которой хочется тут же поделиться?

«Чудесный народ, никто из них не знает, что такое скрывать свои чувства, сдерживать свои страсти. Что придет в голову, тут же узнают все... — думал Дорошевич, глядя на красивых женщин, увешанных бриллиантами. — Никогда не думал, что Милан такой богатый город... Кажется, все, что есть в Милане знатного, богатого и знаменитого, явилось сюда продемонстрировать целые россыпи бриллиантов и великолепные туалеты...»

Влас Михайлович водил глазами по шести ярусам лож и поражался оригинальной отделке каждой из них: владелец ложи имел право отделывать ее по своему вкусу.

Но время неумолимо... Колоссальный оркестр словно застыл при виде занимающего свое место бледного маэстро Тосканини. По всему чувствуется, все возбуждены, взволнованы. Взмах маэстро — и тихо запели трубы. Поднялся занавес, а возникшее чувство благоговения с каждым звуком все укреплялось в душе.

Оно и понятно: ведь и оркестр и хор поют славу Всемогущему Творцу... Но благостное настроение вдруг круто изменилось: то мрачные ноты фаготов резко ударили по сердцу, и Влас Михайлович увидел, как в это мгновение на фоне ясного темно-голубого неба, среди звезд, появилась странная фигура. Ужас приковал к этой фигуре все взгляды собравшихся. «Господи! Только в кошмаре видишь такие зловещие фигуры, — пронеслось в сознании Дорошевича. — Будто огромная черная запятая на голубом небе. Что-то уродливое, с резкими очертаниями, к тому же еще и шевелится... Вот оно поистине блажное детище Хаоса...»

Скованные ужасом при виде этой фигуры Мефистофеля зрители были потрясены первыми же словами, брошенными Всемогущему:

— Ave, Signor!

Великолепным голосом Мефистофель дерзко бросал насмешливые слова Всемогущему... Ирония, сарказм по адресу Всемогущего повергали в трепет религиозных итальянцев. И вдруг Мефистофель дерзко взмахнул своим черным покрывалом, и обнажились его великолепно гримированные голые руки и наполовину обнаженная грудь. Дорошевич был потрясен: ведь он же все видел на генеральной, казалось бы, ему все это знакомо, но почему же как будто видит он впервые и эти руки, и эту грудь — костлявые, мускулистые, могучие?..

«Решительно, из Шаляпина вышел бы замечательный художник, если б он не был удивительным артистом, — думал Влас Михайлович, — он не только поет, играет — он рисует, он лепит на сцене. Эта зловещая голая фигура, завернутая в черное покрывало, гипнотизирует и давит зрителя».

Но Влас Михайлович тут же почувствовал, что ошибался, услышав, как в партере шептались между собой:

— Ха-ха-ха! Сразу видно, что русский! Голый! Из бани?

«Нет, не всех Шаляпин давит и гипнотизирует... Какие-нибудь незадачливые Мефистофели шипят... Но это уже шипение раздавленных. Пусть только скажут вслух, их разорвут на части, и они это хорошо понимают, ишь притаились... Хихикают, шипят...» Лишь на мгновение отвлекся Дорошевич, ему до всего здесь дело, он должен все увидеть, все подметить, он завтра же сядет писать отчет о сегодняшнем спектакле, и снова взгляд его был прикован к сцене, где заканчивался пролог.

— Мне неприятны эти ангелочки! Они жужжат, словно пчелы в улье! — продолжал Мефистофель — Шаляпин на сцене. И вдруг, взмахнув своей черной хламидой, словно отбиваясь от пчелиного роя, в самом деле напавшего на него, скрылся в облаках.

И, словно обвал в горах, обрушились в театре аплодисменты. Нигде Дорошевич не слышал такого грома рукоплесканий. Сверху донизу восторженная публика аплодировала русскому артисту, хотя на сцене продолжалось пение хора, играл оркестр, но все это не волновало восторженных итальянцев.

— Браво, Шаляпин! — на все голоса раздавалось в партере, в ложах, конечно по-итальянски.

Тосканини вовремя понял, что он должен прервать пролог. Публика не даст ему завершить его, пока не увидит Мефистофеля на авансцене. И произошло небывалое: Мефистофель вышел на авансцену и раскланивался, а публика еще громче взорвалась аплодисментами.

«Бог ты мой! Как беснуется эта публика первых представлений, которую обозвали холодной... Что наши тощие и жалкие вопли шаляпинисток перед этой бурей, перед этим ураганом восторженной, пришедшей в экстаз итальянской толпы! Где увидишь такое зрелище: партер ревет, в ложах все повскакивали с мест и кричат, вопят, машут платками... Да, можно было ждать успеха, но такого восторга, такой овации... А на авансцене — смущенно улыбается русский двадцативосьмилетний артист, о котором вчера еще распространялось столько злобных небылиц... Ах, какой восторг для русского искусства! Какой праздник!» — открыто улыбался Дорошевич, хлопая вместе со всеми...

Наконец буря смолкла. Тосканини вновь взмахнул своей палочкой, и пение хора продолжалось... Последние могучие аккорды пролога потонули во вновь обрушившихся аплодисментах.

— Браво, браво, Шаляпин! — Этим восторженным крикам, казалось, не будет конца.

В антракте Дорошевич видел радостные улыбки, словно на великом празднике, счастливые лица оживленно разговаривающих и жестикулирующих итальянцев. Все, конечно, только и говорили о русском артисте, который так неожиданно доставил им этот праздник. Дорошевич понимал, что в каждом итальянце столько прирожденной музыкальности и столько заразительной увлеченности, что сейчас бесполезно к кому-либо подходить и отвлекать их от начавшегося разговора. Лишь один знакомый итальянский бас сам подошел к Дорошевичу и чуть ли не с упреком сказал:

— А вы говорили, что синьор Шаляпин никогда не пел Мефистофеля Бойто... Не могу в это поверить, вы уж простите меня... Скорее всего, он пел эту партию тысячу раз... Всякий жест, всякая нота выучены!

— Да уверяю вас, что Шаляпин никогда не пел бойтовского Мефистофеля! — обрадовался Дорошевич случайному собеседнику.

— Вы ошибаетесь! Вы ошибаетесь!

— Да уверяю вас, не пел никогда. Спросите у него самого!

— Он говорит неправду! Это неправда! Это неправда!

И столько отчаяния слышалось в голосе итальянского баса, что Дорошевичу даже стало жалко его.

«И вот ничто не может убедить его... Он думает, что все, что творил на сцене Шаляпин, можно затвердить постоянными упражнениями, простым заучиванием... Это был бы ученик, а тут гений», — думал Влас Михайлович, усаживаясь на свое место и наблюдая за итальянской публикой, которая никак не могла успокоиться.

Снова поднимается занавес, происходящее на сцене народное гуляние приковывает к себе внимание. Но зрители смотрят вовсе не на веселые и забавные массовые сцены, а на отделившиеся от толпы две фигуры: Фауста и следующего за ним Мефистофеля. Ни звука не произносит Шаляпин, но внимание устремлено только на него. Небольшой Карузо и высокий Шаляпин — как великолепно контрастировали они во всем... Задумчивый и благостный ученый, проникший во многие земные тайны, но так и не постигший основы человеческого бытия, и «блажное детище Хаоса», познавший все, «частица силы той, которая, стремясь ко злу, творит одно добро», страшный, зловещий... В каждом жесте его — отвратительная злоба дьявола, уверенного в том, что он утянет своими сетями этого простодушного ученого...

Директор и все служащие театра, артисты, хористы и весь театральный люд на улицах, в Галерее приняли его как своего. Миланские газеты восторженно отозвались на первые его выступления в театре. Одна из них 23 марта сообщала: «Запишем эту дату золотыми буквами: в субботний вечер 16 марта 1901 года, после пятнадцати лет забвения... на сцене театра «Ла Скала» вновь появился Мефистофель Бойто — этот все отрицающий дух, этот сын мрака... Великое философское создание Гете не могло найти более прекрасного и торжественного эха гармонии, которое мы слышим во всегда торжествующей опере Бойто... Новым для «Ла Скала» и для всей Италии был русский бас Шаляпин, игравший нелегкую роль Мефистофеля. Любопытство, которое возбуждал этот артист, было велико, и неизвестно, чего было больше в этом интересе — ожидания или легкого недоверия... Шаляпин победил нас прежде всего своим гримом, потом очаровал нас своей блестящей и в то же время непринужденной игрой и, наконец, своим пением. Как и Карелла, и Карузо, он удостоился многих аплодисментов, особенно после баллады первого акта. Посмотрите, как в прологе вскрывается сущность дьявола в его борьбе с Богом, хотя персонаж обрисован артистом весьма скупыми средствами, в том числе умелой драпировкой широкого плаща. Потом мы видим артиста в костюме кавалера, в котором он предстает перед Фаустом и остается так в течение всей оперы. В его лице уже нет резко выраженных сатанинских черт, какие мы видели в прологе, но под свойственной Мефистофелю иронической ухмылкой скрывается его дьявольская сущность...» В другой газете обрисован портрет Шаляпина: «...Господин Шаляпин, который со столь заслуженным успехом исполнил главную роль в опере Бойто «Мефистофель», представляет собой молодого человека высокого роста, безбородого, розовощекого, несколько полноватого, с каштаново-белокурыми волосами...»

Но самое сладостное, что приятно холодило душу, — это надпись против всех спектаклей, в которых он принимал участие: «Все билеты проданы».

И еще одна радостная весть: 23 марта родилась дочь Лидия.

27 февраля 1901 года Шаляпин писал из Милана И.К. Альтани: «Под сиреневым небом Италии с удовольствием вспоминаю мою ледяную Россию и пью здоровье моих друзей. За Ваше здоровье, дорогой Ипполит Карлович!!! Усиленно репетируем Мефистофеля. Слава богу, все идет хорошо. И я здесь пришелся, кажется, по душе. 2-го или 3 марта пою пер-

вый спектакль. Целую Вас крепко и шлю привет всем, кто помнит обо мне. В апреле приеду. Низкий поклон оркестру. Слышал здесь три оперы: «Любовный напиток», «Тристана» и «Савскую царицу». Первые две идут очень хорошо...»

«Милый Володя! — писал Шаляпин 19 марта 1901 года своему приятелю В.А. Тихонову. — Слава Богу, сражение выиграно блестяще. Имею колоссальный успех... Итальянские артисты были и есть злы на меня за то, что я русский, но я им натянул порядочный нос. На первом спектакле и на генеральной был Дорошевич, я думаю, что он что-нибудь напишет в газетах. Насчет башмаков я устроил, боюсь только, что в России возьмут пошлину. Обнимаю тебя, дорогой мой друг.

Всегда твой *Федор Шаляпин*».

ЧАСТЬ ПЯТАЯ

БЫТЬ САМИМ СОБОЙ

Глава первая

БОЛЕЗНЬ

В начале января 1903 года по России разлетелась печальная весть: у Федора Шаляпина — горловая жаба, а попросту говоря, нарывы в горле. Все спектакли с его участием отменены или произведены замены. Две операции пришлось выдержать Федору Ивановичу. Операции, по словам врачей, прошли успешно, и есть полная надежда на выздоровление. Но всем было ясно, что петь в этом месяце он не сможет.

Не раз врачи убеждали его беречь горло — горловая жаба чаще всего возникает от переутомления, от неумеренного использования своего голоса. И как всегда, врачи и на этот раз оказались правы... Голос — это его единственное достояние, без него он сразу перестанет быть ШАЛЯПИНЫМ.

Действительно, ведь никому не отказывал; а просьбы петь, словно осенние листья, падают на его голову каждый день... И сколько приходится петь просто так — в дружеских компаниях. Не только когда просят, но и самому иной раз так хочется выплеснуть радость или грусть, копившиеся на душе. Так вот и нажил горловую жабу. Хорошо, что все благополучно кончилось. Но так говорят врачи, они обязаны успокаивать, а если... И мрачные мысли, одна тяжелее другой, давили на сердце.

Шаляпин сидел дома, никого не принимал, ссылаясь на нездоровье, бродил по дому, закутанный в халат, перелистывал книги, журналы, но порой просто не знал, что делать. Он отвык от одиночества. Да и не любил его, хотя и впрямь переутомился. И дело не только в том, что много пел. Слишком большая возникала толчея вокруг него. Стоит куда-то войти, как тут же он оказывался в центре внимания, начинались расспросы, шутки, этакое балагурство. Каждый даже пустяковым вопросом или словцом пытался обратить на себя его взгляд... Нельзя и не обратить, ведь все эти люди — обычно его знакомые или добрые друзья. Как тут быть...

Федор Иванович невольно перебирал в памяти все, что было с ним совсем недавно... А то мысль его убегала в далекое прошлое, и оживали давние картины его бытия. В здоровой жизни такого не бывает — просто некогда, повседневность, ежеминутные дела захлестывают буквально все остальное, и некогда вот так, спокойно, унестись и перебрать его, как антикварные товары в лавке, с любовью или отвращением, а может быть, и безразличием...

Во время этого невольного безделья странные мысли стали беспокоить его. Уж не становится ли он этаким яблоком раздора? Он же не Прекрасная Елена, из-за которой, как гласят предания, вспыхнула Троянская война! Ну вот, вроде бы мелочи... Недавний концерт, где он декламировал Манфреда. Готовился концерт, конечно, долго. Слух об этой работе разошелся, как всегда, далеко и широко. Александр Ильич Зилоти — прекрасный музыкант и организатор — много сделал для того, чтобы «Манфред» появился на людях, прислал ценной посылкой экземпляр «Манфреда», много добавил в монологах Манфреда, и получилась действительно «громадная и благодарная партия», вспомнил Шаляпин слова записки Зилоти, которую он вложил в посылку. Сделал все, даже «вклеил всю музыку», так что садись за работу — перед ним была полная картина всей вещи. То есть все сделал так, что ни о каком отступлении не могло быть и речи. Да как бы мимоходом ввернул комплимент, назвав его «великолепным светилом». Все это ерунда, к похвалам он привык, уже не греют душу, как раньше. Вроде бы все хорошо, чудесные отношения сложились между ними. Но вот даже этот замечательный человек непременно хочет владеть им как бы единолично. Вдогонку ценной посылке и комплиментам посылает свои указания: «Сафонов усиленно изучает «Манфреда» Шумана... Значит, он будет стараться устроить так, чтобы ты повторил у него «Манфреда» в пользу Фонда». И если б Василий Ильич Сафонов, директор Московской консерватории, профессор, чудный человек, с которым он, Федор Шаляпин, подружился, попросил повторить «Манфреда», он согласился бы. Ан нет... Зилоти категорически напоминает ему, что раз ты со мной заключил условие исполнять «Манфреда», то ты уже сидишь вроде бы как в капкане — не смей принимать самостоятельно никаких решений, воля твоя ограничена. Даже если Сафонов предложит и Зилоти дирижировать «Манфредом». Нет! На одной афише имена Зилоти и Сафонова соседствовать не могут... Вот как... И все это Зилоти написал как бы на всякий случай. Конечно, Сафонов не обратился с этим предложением. Пусть тешат свое самолюбие, но почему каждый считает возможным ограничивать свободу его действий, решений, желаний? Он уже не мальчик, чтобы крутиться волчком между сильными мира сего... Но сколько забот, совершенно лишних, обрушивается на него, каким крепким надо ему быть, а тут свалилось неожиданное несчастье. Горловая жаба... А если голос пропадет?

Вошла Иола Игнатьевна и, понимая его душевное состояние, молча подала ему письмо.

— От кого? — тихо просипел Федор Иванович.

— От твоих друзей писателей, — с улыбкой сказала она.

— И что же? Ты читала? — спросил Шаляпин, увидев вскрытое письмо.

— Нет, ты же знаешь, я никогда не читаю твоих писем, если ты не даешь их мне сам. Я просто открыла его, чтоб тебе не искать ножницы.

Федор Иванович ласково улыбнулся и посмотрел на жену, которая так и не научилась правильно выговаривать русские слова. Но акцент ее придавал ей еще большее очарование.

— Слушай... «Среда, 8 января 1903 года. Дорогой Федор Иванович! «Среда» собралась после долгого перерыва и узнала от Леонида Андреева о твоей болезни. И все мы, собравшиеся, шлем тебе от всей души пожелания скорейшего выздоровления. Садимся пить за твое здоровье. Н. Телешов, И. Белоусов. Пришли бы сами, если бы не боялись утомить. И. Бунин, С. Голоушев, Е. Голоушева. «Выпьем за человека!» Леонид».

Шаляпин помолчал. Иола выжидающе присела на стул.

— Какие все замечательные люди... Как всегда хорошо с ними.

— Особенно если они садятся пить за твое здоровье...

— Да разве дело в этом?! Приходишь туда как равный, не ниже, не выше... Ведь вот что я больше всего люблю... И никто ничего не просит. Вот недавно я получил записку от некогда блиставшего на сценах Александрийского и Малого театров Федора Петровича Горева, оказавшегося не у дел. Пожалуйста, пишет, похлопочи и не забудь старого льва... «Были когда-то и мы рысаками». Это Горев-то просит меня — похлопочи, надо брать сборы, дети разоряют. Это Горев, в игру которого я с жадностью всматривался, следил за каждым словом, жестом... У Горева я учился...

«Ему ж нельзя долго говорить... — беспокойно подумала Иола Игнатьевна. — Но как его остановишь? Увлекся!»

— ...как и у Савиной, Ермоловой, Федотовой, Варламова, Давыдова, Мамонта Дальского, Ленского... И вот такая просьба... Что происходит у нас с человеком, талантливейшим, если он так беззащитен... — И столько горечи послышалось в голосе Федора Ивановича, что Иола Игнатьевна тут же прервала его:

— Федор, тебе нельзя волноваться, успокойся, а я пойду, у меня еще пропасть дел.

Федор Иванович кивнул и снова погрузился в свои думы. Вынужденное безделье томило его. Он подходил к роялю, что-то выстукивал, отходил в досаде, что не может попробовать голос, ложился на диван, потом снова вставал и подходил к книжным полкам. Брал Библию, загадывал, открывая любую страницу, и читал загаданный абзац... Выходило все хорошо, слова библейские сулили ему душевное успокоение и радость. Если б дети были дома, не так мучительно переживал бы он свое одиночество: дети заболели скарлатиной, а он вот горловой жабой, будь она проклята.

Принесли газеты... Как обычно, просмотрел театральные новости. Конечно, писали и о том, что Шаляпин болен, никуда не выходит.

Пометавшись по квартире, заглянув в опустевшую детскую, где всегда было оживленно и весело, а сейчас темно и тускло, Федор Иванович вернулся в свой кабинет и подошел к окну. Люди спешили по своим делам — да и морозно было на улице. «Почему так нескладно устроен мир... Кажется, только вчера я был в добрых отношениях с Виктором Михайловичем Васнецовым, и вот возникли натянутые отношения, а в сущности, из-за пустяка: понравился мне его рисунок «Фарлаф», он тут же пообещал подарить его мне, а не подарил. Естественно, я обиделся, и он каким-то образом узнал о моих чувствах. Как это происходит? Тоже трудно понять... Но пусть, дело не в этом. И тогда я получаю письмецо от Виктора Михайловича, в котором он объясняет это «нелепое недоразумение», которое «втерлось в наши дружеские отношения». Оказывается, рисунок «Фарлаф» был приготовлен исключительно для меня и передан мне через Петрушу Мельникова, а тот не сделал этого немедленно, как следовало бы, чтобы избежать действительно нелепого недоразумения. Васнецов никакого недружелюбного чувства ко мне не испытывал, признается в любви к своему «славному и великому земляку», призывает обнять друг друга и поцеловаться со словами: «Христос воскресе!» и «Воистину воскрес!» Как же без этих слов — дело было на Пасху. Все это так, конфликт вроде бы улажен, недоразумение объяснилось... Но разве выкинешь из души те занозы, которые остались там после моей обиды... То, что я испытал хоть мгновение, уже не забудешь, даже если обида моя напрасна, зряшная обида, не вызванная реальными обстоятельствами... Эскиз костюма Фарлафа действительно для меня... Но ох как трудно живется. И почему непременно нужно было заболеть детям скарлатиной как раз тогда, когда мне особенно тяжело оставаться в одиночестве... Таков уж закон жизни — беда не приходит одна».

Шаляпин на столе увидел фотографию Чехова, который попросил Федора Ивановича прислать ему свои фотографии. А послал ли он? Нет, не помнит...

— Иолочка! — выглянул из кабинета Шаляпин. Иола Игнатьевна тут же пришла на его зов.

— Вот наткнулся на фотографию Чехова, бедный, его недуги замучили, не дают ему пожить в Москве, а ты отправила ему мою?

— Да, Федор, отправила еще до Нового года.

— А-а-а, ну хорошо, я уж испугался. Так хорошо он написал в своем письме — «да хранят Вас ангелы небесные!».

Иола Игнатьевна ушла к себе, а Федор Иванович успокоился — хорошо хоть Иолочка не забывает о таких вот важных мелочах... Он-то в такой круговерти мог бы и забыть, а Чехов, такой обаятельный и замечательный, имел бы все основания обидеться, как вот он, Шаляпин, обиделся на Васнецова, а оказывается — не за что: рисунок «Фарлафа» был для него предназначен. Так-то бывает...

Шло время, и 11 января 1903 года Федор Иванович писал П.П. Кознову:

«Милый Петруша! Наконец я ожил и в состоянии сесть за письменный стол, чтобы написать тебе мой привет от сердца и выразить мою искреннюю благодарность тебе и милой супружнице твоей, так сердечно отнесшимся к постигшему меня огорчению.

Если бы ты знал, с каким удовольствием я посидел бы с тобой у тебя или у меня и сразился в винтишку. Жаль, что эта окаянная скарлатина испортила вконец все дело. Жена моя и я не имеем положительно слов, чтобы выразить ту благодарность, которой стоишь ты и твоя славная супруга за моих милых детишек. Я так рад, что они у вас, я знаю, что им там очень хорошо. Однако скажу откровенно, что соскучился адски.

Передай также сердечное спасибо и Вере Дмитриевне. Спасибо это от меня и от Иолы, она так же, как и вы, милая и добрая, дай ей Бог здоровья.

Сегодня я счастлив был получить записку от детишек. Поцелуйте их за меня. Передай мой привет всем, а я тебя целую.

Твой *Федор Шаляпин*.

P.S. Пусть последним словом этой записки будет: СПАСИБО».

Шаляпин любил этого артиста из театра Незлобина за его открытый, человечный характер. Любил бывать в его доме, где славные отзывчивые хозяева всегда дружески встретят, вывалят целый короб новостей, накормят вкусно, а потом усадят за игорный стол, где можно вполне забыться за увлекательной игрой с добрыми друзьями и знакомыми. И так хорошо становится на душе, даже если и проигрываешь, деньги есть, теперь и проиграть не страшно, как было по дороге сюда, в Москву, несколько лет тому назад. Ох, когда это было...

Дело пошло на поправку, настроение Федора Ивановича улучшалось, жалко только, что фондовский концерт не состоялся: назначенный на 11 января концерт в Большом театре пришлось отменить из-за болезни, концерт благотворительный в пользу вдов и сирот артистов-музыкантов. Давно Василий Ильич Сафонов пытается устроить его, но вот и на этот раз незадача. Но кто ж мог предположить такую болезнь, все под Богом ходим. А скорее под царем... Еще прошлым летом Шаляпин получил записочку из Карлсбада, где лечился Сафонов, в которой и просил его принять участие в концерте. Конечно, он с удовольствием согласился, когда бы он ни был назначен, но уже и тогда предупреждал, что в сезоне он положительно зависит от контракта с дирекцией, который обязывает его по первому требованию уезжать в Петербург, это может случиться и в сентябре, и в январе, и в феврале... Это невозможно предусмотреть, потому что таковое требование, как говорил Теляковский, будет исходить от царя. Естественно, ему, Шаляпину, трудно не исполнить его. Он согласился петь, если будет свободен, а тут еще хуже оказалось — заболел.

И Шаляпин вспомнил лето на Рижском взморье и вновь пережил ужас неудовольствия: «Черт его знает, что было за лето, такое, что мы уже собрались строить «колчегу», прямо потоп да и только... Дождик хлестал как из ведра, прямо так же, как сказано в Священном Писании: первый день — сорок дней и сорок ночей, и третий день сорок дней и сорок ночей — просто ужас и к тому же кругом, куда ни подашься, все немцы и немцы. Есть среди них, конечно, хорошие ребята, но когда уж слишком много — это больно нудно...

Вот братья Блуменфельд... Что тут скажешь! Хорошие ребята и просто замечательные музыканты...»

Федор Иванович все чаще думал о театре. Он уже не так безрадостно подходил к роялю, голос начинал звучать, хотя пробовал он его не в полную силу. Даст Бог, все наладится. Да и на пользу, может, пошла ему эта болезнь: хоть побыл в кои-то веки в одиночестве, кое-что вспомнил, кое-что почитал...

Глава вторая

ВСТРЕЧА НОВОГО ГОДА

Все тревожнее становилось в мире, особенно на Дальнем Востоке. В газетах запестрели статьи о Японии, Китае, Корее... И как уж повелось в последние годы, разные газеты совершенно по-разному освещали одни и те же факты международной жизни. В одних — привычное шапкозакидательство, дескать, маленькая Япония не представляет никакой угрозы для гигантской России и ее интересов. В других — настороженность и предупреждения об опасности, что тут же подвергалось осмеянию в «ура-патриотической» прессе.

И самое тревожное в том, что никто всерьез не задумывался о грозящей опасности. Один из самых чутких писателей и журналистов того времени А.С. Суворин в октябре 1903 года записывал в своем «Дневнике»: «Мне грустно. Вчера я получил письмо из Петербурга. С Японией неладно. Алексеев телеграфировал в мин. иностр. дел, что он не допустит высадки японцев в устье Ялу, затем, на другой день, государю — как он смотрит на это дело. Мин. иностр. дел ответил ему, что государь в Европе, что телеграмма ему передана и что он настроен миролюбиво.

Японец ударил царя саблей по голове, когда он был наследником; японец и теперь бьет его по голове, а эта голова не весьма знает, что она должна делать и что может сделать. Он все ждет наследника и до этой «радости» ничего не делает.

Мне кажется, что не только я разваливаюсь, не только «Нов. Время» разваливается, но разваливается Россия. Витте истощил ее своей дерзостью финансовых реформ и налогами...»

Россия не заметила всевозрастающей мощи Японии. А ведь всего лишь восемь лет тому назад она одержала победу над Китаем и потребовала таких материальных и территориальных вознаграждений за эту победу, что Россия и Франция резко возразили против таких условий мирного договора. Англия поддержала Японию. Так завязались в крепкий узел противоречия сильных европейских и азиатских держав. В результате острых противоречий между Китаем и Японией из-за Маньчжурии Россия получила в аренду Квантунский полуостров с Порт-Артуром, за эти годы создала там военно-морскую базу. И на этом благодушно успокоилась. Япония, заключив договор с Англией, начала чуть ли не в открытую готовиться к войне. Ее могущество нарастало с каждым годом. Япония по-прежнему мечтала захватить Маньчжурию и Корею. Инциденты следовали за инцидентами. Всерьез запахло порохом.

В декабре 1903 года Япония предъявила России ультиматум, потребовав изменить политику на Дальнем Востоке. Началась дипломатическая игра, еще более усилившая тревогу в сердцах молодых людей, вовсе не жаждущих сражаться за свободу Маньчжурии. Во всяком случае, так понимало большинство России стремительно развивавшиеся события на Дальнем Востоке.

Однажды перед спектаклем Федор Шаляпин столкнулся со встревоженным Леонидом Собиновым.

— Все говорят, Федор, что надвигается война с Японией, которая наглеет и наглеет в своих требованиях. Как бы не призвали нас...

— Ничего страшного, Лёнка, все это очень проблематично, идет обычная игра, и вряд ли нас эта игра коснется. Тут другое меня беспокоит... Как дать укорот нашим чиновникам, которые совсем озверели в своей зависти к нам, артистам, которые дают им сборы. Ни на кого нельзя положиться...

Леонид Витальевич и сам уже не раз бывал жертвой низких интриг Конторы, а потому внимательно вслушивался в то, что говорит ему Шаляпин.

— Ну как же! Какие только нелепости не совершаются в нашем добром и дружном коллективе, черт бы их всех побрал. Представляешь, на прошлом спектакле «Мефистофеля», в котором ты тоже принимал участие, я попросил режиссера Павловского у себя в уборной поручить подать мне плащ во время сцены шабаша двум хористам...

— А-а-а, вспоминаю, что-то не получилось у тебя, ты был зверски раздосадован, но я так волнуюсь всегда, что ничего, кроме своих слов из партии и игры, не помню в этот момент.

— Ну вот, на Брокене я жду, а плаща не подают, как положено... Сам понимаешь, какое состояние. И с неожиданной стороны подают мне плащ две барышни с большим запозданием. Это испортило мне целую сцену; хорошо, что ты не заметил всего этого безобразия, а то тоже бы волновался, как я... Понятное дело, я взбесился, ведь именно я отвечаю перед публикой за художественное исполнение любой сцены, в которой я принимаю участие; ей, публике, нет дела до наших взаимоотношений и неурядиц. Ну, я и бросил сгоряча этим барышням нехорошее словечко: «Идиоты». Я ж имел в виду, конечно, режиссера Павловского и тех хористов, которым он поручил эту немудрую помощь артисту. А бедные барышни, оказывается, все приняли на свой счет, и с одной из них, как я узнал, произошел обморок.

— О господи! Страсти-то какие, а я и не слышал. Вообще я стараюсь как можно меньше общаться с нашими чиновниками из Конторы и коллегами по театру... Все эти мелкие дрязги мне уж надоели. Я больше связан с Малым театром. Ну и что? Какое было продолжение этой истории?

— Естественно, как только я узнал об этом обмороке, я глубоко сожалел о сорвавшемся словечке, написал письмо нашему фон Боолю с просьбой передать милым барышням, что я глубоко опечален этим поистине обидным недоразумением и что, кроме полного уважения к ним, я никогда ничего не имел и не имею... Ты знаешь, сам на себе, конечно, испытал, сколько зависти, подсиживаний всяческих приходится переносить от наших чиновников, режиссеров, неудачного состава исполнителей... Кто-нибудь ошибется, а у тебя на сердце камень ложится, и ничем его не сбросишь, как яростью против тех, кто портит художественное впечатление от спектакля. А потом себя же и казнишь за грубость...

— Я хорошо понимаю тебя... А все-таки, как ты думаешь, обойдется у нас с Японией? Уж очень моя Лизонька беспокоится, как бы меня не забрали, если начнется война.

— Да что ты? Как же можно тебя забирать? Уж не совсем же они, правители наши, идиоты. Да и потом — самый пик оперного сезона. Нет, я убежден, что не только меня, но и тебя не возьмут, хотя ты и высшего по сравнению со мной сословия. Ну что? Не пора ли нам?

«Московские ведомости» сообщили, что 27 декабря состоялся концерт хора Московской оперы в Большом зале Российского благородного собрания, в котором приняли участие Собинов и Шаляпин. «Оба они имели в публике громадный успех и должны были, по требованию слушателей, без счета петь на бис. Г. Собинов, кроме своего нумера, спел четыре романса. Столько же раз должен был петь и Шаляпин. Последний пел в самом конце программы. Его номера вызвали, по обыкновению, целое «народное волнение». Артисту два раза пришлось вступать со словесными объяснениями, но и это делу не помогло, и публика разошлась лишь после того, как были потушены все огни в зале».

Накануне Нового года Федор Шаляпин получил письмо:

«Милый друг Федор Иванович!

Я был бы очень рад и счастлив встретить Новый год! Пожалуйста, приезжай, разумеется с Иолой Игнатьевной, в театр к художественникам.

Все они очень просят тебя.

Пока что — крепко (извиняю) обнимаю.

Извиняю — ни при чем, это я не знаю как попало!

Так ответь, дорогой, и проси Иолу Игнатьевну.

Твой Алексей».

Но как только Шаляпин прочитал это письмо Иоле Игнатьевне, она тут же задала каверзный вопрос:

— Федор! С кем будет Алексей Максимович? Один? Ходят слухи, что он ушел от Екатерины Павловны, бросил двоих детей, живет с актрисой Андреевой.

— Ну откуда я знаю, с кем будет Горький, об этом, как видишь, он не пишет. И какая нам с тобой разница!

— О, Федор, большая разница! Мне очень нравится Екатерина Павловна, мне с ней легко и хорошо, нам есть о чем поговорить — у нас дети.

Федор Иванович в отчаянии махнул рукой... Он же не может указывать Горькому, с кем ему жить и с кем встречать Новый год. Ясно, что Екатерина Павловна осталась в Нижнем, а Горький и Андреева совсем недавно приняли решение жить в гражданском браке. Она ушла от действительного статского советника Желябужского, оставила ему сына и дочь, связала свою судьбу с поднадзорным «буревестником революции», бросила тем самым вызов не только тому благополучному светскому обществу, в котором вращалась много лет, но и театральному миру, крайне удивившемуся такому ее решению. Конечно, Шаляпин давно догадывался о связи Марии Федоровны и Алексея Максимовича, да и друг не раз признавался ему, что Екатерина Павловна перестала удовлетворять его высоким стремлениям переделать мир по социалистическим, марксистским представлениям, занята только детьми, бытом, меньше стала помогать ему в его подпольной разрушительной работе. А Мария Федоровна, по словам Горького, полностью отдалась революционной деятельности, помогала материально студентам, арестованным за неповиновение властям, посещала их в тюрьмах, купила одежду для тех, кого отправляли в Сибирь. По словам Горького, и фабрикант Морозов выделял немалые суммы на революцию только потому, что Мария Федоровна оказывала на него влияние. А главное, Мария Федоровна смогла сделать то, что не мог сделать поднадзорный Горький: прятать подпольную литературу, скрывавшихся от царской охранки революционеров. А еще главнее — она просто красивая женщина, талантливая актриса, образованная, знающая иностранные языки...

Но разве обо всем расскажешь Иоле Игнатьевне, которая полностью была поглощена семьей и мало вникала в современные противоречия российской действительности...

По всему чувствовалось, что художники, как в своей среде называли режиссеров и артистов Московского художественного театра, не случайно решили вместе провести Новый год... Приехал Антон Павлович Чехов, приехал больной, но, несмотря на постоянные недомогания, присутствовал чуть ли не на каждой репетиции «Вишневого сада» и видел, что постановка не удается, потому что никто из играющих на сцене не дает того, что задумал автор, а так хотелось, чтобы этот спектакль оказался удачным. Придется ли ему еще что-нибудь подобное написать для сцены...

Ждал пьесу Станиславский, надеялся, что в пьесе Чехова ему найдется хорошая роль и он как артист поправит свои дела после провала в «Юлии Цезаре», где он играл Брута. Немирович ставил эту пьесу Шекспира, а Станиславский ему помогал. Работали самозабвенно, днем и вечером шли репетиции, примеряли костюмы, гримы, ставили народные сцены. Но уже в постановке «Юлия Цезаря» наметились серьезные творческие разногласия между Немировичем и Станиславским. Порой уступал Немирович, иной раз Станиславский, и дело шло. Однажды Станиславский показывал участникам массовой сцены на Форуме, как надо играть разноликую толпу Рима. «Он увлекся и, стоя на сцене, один изображал толпу. Все смотрели затаив дыхание, как сменялось его настроение, как нарастали горе и ярость, вызванные воображаемой речью Антония. Артист дошел до неистовства, растрепал волосы, жестом, раздирающим одежды, сорвал с себя пиджак. Он один на протяжении нескольких минут показал разношерстную толпу Рима. Если бы толпа могла сыграть так, это было бы потрясающее зрелище», — так рассказывали о репетициях этой пьесы. А театральные критики отмечали, что сцены на Форуме — это была сама жизнь, яркая, лихорадочная, неудержимая, как лава; зрители верили этой толпе, и только потому, что Станиславский заставил поверить тем словам, которые он произносил, заставил поверить, что происходящее на Форуме — это великий исторический момент. Но как только начались спектакли, все поняли, что Станиславскому роль Брута не удалась, кроме речи Брута на Форуме над телом Цезаря, все остальное — неудачно, всю роль задушил голосом, слишком всю смягчил и утратил рельеф, ушел во что-то гамлетовское, резко высказывалась Книппер-Чехова, дескать, образа римлянина не возникало перед зрителями. Станиславский понимал, что Качалов в роли Цезаря затмевал его. И успех спектакля главным образом был связан с режиссерскими находками и игрой Качалова. Станиславский мучился тем, что не сохранил той внутренней жизни образа Брута, которая вроде уже давалась ему на последних репетициях, но потом, на спектаклях, не мог найти «истину страстей в предлагаемых обстоятельствах». А потом посыпались упреки со страниц газет: и Брут должен быть менее могучего телосложения, должен быть более бледным и задумчивым, менее решительным, голос должен быть менее мужественным. А некоторые критики решительно заявляли, что роль Брута для зрителей почти совсем пропала; Брут должен иначе ходить, иначе смотреть, иначе произносить слова, потому что, дескать, он — герой. Друзья стали уговаривать не отдавать этой роли никому, но сам-то Станиславский понимал, что играть Брута он больше не может, на спектакль он идет как затравленный, неудовлетворенный. «Покаюсь Вам, — признался он Чехову, — что я недавно только пришел в себя после моего жестокого провала в Бруте. Он меня до такой степени ошеломил и спутал, что я перестал понимать, что хорошо и что дурно на сцене... Теперь настроение изменилось, хотя я не выяснил себе: в чем моя ошибка в исполнении Брута. Жизнь создалась каторжная, так как приходится играть 5 раз в неделю неудавшуюся и утомительную роль — в одной рубашке и в трико. Тяжело, холодно и чувствуешь, что «никому ж это не нужно!».

И вот в таком состоянии Станиславский пребывал до того, как прочитал «Вишневый сад». И словно воскрес. 19 октября телеграфирует Чехову: «Сейчас только прочел пьесу. Потрясен, не могу опомниться. Нахожусь в небывалом восторге. Считаю пьесу лучшей из всего прекрасного, Вами написанного. Сердечно поздравляю гениального автора. Чувствую, ценю каждое слово. Благодарю за доставленное уже и предстоящее большое наслаждение. Будьте здоровы».

В тот же день он признался Ольге Леонардовне Книппер-Чеховой, что, можно сказать, обезумел от пьесы: первый акт читал как комедию, второй сильно захватил, в третьем потел, а в четвертом ревел сплошь. И при вторичном чтении впечатление не изменилось: «Я плакал, как женщина, хотел, но не мог сдержаться», — писал он Чехову 22 октября.

Горький присутствовал на чтении пьесы в театре 20 октября: «Слушал пьесу Чехова — в чтении она не производит впечатления крупной вещи. Нового — ни слова. Всё: настроения, идеи — если можно говорить о них, — лица — все это уже было в его пьесах. Конечно, красиво, и, разумеется, со сцены повеет на публику зеленой тоской. А о чем тоска, не знаю», — писал он Пятницкому.

После прочтения пьесы начались поиски исполнителей действующих лиц пьесы, начались интриги, столкновения амбиций, обиды, слезы.

«Как ни верти, а наш театр — чеховский, и без него нам придется плохо. Будет пьеса — спасен театр и сезон, нет — не знаю, что мы будем делать», — писал Станиславский О.Л. Книппер.

30 декабря — «Жизнь за царя», а 31-го Федор Иванович отдыхал. Хотя какой там отдых... Художественники затеяли новогодний капустник и, конечно, и ему прислали текст с отведенной ему ролью. Пустяки, естественно, балаганные шутки, этакое каляканье, выражаясь языком Стасова, но все-таки... Поздравительные звонки, открытки... Обычная предновогодняя суета.

Шаляпины приехали в театр тогда, когда многие уже разошлись по группам и обсуждали очередные театральные и политические новости. Станиславский, Горький, Немирович-Данченко, Антон Павлович Чехов с Ольгой Леонардовной, Москвин, Вишневский... Все дорогие и талантливые лица светились улыбками при появлении Шаляпиных вблизи той или иной группы. У каждой Шаляпины останавливались, перебрасывались теплыми предновогодними поздравлениями и пожеланиями. И продвигались дальше...

С Горьким радостно обнялись и после дежурных извинений перед дамами и вообще компанией, в которой Горький что-то рассказывал, отошли к стене, где никто им не мог помешать.

— Чувствую, Алекса, замотался ты. То в Москву из Нижнего, то в Петербург, то еще куда-то, то снова в Москву. А если вспомнить, что ты почти месяц путешествовал по Кавказу, то можно себе представить, каков у тебя был проходящий год.

— И не говори, Федор, год действительно тяжелейший. Многое приходится делать самому. Как было хорошо, когда сослали меня в Арзамас. Сидишь себе за рабочим столом и пишешь, а твой покой охраняет жандарм, никого не пускает из любопытствующих, а если подозрительный, то не допустит. Вот хорошо-то когда было. А сейчас сняли ограничения в передвижении, вот и езжу куда глаза глядят. И мы никак с тобой не увидимся: я в Петербург, а ты только что уехал в Москву. А новостей — пропасть... Такие дела ожидаются, надо их всячески подталкивать. Вот в Петербурге в квартире адвоката Грузенберга устроили литературный вечер, читал там свою вещь «Человек»...

Шаляпин кивнул в знак согласия, дескать, помню такое твое сочинение, помню споры вокруг высказанных там мыслей.

— Сейчас, Федор, повсюду царит напряжение, люди озабочены и взбудоражены. Только Екатерина Павловна занята все одним и тем же — покупает шкафы. Так что если есть у тебя что-либо на примете, сообщи ей, тут же купит. Мы совсем разошлись, так что знай об этом и не питайся слухами. Мы сошлись с Марией Федоровной, это близкий мне по духу человек, беспредельно преданный и отважный, уже ездила по моим поручениям в разные города, налаживала связи. Да и в Нижний Новгород она приезжала не зря: привозила листовки для честных социал-демократов. И через нее я не раз доставал паспорта для подпольщиков, она ж была до сих пор вне подозрений. А на Рождество она спрятала в своей квартире очень важного политического «преступника», как именуют нашего брата жандармы царские. Да он здесь, среди нас, только загримирован, да и тебя я не хочу вовлекать в эти революционные игры. Твоя душа не приспособлена для тайных деяний.

— Пожалуй, ты прав, я ничего не умею скрывать, Иола сразу разоблачает обман, если я решусь что-то скрыть от нее.

— Мария Федоровна только что рассказывала мне, как драматически развиваются события вокруг постановки «Вишневого сада», сам Чехов, почувствовав из переписки, что каждый из режиссеров, Станиславский и Немирович, тянет в свою сторону, навязывает автору несколько иной смысл пьесы, чем задумал автор, спешно приехал, чтобы присутствовать на репетициях. Представляешь, что здесь творится? Сначала все терзали Антона Павловича просьбами побыстрее закончить пьесу, даже Ольга Леонардовна все время его подстегивала, все время упрекала, что он уж слишком долго работает над пьесой, думала, что он написал ее весной еще, а потом положил «киснуть» на неопределенный срок. «Киснуть» — это ее словечко, дескать, как пьеса не надоест. Даже такие вот, Федор, самые умные и талантливые женщины ни черта не понимают в нашей профессии. Несколько месяцев твердили в театре: ах, если бы сейчас была пьеса Чехова в театре! И вот пьеса в театре, все в восторге, репетируют, а сколько разбитых сердец и сколько слез она принесла в театр...

— Я слышал, что на одну роль Ани претендовали и Лилина, и Андреева, и Халютина, и Гельцер, и Косминская... Ну и ясно, что между ними пошли баталии. Ты-то лучше меня знаешь, Алекса... Но просто беда с распределением ролей в театрах. Ведь нужно точно угадать возможности артиста, сумеет ли он воплотить тот образ, задуманный автором, в живой человеческий характер, который предстал бы живым на сцене, в который бы поверили, а значит, ушли бы с теми идеями, мыслями, чувствами, переданными в пьесе.

— Грамотно излагаешь, мой дорогой Федор. Сразу видно, умеешь ты слушать умных людей. Но кажется, на нас уже обращают внимание, дескать, пришли к нам, художественникам, а разговариваем лишь только между собой. Уж поговори с ними, Федор, а то все оглядываются на тебя, особенно молодые красивые женщины.

— Тебе бы все шутковать, мой милый человечище.

И два друга разошлись в разные стороны, подходили то к одной, то к другой группе: там, где появлялся Горький, сразу устанавливалась серьезная, деловая атмосфера, а там, где Шаляпин, сразу слышались смех, оживление, а он уже переходил к другой группе собравшихся, которые перед этим с завистью смотрели на своих развеселившихся соседей.

Вскоре организаторы пригласили гостей за праздничный стол. А потом — капустник, танцы...

Немирович-Данченко, глядя на капустник, где разыгрывались легкие комические сцены из жизни театра и где все и всем было понятно, а потому и смеялись от души, тоже улыбаясь, грустно перебирал в памяти драматически складывавшиеся последние дни старого года.

«Как странно, праздник, встреча Нового года, кругом друзья, близкие, знакомые, художники, артисты, режиссеры, писатели... Словом, люди, с которыми живешь одной, общей жизнью, люди, интересы которых так переплетены, что невозможно их отделить друг от друга... А сколько интриг, злоб, наветов, подсиживаний, зависти. Мог ли я предположить, начиная пять лет тому назад новое театральное предприятие, что все будет так сложно, противоречиво, драматически. Нет, конечно! Театральная даль казалась лучезарной, все делают одно дело, нет ни гениальных, ни заурядных, нет зависти, корысти, самолюбия и амбиций. Есть лишь беззаветное служение великому искусству, служение своим искусством Отечеству и народу русскому. И что в итоге за эти пять лет? Завоевали публику, только через пять лет публика раскусила смысл чеховских пьес, «Дядю Ваню» и «Три сестры» принимают восторженно, ни одного кашля, гробовая тишина, а потом — бесконечные вызовы. Мы вошли в театральный мир как равные с академическими. И это все хорошо. Плохо то, что возникла какая-то трещина в нашем театральном товариществе, трещина, как бывает в стене. По одну сторону трещины — Савва Морозов, Желябужская-Андреева, там же окажутся любители покоя около капитана, вроде Самаровой например. По другую сторону, столь же естественно, Станиславский с женой, я, Ольга Леонардовна, Вишневский, может, Лужский, вряд ли Москвин, Качалов останется в стороне. А трещина медленно, а растет, Морозов постоянно вмешивается во все дела театра, в том числе и литературные, и художественные... Морозовщина за кулисами портит нервы, но надо терпеть. Во всяком театре кто-нибудь должен портить нервы. В казенных — чиновники, министр двора его величества, здесь — Морозов. С ним-то хоть можно договориться, самодур, как все богачи, но отходчивый. Каждый спор с ним — это удар по самолюбию. Но что же делать? Подавлять самолюбие, если хочешь чего-нибудь добиться в художественном деле. А потом... Даже в подавлении самолюбия можно найти приятное, больше чувствуешь свою силу, свои возможности, чем тогда, когда даешь свободу своему настроенью, скандалишь, вроде бы проявляешь больше собственной активности, а результат — нулевой... Вот и выбирай, какими средствами пользоваться, чтобы лучше реализовать самого себя. Чем больше я ссорюсь с Алексеевым-Станиславским, тем больше сближаюсь с ним. Парадокс? Нет, потому что нас соединяет хорошая, здоровая любовь к самому делу. Верю во все прекрасное, пока мы вместе...»

Впервые в театре можно было увидеть Ольгу Леонардовну и Антона Павловича. И все, конечно, обратили внимание на этот исключительный случай. Конечно, они бывали в театрах вместе, но в своем, родном, Художественном... И тоже, как и все собравшиеся здесь отметить встречу Нового года, глядели на сцену и улыбались шуткам и выступлениям знакомых и друзей на сцене с веселым капустником. И каждый из них думал свою горькую думу...

Ольга Леонардовна искренне и полностью отдалась тому захватившему чувству, которое испытала она к Чехову, а потом стала его женой. И она могла бы стать такой же хозяйкой и матерью, как Иола Игнатьевна, некогда, совсем недавно с большим успехом выступавшая на сценах Италии и России, а сейчас замкнувшаяся в семье, в домашнем хозяйстве... Но не смогла оставить сцену. А главное, сам Антон Павлович не позволил ей это сделать, зная, что оставить театр для нее — невосполнимая утрата, драма личной жизни. А что он может дать ей взамен этой жертвы... Общество больного, сварливого человека, постоянно нуждающегося в уходе, в диете и прочее и прочее. Нет! Он настоял, чтобы она не бросала театра. Так они и жили: она с театром то в Москве, то в Петербурге, то в Ялте, то где-то под Москвой вместе с Антоном Павловичем. И писали друг другу письма чуть ли не каждый день. И вот они сидят вместе, рядом, и смотрят веселую буффонаду, что не мешало им думать каждому свою думу...

«Как все странно в этом мире, — думала Ольга Леонардовна, поглядывая изредка на хмурого, словно нахохлившаяся большая птица, мужа. — Все кричат почему-то о Горьком. Газеты, какие-то листовки, прокламации... О каждом его шаге пишут, а тут рядом с ними живет настоящий гений — и так, кисло-сладкие высказывания людей вроде Эфроса, которые тут же все переврут. А что Горький? Пусть «На дне» — интересная вещь, в Москве она прошла с успехом, но ведь в Петербурге провалилась, принимали очень неважно, пьеса не понравилась большинству, правда, первые два акта и мы все играли почему-то вразброд. Но видимо, были серьезные к тому причины. Надоедает, получается фальшиво. В третьем акте Андреева так орет, что в публике идут истерика за истерикой, а после этого вполне естественно кричат «Занавес!». Кому ж после этих криков хочется играть... Было ужасно слушать эти истерические выкрики Андреевой. Разве может кого-нибудь заразить такое кликушество... А может, я не права? И хорошо, что появился Горький со своими «Мещанами» и «На дне». Может, после этих пьес зрители раскусили наконец-то и «Дядю Ваню», и «Три сестры», ведь только в последние полгода чеховские пьесы принимают восторженно, все спектакли идут с неизменным и шумным успехом. А о «На дне» один из рецензентов вообще говорил как о тяжелой, безвкусной вещи, лишенной тени драматического действия, говорил как о наборе сцен без связи, без смысла и общей идеи. Говорили о пьесе Горького как о чисто искусственной головной вещи... Преувеличивали, конечно, недостатки, но насколько чеховские пьесы выше, глубже, общечеловечнее, что ли... Слава богу, что так думаю про себя, а то могли бы меня обвинить в пристрастности, в необъективности, в зависти к чужой славе, да и вообще черт знает в чем... Главное сейчас — не испортить пьесу, создать спектакль, достойный гения Чехова. А пока что-то не ладится... Как тяжко ему смотреть на все эти наши репетиции, которые могут дать ему самое превратное представление о будущем спектакле. Он и так начинает падать духом. Признавался, что он как литератор, дескать, уже отжил и каждая фраза, какую он пишет, представляется ему никуда не годной и ни для чего не нужной, а тут еще эта незаладица со спектаклем... Нужно понять его настроение, как литератор он страшно нужен, особенно сейчас, нужен, чтобы отдыхать, чтоб люди помнили, что есть на свете поэзия, красота настоящая, чувства изящные, что есть души любящие, человечные, что жизнь велика и красива. А лиризм его? Каждая фраза его нужна, впереди он еще больше будет нужен, когда разберутся, поймут, прочувствуют все то, что вышло из его богатой души. Ведь каждый чеховский спектакль — это россыпь жемчуга перед публикой, это плетение чудесного кружева, кружева тончайшей психологии людской. Господи! Какая я эгоистка, я все время думаю о нем как о драматурге, как о писателе, я все время вспоминаю, как мне становится хорошо, когда я играю в его пьесах или читаю его сочинения, но я ведь его жена, противная, мерзкая, жестокая эгоистка, знающая, что муж болен, тяжко болен, а живу вдали от него, играю на сцене, обедаю в ресторанах, веселюсь после спектаклей, принимаю гостей. Какая я жена ему? Я просто ноль для него, приеду, поживу с ним и уеду. Такая ужасная фальшь возникла в моей жизни. А как жить? Не знаю... Как раз тогда, когда он нездоров, когда я ему так нужна — меня нет рядом с ним. Сюда он приехал — просто деваться некуда, надо, необходимо... А когда его нет рядом со мной, я хожу бесприютная, бичую себя, обвиняю со всех сторон, чувствую себя кругом виноватой — и остаюсь здесь, когда он в Ялте исходит тоской и болеет не только из-за болезни, но болеет и душой, израненный тоской и безысходностью своего трагического положения... Без меня он как без рук, точно он на необитаемом острове, сам признавался...»

Капустник закончился ко всеобщему удовольствию. Зрители хлопали и смеялись, радостно поглядывая друг на друга. На сцене возвышалась монументальная фигура Федора Шаляпина, принявшего посильное участие в этой буффонаде.

— Антон Павлович, знаю, что у вас премьера — 17 января, а у меня 16 января — бенефис, так что приглашаю на «Демона», впервые в этой роли буду выступать, билеты вам с Ольгой Леонардовной пришлю, — сказал Федор Иванович, действительно пробравшийся с Иолой Игнатьевной сквозь толпу друзей и знакомых к Чеховым. — Горький хвалил меня за капустник, а мне не нравится, не знаешь, как выступать в таком действе, а потому все время переигрываешь, чтобы посмешить, подурачиться...

— Горький, говорят, организовал свой театр, Федор Иванович?

— Да, на паях создали Общедоступный театр, уже идут спектакли, две недели назад открыли сезон «Царской невестой» Мея.

— Не пойму, зачем ему этот театр... У него своя жизнь, свое предназначение в жизни. Возможно, нижегородский театр, созданный им и его друзьями, как пайщиками, и будет жить как народный. Но ведь это только частность, Федор Иванович. А Горький попробует, понюхает и бросит. Да и кстати сказать, и народные театры, и народная литература — все это глупость, все это народная карамель. Надо не Гоголя опускать до народа, а народ поднимать к Гоголю.

— Максимыч, Антон, смешной, недавно как-то стал рассказывать о своей пьесе, которую надумывает.

— Это не о «Дачниках», Ольга Леонардовна? — спросил Шаляпин.

— Кажется, так он ее называл... Так вот... Будут фигурировать эти самые дачники, и всех ему почему-то хочется сделать кривыми, горбатыми и хромыми, то есть мужчин конечно. Я его уверяла, что этого не надо. Но он заупрямился. Нет, говорит, достанется всем мужьям в моей пьесе здорово, а женщины будут ходить суровые, как смотрители тюрьмы. Воображаю, как это будет хорошо и сколько понадобится в театре кривых и хромоногих, а главное, какое удовольствие получит публика от лицезрения этого паноптикума.

— А ты и поверила, Олюшка, — улыбался Чехов. — Ведь он же тебя разыгрывал, он испытывал твое чувство юмора, а ты и поддалась на этот розыгрыш. Эх ты, актрисуля...

— Ну как же? Перед этим он всерьез жаловался, что устал, хочется, говорит, сесть на крышу, за трубу, и посидеть спокойно...

Чехов и Шаляпин дружно захохотали, а Ольга Леонардовна чуть улыбнулась, догадавшись о том, что Горький действительно ее разыграл, обманув ее бдительность своим простодушием и наивным видом.

— Ольга Леонардовна и Антон Павлович! Так я жду вас на своем бенефисе 16 января...

— А мы вас, Иола Игнатьевна и Федор Иванович, 17 января — на премьере «Вишневого сада». Боюсь, правда, не получите вы настоящего художественного впечатления от пьесы. Загубит ее Станиславский, если еще не загубил... Столько нелепостей в спектакле...

Глава третья

РАДОСТНЫЕ ОЖИДАНИЯ

8 августа 1905 года в небольшом двухэтажном особняке в 3-м Зачатьевском переулке около Остоженки в зале, где стоял рояль, репетировал Федор Шаляпин, только что вернувшийся из дальних странствий и вновь отправляющийся на гастроли, на этот раз в Петербург. Он ходил по большому залу, вскидывал вверх руки, потом подходил к роялю, трогал клавиши, мурлыкал как бы про себя нужную ему мелодию, довольный звучанием, отходил от рояля. Проснувшись, он почувствовал, что усталость не прошла, по-прежнему давила на него какая-то непонятная сила, словно намереваясь его согнуть, скрутить какими-то неразрывными веревками.

А ему так не хотелось быть связанным. Вот и заглянул сюда вроде бы для разминки... Полчаса работы восстановили его силы, вдохнули в него уверенность, и он почувствовал, как бремя, давившее на него, становится все легче и легче.

По широкой лестнице он спустился на первый этаж, вошел в столовую. И тут же, как по команде, появился слуга с подносом, на котором возвышался ворох газет, писем, телеграмм... Лениво перебирая этот ворох, Шаляпин с радостью увидел знакомый почерк на конверте, в нем лежала записка Горького с приглашением приехать в Художественный театр, где он будет читать новую пьесу, написанную в Петропавловской крепости. Всем можно отказать, действительно устал, намотался по Европе, но Алексе никогда, тем более давно не виделись, а он столько пережил за эти месяцы страданий и тревог...

Федор Иванович позавтракал, переоделся, на улице взял извозчика и быстро домчался от Зачатьевского до Художественного театра. Но как ни спешил, все равно опоздал: Горький уже читал свою пьесу. Шаляпин тихонько присел на первый попавшийся же стул, ругая себя за опоздание.

«Только начало августа, а труппа в полном сборе. Видно, правду говорил, что в театре наметился какой-то кризис, который пытаются преодолеть его вожди, вон они сидят, но и между ними, слышал, нет ладу», — подумал Федор Иванович, вслушиваясь в то, что читал Горький, сидевший за отдельным столиком.

— «...Ты ничего не знаешь, Павел...

Протасов. Нет, я знаю, я вижу! (В начале его речи на террасу выходят Елена и Мелания, обе взволнованные.) Я вижу, как растет и развивается жизнь, как она, уступая упорным исканиям мысли моей, раскрывает предо мною свои глубокие, чудесные тайны. Я вижу себя владыкой многого; я знаю, человек будет владыкой всего! Все, что растет, становится сложнее...»

«Странно, что Алекса передал новую пьесу художественникам, ведь год тому назад, когда он, обидевшись на критику, забрал своих «Дачников», казалось, что больше не переступит порог этого театра, — думал Шаляпин, кивая знакомым артистам, иногда поглядывавшим на пего. — «Дачников» обругали все, дружно, и Немирович, объявивший, что пьеса неудачная, оставляет слушателя равнодушным, нет искренности и ясности мировоззрения, банальны некоторые персонажи, ординарны и плоски приемы... Особенно покоробило Алексу сравнение его с Вербицкой: художественные приемы в «Дачниках» не выше таланта какой-нибудь Вербицкой... Да, психанул мой милый Алекса, получив письмо Немировича, в котором он резко отозвался о пьесе, находя некоторые сцены вообще безвкусными, словно взятыми из газетных романов бульварных беллетристов. Кстати, и Ольга Леонардовна тоже резко отзывалась о «Дачниках», тяжело, дескать, бесформенно, длинно, непонятно, хаотично, сплошная хлесткая ругань, проповедь. Как же она сказала? Ах да: «Не чувствуешь ни жизни, ни людей». Тяжело было слушать пьесу, обидно за Горького. Такое чувство, точно у льва гриву общипали. Горький ведь хорош, пока он самобытен, стихиен, пока он рушит. Положим, и тут он оплевывает интеллигенцию, но наивно как-то. Есть отдельные места, интересные разговоры, но ведь из этого не слепишь пьесу... м-да-а, умные пошли у нас актрисы, в пух и прах разделают, не хуже критиков...»

Все это мелькнуло у Шаляпина как бы между прочим, непроизвольно, независимо от его желания и обстановки.

— «Страх смерти — вот что мешает людям быть смелыми, красивыми, свободными людьми! — читал Горький монолог Протасова, как потом узнал Шаляпин. — Он висит над ними черной тучей, покрывает землю тенями, из него рождаются призраки. Он заставляет их сбиваться в сторону с прямого пути к свободе, с широкой дороги опыта. Он побуждает их создавать поспешные уродливые догадки о смысле бытия, он пугает разум, и тогда мысль создает заблуждения! Но мы, мы, люди, дети солнца, светлого источника жизни, рожденные солнцем, мы победим темный страх смерти! Мы — дети солнца! Это оно горит в нашей крови, это оно рождает гордые, огненные мысли, освещая мрак наших недоумений, оно — океан энергии, красоты и опьяняющей душу радости!

Л и з а (*вскакивая*). Павел, это хорошо! Дети солнца... Ведь и я?.. Ведь и я? Скорее, Павел, да? И я тоже?..»

Шаляпин слушал, пытаясь вникнуть в смысл происходящего. Но пропущенного уже не вернуть, а вот так без начала трудно понять характеры персонажей, которые представали перед ним. Лиза, Елена, Вагин, Протасов, Мелания, Чепурной... Опять разгорится самая настоящая баталия между актерами, актрисами, между вождями театра, если пьеса будет принята к постановке. А как же не принять ее, если в театре нет настоящих современных спектаклей, исследующих сиюминутные проблемы нашего бытия... А без этих проблем публику не завоюешь, она просто не придет, если со сцены не будут доноситься отзвуки их собственных настроений. Особенно агрессивна молодежь, студенты, курсистки... Могут вознести рядовой спектакль, лишь была бы сиюминутная злободневность; могут зашикать, если хоть чуть-чуть не потрафят им...

Глуховатым голосом Горький рассказывал о том, как современные ему люди не понимают друг друга; Протасов, увлеченный своими химическими опытами, не замечает, что каждый из его окружения несет в своей душе что-то трагическое; сестра Лиза до сих пор не может забыть, как на ее глазах пролилась кровь людская, она вспоминает, как в толпе расстрелянных у ее ног оказался юноша с разбитой головой, «он ползет куда-то, по щеке и шее у него льется кровь», никогда она не забудет его мутные глаза, открытый рот и зубы, окрашенные кровью, а там, где была пролита кровь, никогда не вырастут цветы, там растет только ненависть; чуткая душа ее не выносит грубого, резкого, когда она видит красное, в ее душе воскресает тоскливый ужас, и тотчас перед ее глазами встает эта озверевшая толпа, черные окровавленные лица, лужи теплой красной крови на песке; ветеринар Чепурной не понял, что Лиза не любит его, и, получив от нее отказ выйти за него замуж, повесился... И наконец, эта черная, страшная толпа на сцене, люди гонятся за доктором, которого обвинили в том, что он не может спасти людей от холеры... Этакий холерный бунт... Накинулись и на Протасова, увидев в нем «главного морилу», сбили его с ног, чуть не затоптали. А он, едва выбравшись из-под тел, накинувшихся на него и разбежавшихся в страхе, потому что Елена стреляла в толпу, упрямо повторяет: «Люди должны быть светлыми и яркими... как солнце...»

Дружными аплодисментами завершилось чтение пьесы. Все встали, приветствуя автора, снова отдавшего их родному театру свою пьесу. Их мало волновало содержание пьесы, ее художественное значение, главное заключалось в том, что эта пьеса Максима Горького могла привлечь в театр зрителей, не равнодушных ко всему, что происходит в Отечестве. А потому без долгих разговоров пьеса была принята.

Федор Иванович был здесь как у себя дома, к каждому подошел, горячо поприветствовал, перекинулся двумя-тремя фразами, обычными после долгой разлуки, а с Алексеем Максимовичем крепко обнялись и расцеловались; некоторые, особо наблюдательные, заметили даже слезы у того и у другого. Тут же подошла и Мария Федоровна Андреева, с нескрываемой любовью поглядывая на Горького, словно еще не веря, что он на свободе и теперь полностью принадлежит ей.

— Знаешь что, мой дорогой друг Алекса, не будем начинать наш разговор здесь... Столько надо рассказать друг

365

другу, пойдем в «Эрмитаж» и пообедаем там и не торопясь, как в старину, поговорим.

— А Марью-то возьмем? Не помешает? — улыбаясь, спросил Горький.

Шаляпин раскинул руки, и самая красивая актриса Художественного театра потонула в его объятиях.

В тот же вечер Шаляпин уехал в Петербург.

На следующий день, 9 августа, Горький писал Пятницкому: «Вчера в Питер уехал Федор. Он очень в угнетенном состоянии духа — помогите мне, если можно и охота есть, разобраться в недоумениях. И кстати напомните, чтоб он передал Вам денег для меня».

Во время гастролей в Новом летнем театре «Олимпия» Шаляпин участвовал в спектаклях «Фауст», «Борис Годунов», «Жизнь за царя», «Русалка», в сборном концерте в Павловске, в сборном спектакле, где давали «Моцарта и Сальери», первую и вторую картины первого действия «Князя Игоря». Спектакли и концерты шли чуть ли не каждый день, а в редкие дни отдыха от спектаклей он бывал приглашен то к Репину, то к Горькому, то к Стасову. Немудрено, что близкие Шаляпину люди начали замечать в его исполнении нотки усталости. Критики по-прежнему отмечают, что «голос г. Шаляпина настолько изгибист, легок и податлив, что малейшее движение мысли и чувства артиста непременно передается на голосе, но Владимир Стасов в письме Полине Стасовой сообщает, что 16 августа не пошел на «Бориса Годунова» с Шаляпиным в главной роли, опасаясь, что Шаляпин «испортится, пожалуй, и в этой роли, как в «Фаусте», боится потерять еще одну иллюзию»…

Много новых, не изведанных ранее переживаний входило в душу Шаляпина в последние месяцы… Настроение было неустойчивым и противоречивым. Это сказывалось и на его выступлениях в театрах и на концертах. Горький и Стасов, самые близкие и чуткие, заметили, что Шаляпин устал, все чаще в его душе возникают недоуменные вопросы, безысходность от невозможности разрешить их, ответить хотя бы самому себе, а потому — «очень угнетенное состояние духа».

Федор Иванович возвратился в Москву в начале сентября и сразу почувствовал предгрозовую атмосферу, которая каждый день все ощутимее давила на любое проявление общественной и частной жизни. На улицах, в учреждениях, в квартирах все чаще говорили о бездарности правительства, о проигранной войне и пролитой крови, о неспособности к коренным реформам. Общая тревога давала о себе знать во всем, укреплялось повсеместное недовольство; неофрондерство, которым и раньше козыряли в либеральных кругах, пуская стрелы злословия по адресу высоких персон, стоящих у власти. Сейчас — другое, более и глубокое, и устойчивое...

Шаляпин и раньше замечал, что даже самые мирные люди охотно высказывали свободолюбивые мысли, жаловались на полицейский гнет властей, но все это походило скорее на кокетство, потому что высказанные мысли так и оставались лишь пустым сотрясением воздуха, не более того. И лишь после 9 Января, после ощутимых поражений под Мукденом и Цусимой критика царского правительства приобретала совсем иной тон, выливаясь в недовольство государственным устройством и требованием устранить самодержавие или существенно его ограничить. Совсем недавно, слушая Горького, Федор Иванович все-таки не верил, что революция действительно не за горами, близка и может вот-вот разразиться...

Забастовали типографские рабочие, булочники и пекари. Возникали митинги, манифестации, столкновения с полицией. Поговаривали о всеобщей стачке рабочих Москвы. Слухи, как снежный ком, лавиной падали на души людей, порождая тревогу и бессилие...

В эти дни Шаляпин, наблюдая за тем, как Иола Игнатьевна стойко и мужественно донашивает свою беременность, все чаще и чаще испытывал страх и беспокойство, узнавая о новостях, идущих с улицы или со страниц газет. Закрывались фабрики и заводы, увеличивалось число безработных. Призрак нужды и голода зримо вставал перед лишенными работы. Проходя по улицам Москвы, Шаляпин видел кучки рабочих с мрачными лицами, яростно о чем-то споривших. Ясно, что говорили о нужде, о том, что делать... Говорили о появившихся листовках, в которых социал-демократы открыто призывали к вооруженному свержению самодержавия, к социалистической революции, способной дать рабочему и крестьянину достойную современной цивилизации жизнь. Чуть ли не открыто распространяли брошюры, листки, прокламации с этими революционными призывами. И чаще сталкивался с враждебными взглядами, ухмылками, ничего хорошего не предвещавшими и ему, барину. «Почему нужно уничтожать владельцев фабрик, заводов, поместий? — мелькало у Шаляпина в эти мгновения. — Ну можно призывать к более справедливому перераспределению производимых благ. Согласен, что рабочие должны иметь «8 часов труда, 8 — для сна, 8 — свободных», но ведь забастовка как раз и предупреждает хозяина об этих требованиях. Зачем же их уничтожать? Но Горький говорит, что только вооруженная борьба освободит рабочих от подневольного рабского труда... А если забастуют извозчики? Надо заранее договориться с акушеркой, чтоб дежурила в нашем доме... А то начнется... Что делать, если объявят всеобщую забастовку?»

И в эти минуты возникала неуверенность, словно очутился на палубе корабля, попавшего в штормовую погоду. Все зыбко, ненадежно под ногами, а ветер рвет волосы и парализует все действия... Человек оказывается во власти разыгравшихся стихий.

Призывы к коренным переменам, требования укротить правительственный произвол и даже свергнуть самодержавие слышались повсеместно; разница была лишь в форме, мягкой или жесткой. Даже в самых умеренных кругах, обычно избегавших всяких крайностей, высказывались за реформы, за конституцию. Неизбежность радикальных реформ казалась неотвратимой. Где бы ни собирались, разговор непременно касался внешней и внутренней политики и слышались негодующие оценки правительства. Все требования крайних сил вроде бы встречали сочувствие, а действия властей были как будто парализованы, а если начинали действовать, то каждый их шаг вызывал резкую критику в печати. Чуть ли не все понимали, что события 9 Января были спровоцированы, попа Гапона осуждали как провокатора, осуждали и тех, кто поддался на провокацию и отдал приказ стрелять по безоружной толпе. Находились и такие, кто заявлял, что офицеры приказали стрелять в ответ на выстрелы из толпы. Кто знает, кто знает...

И Федор Шаляпин, как и многие его современники, искал свое место в разворачивающихся драматических столкновениях...

В эти сентябрьские дни Федор Иванович часто бывал дома, читал, просматривал газеты, занимался с детьми, репетировал в большом зале, где был рояль. Но главное — ждал, когда разрешится от бремени Иола Игнатьевна.

Трудно было представить более удачное и своевременное предложение, чем то, которое сделал Валентин Серов: наконец-то закончить портрет Шаляпина, над которым он начал работать еще весной.

В первые дни было тяжко заставить себя одеваться, вставать в позу и часа по два так стоять, но ничего не поделаешь, портрет получался превосходным, приходилось терпеть ради искусства.

Серов, как обычно, приходил мрачный, сурово покрикивал на свою «модель», призывая к строгости и дисциплине, но начинал работать, увлекался, душа его оттаивала, и начинался разговор...

— Жалко, что не было времени у тебя позировать мне весной... Столько времени прошло, смотрю на портрет и чувствую, что многое надобно изменить. Или ты за эти летние месяцы стал чуточку другой, — заговорил Серов после длительного молчания. — Смотришь на свою работу как бы со стороны, и сразу бросается в глаза ее незавершенность.

— Странно, а мне кажется очень похожим. Может, самое главное, что есть во мне, тебе удалось схватить и очень точно передать.

— Ну, мне виднее, как говорится, не хвали, все можешь испортить. В тебе нет той уверенности что раньше была. Что-то терзает твою душу.

— Ты прав, Антон... Столько тревожного кругом, нет и в душе покоя. Иолочка беспокоит, дети то и дело болеют, а выйдешь на улицу, посмотришь, как шепчутся и посматривают на тебя чужими глазами, и становится не по себе. Вроде бы хорошо, что просыпается народ, становится требовательнее, но чувствуется и безмерная агрессивность. Кто даст этому укорот? Я триста десятин купил, дом построил, хочу по-человечески жить. Свои кровные, заработанные тяжким трудом вложил в землю, в имение, где надеюсь спокойно отдыхать после трудов праведных, как говорится. А живешь как на вулкане...

— Согласен, что на улицах стало тревожнее... Но кто в этом виноват? 9 января я видел из окон Академии художеств безоружную толпу навстречу кавалеристам и солдатам... Зрелище ужасное, я уж рассказывал тебе об этом, но до сих пор мучает меня вопрос: кем же предрешено это избиение? Это было что-то чудовищное... И после этого невозможно жить так же, как жили.

— Горький говорит: «Ты, Федор, не суйся в эти дела. Песня — твое оружие в этой борьбе». Но как-то стыдно смотреть на все происходящее вроде бы со стороны, как наблюдатель, как зритель.

— Горький, конечно, прав. У каждого из нас свое оружие. У тебя — песня, у Горького — слово, у меня — кисти, карандаш или уголь, как сейчас. Нельзя оставаться равнодушным к тому, что сейчас происходит. Стыдно будет. Надо, Федор, бороться с этим гадостным режимом.

— У меня возникает много сомнений, недоумений... Иной раз, как подумаешь, сколько крови льется на нашей земле, просто невмоготу становится.

— И хочется крикнуть во всеуслышание: «Не трогайте меня, не беспокойте. Я не могу отдаться революционному движению, охватившему всю Россию, потому что я безумно люблю искусство и хочу прежде всего служить ему. Я служу тому, что вечно живет в душе человеческой. Я индивидуалист, весь мир вертится вокруг меня, вокруг моего «я», и мне, в сущности, нет дела до того, что живет вне меня и моих узких интересов. Да, я восхищаюсь каждой новой победой революции, не сомневаюсь в ее добрых и прекрасных целях; да, сочувствую пострадавшим, сопереживаю тем, кто пролил кровь за свободу и Отечество, но сам я делать для приближения революции ничего не буду, потому что брезгливо и неинтересно идти в общей толпе протестантов против режима».

Шаляпин принял эти резкие слова на свой счет и протестующе замахал руками.

— Ну вот, с тобой нельзя работать. Осталось чуть-чуть, всего лишь несколько штришков, а теперь надо опять устанавливать твою позу. Экий ты, Федор, горячий. Я вовсе не о тебе подумал. Костя Сомов отказался участвовать в «Жупеле», высказывая примерно то, что я только что сказал от имени таких вот нейтралистов. Дескать, для данного момента сатирический журнал — это слишком мелкое дело, может лишь слегка удовлетворить тщеславие, не более того. А я вижу оскаленных хищников и паразитов нашей страны, которые так и просятся на сатирический карандаш, нанизать бы эти наглые туши, как гирлянды, и повесить куда-нибудь подальше с глаз долой. Или наши богобоязненные солдатики, я видел, как они становились для прицела и открывали огонь по толпе... А офицерики охраняют интересы тупой и грубой силы, защищают бесправие, открыто выявляют свои холопские позиции. «Солдатушки, бравы ребятушки! Где же ваша слава?» — так и хочу назвать рисунок для «Жупела», в который хотелось бы вложить всю свою ненависть, кипевшую во мне в тот трагический час 9 января, когда я смотрел из окон Академии художеств на все эти солдатские «действа». У меня нет другого оружия, только рисунок... Как у тебя, Федор, есть только голос и песня, в которой может звучать протест... Ну что, Федор, пожалуй, я закончил твой портрет... Ничего себе получился этакий удалой молодец. Теперь у меня есть портрет Ермоловой, хотелось в ней передать дар трагической актрисы, есть портрет Гликерии Николаевны Федотовой, замечательная старушка, есть теперь и твой портрет... Вот некоторые упрекают, что я написал Гликерию Николаевну домашней, дескать, не заметна ее гениальность как артистки. Вот Ермолова — другое дело, тут сразу все видно. Но что ж я могу поделать, если она, заслуженная артистка Федотова, такой мне представилась? С удовольствием вспоминаю, как внимательно относилась она к моей работе, с каким долготерпением сносила она мои бесконечные просьбы «повернуться туда — потом сюда». Пока найдешь то, что нужно, то, что открывает душу задуманного портрета.

— А какой тебе представляется моя душа, Антон? — спросил Шаляпин, разглядывая свой портрет.

В дверь заглянула Иола Игнатьевна. Вопросительно посмотрела па мужа.

— Заходи, заходи, Иолочка, ты будешь первой зрительницей, оцени нашу работу. Согласись, Антониус, что и я внес большой вклад в созидание твоей картины. Был терпелив.

— Подожди, Федя, — решительно перебила Иола Игнатьевна. — Дай посмотреть, какая у тебя душа. Десять лет живем вместе, а все не пойму тебя. Валентин Александрович все о тебе расскажет мне, — шутливо сказала Иола Игнатьевна, подходя к портрету в натуральный рост, написанному углем. — Ты, Федор, только что закончил петь, следы усталости на твоем лице, чуточку взмокли волосы, спутались вполне естественно и упали на лоб... — Иола Игнатьевна задумалась, вглядываясь в любимое лицо то на портрете, то стоящее перед ней тоже в натуральную величину. — Оба хороши! Как живые. Оба симпатичные... Я приглашаю вас на чашку чая.

Иола Игнатьевна медленно, «уточкой» переваливаясь с ноги на ногу, добралась до двери и по привычке тихо закрыла ее. Серов, закуривая, еще раз острым взглядом окинул портрет. И вроде бы остался доволен: на него смотрел живой Шаляпин, гениальный актер и певец, в котором есть и непосредственность, и русская широта, он не чужд мечтательности с меланхолическим оттенком, есть, возможно, и надменность, тщеславие, чрезмерная уверенность в самом себе, в чем так часто упрекают его, но есть и вдумчивость, а главное — благородство и страдание, что так отличает гения от обыкновенного человека. Ну что ж, можно и чайку попить.

Спустились в столовую. Иола Игнатьевна по обыкновению разливала чай, ничуть не смущаясь своей полноты и не испытывая никаких тягот.

— Я вот пью ваш вкусный чай, — заговорил Серов, — а сам вспоминаю, как я писал портрет одного богатого купца. Давно это было, лет этак двадцать, денег не хватало, согласился я купца написать. Два часа купец этот позировал, а потом его звали завтракать или обедать. Старик просил подождать его, уходил и минут через сорок возвращался, как будто так и надо, сытно поковыривая в зубах зубочисткой.

Возьмет сигару и как ни в чем не бывало начнет рассуждать о Рафаэле, чтоб свою образованность показать.

— Что-то не помню такого портрета, Антон... Может это один из твоих ранних? Я ведь почти все твое видел на выставках, — озадаченно спросил Шаляпин.

— Не закончил, Федор, я этот портрет. Не стерпел, написал ему письмишко примерно такого вот содержания: «Если вы будете иметь дело с нашим братом живописцем, то советую вам поступать так, как принято в «хороших домах», во время обеда некоторые господа сажают художника к себе за стол, а некоторые, попроще, отсылают на кухню к прислуге, а голодного не отпускают». Какой же мог быть разговор после этого, портрет так и остался неоконченным.

А я тогда входил в моду, мог себе позволить. Как же, только что закончил семейный портрет Александра Третьего, вот богатеи и рискнули пригласить меня.

— Я знаю, что позировал тебе Николай Второй, но не знал, что...

— Нет, Александр Третий и не позировал, так по фотографиям писал. Я приходил во дворец, осматривал комнаты, делал наброски. Но вот однажды мне решили показать Александра Третьего. Пришел, а его нет. Просили подождать. Я подошел к окну. И в это время зазвучал трубный сигнал. Выбежали караульные солдаты, построились, распахнулись ворота, и на полном скаку влетают царские сани, останавливаются у подъезда, служители под руки берут величественную фигуру императора. Потрясающее впечатление: я почувствовал себя в Вавилоне, ни дать ни взять Навуходоносор какой-то, даже холодок по спине пробежал. И что же? Меня вывели на лестницу, по которой должен был пройти государь, а я за эти мгновения должен был уловить выражение его лица, а писать по фотографии. Увидев меня с небольшим альбомом, царь намеренно замедлил шаг, благосклонно давая художнику шанс разглядеть его лицо, полюбоваться его фигурой. Ничего не поделаешь... Предводитель харьковского дворянства пообещал за семейный портрет хорошие деньги... Кстати, Иолочка, постойте минуточку, у вас такое выражение лица сейчас, что просто само просится на картину.

Серов достал свой альбомчик и тут же быстро стал набрасывать эскиз за эскизом...

«Не успел Серов по своему обыкновению выпить чаю, — вспоминала Ирина Шаляпина много лет спустя, — как мать заявила, что чувствует себя неважно и должна уйти к себе. Валентин Александрович сразу понял, в чем дело, схватил свой альбом и, сказав, что до смерти боится подобных «происшествий», поспешно простился и убежал домой.

На следующее утро наша семья пополнилась двумя близнецами».

Понятно, что Ирина Федоровна написала об этом со слов отца или матери. Счастливые родители назвали близняшек Татьяной и Федором.

И хлопотливая жизнь пошла своим чередом. Сохранившиеся документы проливают свет на некоторые из эпизодов того времени. В письме Теляковскому Шаляпин просит его принять, выслушать и по возможности зачислить в Большой театр Галину Ивановну Никитину, «носительницу удивительного голоса». Он глубоко уверен, что из нее получится «прекрасная певица». Он не скрывает от Владимира Аркадьевича, что ему будет очень приятно с ней позаняться, чтобы вполне оправдать свою рекомендацию. Но Теляковский не принял обладательницу удивительного голоса, она не готова к выступлениям в столичных оперных театрах, ей еще надобно учиться. И что же? Он сделал все, что мог... Пусть поработает... Не беда! Через год-два Галина Никитина засверкает на оперном небосклоне. Плохо то, что Горький заболел... Приехал из Петербурга, остановился в гостинице «Боярский двор», потом переехал на Воздвиженку, в угловой дом, и заболел. А дел было много, принимал участие в репетициях во МХТе, хлопотал об организации книгоиздательства в Женеве, сатирического журнала в России, читает, как всегда, много рукописей. А главное — революционное движение приобретало все более и более массовый характер, и Горький был к этому движению причастен самым непосредственным образом. Вот почему так редко виделись друзья в эти тревожные дни.

И Горький находил возможность давать о себе вести: «...Как быть с потребительским обществом? Будь добр, ответь определенно, когда именно ты можешь дать денег? Положение — критическое, деньги нужны до зарезу. Ответь. А я все еще болен...» 22 сентября 1905 года Горький пишет Шаляпину: «Милый друг — сердечно поздравляем тебя и Иолу Игнатьевну с новорожденными. Прошлый раз ждал тебя и Свободина со стихами — может быть, ты пришлешь его стихи сейчас? И сообщи — будешь ли петь в «Руслане», можно ли нам достать билеты?» 23 сентября Горький и Мария Федоровна Андреева слушали оперу «Руслан и Людмила», в которой Шаляпин исполнял партию Фарлафа. 26 сентября Горький снова пишет Шаляпину: «...снова пишу тебе о деньгах для Сормова. Прекращение платежей — это ерунда, но есть протестованные векселя. Вот и все. Будь добр, реши сегодня этот надоевший тебе — я знаю! — вопрос. Жду ответа! А что у Серова? Не знаешь?» Скорее всего, Шаляпин не смог решить этот вопрос в тот же день, и к вечеру Мария Федоровна напоминает: «Милый Федор Иванович! Алеша писал Вам давеча и просил ответа на свое письмо. Вам, может быть, было некогда ему ответить... Простите, что надоедаю Вам, но очень уж это нужное и важное дело — не откажите сообщить, как обстоят дела...»

Как-то Шаляпин сказал своему дорогому Алексе, что Серов только что закончил его портрет. Естественно, пошли смотреть; Горький был изумлен и обрадован; Серов тут же предложил написать портрет Горького, который сначала ссылался на занятость, но потом согласился позировать.

А в Москве становилось все тревожнее и тревожнее.

Глава четвертая

МАРИЯ ВАЛЕНТИНОВНА

«На что Дягилев намекал, сказав, что я человек увлекающийся... Неужели прослышал? Вроде бы я никому не говорил...» — думал Шаляпин, поднимаясь к себе в номер. С минуты на минуту должна была приехать в Париж Мария Валентиновна, заказавшая себе номер в этой же гостинице, но об этом никто не должен был знать. Неужто пронюхали? А может, она сама из бабского тщеславия кому-нибудь брякнула, а та и защебетала... Рассказывал ведь ей, как встретили в Нью-Йорке Горького и Марию Федоровну, выгнали из гостиницы, раз не венчаные, то убирайтесь, не нарушайте общепринятой морали, не смущайте молодых американцев. Конечно, Горький написал письмо в газеты, в котором обвинил хозяина отеля в недостатке такта по отношению к женщине, и пообещал игнорировать сплетни, но факт остается фактом: настроение было испорчено негодяями и сплетниками. К тому же у Горького с женой все было полюбовно решено — они разъехались тихо и мирно, по-хорошему переписываются, сообщая все наиболее важные события друг другу... У него, Шаляпина, совсем другое положение, он женат, любит свою жену, своих пятерых детей. И он не может допустить, чтоб о нем, Федоре Шаляпине, писали, как и о Горьком, что он двоеженец, бросил первую жену на произвол судьбы, а дети умирают с голоду. Публика ему этого не простит. Да и он не позволит так говорить о нем, просто не даст повода. А потому он не позволит Марии Валентиновне преследовать его по пятам.

Но как только увидел Марию Валентиновну, так тут же и позабыл о своем твердом решении быть похолоднее с ней: уж очень она была хороша, красива той северной красотой, которая так пленяет мужчин. Светлые большие глаза постоянно улыбались какой-то загадочной странной улыбкой, крупные губы просто, как магнит, притягивали к себе, да и вся она обаятельная, мягкая, добрая, щедрая, словно была предназначена ему судьбой. Что ж с этим можно было поделать... На одно уповал Шаляпин — в Париже можно остаться незамеченным. Это не Москва и не Петербург, где он уже не может ни на минуту остаться наедине с самим собой. А так иной раз хочется...

До концертов оставалось несколько дней, и Шаляпин с Марией Валентиновной целыми днями бродили по городу, заходили в музеи, побывали на выставках; иногда нанимали фиакр, но чаще просто бродили. Бывало, набегали тучи, шел крупный весенний дождь, закрывались зонтиками и убегали в отель, где надолго закрывались. И никому до них не было дела.

Шаляпин много раз бывал в Париже, но никогда у него не было столько свободного времени, как в эти дни. Здесь по-прежнему много было русских, годами живших и работавших, особенно художников. В Лувре подолгу стояли у знаменитой Моны Лизы, таинственно, загадочно улыбавшейся, у «Мадонны в гроте», «Святой Марии на коленях святой Анны», менее известных картин Леонардо да Винчи, и снова возвращались к Моне Лизе. А все потому, что Шаляпину показалось, что Мария не менее загадочно улыбается и не менее красива, надо еще раз посмотреть и сравнить. Шаляпин смотрел на картину, потом на Марию, пристально разглядывал ее лицо, руки, фигуру, окидывал ее взглядом сверху донизу и, оставшись довольным, убедительно доказывал, что в Марии есть что-то общее с мадоннами. Мария возражала, а он еще с большим жаром доказывал, настаивал на сходстве.

И в таком веселом, непринужденном настроении подходили к картине Корреджио «Сон Антиопы», игра начиналась снова: посмотрит на картину, потом на Марию. Долго стояли у картины Джорджоне «Сельский концерт»: две обнаженные женщины и двое мужчин, одна набирает воду из водоема в кувшин, другая наигрывает на флейте. Потом — Рафаэль, Тициан, Веронезе, Ван-Дейк, Ватто, Шарден, Клод Лоррен, Милле, Кара, Руссо. Долго любовались «Самофракийской крылатой победой». В Люксембургском музее обратили внимание на портрет матери Уистлера. Потом — Дега, Мане, Моне, Сислей, Писсарро, Ренуар, которых только недавно обливали грязью, а сейчас восхищались неповторимостью и живописностью красок

Подолгу гуляли в саду, примыкавшем к Люксембургскому музею, а утомившись, садились под тенистыми каштанами и забавлялись, как малые дети, поглядывая на нарядных ребятишек с нянями и матерями. Встречались кормилицы в русских нарядах, даже в кокошниках, вышитых бисером, с бусами на шее, с яркими лентами и в широких русских кофтах. Это вовсе не означало, что перед ними русские женщины, просто такова была мода у богатых парижанок. Любовались, как дети пускали в бассейне кораблики и лодочки, вспоминая при этом своих детей. Отдохнув и налюбовавшись на детей, Шаляпин и Мария поднимались, медленно проходили мимо бюстов и статуй, лишь скрип желто-розового песка под ногами нарушал обступившую их тишину. Украдкой целовались в тенистых аллеях и выходили к Сорбонне.

— Как хорошо, что мы встретились здесь в это время. Ты посмотри, бульвары все в зелени, каштаны цветут, — восторженно произнес Федор Иванович.

Они шли по мосту через Сену, вдали виднелись башни Нотр-Дама. Садились на империал конки и не успевали следить за мелькавшими перед их глазами бесчисленными достопримечательностями исторического Парижа. И все это мелькающее вставало перед глазами как нечто великое и незабываемое.

— Странный и удивительный город. Все здесь находят то, что ищут. Одни учатся, другие развлекаются, третьи получают заряд интеллектуальной жизни, бегущей, меняющейся, полной блеска и дерзаний. И почему ж только в этом городе каждый может найти то, что ищет... Удивительный город... А главное для нас с тобой, Мария, здесь можно затеряться в толпе даже гению, каждый пройдет мимо него, не обратив внимания. Прекрасный город — Париж.

Шаляпин все эти дни был в прекрасном настроении, весел, говорлив, сыпал веселыми историями, которых знал очень много, он в эти дни по-настоящему отдыхал. Ему было очень хорошо с Марией Валентиновной, спокойной, уравновешенной, она больше молчала, не отрывая влюбленных глаз от своего кумира, все еще не верила, что осуществляется ее мечта — стать близкой гениальному человеку.

Как-то остановились они перед колокольней, вроде бы особо ничем не выделяющейся, а оказалось, что именно с этой колокольни был подан знак, начинающий страдания и безумие Варфоломеевской ночи. А потом как-то очутились у здания с колоколами и огромной лестницей. Оказалось, что это палата депутатов, здесь заседал Конвент, где происходило много судьбоносных для Франции событий. И не переставали удивляться тому, что этакая громадина города не угнетает человека, каждый здесь чувствует себя свободно, уютно, и на душе становится светло, кажется, что встречные тебе улыбаются и вовсе не хотят нарушать твое уединение...

Проносились фиакры, омнибусы, улицы оглашались криками, кто-то с кем-то выяснял отношения, кто-то смеялся, пел, но вся эта обычная суета большого города никому не мешала. Заходили в готическую церковь Сан Северен, а вышли из нее и неожиданно попали в кривую улочку, где больше пяти веков тому назад жил Данте, когда был изгнан из Италии. Потом — Пантеон, музей Клюни, Сорбонна... На набережной Сены садились за один из поставленных снаружи кафе столиков, заказывали вина и закуски, ни на кого не обращая внимания, просто разговаривали, изредка бросая взгляды все на тот же собор Парижской Богоматери, снова возникший перед ними. Заходили и в музей Виктора Гюго на площади Де Вож, где жил писатель. И оказывалось, что писатель был и талантливым художником и скульптором.

Они бродили по Парижу, вспоминали знаменитые имена, восхищались гением народа, его пылким темпераментом и трудолюбием. Бродили и вспоминали, Ситэ, Латинский квартал, Лютеция, здесь возник город, ставший за два тысячелетия мировым центром художественной жизни всей цивилизации.

Приехал Римский-Корсаков с семьей. У Дягилева стал бывать Александр Скрябин. Начал репетиции Артур Никиш. Составленная Дягилевым программа Исторических концертов русской музыки поражала своей перенасыщенностью, желанием «втиснуть» все богатство русской музыки в эти пять вечеров; и это показалось Шаляпину ошибкой, но он хорошо понимал, что организаторам нужно было учесть многие пожелания как участников, так и дирекции французского театра. И в этом вся сложность подобных концертов.

За эти несколько дней свободной жизни Федор Иванович понял, что можно хорошо отдохнуть и во время насыщенной гастрольной жизни. Спектакли забирали у него много сил, а концертные номера — это что-то вроде семечек. Не так уж плохо выступить в пяти концертах, спеть известные арии и романсы, получить по тысяче двести за вечер, и никаких забот, ни от кого не зависишь, а с дирижером всегда можно договориться, на что обратить внимание. Естественно, и концертное выступление — не такое уж легкое, но не сравнить же со спектаклем, который длится несколько часов, нервная нагрузка настолько велика, что может до изнеможения вымотать...

Начались репетиции. Артур Никиш, Римский-Корсаков, Феликс Блуменфельд, дирижер «Гранд-опера» готовили свои номера программы. В штабе Дягилева с нетерпением ожидали приезда Рахманинова, Глазунова... Если о Глазунове Шаляпин вспоминал с удовольствием и ждал его также с нетерпением, то приезда Рахманинова чуть-чуть побаивался. Уж как они любили друг друга, Шаляпин многим ему обязан, особенно на первых порах, но неожиданно возникла трещинка, некая холодность, которая очень беспокоила Федора Ивановича. Больше года прошло с тех пор, как Рахманинов, довольный, радостный, пригласил своих друзей послушать только что законченную оперу «Скупой рыцарь». Помнится, был среди них и симпатичный Александр Оссовский. С радостью Шаляпин взялся исполнить партию Скупого и партию Ланчотто Малатесты из оперы «Франческа да Римини», тоже только что законченной. Пел с листа, был в ударе, кажется, сильное впечатление произвел на собравшихся. Но что-то не ладилось у него во время исполнения. Трудно было, слова не органично ложились на музыку. И уж потом, наедине, сказал: «Слова Пушкина здесь сильнее того, что ты написал, Сергей». Вроде бы ничего страшного не сказал, сказал то, что думал. Может, погорячился и не надо было говорить? Но свою натуру не переделаешь... Тогда обида Рахманинова не отразилась на их отношениях. Он по-прежнему надеялся на участие Шаляпина в этих операх, но не лежала у Шаляпина душа, как говорится, к этим операм, сначала ссылался на занятость репертуаром в Большом и Мариинском, а потом... Потом еще раз исполнил сцены из этих опер на музыкальном вечере у Римского-Корсакова, старался, как только мог, а многие остались холодны, даже Владимир Стасов. В чем дело? Этот вопрос долго волновал Шаляпина... И дело не в том, что Рахманинов использовал одну из частей своей музыкальной сюиты в монологе старого барона. Дело в том, что роль в «Скупом рыцаре» очень трудна, нет органичной, неразрывной связи между словом и вокальной мелодией, оркестр исполняет творческий замысел автора, а в вокальной партии нет той лепки слова в звуке, которая так пленяет в «Каменном госте» Даргомыжского и «Моцарте и Сальери» Римского-Корсакова. На том вечере завязался большой разговор вокруг новых опер Рахманинова. Римский-Корсаков после долгих размышлений сказал: «Конечно, музыка оперы очень талантлива. Есть весьма сильные, яркие драматические моменты. Сцена Барона, любующегося накопленным золотом, замечательна. Но в целом почти непрерывно текущая плотная ткань оркестра подавляет голос. Главное внимание композитора — в оркестре, а вокальная партия почти как бы приспособлена к нему. Получалось соотношение, обратное тому, что в «Каменном госте». Там роль оркестра сведена к минимуму — к простой гармонической поддержке вокальной партии. Оркестр Даргомыжского без партии голоса сам по себе лишен ценности. У Рахманинова наоборот: оркестр поглощает почти весь художественный интерес, и вокальная партия, лишенная оркестра, неубедительна; ухо в конце концов тоскует по отсутствующей мелодии. Впрочем, окончательное суждение можно составить, только прослушав оперу в оркестре, со сценой». И Стасов, всегда восторгавшийся исполнением Шаляпина, на этот раз был холоден и сдержан. Может, еще и потому, что Рахманинов в этом кругу музыкантов был «не наш»; Надежда Николаевна не признавала Рахманинова и как пианиста, к «богам пианизма» она относила Иосифа Гофмана и просто «таяла», по выражению одного из ее гостей, от игры Скрябина. Попытался Шаляпин еще раз вернуться к этим операм Рахманинова и в концерте Зилоти: 3 февраля 1907 года были исполнены две картины из «Скупого рыцаря» и две сцены из первой картины «Франчески да Римини», но и на этот раз возникло впечатление полной неудачи, может быть, и провала, хотя в газетах и писали и о крупном таланте Рахманинова, необычайно ярко проявившемся в сфере вокального творчества, вспоминали и «чудесного» «Алеко», и кантату «Весна», «и целый ряд пленительных романсов». Все это давало основания ожидать от мастера интересной оперы, но эти ожидания не оправдались. «Франческа», по мнению критиков, слабее, «Скупой рыцарь» ярче; есть в обеих операх «большое количество чисто рахманиновских красот», «но общее впечатление от них — точно от «пересказа» лучших его вдохновений». В откликах известных музыкантов и критиков тоже говорилось о том, что показалось и Шаляпину: в вокальном отношении очень неудовлетворителен «Скупой рыцарь». Сначала говорили о невозможности достигнуть драматической выразительности и силы в монологе Барона, невозможно рельефно передать его фанатическую скупость, а потом признаются, что ожидали от Шаляпина большего: привыкли к «чудесам» этого артиста, надеялись на чудодейственную его силу, но монолог не произвел большого впечатления. Удивительные люди — эти газетные обозреватели, привыкли к чудесам Шаляпина. А тут вроде бы не захотел он свершить «чудеса», не понимают, видно, что Шаляпин не может вдохнуть жизнь в безжизненное тело, холодное и бесчувственное, как ни пытался. «Вокальная партия слабовата, — признается другой критик, — я тоже надеялся на «чудо». Почти все музыкальные критики отмечали оркестровую сторону второй картины, то есть монолога Барона, Скупого рыцаря, вся выразительность, содержательность, красота и благородство оперы — в оркестре, а декламация бесцветна, ничего яркого и проникающего в душу не смог передать даже удивительный трагический талант Федора Шаляпина. «Только гениальная речь Пушкина и великолепный оркестр не дают упасть вниманию и интересу слушателей» — эта фраза навсегда запомнилась Шаляпину, отвыкшему от таких резких отзывов в прессе. И что же? И после таких суждений, с которыми он согласен, можно ли оставлять в своем репертуаре такие партии? Нет! Как никогда больше он не выступит и в партии Евгения Онегина. Попробовал — не получилось, значит, не стоит рисковать своей репутацией еще раз. И вовсе не из-за трусости и неуверенности в своих силах, а просто потому, что есть партии не его репертуара...

Глава пятая

МЕСЯЦ В ДЕРЕВНЕ

Стояла прекрасная пора — макушка лета 1909 года... Сколько дней Шаляпин, мыкаясь по свету, вспоминал свой русский терем, давно ждущий своего хозяина. И наконец мечта его осуществилась — он снова в Ратухине, где с нетерпением ждали его дети и Иола Игнатьевна, которой он уделял все меньше и меньше внимания... А какая жена не чует, как рвутся прежние связи... Первые дни Федор Иванович просто наслаждался воздухом, пением птиц, подолгу любовался стремительными полетами стрижей, ласточек, на деревьях щебетали подросшие птенцы, жадно все еще разевающие клювы при виде подлетающих родителей, веселые, все еще неуклюжие, они уже и сами находили себе пищу, но разевать-то при виде старших все еще разевали... Смешно было наблюдать, как птенцы, найдя что-нибудь съедобное, слетались все в одну кучу.

«Не разобрались еще, что к чему», — думал Федор Иванович, окидывая взглядом окрестности. Любовался сверкающими на солнце изумрудными соснами, словно одетыми в подвенечный наряд березами... Красота! Красотища! Весь век бы любовался русской природой, так хорошо и опрятно становилось на душе... А чуть отойдешь от дома — иная манит красота: широко и привольно разливаются луга, а там, чуть-чуть подальше, блещет своим неунывающим серебром речка, полная своими несметными богатствами; рыбы, говорят мужики, полным-полно. Может, и врут, а может, просто оттого, чтобы угодить «барину». Ну, он еще успеет проверить, правду ли они говорят. Затем и приехал сюда — рыбки половить да на ребятишек полюбоваться... Пятеро...

Вроде бы мечта его осуществлялась, высказанная когда-то после трагической смерти первенца Игоря, у Шаляпиных должно быть много детей. И вот они, крепкие, умные, болтающие на трех-четырех языках. Забавно было с ними... Стоило ему как-то сказать, что деревенские ребятишки в своих одежонках превосходно себя чувствуют, как через несколько дней Иола Игнатьевна одела своих детей в крестьянскую справу: холщовые цветные рубахи, подпоясанные кушаком, широкие штаны, плотно забранные белыми онучами и аккуратно обвязанные предназначенными для этой цели веревками, а вместо привычной обуви — лапти. А на голове — лихо заломленные на одну сторону картузы.

Шаляпин с радостью, даже с каким-то позабытым ликованием помогал Иоле одевать сыновей... Сначала это было как бы игрой, а потом все убедились, что это и удобно — удобно ноге, всему телу.

И сам он чаще всего ходил в длинной белой рубахе, в свободных штанах, бывало, и босиком, а бывало, и в лаптях; хорошо чувствовали себя ноги в этой удобной для хождения по полям и лугам обуви.

И конечно, в солнечную погоду белый картуз украшал его голову.

Первые дни дети не отходили от него... То один, то другой, то третий просились к нему на ручки, Шаляпин вроде бы нехотя отнекивался, а потом вдруг подхватывал счастливчика, который с радостью взмывал вверх и водружался чаще всего на шее отца, вертелся по сторонам. Ох, до чего стало интереснее, так много можно было увидеть.

И счастливы были все... Иола Игнатьевна давно уж не испытывала такого довольства: редко приходилось бывать вместе — гастроли, театры, знакомые, друзья много отнимали времени у Федора Ивановича. Да и когда оставался дома, то либо отдыхал, либо репетировал опять же с друзьями, с помощниками, с коллегами...

Конечно, она прежде всего интересовалась его здоровьем, она же знала, что в 36-летнем Шаляпине обнаружили излишки сахара; посоветовали строгий режим, диету. И когда они оставались одни, она чаще всего спрашивала о его самочувствии.

— Какое уж тут самочувствие, — уныло отвечал Шаляпин в первые же часы своего пребывания в Ратухине, когда немного улеглась радость от встречи с детьми, с домом, о котором так давно мечтал, — одна скука начинается: того нельзя, этого нельзя... Хотел к Горькому заехать, соскучился по старому другу да и вопросов много накопилось у меня в душе. Столько в жизни непонятного и противоречивого, самому, боюсь, не разобраться, но посоветовали врачи не откладывать курс лечения. И ты знаешь, поехал я в Виттель.

— Знать-то знаю, но и только, ты ж не писал нам, вот и у меня много вопросов к тебе, Федя. — И столько любви и муки послышалось в ее голосе, что Шаляпин вздрогнул от неожиданности.

«Неужто она меня все еще любит?» — подумал он.

— Изнервился я, Иолочка, — вслух сказал Федор Иванович. — Измучился, боялся, что вообще не приду в себя... Столько забот, столько тревоги накопилось в душе, что никакой водой все это не вымоешь... Премного виноват я перед тобой, Иолочка, прости меня, окаянного, что не писал я тебе... Сейчас только и могу сказать, что вырвался на свободу, начинаю дышать более или менее свободно... Да и то как-то не верится, что освободился и могу быть себе хозяином хотя бы этот месяц в деревне... Работал без передышки, если не считать мое пребывание у Горького в прошлом году да плаванье на пароходах в обе Америки и обратно... Два с половиной года не отдыхал, изнервился и устал до того, что начинало уж мне казаться черт знает что: и то и се, что и голосу начинаю лишаться, к тому же и анализы были неблагоприятные.

— А что конкретно-то врачи тебе сказали? — строго спросила Иола.

— Анализ мочи показал, Иолочка, тысяча тридцать шесть весу и ужасное количество мочевой кислоты. Кроме этого, нашлось девять грамм на литр сахару, то есть почти один процент, это хотя и немного, но, во всяком случае, неприятно. Три недели строгого режима провел я в Виттеле...

— А какая там была погода? — продолжала расспрашивать Иола.

— Была и плохая, была и хорошая... В хорошую погоду все время гулял, вставал в шесть часов утра, до десяти гулял, пил пять стаканов воды, делал себе общий массаж с теплым душем. А в десять с половиной легонечко завтракал, потом, отдохнув немного, снова хожу то туда, то сюда пешком до шести вечера, при этом часа в четыре выпиваю еще, потом снова — два стакана.

Ложился спать часов в десять вечера. Представляешь? Мне, привыкшему совсем к другому образу жизни, приходилось ломать себя... Но ничего не поделаешь — терпел... Скучновато было, но зато сейчас я чувствую себя гораздо лучше, хоть снова в бой.

— Вижу, что ты похудел. Хорошо ли так-то?

— Да, похудел фунтов на десять. Да как бы не набрать за деревенский месяц-то снова. Пища-то больно хороша: парное молоко, яички, лепешки, ватрушки, пирожки... Ну да на рыбалку буду ходить, купаться, гулять по лугам будем все вместе, форму надо блюсти, а то опять беда, лишний вес, говорят, плохо для диабета...

— Федор! Поподробней расскажи о парижских гастролях... Я знаю, что принимали вас всех хорошо, тебя, конечно, в особенности, но что еще было... Ты же знаешь, как я люблю театр, но теперь мой театр — вот, твои дети...

В ее голосе Федор Иванович услышал и гордость матери, и тоску артистки, познавшей успех и теперь лишенной всего того, чем так манит сцена. И понял, что она ждет подробностей, которые так всегда неповторимы в каждой постановке и которые так всегда привлекают.

— Не помню, говорил ли я тебе, что, конечно, и на этот раз было много всяческих приключений во время постановки «Псковитянки». Знаешь Дягилева и его команду, а посему представляешь себе, что бывает за кулисами... И столько интриг пришлось ему преодолеть, столько скандалов произошло прежде, чем грянул этот невероятный успех... Скажу тебе, что сам по себе театр «Шатле», в котором мы выступали, настолько оказался привлекательным, что Сергей Павлович тут же решил создать в нем чуть ли не торговый дом, с кафе, кабинетами и прочая и прочая. В фантазиях ему не откажешь. Но если б ты знала, сколько препятствий ему пришлось преодолеть.

Иола вопросительно посмотрела на Федора Ивановича.

— Сейчас расскажу все по порядку, я понимаю, что ты оказалась совершенно оторванной от родной среды...

«На чем же остановиться-то? Столько разного можно порассказать о Дягилеве и его делах...» — мелькнуло в сознании Федора Ивановича.

— Все начиналось превосходно. Ты помнишь, что успех «Бориса» превзошел все наши ожидания. В прошлом же году он решил поставить «Псковитянку», сцены из «Князя Игоря» и «Юдифи» с моим участием. Естественно, была сделана реклама, интервью в газетах, разговоры в светских салонах, словом, пошла молва по столицам, что постановки в Париже будут грандиозными. И мы были все в этом убеждены, но... Сначала Николай Второй распорядился использовать помещения Эрмитажного театра для подготовки спектаклей Русского сезона 1909 года в Париже. Кроме того, разрешил великому князю Борису Владимировичу взять под свое покровительство дело постановки в текущем году оперных и балетных спектаклей в Париже, а самое главное — разрешил бесплатно пользоваться имуществом императорских театров для наших спектаклей. Но как только начались репетиции, как мне рассказывали в Париже, так сразу же на имя управляющего министерством двора поступила телеграмма царя примерно вот такого содержания: «Прикажите прекратить репетиции в Эрмитаже и выдачу декораций и костюмов известной антрепризе ввиду моего нежелания, чтобы кто-либо из семейства или министерства двора покровительствовал этому делу. Николай». Представляешь, в каком положении оказался Дягилев и его антреприза, в которую входили все выдающиеся артисты оперы и балета.

— Но не входила Матильда Кшесииская? — спросила Иола.

— Как ты догадалась? — рассмеялся Шаляпин.

— Просто я читала в газетах обо всем этом, пока ты пел в Монте-Карло; а когда приехал в Гурзуф, мы не успели обо всем поговорить, так мало ты у нас был. Но из газет разве что поймешь, все какие-то намеки, догадки, которые потом оказываются ложью и клеветой, — резко высказалась Иола Игнатьевна.

— Трагедия в том, что внезапно скончался великий князь Владимир Александрович, покровительствовавший Дягилеву. И Дягилев ничего не придумал лучшего, как охладеть к Матильде Кшесинской... Сначала ее пригласил выступать в труппе, даже обговорили, что она будет танцевать, кто у нее будет партнером, ну все, как полагается. Но, оказывается, он обращался к ней за советом и помощью лишь с единственной целью — получить покровительство царской семьи и получить казенные субсидии. С помощью Кшесинской он мог бы все это получить. Так оно и было на самых первых порах. А потом смерть князя, охлаждение к Матильде, которой он предложил танцевать незначительную роль в мало кому известном балете «Павильон Армиды». Она сама мне рассказывала, что в этом балете она не смогла бы проявить свои дарования и обеспечить себе успех, на который она имела полное право, потому что перед этим, в 1908 году, уже выступала на парижской сцене. Она спорила, доказывала Дягилеву, чтобы дал он ей возможность по своему усмотрению подобрать балет, в котором она могла бы блеснуть. Но он так и не уступил ей. И она отказалась от участия и, естественно, от всякой поддержки его предприятия, а вслед за этим последовала и телеграмма царя. Враги Дягилева ожидали, что эта кара произведет страшный разгром в дягилевской антрепризе, пустили слух, что это вообще грязное дело, что успех прошлого года — это все ложь и обман. Приложили руку к прекращению покровительства и выдачи декораций и костюмов из императорских театров великие князья Андрей Владимирович и его брат Борис Владимирович, которые были дружны с Матильдой Кшесинской... Но Дягилева не так-то легко сбить с намеченного пути, он тут же объявил, что и без покровительства и без декораций он осуществит свое дело, весело и бодро продолжал готовить Русский сезон в «Шатле»... Сколько в нем энергии, силы противостоять вот таким гонениям. Позавидуешь...

— Но почему он не мог ей уступить? Ведь она действительно хорошая балерина. Может, уступает в чем-то гениальной Павловой, но он мог бы пойти ей навстречу...

— Как тебе объяснить... — Шаляпин задумался, вспоминая все, что ему говорили об отношениях Дягилева и

Нижинского, юного танцовщика, который стал за один сезон знаменитостью. — Боюсь, что Дягилев стал ревновать Нижинского, которого обожала Матильда, репетировала с ним балет для красносельских спектаклей, всячески выдвигая его и предрекая ему блестящее будущее. Говорила о нем не только как об отличном танцовщике, но и чудном кавалере. Она была первой артисткой, выступившей с ним на сцене как партнерша, об этом стали часто писать в газетах, говорить в салонах. Она называла его чудным мальчиком, милым, симпатичным, скромным, обаятельным. И он очень к ней привязался. Она не скрывала, что Вацлав Нижинский подарил ей чудный образ, сделанный из перламутра, с серебряным кругом сияния над ликом. Как она расхваливала этот подарок, не забывая при этом сказать о благородстве душевном Вацлава, его доброте и благодарном сердце его. А ведь в этом узком кругу, где вращаются Дягилев и Кшесинская, сразу все становится известным. Вот и началось охлаждение Дягилева к Матильде. Все очень просто, он охладел к Матильде, как только узнал, что у нее тоже есть виды на этого мальчика. И сразу же к Дягилеву охладели в царских кругах... Как он умолял, по его словам, барона Фредерикса исходатайствовать возвращение царской милости, но министр двора не стал хлопотать. После чего поползли в Питере слухи, что вообще Русский сезон в «Шатле» не состоится. Бенуа выступил с опровержением этих пустых слухов... Дягилев сделал, в сущности, невозможное. Он говорил мне в Париже: «Не было иного выхода, как заказать и срочно изготовить вновь все декорации, костюмы и аксессуары в течение трех оставшихся до начала сезона недель для намеченных к постановке в Париже двух русских опер и четырех балетов. Заказ этот, совпавший к тому же со Страстной и Пасхальной неделями, с неимоверными усилиями и затратами был приведен в исполнение». И после этих спектаклей можно уже открыто говорить, что это великое национальное дело, осуществленное в срок, сделано только благодаря исключительным дарованиям Сергея Павловича Дягилева. Более того, Дягилеву стало известно, что барон Фредерикс написал послу во Франции Нелидову о том, что Дягилеву запрещается называть свою антрепризу «ансамблем императорских театров», что с каждого артиста взята подписка не обращаться в посольство за помощью, если затея Дягилева провалится. Просто хотели задушить эти спектакли...

— В какой-то газете я читала, — оживленно сказала Иола, довольная этим разговором на давно интересовавшую ее тему, — что Дягилеву и его друзьям пришлось столкнуться с организованной враждебной кампанией. Но я не думала, что эта вражда исходит из таких кругов, мало ли, казалось мне, у знаменитых людей завистников...

— Да, атмосфера вражды, сплетен, озлобления, недоброжелательства, бывали и угрозы физической расправы — это обычная театральная атмосфера, а тут к тому же и поездка в Париж, по крайней мере, начало европейской славы...

— Я читала в газетах, что во время репетиций в Екатерининском театре танцовщицы танцуют голыми...

— Чушь, конечно, некоторые наши «друзья» посылали письма в Париж с намеками на то, что не ведает никто... Грязи много было вокруг нашего дела, но грязь на вороту не виснет, как скажут в народе. Ничто не помогло этим негодяям. Николай Рерих написал декорации «Псковитянки», костюмы к ней были взяты с рисунков художника Стеллецкого, сделанные им для трилогии графа Толстого и забракованные дирекцией императорских театров, Бенуа написал новые эскизы к «Павильону Армиды», Валентин Серов — к «Юдифи», Лев Бакст — к «Клеопатре»...

— Вот как раз об этом спектакле говорили, что в нем балерина танцевала голая, — вспомнила Иола рассказанную ей сплетню.

Федор Иванович рассмеялся и полными от слез глазами посмотрел на Иолу.

— Опять сплетня, а ты поверила. Я видел этот балет... В нем действительно есть сцены, я бы сказал, фривольного характера, ну, сама понимаешь, балет поставлен по новелле Теофила Готье «Ночь Клеопатры». Ясно, что есть в этой новелле этакая пикантность, что ли, и постановщик Михаил Фокин должен был решить по-своему эти сцены... Нужно было видеть, как Клеопатра в исполнении юной и смелой Иды Рубинштейн в одной из самых соблазнительных сцен постепенно освобождалась от своих одежд, предаваясь любовным утехам прямо на глазах изумленной публики, но все было поставлено так, что самого главного, что должно было произойти, не происходило; оставался какой-то миг, но в этот миг появлялись придворные дамы и загораживали занавесками ложе любовников... Сделано просто здорово! Под прекрасную музыку «Млады» разматывались одни одежды за другими, со сложными движениями гибкой и обольстительной Иды. И вот когда на ней оставалось нечто вроде костюма, придуманного талантливым Бакстом, звучала страшно грозная и соблазнительная музыка Римского-Корсакова. Перед нашими глазами возникала не просто полуобнаженная девчонка, а настоящая соблазнительница, гибель с собой несущая. В этот момент действительно кажется, что можно отдать жизнь за мгновение обладания этой упоительной дивной женщиной. Необыкновенная сцена! Потрясающая! Успех, который имели наши балеты, особенно «Клеопатра», был несомненный, может быть, ничуть не меньше, чем «Псковитянка» и сцены из «Князя Игоря» и «Юдифи». И дело не в пресловутом раздевании Клеопатры, а в том, что наш балет поразил парижан своей новизной, музыкой, талантливыми исполнителями, равных которым не знает Европа. Вот чем дорог всем Дягилев и его предприятия... Да и парижане почувствовали, что мы приехали в самый нужный момент, когда Европа нуждалась в новых темах, ощущениях, новых средствах сценической выразительности. В репертуар французской оперы вошел «Борис Годунов», после моего выступления в «Ла Скала» тот же «Борис Годунов» войдет в репертуар итальянских артистов, теперь — «Псковитянка», «Князь Игорь», «Юдифь»... В ближайшие годы Дягилев мечтает поставить в Париже «Садко», «Снегурочка» уже поставлена на сцене парижского театра. Русская музыка покоряет Европу, ведь после Парижа — законодателя всяческой моды — поставят русские оперы все европейские столицы... Понимаешь? И я — участник этого торжественного шествия русской музыки по европейским театрам... Как это великолепно! Как это здорово!

И Шаляпин легко подхватил располневшую Иолу и покружил ее в неуклюжем вальсе. Шаляпин был босиком, в длинной белой рубахе, подпоясанной цветным кушаком, и в белом же картузе. Иола была, как всегда, одета строго, хоть и по-домашнему. Сбежавшиеся дети с веселыми улыбками наблюдали за родителями. Мир и согласие царили в этом доме. Надолго ли?

Иола ушла хлопотать по хозяйству, а Шаляпин, подхватив младших, Федора и Татьяну, спустился к реке. Увидел рыбаков, тянувших сеть, тут же бросился помогать. Федор и Борис тоже подскочили к отцу, но отец попросил их не мешать.

Прошло несколько дней. Безделье лишь в самом начале приезда радовало Шаляпина, потом деятельная душа его затосковала. Известил друзей и знакомых о том, где он обитает этот месяц, пригласил их навестить его. Один за другим потянулись приглашенные в русский терем великого оперного князя. В эти дни дом наполнялся музыкой, голосом Федора Ивановича Шаляпина. Потом наступали похмельные дни. В эти дни он читал «Дон Кихота» Сервантеса, подолгу размышляя над прочитанным.

Через несколько месяцев Шаляпин должен сыграть роль Дон Кихота в новой одноименной опере Жюля Массне, и эти дни отпуска он задумал использовать для предварительной работы над сложнейшим характером рыцаря Печального Образа.

«В последние годы меня упрекают в том, что я не работаю над новыми ролями, исполняю своих Мефистофелей, Бориса Годунова, Досифея, Олоферна, Ивана Сусанина... И получается в представлении этих зоилов, что мой рост прекратился, я сам себя повторяю, не развиваюсь... Какая глупость и неправда, — размышлял Шаляпин, поглядывая со второго этажа своего терема на играющих внизу детей. — Внимательные зрители, видевшие меня в одних и тех же ролях, постоянно удивляются тому, что у меня нет одних и тех же жестов, движений, заученных раз и навсегда штампов в пении... Разве мой Досифей, недавно исполненный в Париже, похож на того, кого я играл в Москве и в давнем Мамонтовском театре... Нет и нет, каждый мой выход на сцену в той или иной роли — это нечто новое... Говорили же философы древнего мира, что дважды невозможно войти в одну и ту же реку. Так и дважды нельзя сыграть одну и ту же роль. Внешне все, конечно, остается, есть партитура, есть дирижер, есть либретто, но все это может оказаться мертвым, безжизненным пространством, если все эти буквы, слова, нотные знаки не оживить человеческим прикосновением, не окропить человеческим талантом, как живой водой сказочного героя. Вот передо мной либретто и партитура оперы «Дон Кихот», говорят, что музыка Массне бездарная, а либретто нелепое. Возможно, не буду спорить, но почему я, слушая музыку в исполнении самого Массне, плакал как корова, а в другой раз, слушая чтение либретто автором его, Анри Кэном, ревел как белуга. Почему? Ясно, что, оба раза слушая исполнение оперы, я что-то мысленно добавлял из того, что я знал о Дон Кихоте, его печальную судьбу, его приключения, смешные и драматические... И мое отношение к этому Рыцарю печального образа несколько иное, чем у французов Массне и Кэна. Согласен и с теми критиками, которые говорят, что опера не имеет никакой художественной ценности... Но Массне написал оперу для меня. Он упросил меня играть в этой опере, а Рауль Гинсбург взялся впервые поставить эту оперу в своем Монте-Карло, а потом уж только в России... Значит, авторы и постановщики знают, кто будет играть роль Дон Кихота. Играли ведь роль Бориса Годунова до меня, но Мусоргский стал знаменитым только после того, как впервые музыка его прозвучала на сцене «Гранд-опера» в Париже, потом уже в «Ла Скала», а теперь пойдет по всему миру, Лондон, Нью-Йорк... В сущности, многие дивились, когда узнали, что я буду исполнять Мефистофеля в опере Бойто — пророчили провал, как это случилось с моими предшественниками... Но этого не произошло. И плохую оперу, с бездарным либретто и нелепой музыкой, можно сыграть с успехом, хотя содержание оперы утратило глубину и красоту подлинного «Фауста» Гете. И о многих операх на известные сюжеты — можно так же сказать. Но моя задача исполнителя представить Мефистофеля таким, каким его задумал и создал гениальный Гете, хотя и должен следовать творческому замыслу композитора и либреттиста. В этом и заключаются сложности артиста. Здесь скрываются его безграничные возможности сотворчества, пунктирно обрисованную личность он облекает своими телом и душой... Ясно, что по своему содержанию опера Массне не удовлетворяет меня, потому что упрощает бессмертную книгу, упрощает и сложнейший образ Сервантеса. Естественно, авторы не могли дать столько эпизодов, сколько дал Сервантес, ведь оперу слушают три-четыре часа, а роман можно читать неделями. Разница весьма существенная в природе и специфике искусства, все это актер должен учитывать и отнестись к чему-то снисходительно. Но он должен знать Дон Кихота по Сервантесу, а не по Анри Кэну, знать те глубины его человеческой природы, которые пришлось обойти двум талантливым французам, воплощая в опере бессмертный образ. И вот читая партитуру оперы о Дон Кихоте, я спрашиваю себя: какого же человека я должен представить своим зрителям и слушателям? Хорошего или дурного, доброго или злого, умного, глупого, честного, хитрюгу? Или сложную смесь всего этого? И какими средствами? Ведь ни композитору, ни либреттисту не удалось поразить нас своими художественными открытиями... Но ведь я слезами обливался, слушая и музыку, и либретто...»

Шаляпин, так и не сумев ответить на возникшие вопросы, отошел от окна, шагнул к столярному станку, и веселые стружки потянулись к полу, падая одна за другой, и вскоре пол вокруг станка был устлан великолепным ковром из стружек. Но столярничал он недолго.

Из столовой по деревянной лестнице кто-то быстро бежал, а внизу поднялась какая-то непонятная суета.

— Папа! — вбежала Ирина с криком. — К нам гости приехали!

Федор Иванович выглянул на террасу, посмотрел вниз. Действительно, у дома стоял тарантас, запряженный парой лошадей, а около него разговаривали с Иолой Игнатьевной две незнакомые дамы и до боли знакомый плотный мужчина среднего роста с солидной лысиной.

— Иду! Иду! — радостно крикнул Шаляпин, узнав наконец Михаила Васильевича Нестерова, с которым давно не виделся.

— Вот уговорили меня мои любимые женщины показать тебя, дорогой Федор, уж не обессудь, вломились мы в твои хоромы, — виновато заговорил Михаил Васильевич, — это жена Екатерина Петровна и дочь Ольга. Помнишь?

— Как же не помнить? Сколько раз встречались у тебя в мастерской, Михаил Васильевич, да и за обеденным столом немало хлеба-соли съели. А эту красавицу я увидел лишь на твоей выставке в качестве... в качестве «Амазонки». Чудный портрет, Михаил Васильевич. — И с этими словами Федор Иванович с ловкостью светского льва поцеловал руки Екатерины Петровны и Ольги. — Я вам покажу свою усадьбу, а потом и пообедаем вместе чем Бог послал.

— Ты, Федор, не хлопочи, мы к тебе проездом, можно сказать, по пути, даже возницу отпускать не будем Не будем тебя стеснять.

— Да какое там стеснять, комнат много, большие, с огромными окнами, света много, доставай свой этюдник и работай, а лучше покажу вам, как я живу.

И друзья начали обход шаляпинских владений, осмотрели двухсветную столовую, поднялись в комнату Федора Ивановича, полюбовались с террасы на открывавшийся перед ними прекрасный пейзаж, на речку Нерль с ее причудливыми изгибами, зарослями по берегам.

— Вот здесь, — Шаляпин показал на речку, — я ловлю рыбу, есть и раки. Если бы ты не торопился, угостил бы я вас раками. Вкуснота необыкновенная, ни с какими устрицами не сравнить...

В этом духе беседа продолжалась и тогда, когда Шаляпин и Нестеров вышли из дома, налюбовавшись светлыми, большими комнатами, с огромными окнами, мамонтовской майоликой на камине в столовой. Хозяйственных построек было не так уж много, только лишь необходимые, и прежде всего — баня, построенная все из той же ярославской сосны.

— Люблю попариться, Михаил Васильевич. Оставайтесь, тут же натопим, получишь необыкновенное удовольствие. Я и в Москве, как только почувствую себя свободным хотя бы на несколько часов, тут же отправляюсь в Сандуновские бани, а после этого с друзьями едем в ресторан «Эрмитаж». Баня словно прибавляет сил, так легко становится на душе, чувствуешь, можно горы свернуть...

— Федор! Некогда мне, заскочили на два часочка, не больше. Задумал серьезную картину, возможно, назову ее «Христиане», вот разъезжаю по разным городам и весям в поисках подходящей натуры. Ох, какие есть интересные типажи! Вот недавно съездил я в Воронежскую губернию, нашел интересного священника, с которого я написал один этюд, потом бросил, а совсем недавно просто почувствовал, что этот персонаж-то мне и нужен... Так вот я с трудом продвигаюсь к исполнению своего замысла... Да еще и не знаю, как назову свою новую картину, нравятся мне и названия: «Верующие», «Алчущие правды», «Душа народная», «На Руси», даже с названием сложно, что уж говорить об ее исполнении. С картиной «Святая Русь» тоже много было неясного, а все же я ее закончил.

Федор Иванович был на выставке Нестерова в Москве и напомнил своему другу, что его картины привлекли большое внимание москвичей, было много споров, особенно вокруг картины «Святая Русь».

— И Дягилев, и Бенуа, многие певцы и певицы тоже говорили о твоей выставке, когда мы вместе выступали в Париже. Особенно Сергей Павлович был недоволен тобой, в чем-то ты отказал ему, а он отказов страсть как не любит, просто встает на дыбы.

— Не знаю, что и думать о нем; то он мне нравится, его энергия, патриотическая направленность его деятельности и многие другие черты мне по душе, но уж очень напорист, неряшлив в выборе средств для достижения своих в общем-то благородных целей... Он предложил мне участвовать в выставке в Венеции, переполненной туристами со всего света. Ему нужен был мой «Димитрий царевич убиенный» и еще кое-что, по его выбору. Я внимательно слушаю его «венецианскую серенаду» и, когда она была окончена, спрашиваю: почему в Париже, где только что закончилась его выставка, где также бывает много туристов, он не нашел нужным на своей Русской выставке показать ни Сурикова, ни Виктора Васнецова, ни меня... Неужели среди Бакста, Александра Бенуа, Лансере не нашлось места для нас, и что произошло такое, что Сергей Павлович вспомнил обо мне сейчас... Ну сам понимаешь, Сергей Павлович тут же признался, что он ошибся, не пригласив упомянутых художников, хочет исправить свою ошибку. Около часа мы ходили по моей закрывающейся выставке, переливая из пустого в порожнее. Я наотрез отказал Сергею Павловичу дать что-нибудь в Венецию. Избалованному Дягилеву просто не верилось, что я могу отказаться от такой чести. Однако я устоял.

— Михаил Васильевич! А ведь выставка имела колоссальный успех! Вот он тут же сообразил, что к чему, признался в ошибках своих.

— А теперь еще больше будет горевать: «Святая Русь» получила золотую медаль первого класса, присужденную мне Комитетом Международной выставки в Мюнхене. Признаюсь, Федор, это меня обрадовало, как полная неожиданность. Появится, как мне сообщили, статья, иллюстрированная моими произведениями, и во французских журналах. В Лейпциге печатаются снимки с моих картин, что-то еще происходит вокруг моего имени. Все это я тебе рассказываю для того, чтобы ты знал, как трудно мне пробиваться сквозь толщу предвзятых мнений, господствующее среди которых, что я черносотенец... Большей глупости и не могли придумать. Я — русский художник, люблю Россию, русский народ, поклоняюсь своим идеалам, своему Богу.

— Да, я помню все разговоры в газетах вокруг твоих картин. Обвиняли тебя за то, что так и не смог написать русского Христа, что-то в нем не хватает, трепетности, что ли, или духовности.

Нестеров и Шаляпин вышли за пределы усадьбы, показался вид на речку Нерль. Рядом и за ними брела шаляпинская ватага: так хотелось им побыть с отцом, послушать красивого бородатого художника, который рисует царей и богов, как говорила им Иола Игнатьевна.

— Нет, Федор, чуточку не так... Не было равнодушных в оценке «Святой Руси», ее либо признавали, либо отрицали, любовь или вражду — вот что испытывали ко мне и моей картине любопытствующие зрители. И многие обрушились на образ Христа. Даже те, кто признавали мое творчество, указывали на мою неудачу, попытку изобразить русского Христа. Один из моих доброжелателей, Макс Волошин, поэт и художник, писал, что на картине он увидел лжеклассического Христа, которого мог бы написать и Сведомский, это не Христос, а манекен в эффектной позе, а за ним несколько трафаретных васнецовских старцев. И самое убийственное: «Нельзя найти достаточно плоских и напыщенных слов, чтобы передать всю театральность этого Христа». Неудачны и святые, в том числе и Сергий Радонежский. Отмечали и холодную чуждость во всем облике Христа, в его взгляде поверх голов, пришедших к нему, в безразличии опущенных рук. Много всякого говорили и писали о моих картинах... В этот спор вокруг моей картины включился и Лев Толстой, о мнении которого я узнал в Ясной Поляне. Картина Нестерова, сказал Толстой, — это панихида русского православия. Не знаю, не знаю... Может быть, Христос мне действительно не удался. Может быть, он у меня действительно оказался слишком властным и торжествующим. Я хотел показать его просто сильным не только духовно, но и телесно, никак не слабее тех людей, на которых он влиял. Я хотел прежде всего показать молящуюся Русь в ее великом разнообразии характеров и судеб, хотелось показать духовную и физическую красоту русского человека, его прекрасную многоликость. Не знаю, получилось...

— Что ты, Михаил Васильевич! Замечательная картина! Я помню ее до мелочей.

— Нет, Федор Иванович, я вижу, что слаба картина, ох как она слаба, нет в ней главного, образа Христа, того, кого я хотел изобразить. Вот и хочу написать новую картину — «Христиане», — вот и собираю по всей стране материалы, побывал на Волге, нашел там такие яркие типажи, да и волжские просторы так и просятся на картину. Героями картины будут не только примечательные простые люди из народа, но и русские знаменитости, яркие по своему христианскому веропониманию, в том числе Лев Толстой, Достоевский, Владимир Соловьев, возможно, и такие, как Федор Шаляпин...

— Куда там мне, комедианту, актеришке, — пошутил Шаляпин. — В «Святой Руси» Алекса Горький не уместился, а как он позировал в Нижнем Новгороде, оченно хотел попасть в картину, уж оченно она ему понравилась по замыслу твоему.

— Не уместился, Федор, не уместился. Ты прав, взламывал он своим присутствием весь замысел картины. Сейчас у него иные песни, совсем другая философия жизни, чем у моих героев, чем у меня самого.

— А его «Исповедь»? У него тоже герои ищут Бога, ищут веру, — настаивал на своем Шаляпин.

— У Горького — совсем другой Бог, чем у меня и моих единомышленников. Мне ближе Толстой, Достоевский, Владимир Соловьев. И я предполагаю, что эти высшие представители русской интеллигенции будут выражать основную тему картины. Без этих лиц она будет неполной, незаконченной. Их нельзя выкинуть из жизни народа, идущего по путям, скажем, богоискательства. Возможно, я покажу и образ Алеши Карамазова, одного из моих любимых литературных героев. Возможно, покажу, повторяю, Федора Шаляпина; возможно, покажу Александра Иванова, автора картины «Явление Христа народу». Хочется всех показать, кто неотделим от истории и духовных путей русского народа, то есть будут в картине и представители государственной власти, представители церкви, воинской славы; может быть, это будут не конкретные исторические лица, легко узнаваемые, а исторические образы, своего рода символы России. А впереди всей этой рати русских деятелей я, может быть, поставлю вот такого мальчика, — и Нестеров легко поднял на руки Бориса Шаляпина, — с его ясными, чистыми глазами, бодро идущего впереди всей моей Руси. — С этими словами Нестеров бережно опустил Бориса. — Не знаю, Федор Иванович, что буду писать прежде всего, много бродит в моей душе замыслов, но этот самый главный. После выставки моей персональной я почувствовал, какой глубокий интерес появился у русской интеллигенции к религиозным вопросам. А во мне он давно живет... Народу на картине будет много, народ всякий, и похуже, и получше, все заняты своим делом — верой! Все верят от души, искренне, каждый по мере своего разумения. Но никого не обвинишь, что-де плохо верит, — верит всяк как умеет. А все же надо помнить всем и каждому, что «не войдете в царство небесное, пока не будете как дети».

Шаляпин тихо молчал, очарованный монологами Михаила Васильевича Нестерова. Потом словно пробудился ото сна, навеянного музыкой слов любимого художника.

— Я, Михаил Васильевич, и тебя люблю, и Горького люблю, и Рахманинова люблю, и Станиславского, и Ваню Москвина, и Иолу, и Марию, и ребят своих... И всю природу, и всю природу в свои объятия готов я заключить... Ох, Михаил Васильевич, друг ты мой сердечный, что-то петь мне захотелось, как только ты заговорил про любовь... Да, кстати, дома, видимо, уже все готово, чтобы что-нибудь воспринять нам за труды наши на этой грешной земле. Пойдем обратно... Ну, мальчики, кто быстрее скажет маме, что идем обедать?

Борис и Федор помчались наперегонки, но явно было, что старший Борис перегонит Федора, а раньше всех, конечно, добежит Ирина, старшенькая из дочерей и, кажется, самая ласковая.

Весело посматривали Нестеров и Шаляпин на стайку бегущих по лугу пятерых детей... Какое приволье здесь, какой воздух...

За обедом царствовал Федор Иванович, произносил тосты, угощал гостей, шутил, рассказывал анекдоты и смешные случаи из своей богатой биографии, успевал выпить рюмку и закусить.

Потом дети, испросив разрешения и поблагодарив за хлеб-соль, покинули застолье, ушли по своим делам: кто учить французский или итальянский, кто рисовать, кто читать первые в своей жизни книжки с чудесными рисунками. Этот порядок завела строгая мама, Иола Игнатьевна.

В прекрасном настроении остались за столом взрослые. Со стола убрали, принесли кофе, появился коньяк, деревенские вкусные лепешки, и началась неторопливая беседа. Ольге Нестеровой не терпелось спросить знаменитого Шаляпина о его последнем выступлении в Париже в «Хованщине», а Екатерине Петровне очень хотелось услышать о выступлении балерины Павловой все в тех же Русских сезонах.

— Сергей Павлович Дягилев совершил подвиг в этом году, просто каким-то чудом ему удалось показать в Париже «Псковитянку», «Юдифь» и четыре балета: «Павильон Армиды», «Клеопатра», «Пир» и «Сильфиды», ну, конечно, и «Половецкие пляски» из «Князя Игоря», представляете, какая сложнейшая программа... Но некоторые из соотечественников, даже убедившись в громаднейшем успехе наших выступлений в Париже, написали, что русская антреприза сравнительно удачно выступила в театре «Шатле». Каждое выступление было триумфальным, каждый участник чувствовал высокую ответственность момента, а вся труппа в целом была охвачена каким-то неизъяснимым трепетом, желанием сыграть как можно лучше, на пределе своих сил. А ведь русские артисты играли после трудного зимнего сезона. При этом необходимо помнить, что дирекция императорских театров по высочайшему велению всячески противодействовала репетициям в России, хотели провала антрепризы Дягилева. Поэтому все были взвинчены, порой вспыхивали скандалы по совершеннейшим пустякам. Но мы все выдержали, заранее предчувствуя, что все образуется, как только начнутся выступления на сцене театра «Шатле». И действительно, все прошло великолепно, удалось с помощью плотников даже переоборудовать сцену, которая не отвечала требованиям наших постановщиков. Особенно отличился наш маг и волшебник сцены Карл Федорович Вальц, первоклассный машинист Московской оперы, придумавший столько различных превращений декораций на глазах у публики, что парижане были ошеломлены: это наши плотники переделали пол, устроили такую систему подвесок, что декорации незаметно уходили, а их место занимали другие. Я уж ничего не говорил, какое ошеломительное действие оказывали наши балеты сами по себе... Карсавина просто очаровала парижан...

— Федор Иванович! — заговорил Нестеров, воспользовавшись паузой в монологе Шаляпина. — А что-то много говорили о Вацлаве Нижинском. Это действительно талантливый танцовщик или это просто очередной разрекламированный мальчик патрона? Все ж уже догадываются о преступных наклонностях знаменитого Дягилева. Так вот меня и смущает: это на самом деле талант или это действие рекламы, слава, купленная за деньги у падких на эти трюки журналистов.

— Я не сочувствую слабостям Сергея Павловича, Михаил Васильевич, — с грустью сказал Шаляпин, надеясь обойти щекотливую тему. — Мы и не догадывались об истинных отношениях Дягилева и Нижинского, хорошо зная талант Дягилева угадывать даровитых людей, а в Париже всем стало ясно, в какой степени Дягилев увлекается Вацлавом Нижинским, хотя должен вам сказать, что Нижинский просто талантлив, может быть, даже гениален. Стоило посмотреть, как он выпархивает в «Павильоне Армиды», Иолочка, обязательно нам нужно всем вместе сходить на этот балет, чтобы сразу же понять, что нечто божественное снисходит на сцену. Если б вы увидели его в придуманном специально для него белом с желтым и с серебром костюме, если б вы увидели, как он появляется перед нами с грациозно поднятой над головой рукой, едва касаясь пола, то вы бы поверили, что я имею в виду, когда говорю о появлении некоего божественного начала на сцене. И как были хороши две его дамы, в костюмах, которые по цвету гармонично сочетались с его костюмом. С этого момента он стал балетной звездой. И можете себе представить, что в жизни в нем ничего особенного не было — самый обыкновенный юноша, неказистой внешности, скорее коротенький, с толстой шеей, большой головой, с довольно вульгарными, слегка монгольскими чертами лица. С тусклой и сбивчивой речью. Словом, простецкий малый, но стоило ему одеться в приготовленный специально, повторяю, для него созданный костюм, как он тут же преображался и становился незаурядным. Я видел, как на глазах он превращался в другого человека, воплощался в человека своей роли, и этот человек оказывался исключительно пленительным и поэтичным.

— А чья музыка использована для «Клеопатры»? — спросила Иола Игнатьевна. — Вроде бы такого балета ни у кого нет. Или я ошибаюсь? Или отстала от времени, рожая Федору Ивановичу одного за другим детей...

И в ее голосе собравшиеся, особенно Шаляпин, услышали и горечь ушедшей так рано балерины, которой предсказывали великое будущее, и скорбь женщины, которой так редко приходится бывать вместе с любимым мужем, с успехом разъезжающим по миру. И так трудно предположить, что он всегда остается верным во время этих гастролей.

— Музыку взяли разную, Дягилев позволил себе музыкальный вандализм, как выразился Александр Бенуа, просмотрев партитуру этого балета, получился какой-то салат из русских авторов. Вместе с невыразительной музыкой Аренского здесь легко уживаются отрывки из произведений Глинки, Глазунова, Мусоргского, Танеева, Римского-Корсакова, но все это так талантливо скомпоновано, что, в сущности, никто не воспринимал это как нечто разнородное. Успех «Клеопатры» был грандиозный, некоторые даже говорили, что «Клеопатра» затмила «Псковитянку», вряд ли это справедливо. Но судить, как говорится, не мне.

— Федор Иванович! А правда ли, что вы будете играть роль Дон Кихота в одноименной опере Жюля Массне? — спросила Екатерина Петровна, хорошо разбиравшаяся в европейской музыке, ходившая всякий раз на оперу, как только выпадала возможность побывать в столицах, в Киеве, Москве, Петербурге, Риме, Милане. — Ведь многие говорят, из тех, кто слышал музыку и либретто, что эта опера не самая удачная знаменитого француза, уж во всяком случае — это не «Манон» и тем более не «Вертер». Говорят, он стар, исписался, нет ничего свежего, нового, интересного...

— Да, и я слышал эти разговоры... Возможно, возможно, что опера Массне своей музыкой не привлечет внимания слушателей, но меня покорил образ Дон Кихота, меня покорил сам композитор, энергичный, обаятельный человек, с которым мы всю ночь провели в разговорах. Он проиграл мне всю оперу, а потом мы обсуждали, как можно ее поставить. И с тех пор этот образ не покидает меня. Восторженный, даже несколько экзальтированный, он сразу предстал передо мной большим художником, который свободно отдался своему воображению, щедрому и могучему, но стоило мне о чем-то спросить, как он тут же переключился. Я поражался его исключительной восприимчивости. Пылкость его в начале нашего разговора просто подавляла меня, он покорил меня своей молодостью, несмотря на свои шестьдесят семь лет. Он обладает каким-то магнетическим свойством большого человека. Он говорлив, откровенен, с упоением рассказывал о себе и о своих операх. Но при всем при этом предо мною был очень умный человек, прирожденный музыкант, профессор, крупный педагог. Могу себе представить, как он увлекает своих учеников и окружающих его артистов и режиссеров. А когда я почувствовал усталость, он начал рассказывать анекдоты, а так как французский я еще не очень хорошо изучил, кое-что просто не понимал, так что смешного было много даже из-за того, что я не всегда улавливал его быструю речь. Всю жизнь Массне стремился создать большую оперу, с монументальным, возвышенным, героическим сюжетом. А достигал успеха лишь тогда, когда увлекался пленительными, нежными, интимными чувствами своих героев.

— А чем же вы нас, Федор Иванович, порадуете? Нравится ли вам новая роль? Ведь Дон Кихот — роль положительная, если я не ошибаюсь в понимании романа Сервантеса. — Екатерина Петровна внимательно поглядела на Шаляпина, с сомнением покачала головой, словно заранее удивляясь, как же из этого высокого широкоплечего молодца, с русыми волосами и голубыми приветливыми глазами, с крепкими сильными руками, которым мог бы позавидовать и боксер, и борец, может получиться Дон Кихот, который в ее представлении совершенно не похож на Федора Ивановича Шаляпина.

Федор Иванович понял вопрос и рассмеялся:

— В либретто остались ничтожные крохи со стола великого Сервантеса. Но ведь мне не впервые сталкиваться с этими крохами. Ведь и Мефистофель Гуно и Бойто — те же крохи от гётевского Мефистофеля, а этот образ вошел в репертуар всех оперных театров мира, ну, может, не всех, но самые известные ставят эту оперу. А разве можно исполнять роль Мефистофеля, не читая Гёте, не проникаясь его глубинными мыслями и разнообразными чувствами? Конечно нельзя! А ведь некоторые артисты играют Мефистофеля, даже не зная, что есть «Фауст» Гёте. Мне становится смешно, когда я вспоминаю своего первого Мефистофеля, с которым я выступил в Тифлисе. А сейчас Мефистофель не только моя любимая роль, но это мое мученье, мой кошмар. До сих пор я не могу быть удовлетворен тем, как я играю; мне все кажется, что я не в полную силу сыграл, что есть еще возможности для более глубокого воплощения творческого замысла Гёте. И каждый раз добавляю то один, то другой штрих, а ранее найденное отбрасываю, в поисках все еще гётевского Мефистофеля, вроде бы почти уже закончил работу над образом, ан нет, уже на сцене решаю попробовать еще не использованный вариант... Слить музыку, поэзию, живопись и скульптуру в один образ — сложнейшая задача... А ведь у Гуно остались крохи от «Фауста», но эти крохи — Гёте. Так и у Массне остались крохи, но эти крохи — от Сервантеса.

— Неужели от Сервантеса ничего не осталось? И кто он в опере — сумасшедший или все-таки рыцарь, человек благородных убеждений и бескорыстных подвигов, которые он свершает в защиту бедных и обездоленных? — спросил Нестеров. — Я с удовольствием перечитываю из давно прочитанного, возобновляю в памяти Сервантеса, Вольтера, Гоголя, Пушкина и других господ, давно покинувших свое земное странствие, но оставивших нам в наследство шедевры, воплощавшие красоту духа человеческого. Язык Сервантеса, Пушкина — это язык богов, на нем из смертных говорят немногие: Александр Иванов, Микеланджело, Рафаэль, из нынешних — Шаляпин, гениальный простецкий парень...

Шаляпин негодующе замахал руками, хотя был доволен сравнением, хоть и сказанным с шутливой улыбкой.

— Благодарю, конечно, за сравнение, но пытаюсь постигнуть глубину образа Дон Кихота, созданного Сервантесом, а не Массне и Анри Кэном, автором либретто оперы...

— Ты, Федор, можешь нам сказать, что же осталось от Сервантеса? Крохи. А какие крохи? — нетерпеливо сказала Иола Игнатьевна, недовольная тем, что муж так ничего путного и не сказал о своей новой роли. — Расскажи нам содержание, ведь мы не скоро тебя увидим в этой роли в Москве. А в Монте-Карло на премьеру мы тоже никак не попадем...

Собравшиеся с ожиданием посмотрели на Шаляпина.

— Содержание простое, даже простенькое. В первом же акте появляется на сцене Дон Кихот, сбоку у него длинная шпага, в руке копье, на груди латы, на голове шлем, его сопровождает верный Санчо Панса. Медленно, торжественно въезжает на испанскую площадь на своем белом Росинанте. Здесь надо подумать над портретом его, каким он должен быть, какие усы, борода, какой шлем... Материала мало дают и либреттист, и композитор, а посему у меня большие творческие возможности для создания собственного образа... Останавливается на площади, народ сбегается посмотреть на это чудо, им весело. А Дон Кихот приехал объясниться со своей несравненной Дульсинеей, в серенаде он раскрывает свои чувства, его цели в том, чтобы среди людей царствовала вечная радость и чтобы всем жилось легко. Он стоит перед балконом Дульсинеи и поет свою серенаду, но здесь же один из поклонников Дульсинеи пытается помешать ему, вызывает его на поединок, посреди поединка Дон Кихот вдруг вспоминает, что он не допел серенады, прекращает поединок, снова берется за лютню. Дульсинею авторы превратили в богатую куртизанку, она выходит на балкон и дает своему рыцарю задание — разбойники похитили у нее богатое ожерелье, она желает, чтобы верный рыцарь отыскал разбойников, победил их и вернул ей это ожерелье. Ну, сами понимаете, французы не могут без фривольностей, даже Шекспира они всегда пытаются приспособить ко вкусам средней публики, так что и здесь много веселых минут. Куртизанка Дульсинея убегает со своими поклонниками, а Дон Кихот, не замечая насмешек, чувствует себя на подъеме: королева его души обласкала его своим вниманием, он вынимает меч или шпагу, тут надо еще мне посоветоваться со знатоками той эпохи, и замирает на страже перед ее балконом, призывая небо благословить ее жизнь. Лунный свет падает на его лицо, полное благоговения. Затем в поисках ожерелья Дон Кихот оказывается в дикой гористой местности, вместе с ним Санчо, который тут же валится с ног и засыпает. Дон Кихот стоит на страже, но и он очень устал, голова все ниже и ниже. Шум пробуждает его, он видит разбойников, готов ринуться в бой, но его окружают, забирают копье и меч, связывают... Вот он стоит среди толпы разбойников, гордый, непобежденный, величественный в своей бесстрашной правоте, стойко сносит насмешки и оскорбления. Он готов к смерти, с молитвой обращается он к Богу, молитва его полна подкупающей простоты и величия. Разбойники опешили, отступили, пораженные его несокрушимой силой. Его спрашивают, кто он и откуда... И тут он, полный страстной убежденности в правоте своего дела, объясняет, каким подвигам он посвятил свою жизнь, сколько раз он вступал в бой, отстаивая добро и справедливость... Что и на этот раз он хочет наказать разбойников: «Не ожерелье важно — обет мой священный!» Тронутый жалостью атаман вернул ожерелье. Дон Кихот с непередаваемой радостью любуется этим ожерельем и восторженно зовет: «Санчо мой! Посмотри!»

Наконец, праздник у Дульсинеи. Появляется на празднике Дон Кихот. Он полон радости исполненного долга. Она не верит, что он мог отыскать ожерелье. «Она — в сомненье!» Вот фраза совсем крошечная, а попробовал исполнить ее и — никак не получается... Сто раз, может, произнес ее, а никак не могу найти нужный тон, никак не могу передать подлинное движение души, ее аромат, ее тончайший отзвук. Как она может сомневаться, раз он поклялся ей в верности? И он торжественно вручает это ожерелье. Она бросается ему на шею и целует его. Он — полное блаженство, такого счастья он и не ожидал. Дон Кихот не знает, как выразить это счастье и... целует Санчо. Он поворачивается к Дульсинее и поет: «Теперь прошу вас мне руку дать, чтобы вместе мы могли переплыть через бурное море...» Естественно, она отвечает ему отказом, насмешкой, все веселятся, потешаются над несчастным рыцарем. И он пробуждается словно ото сна: «Ах!., твой ответ... он так ужасен!» На его лице нечеловеческие страдания, он никнет, Санчо помогает ему сесть на скамью. Толпа продолжает смеяться над ним. И тогда простоватый Санчо бросает в разряженную толпу слова упреков и говорит своему хозяину: «Пойдем, святой герой, пойдем скитаться снова», берет его за руку, они проходят сквозь эту самодовольную, разряженную толпу, здесь уже нет слов, но сколько здесь свободного поля для игры — мимика, жесты, походка — все средства должны раскрывать глубинные душевные богатства моего героя. В этом и трудности, и богатые возможности для актера. А в заключительном акте — прекрасная сцена в лесу, мой герой умирает, он предчувствует, что приходит его конец. Он должен умереть достойно, как рыцарь. «Посмотри, я очень болен», — зовет он Санчо, который тут же подходит. «Дай руку мне и поддержи меня... в последний раз ты поддержи того, кто думал о людских страданиях...» Вроде бы совсем сникает, но вдруг в нем пробуждаются новые силы, он схватывает копье, распрямляется и произносит: «Да, как рыцарь твой, я всегда стоял за правду!» Но и эти слова не последние. Он падает с единственным словом: «Дульсинея». Вот и вся опера... Вроде бы простенькая по содержанию, но сколько работы мне предстоит и справлюсь ли... В сущности, правы те, кто считает, что петь здесь нечего, но можно сыграть того Дон Кихота, которого создал Сервантес, но хватит ли сил...

— Спасибо, дорогой Федор Иванович, за теплый прием, я ж говорил тебе, что мы торопимся, заскочили на минутку, а пробыли у тебя несколько часов. — Нестеров встал, обнял Федора Ивановича, который протестующе замахал руками. — Нет, нет, нам давно пора, мы ведь детей в Княгинино отвезли, плохо им без материнского догляда.

— А сколько вашим детям? — спросила Иола Игнатьевна.

— Наташе — шесть, Алексею — третий пошел, уже бегает, — ответила Екатерина Петровна.

— Скоро чаще будем видеться, Федор, получил серьезный заказ от великой княгини Елизаветы Федоровны, которая намерена построить церковь при учреждаемой ею обители милосердия, церковь по моей рекомендации будет строить молодой архитектор Анатолий Викторович Щусев, а расписывать церковь поручено мне. Так что я часто бываю в Москве, церковь Марфо-Мариинской обители уже строится, я составил смету на сорок тысяч, очень небольшая смета потому, что создание обители и храма Покрова при ней производится на личные средства великой княгини. Она, как говорили, рассталась со всеми драгоценностями и решила посвятить себя делам милосердия. Так что при огромном замысле великая княгиня не могла тратить больших средств, я должен был считаться с этим, сократив смету до минимума: в храме будет шесть стенных композиций и двенадцать образов иконостаса, с легким орнаментом, раскинутым по стенам. Великая княгиня видела эскизы для храма и полностью одобрила их, дав мне полную свободу действий. Так что, Федор, присматривай нам подходящую квартиру в Москве. Скорее всего в будущем году станем земляками.

— Я и сам думаю купить подходящий особняк, сегодняшняя квартира становится маленькой для моей семьи. Так что будем подыскивать вместе.

— А силенок, Федор, у тебя еще хватит не только для Дон Кихота. Справишься на радость нам и создашь еще немало образов, — сказал Нестеров, обнимая Шаляпина. — Кстати, Иола Игнатьевна, непременно сходите на Айседору Дункан... Она недавно выступала у нас, в Киеве, поразила нас своими танцами, ничего подобного не приходилось видеть до сих пор. Это какое-то чудо природы, во всей ее чарующей простоте и чистоте. Как божественно двигалось ее тело. Я не такой уж знаток в хореографическом искусстве, а тут любовался ее движениями, любовался ее танцами непосредственно, бесхитростно, чувствуя, как благородны движения ее прекрасного женского тела. В мир хореографии она вносит струю чистого воздуха. Смотрел на нее и испытывал такие же чувства, словно я иду по молодой травке, слушаю пение соловья или пью ключевую воду.

— Спасибо за совет, Михаил Васильевич, — поблагодарила Иола Игнатьевна. — Хоть и привязал меня Федор Иванович к моему хозяйству, но все же я мечтаю увидеть красивые танцы, люблю по-прежнему театр, но бываем вместе редко. Чаще вижу театр в своем доме. Девочки мои так увлечены театром, что разыгрывают спектакли у нас дома, а мальчишки тоже пытаются не отставать от них.

— Всех вам благ, спасибо за хлеб-соль, дорогие хозяева, Федор и Иола Игнатьевна. — Михаил Васильевич в какой уж раз пытался откланяться, но каждый раз то одно, то другое останавливало его. — Москва становится для меня преинтересной, и, как знать, может быть, действительно не за горами то время, когда мы решим оставить Киев и променяем его на Москву. Хочется поближе к столичной жизни, Киев уж больно провинциален. А в Москву едут со всех сторон...

Вскоре Нестеровы покинули Ратухино, а Шаляпины долго еще обсуждали этот визит, радуясь встрече и сожалея, что она была короткой.

Глава шестая

ДВОЙНАЯ ЖИЗНЬ

В это утро Шаляпин проснулся поздно, только вчера вернулся из длительной поездки по городам России, а сегодня уже предстояло выступать в «Фаусте» в Большом театре. И почувствовал, что сон не принес ему облегчения. По-прежнему тяжело было на сердце... Раньше он не замечал этой острой боли сердечных противоречий, а в последние месяцы все чаще задумывался о том, в каком положении он оказался, особенно после рождения внебрачной дочери Марфы. Его тянуло и к семье, к детям, да и к Иоле Игнатьевне прежние его чувства еще не совсем остыли, но стоило ему несколько дней побыть дома, как он начинал скучать, чаще вспоминать Марию Валентиновну, думать о новых поездках, о новых городах, где можно было без особых оглядок встречаться с Марией, как это было уже не раз и в Париже, и в русских городах во время гастролей... Сколько ж может продолжаться такая двойная жизнь...

Безмерно усталый приехал он в Москву. Нижний Новгород, Рига, Вильно, Варшава, Екатеринослав, Екатеринодар, Тифлис, Баку, Астрахань, наконец, Воронеж — и все эти города и концерты за 35 дней... И везде хотели от него только одного — выступлений с полной отдачей сил, требовали бисировать. Иной раз он это делал с удовольствием, но были и такие дни, когда душа его молчала, а публика требовала еще и еще, бывало, и срывался, недовольный уходил со сцены, потом ссылался на нездоровье, оправдываясь перед устроителями его гастролей.

В дверь постучались. Вошла Ирина с большой пачкой писем и газет.

— Доброе утро, папа! Мама сказала, что в этих газетах есть кое-что интересное, она их отложила для тебя.

Федор Иванович привстал, обхватил Иринку и крепко расцеловал.

— Спасибо, доченька! А кто там еще выглядывает? Заходите!

Борис, Танюшка, Федор только этого приглашения и ждали, гурьбой ввалившись к отцу. За ними солидно вошли Лида и Иола Игнатьевна.

— Ну, слава Богу, все семейство в сборе, настроение у всех, я вижу, преотличное, — сказал Федор Иванович после того, как всех потискал и расцеловал. — Я скоро встану, ребятишки, тогда и поговорим. Я вот только почту разберу.

Иола Игнатьевна с детьми ушла, а Федор Иванович, отложив письма, стал разыскивать интересное для него. Много разговоров клубилось вокруг Русских сезонов Дягилева, особенно вокруг поставленного в Париже балета «Шехерезада». С обвинениями в самоуправстве Дягилева выступила в газете «Речь» Надежда Николаевна Римская-Корсакова. По ее мнению, Дягилев искалечил «Шехерезаду», урезал, соединил две части в одну, выпустил и переместил большие куски, что нарушало волю композитора. Как наследница всех авторских прав Николая Андреевича, она обвинила Дягилева в безнравственности, выразив тем самым неуважение к памяти композитора. И пообещала протестовать каждый раз против подобных самовольных и антихудожественных поступков господина Дягилева. Тут же Шаляпин обнаружил и сентябрьский номер «Речи», в котором Дягилев отвечает Надежде Николаевне. Как всегда, он спокоен и обстоятелен, без всякого раздражения, которое возникло бы у всякого, прочитавшего такие резкие обвинения в свой адрес, Сергей Павлович писал, что такой художественный суд его не испугал... И вообще, можно ли поднимать руку на людей, которые впервые поставили в Париже «Бориса Годунова», «Псковитянку», фрагменты таких русских опер, как «Руслан и Людмила», «Князь Игорь», «Хованщина», и нескольких балетов, так ошеломивших парижан... А если уж разбираться в авторских правах, то прежде всего нужно упрекнуть самого Римского-Корсакова, совершившего редчайший во всемирной литературе факт, издав сочинения своего друга Мусоргского, искалечив и урезав многие страницы гениальных творений, более того, вставив целые страницы собственного сочинения. Всю прошлую зиму Дягилев просидел, по его собственным словам, в Публичной библиотеке над автографной рукописью «Хованщины» и сравнил с изданной Римским-Корсаковым, увидел, что в изданной «Хованщине» не осталось почти ни одной страницы без прямого вмешательства редактора, его поправки многочисленны и существенны. А между тем вся музыкальная общественность, узнав об этом, требует, чтоб ей дали, наконец, настоящего Мусоргского, не подправленного профессором Римским-Корсаковым. И речь идет не об инструментовке опер, а о переделках и поправках Римского-Корсакова, учиненных над сочинениями гениальнейшего из русских композиторов...

Федор Иванович давно знал о той полемике, которая велась вокруг этого вопроса, имел ли право Римский-Корсаков вмешиваться в художественную ткань опер Мусоргского, дабы придать им стройность и благозвучие, или все оставить так, как написано Мусоргским. По правде говоря, он сжился с тем текстом, который пел и играл больше десяти лет, переучивать ему бы не хотелось, но все же воля автора священна.

Перелистывая газеты, Шаляпин наткнулся глазами еще на одну полемику, развернувшуюся между все тем же

Дягилевым и на этот раз Теляковским, издавна не терпевшими друг друга и не пропускавшими случая, чтобы не уколоть «противника». На этот раз под ружейный огонь Дягилева попала балерина Анна Павлова, очаровавшая Париж, Лондон и другие европейские столицы своими выступлениями, но отказавшаяся выступать в Русских сезонах 1910 года, проявив самостоятельность и независимость. К тому же свое неучастие в спектаклях Русского сезона она объясняла тем, что ее не отпустили лондонские антрепренеры, по контракту с которыми выступала. В другом интервью Анна Павлова заявила, что хотела «наказать» Дягилева за его неуважительное отношение к балетным артистам... Словом, изменила тому, кто столько сил в прошлом году отдал для ее рекламы, для того, чтобы ее выступления были успешными. Ведь не зря же Дягилев заказал Серову сделать афишу Русского сезона в Париже с ее изображением в прошлом году. Реклама да и она сама — это чудо, прозванное «русской Тальони», вот и пошли приглашения со всех сторон Старого и Нового Света... Реклама — залог успеха, и Дягилев — несравненный мастер в этом виде искусств. Но вряд ли прав Дягилев, упрекая Анну Павлову за то, что она танцует в театре-варьете, за то, что она танцует в низкопробных увеселительных заведениях, тем самым роняя высокое звание артистки императорских театров России: «Наши императорские театры занимаются всем, чем угодно, но только не престижем и не достоинством своих артистов»... Не обошлось и без упоминания Теляковского, который якобы одобрил тот скользкий путь, на который вступила известная балерина, и отпустил вместе с ней «целый ряд нужных для нее артистов за месяц до окончания прошлого сезона...». А рядом с балеринами императорских театров «танцует труппа ученых собак, которых наши же артисты, прикрывая шуткой неловкость, прозвали «товарищами по искусству». Об этом Павлова молчит, а директор императорских театров не интересуется».

«Да, интересная полемика, любой повод использует дорогой наш Сергей Павлович, чтобы уколоть Владимира Аркадьевича... Но ведь и меня упрекают за то, что я пою в театре «Казино», который создан для увеселения играющих в рулетку в Монте-Карло. А ведь в театре «Казино» играют и поют все выдающиеся певцы нашего времени — Карузо, Титта Руффо, Дмитрий Смирнов... Стоило прославиться у нас Василию Петрову, как тут же Рауль Гинсбург пригласил его в Монте-Карло... Так что честь и хвала тем, кто приглашает Анну Павлову в театр-варьете, а Шаляпина и Дмитрия Смирнова в театр «Казино», но мы разве от этого хуже поем и танцуем... Вот ведь что главное-то...» — раздумывал Шаляпин, перевертывая страницы отобранных Иолой газет. Прав, конечно, Дягилев, призывая всех беречь старину и не вывозить за границу бережно охранявшееся нашими дедами, беречь традиции русского искусства и репутацию русского артиста... Кто же против этого будет спорить, но обвинять всех в том, что в России остались только, с одной стороны, торгаши, а с другой — чиновники, готовые продать все наше искусство «в кабачок за полушечку», — это Дягилев впадает в крайность чем-то обиженного человека. Скорее всего тем, что он не был удовлетворен своими заграничными выступлениями. Ему хотелось, как и несколько лет тому назад, возглавить императорские театры в России. И эта полемика с Теляковским — еще один поход Дягилева за директорством... В уме ему не откажешь, в язвительности тоже... Как он ловко поддел Теляковского за то, что в императорских театрах, особенно в оперных, мало ставится новых спектаклей. Сколько раз он, Шаляпин, упрекал Теляковского за то, что он не возобновляет «Бориса Годунова», «Хованщину», новые оперы Римского-Корсакова, Чайковского, Рахманинова, а если возобновляет «Бориса Годунова», то новую постановку доверяет Мейерхольду, который наверняка испортит спектакль, сделает его неузнаваемым... Русским композиторам действительно не уплачены долги, и, конечно, не стоит сравнивать «Гранд-опера» с нашими театрами: дирекция Большой оперы обязана ставить три новые оперы, в которых в общей сложности должно быть не менее одиннадцати актов музыки, тогда-то и выплачиваются правительственные субсидии для поддержания национального искусства... Но утверждать, что Теляковский ничего не сделал для развития нашего театрального дела, так же бессмысленно, как и Теляковскому отказывать Дягилеву в том, что именно его стараниями русское искусство начало свое победное шествие по всему миру... Неужели Дягилев завидует положению Теляковского в светском обществе? Чем же можно объяснить столь несправедливые фразы, вот вроде этой: «Наши же императорские театры вот уже десять лет, как лишены всякой творческой силы. Люди, стоящие во главе их, иногда хотят, но никогда не могут. И вот досадуешь, что приходится быть свидетелем целой эпохи, целого десятилетия, которое будет вычеркнуто из истории русского театрального созидательства, и, главное, не из-за недостатка сил — напротив, их небывалое изобилие, а из-за беспринципности и слабосилия тех людей, которым вверено руководство художественным вкусом и развитием нашего общества. Вот в чем печаль»... Получается, что и его, шаляпинские достижения, о которых говорят повсеместно, будут вычеркнуты, по словам Дягилева, из истории русского театрального созидательства... И не только его, Шаляпина, но и той же Анны Павловой, Фокина, Бенуа, Головина, Кости Коровина, Неждановой, Собинова... И разве новаторские поиски Михаила Фокина в балете могли б столь ярко воплотиться в его спектакли, если б он не понял, что в балете, как и в опере, необходимо слить в единое целое музыку, танцы, декорации и костюмы для того, чтобы воплотить этими средствами полнокровный человеческий образ, а не движущийся по сцене манекен, покоряющий своим техническим мастерством. Наконец-то поняли, что и танцовщик должен не только обслуживать своими поддержками балерину, но и самому играть достойную мужскую роль, своими средствами выражать мысли, чувства, переживания человеческие... Может, все новаторские поиски во всех жанрах и формах искусства начались с Мамонтова, заметившего его, Федора Шаляпина, и направившего его в нужном направлении, а за ним последовали и другие замечательные деятели великого русского искусства.

Шаляпин отложил газеты, встал, накинул халат и пошел гулять по комнатам. Повсюду жизнь била ключом... Слава Богу, все живы и здоровы, все заняты своим делом... Можно готовиться к спектаклю... Сегодня — «Фауст», артисты хорошо ему знакомы, дирижер Ульрих Авранек иной раз не соблюдал темпы, но большой опыт его как бывшего главного хормейстера, знающего свое дело, особых опасений тоже не внушал... Так что нет оснований волноваться за сегодняшний спектакль...

И последующие дни настроение Шаляпина оставалось неустойчивым: то бурно радовался, глядя на возню малышей, серьезные занятия подрастающих девушек, то вспоминал Петербург, Марию Валентиновну с ее крошечной Марфой... Не так жизнь устроена, как бы хотелось, но ничего не поделаешь, приходилось терпеть...

Глава седьмая

ПРОРОЧЕСТВО

О войне Шаляпин узнал во время гастролей, неожиданно поезд остановился и было объявлено, что поезд дальше не пойдет: война! С огромным багажом Шаляпин оказался буквально на улице, пришлось, по его словам, открыть сундуки и чемоданы и раздать все вещи и подарки бедным людям, оставив себе самое необходимое. То пешком, то на лошадях Шаляпин наконец добрался до Парижа. Потом — до Бретани, до Дьеппа. Сел на пароход и очутился в Англии. В Глазго через несколько недель он купил билет на норвежское судно «Сириус» и за несколько дней доплыл до Бергена. Потом — Христиания, Стокгольм, Торнео.

«А в Торнео меня поразила веселая девушка-финка, она подавала чай в трактире, все время мило улыбаясь... День был тусклый, небо плотно обложено тучами, а девушка поет о солнце. Это понравилось мне, и с этим впечатлением я доехал до Петербурга, который уже переименовался в Петроград».

Этими словами Шаляпина заканчиваются его «Страницы из моей жизни»...

Начинался новый период, новые страницы...

Октябрьский переворот Шаляпин встретил в Народном доме, играя испанского короля Филиппа. Несколько лет спустя он вспоминал об этом памятном вечере: «А революция «углублялась». Все смелее поднимали голову большевики. Я жил на Каменноостровском проспекте, и мой путь из дому в театр Народного дома лежал близко от главного штаба большевиков, который помещался во дворце знаменитой танцовщицы Мариинского балета М.Ф. Кшесинской. Большевики захватили самовластно дворец и превратили его обширный балкон в революционный форум. Проходя мимо дворца, я останавливался на некоторое время наблюдать сцены и послушать ораторов, которые беспрерывно сменяли друг друга. Протиснуться к балкону не было никакой возможности из-за толпы, но я слышал, однако, громогласные речи. Говорили ораторы толпе, что эти дворцы, граждане, ваши! В них жили эксплуататоры и тираны, а теперь-де наступил час возмездия. Недостаточно забрать эти дворцы — нет, нет, нет, граждане! Надо уничтожить, как гадов, самих этих злостных кровопийц народных!!»

Нарядно одетый Шаляпин не долго задерживался в этой толпе, жадно внимавшей ораторским обещаниям и посулам. Осторожность диктовала ему поскорее покинуть этот форум, где страсти, как правило, быстро накалялись и искали своего выхода. Пусть и узнавали его в толпе, новые взгляды большинства ничего хорошего не сулили. Но Бог милостив, авось, пронесет, не сбудутся эти ужасные прогнозы большевистских ораторов. Правда, наиболее дальновидные его друзья уже предвидели победу большевиков и предсказывали в связи с этим, что «не будет ни одного человека, совершенно ни одного, кто бы избегнул в будущем страданий...».

Шаляпин долго думал над этим пророчеством... Зачем же нужна революция, если она несет страдания всем людям без разбора...

Но ему отвечали, что революция никого и ни о чем не спрашивает, развивается по своим законам и, получив толчок, прет, когда ей вздумается... Меньше всего ее ждали 25 октября... Шаляпин тщательно гримировался, «усталая закостенелая душа Филиппа», как писали в газетах после апрельской премьеры, нуждалась в особом гриме, и Шаляпин создал этот грим: рыжеволосый, седеющий могучий солдат, с подчеркнуто грубыми чертами лица, властный и скуповатый на движения испанский король...

«Одетый в богатую порфировую мантию, со скипетром в руках, с короной испанского короля Филиппа на голове, я выхожу из собора на площадь, где еще раз подтверждаю моему народу, что еретики будут сожжены, что корону надел на мою голову сам Бог и что я вообще единственный стоящий владыка на земле, — вспоминал Шаляпин. — В эту минуту на Неве, поблизости от Народного дома, раздается внезапно пушечный выстрел. В качестве короля, не терпящего возражений, я сурово прислушиваюсь — не реплика ли это мне? Выстрел повторяется. С высоты ступеней собора я замечаю, что народ мой дрогнул. Третий выстрел и четвертый — один за другим. Площадь моя стала пустеть. Хористы и статисты двинулись к кулисам и, забыв про еретиков, стали громко обсуждать, в какую сторону им бежать. Немало труда стоило королю Филиппу II Испанскому убедить своих робких подданных, что бежать некуда, ибо совершенно невозможно определить, куда будут сыпаться снаряды. Через минуту за кулисы прибежали люди и сообщили, что снаряды летят в противоположную сторону и что опасаться нечего. Мы остались на сцене и продолжали действие. Осталась публика и в зале, также не знавшая, в какую сторону бежать, и поэтому решившая сидеть на месте.

— Почему же пушки? — спрашивали мы вестовых.

— А это, видите ли, крейсер «Аврора» обстреливает Зимний дворец, в котором заседает Временное правительство.

К концу спектакля выстрелы замолкли. Но путь мой домой не был особенно приятным. Шел дождь со снегом, как бывает в Петербурге глубокой осенью. Слякоть. Выйдя с Марией Валентиновной, я не нашел извозчика. Пошли пешком. Повернули на Каменноостровский проспект, идем, и вдруг — посыпался горох по мокрому воздуху. Поднялась какая-то стрельба. Звякнули и пули. Если моя храбрость и поколебалась, то можете себе представить, что случилось с моей женой? В темноте — фонари не горели, — перебегая от крыльца к крыльцу и прячась у дверей, мы кое-как добрались домой.

Невредимо, хотел я сказать. Но вспомнил, что Мария Валентиновна в эту ночь от потрясения и испуга слегла и была больна с месяц. Если бы я в эту ночь спал, я бы сказал, что проснулся я уже в социалистическом тумане».

Вот и свершилось то, что так жадно ждали Горький и его друзья. Временное правительство арестовано. Повсюду укреплялись у власти большевики. Приехал Ленин. По-прежнему верховодил Троцкий...

У Шаляпина какие-то молодые люди отобрали автомобиль... Но все были ошеломлены убийством министров Временного правительства Кокошкина и Шингарева. Горький, потрясенный этим убийством, уговорил Шаляпина пойти к министру юстиции Штейнбергу. Штейнберг выслушал страстную речь Горького в защиту арестованных министров, которые вскоре и были освобождены. А ведь год тому назад еще ничто не предвещало такого страшного развития событий... Отречение царя восприняли с облегчением, как победу демократических сил, как завершение длительного революционного процесса освободительной борьбы. Шаляпин, как и чуть ли не вся либерально-демократическая интеллигенция, приветствовал Февральскую революцию и своим участием в ней в качестве певца и актера определял свое место в событиях.

После Февральской революции и Шаляпин гордо нацепил на рукав красный бант и вошел чуть ли не во все комиссии, которые во множестве тогда создавались. А после этого пришлось ходить по заседаниям. «Необычайный переворот заставил очень сильно зашевелиться все слои общества, и, конечно, кто во что горазд начали работать хотя бы для временного устройства так ужасно расстроенного организма государствам», — писал он 21 марта 1917 года дочери Ирине. Тогда-то, гуляя по улицам и сталкиваясь повседневно с демонстрантами, он обратил внимание, что трудящиеся чаще всего поют какие-то заунывные, грустные, чуть ли не похоронные песни, словно старая рабья жизнь для них не окончилась... Как же так? Наступила новая жизнь, свободная и радостная, а поют все те же рабьи песни, и Шаляпин стал искать у композиторов что-либо бодрое, оптимистическое, но так ничего и не нашел. Шаляпин не предался унынию и сам сочинил слова и музыку. «Песня революции» — так назвал он свою песню.

Вскоре после этого в Мариинском театре собрались видные деятели литературы и искусства для того, чтобы обсудить вопрос о программе торжественных спектаклей в государственных театрах. Возник вопрос о революционном гимне. Присутствовал на совещании и Шаляпин, который и предложил свой вариант гимна. И спел «Песню революции». Многим песня понравилась, но некоторые засомневались, предложили обсудить ее без автора. Шаляпин вышел. А когда его пригласили войти, он узнал, что его гимн отклонили как неинтересный и написанный дилетантски. Разочарованию Шаляпина, казалось бы, не было предела. Но его утешили Зилоти и Коутс, предложив исполнить гимн в симфоническом концерте-митинге, который устраивал Преображенский полк в Мариинском театре. Коутс пообещал оркестровать, а Зилоти расписать по голосам и разучить с хором. Эта песня была исполнена с огромным успехом: собравшимся было не до особенных затей, а песня отвечала их душевным порывам, к тому же и исполненная гениальным актером и певцом.

Эту песню Шаляпин исполнял и в Кронштадте, и в Севастополе на грандиозном благотворительном концерте, устроенном моряками Черноморского флота. Весь колоссальный сбор Шаляпин отдал на нужды флота и армии.

Все эти месяцы Шаляпин много работал, потому что жизнь становилась невыносимо дорогой, признавался он в одном из писем дочери, а чем дальше, тем будет все хуже и хуже. Много времени уходило на заботу о продовольствии, но лишь были бы деньги, а продовольствие находилось, хоть и дорого приходилось за него платить. Но стоило ему дать концерт в Кисловодске по дорогим ценам, как тут же в газетах началась обычная травля: называли и мародером, но билеты раскупили за три часа. Конечно, он и здесь мог бы устроить такой же демократический концерт, как в Кронштадте и Севастополе, но в Кисловодске, курорте для богатых, никто этого вольнодумства ему бы не позволил... Из гонорара жертвует 1400 рублей на постройку санатория для раненых и больных воинов-артистов. А, вернувшись в Петроград, снова начал петь в Народном доме... «Фауст», «Русалка», «Севильский цирюльник»...

В конце сентября побывал в театре Незлобина на спектакле по пьесе Леонида Андреева «Екатерина Ивановна»... 27 ноября 1917 года, в 75-летие постановки «Руслана и Людмилы», в Мариинском театре исполнял роль Фарлафа, а после спектакля 6 тысяч рублей пожертвовал в пользу русского музыкального фонда. 10 декабря 1917 года Шаляпин писал в Ялту Ирине и всей семье, уехавшей туда в связи с обострившимся продовольственным кризисом: «...Письмо твое от 29 ноября необыкновенно меня обрадовало (я получил его третьего дня) и, главное, вот почему: как раз на днях я прочитал в газетах о погроме в Ялте и о том, что Ялту бомбардировало какое-то судно. Можешь себе представить, что я пережил! Вот, думаю, из огня да в полымя! Только что уехали из Москвы, как вдруг! Волнение мое усугубилось еще более, когда я узнал, что телеграфное сообщение между Ялтой и Петроградом прервано. Я ходил в адмиралтейство, там у меня есть кое-кто из теперешних хозяев знакомый, и просил поговорить по прямому проводу — там попробовали и сказали, что телеграф не действует. Ну, думаю, это уж совсем черт знает что такое! И вдруг твое письмо... О, сколько я обрадовался. Черт пусть раздерет все эти газеты, они так врут и так все преувеличивают.

Вот и сейчас все читаю о гражданской войне на Юге, и если правда хотя бы половина — ужас охватывает, и волосы шевелятся на голове. А в особенности, когда думаю, что не в состоянии буду, может быть, попасть к вам в Ялту, ведь разбираются железнодорожные пути — то казаками, то большевиками, то там, то тут... Ах, как это все ужасно и как все это надоело!

На другой день как вы уехали из Москвы, я достал возможность говорить по телефону и говорил с крестной, она мне рассказала, конечно, более или менее все. Я просил ее переслать мне в Питер шубу, но до сих пор ничего не получил и не знаю, посылала или нет. Начинаю думать, что шубу она послала, но принявший ее кондуктор или кто другой, вероятно, прельстился ею и предпочел оставить у себя. Теперь такое время! И это не диковина. Вероятно, придется продолжать ходить в чужой нынешнюю зиму (до сих пор хожу в шубе Аксарина).

О себе скажу — пока что живу ладно. Пою в Народном доме, публикой всегда положительно набит битком театр. Принимает меня публика, скажу, как никогда, я стал иметь успех больше, чем когда-нибудь. Кстати сказать, я все время, слава Богу, в хорошем порядке, голос звучит, как давно уж не звучал, молодо, легко и звучно. Продовольствие хотя и дорого стоит, но все есть, и я ни в чем себе не отказываю, нет только белого хлеба.

Довольно часто у меня собирается два-три человека из моих друзей с Волькенштейном во главе и играем в карты (преферанс)...»

Но преферанс был лишь минутной отдушиной, чтоб хоть чуть-чуть позабыться и расслабиться, отвлечься от неотступных повседневных событий и дел, как возможность отвести в разговорах душу с родными по духу людьми. Столько всего неожиданного, противоречивого, драматического вошло в жизнь с приходом к власти большевиков... Разгон Учредительного собрания, которого столько ждали; расстрел мирной демонстрации, выступившей в защиту Учредительного собрания; перестройка в руководстве оперными и драматическими театрами... И сколько людей обращается к нему с просьбами... Да какими страшными. Шаляпин уж привык, что в каждой кучке накопившихся за несколько дней пришедших писем непременно есть и такое, в котором его просят о чем-либо... Сколько уж его протеже служат в конторах, в театрах, оперных и драматических... Никто ему не откажет, если человек обладает хоть какими-нибудь профессиональными качествами... Но нынешние просьбы... После каждой такой просьбы хоть плачь, так тяжко становится на душе...

Лишь через несколько месяцев Шаляпины вернулись из Ялты, и Федор Иванович решил повидаться с семьей.

18 марта побывал на концерте оркестра народных инструментов под управлением давнего друга Василия Васильевича Андреева, чуть не поругался с Луначарским, а на следующий день уехал в Москву.

Почти полгода не видел детей и Иолу Игнатьевну, к которой он по-прежнему испытывал нежные чувства. Разговор между ними состоялся давно, она приняла его условия, и детям ничего не сказали о фактическом разводе, сохранив добрые дружеские отношения: дети ведь уже привыкли к его постоянным поездкам в Петербург на гастроли... Так зачем же их лишний раз волновать... Пусть пока остается все как было...

Дети подросли, окрепли... Девочки только и говорили о своей жажде играть на сцене; Борис показал блестящие наброски крымских пейзажей, рисунки и портреты отдыхающих и знакомых; Федор тоже мечтал стать артистом... Решили, что отец поможет Лиде и Ирине организовать художественную студию, а они покажут ему свои таланты...

В кабинете лежали письма, к которым он несколько дней не мог подойти, заранее зная, что в этом ворохе писем есть непременно и такие, которые обожгут его душу просьбами. Так оно и оказалось. Письмо Кости Коровина... Вошла

Иола Игнатьевна, посмотрела на помрачневшее лицо мужа и спросила:

— Что-нибудь печальное, Федя?

— Печальнее не бывает, Иолочка... Столько неприятностей со всех сторон, не знаешь, что и делать... Костя Коровин оказался в трудном положении. У него в Охотине волостной комитет опечатал дом, в котором он живет и работает, а там находятся краски, мольберты и прочее имущество. Замечательный, выдающийся художник, такой же трудящийся, как и те, кто захватил власть, живет своим трудом, пишет с натуры картины, его мастерская не подлежит декрету об отчуждении земельных и хозяйственных владений, так как три десятины его при даче земли не приносят дохода, не имеют хозяйственных целей. Просит, чтоб я попросил Луначарского или кого нужно, чтобы подтвердили его право пользоваться мастерской для работы... Напоминает мне, что он всю жизнь работал для искусства и просвещения, выбран недавно в художественно-просветительную комиссию при Советском правительстве... Господи! До чего мы дожили! Коровин просит Луначарского...

— Ну и что? И помоги ему! — Иола Игнатьевна сурово посмотрела на Шаляпина.

— Ясно, что помогу... Но пойми, кто такой Коровин и кто такой Луначарский... И вот надо просить Луначарского... А ты знаешь, я с ним на днях чуть не поругался. Перед отъездом сюда я был в Зимнем дворце на концерте Василия Васильевича... Прекрасный концерт, но Луначарский выступил и чуть ли не испортил всем настроение. Были Кусевицкий, Малько и другие видные музыканты. И вот нарком просвещения говорит, что народные инструменты — примитивные инструменты, они могут стать тормозом для распространения навыков игры на более совершенных симфонических инструментах... Примитивные! Представляешь? И это говорит народный комиссар от имени русского народа! Конечно, я ему возразил, сказал, что домры и балалайки необходимы народу для начального музыкального образования. А потом, разве Андреев не исполняет сложнейшие произведения различных музыкальных жанров, вплоть до симфонических... И к этому просветителю я должен обращаться... Ничего не поделаешь, придется...

— А что с Мариинским? Так и не помирился с ними? Новые власти нашли нового Шаляпина? — Иола Игнатьевна явно издевалась над новым руководством бывших императорских театров, которое, как она знала, не спешило пригласить Шаляпина в театр после разрыва.

— Нет, только недавно зашевелились, присылали ко мне делегатов позондировать почву примирения... Я отнесся положительно к этим переговорам... Целый сезон меня не было в театрах государства, но дума моя всегда находилась там. Конечно, я чувствовал обиду, горечь от этой размолвки... Трудно сейчас это объяснить, но в то время, сразу после Февральской революции, когда все были словно в каком-то тумане и в каком-то бреду, новому руководству показалось, что могут обойтись без Шаляпина, этого «генерала», любимчика Теляковского, которому, дескать, все позволено. Но я буду счастлив вернуться в родную мне семью. Прочь все раздоры, прочь всякую мелочь! Да здравствует искусство! Да здравствуют славные государственные театры, да здравствуют мои друзья — артисты, сотрудники и все труженики, работающие на славу нашего родного искусства! Через месяц я им пообещал вернуться в Мариинский, пока не освобожусь в Народном доме, я уж говорил с Аксариным.

И разговор, как обычно, перешел на детей, на их привычки, характер, мечты и планы. Бесконечно мог длиться этот разговор, Шаляпин все спрашивал и спрашивал, как прежде, вроде бы их ничто не разделяло, но неожиданно Иола Игнатьевна умолкла, а потом вдруг отвернулась, скрывая слезы... Но что он мог поделать? Он любил и вторую семью, пусть незаконную, непризнанную, но Марфу и Маринку уже не оторвешь от сердца.

Иола Игнатьевна ушла, а Шаляпин, чтоб скрыть волнение, снова начал перебирать лежащие на столе письма... Как помочь Коровину? И Шаляпин вспомнил беспомощного друга, лежавшего на кровати во время тифа. Даже во время болезни он был красив... А сколько интересных рассказов, фантастических случаев хранила его память... И как он бывал глубок и серьезен, как только речь заходила об искусстве, какие дивные воспоминания у него о Левитане, поре их совместной учебы...

Глава восьмая

МЕЧТА О СВОБОДЕ

19 октября 1921 года «Адриатика» отошел от английских берегов и направился в Нью-Йорк. Стояла прекрасная осенняя пора. Нарядная публика первого класса наслаждалась солнцем, теплом, спокойным морем. И среди публики — Федор Шаляпин, такой же, как всегда, говорливый, остроумный, обаятельный. Дамы нетерпеливо поглядывали на него в надежде поближе познакомиться с ним, а молва о его присутствии побежала по всем палубам и каютам. Уже все прогуливающиеся с нескрываемым любопытством смотрели на него: во-первых, знаменитость, во-вторых, живой большевик из Советской России, о которой рассказывали и писали всяческие ужасы...

Сначала Шаляпину льстило такое внимание заграничной публики, а вскоре попривык, и захотелось куда-нибудь спрятаться и просто отдохнуть от недавних концертов и выступлений, от всего недавнего в России, которое воспринималось сейчас как кошмарный сон... Лишь морщины да первые седины напоминали Шаляпину, что все пережитое за годы революции и гражданской войны — не сон. Прогулка по палубе быстро наскучила, он почувствовал себя отдохнувшим. И Шаляпин, заглянув в уединенное место на палубе, к своему удовольствию увидел пустое и одинокое кресло и плюхнулся в него... Устал... Так надоела суета последних дней, недель... Еще в августе Шаляпин вместе со своим костюмером-одевальщиком Николаем Хвостовым выехал «на предмет обследования подготовки практического разрешения вопроса о вывозе русского искусства за границу», как говорилось в его командировочном удостоверении, подписанном народным комиссаром по внешней торговле Красиным. А перед этим, полтора года тому назад, в Ревеле, он дал три концерта, которые обратили внимание со стороны импресарио. Оказывается, Шаляпин живой и здоровый, по-прежнему прекрасно поет... Так возникли новые предложения о гастролях в европейских и американских городах... И вот уже позади Рига, Хельсинки, Лондон, Копенгаген, снова Лондон, Шеффилд... Появились деньги, настоящие деньги, обеспеченные золотом...

Как хорошо, что он плывет в Америку, свободную страну, богатую, и как хорошо, что у него много контрактов подписано, значит, жизнь его снова будет обеспечена, но только удастся ли ему на следующие гастроли взять всю свою семью, хотя бы петербургскую... Московская еще не готова уехать, мальчики и Танюшка заканчивают учебу в средней школе... Как тяжко было все это время жить на две семьи: живешь в Питере, сердце болит о московских детях, да и Иола Игнатьевна по-прежнему близка ему; приедешь в Москву, все время думаешь — а как там в Питере. Извелся, измотался душой, сердце стало побаливать, уж не говоря про сахар, которого прибавилось в крови... Годы, годы стали давать о себе знать... И как хорошо, что советские власти одумались и свернули вновь на дорогу цивилизованных народов. А то ведь три с половиной года тому назад, как только взяли власть в свои руки, так сразу же объявили, что строят коммунизм, решили произвести непосредственный переход к коммунистическому производству и распределению. Заключили Брестский мир, отдали пол-России, надеялись тем самым отодвинуть военную опасность, а крестьян принудить по разверстке отдать нужное властям количество продуктов, и главным образом хлеба, а власти его распределят по заводам и фабрикам, — и выйдет в России коммунистическое производство и распределение. Но крестьяне думали по-иному, их не удалось уговорить, более того, под нажимом советской власти крестьяне качнулись на сторону белых повсеместно, поддержали Колчака, Деникина, Юденича, которые зажали Москву и Петроград в кольцо блокады, вот-вот думали взять обе столицы и полностью разделаться с большевиками. Социалистический учет и контроль, возражал Горький, нельзя вводить, когда республика была ослаблена отчаянным военным положением, когда сама советская власть висела на волоске, а большевики стали экспериментировать и действовать по азбуке марксизма, не учитывая конкретного практического опыта реальных событий. Главной задачей и целью считали как можно быстрее уничтожить классы помещиков и капиталистов, а заодно с ними и кулаков. Ленин, Троцкий, Зиновьев и другие деятели большевиков призывали свергнуть эти остатки средневековья, очистить Россию от этого варварства, от этого позора, от этого величайшего тормоза всякой культуры и всякого прогресса в нашей стране. И действительно, эту чистку проделали гораздо решительнее, быстрее, смелее, успешнее, шире и глубже, чем Великая французская революция свыше 125 лет тому назад. Во времена красного террора было уничтожено много тысяч рядовых и выдающихся помещиков и капиталистов, в сущности, сняли голову России, а потом, вот в эти дни, стали плакать по волосам, обвиняя себя в ошибках того времени... Одумались тогда, когда из России началось повальное бегство лучших ее сыновей: ученых, артистов, писателей; одумались тогда, когда всемирно известный ученый-физиолог Павлов написал Ленину письмо с просьбой выпустить его за границу, ибо в России он умирает с голоду и не может продолжать свои эксперименты; одумались тогда, когда революционный Кронштадт потребовал удалить большевиков из Советов, и прочая, и прочая... Догматики и фантазеры, стоявшие у кормила власти в России, поставив перед собой цель очистить социальные отношения от средневековья, от крепостничества, от феодализма, настолько перестарались, что за эти годы, да какие там годы, за несколько недель, как сами они хвастались, начиная от 25 октября 1917 года до разгона Учредительного собрания 5 января 1918-го, новые правители сделали в этой области в тысячу раз больше, чем за восемь месяцев своей власти сделали буржуазные демократы, либералы и меньшевики с эсерами после Февральской революции...

Уничтожили, вычистили «авгиевы конюшни» прежней стабильной жизни, где, конечно, не все было хорошо, но много было и замечательного, крепкого, устойчивого... Все разом было разрушено, даже императорские театры хотели уничтожить и заменить их пролеткультовскими... Вот была бы потеха... Выкинув монархическую нечисть, как никто и никогда, ни в какие революции не совершал, новые власти хвастались, что не оставили камня на камне, кирпича на кирпиче в вековом здании сословности... Демократ Керенский восемь месяцев искал пути соглашения с помещиками и капиталистами, а новые власти в несколько недель и этих помещиков, и все их традиции смели с лица русской земли. Не ему, крестьянскому сыну, ратовать за привилегии дворянского и помещичьего класса, но вырывать с корнем помещиков — значит вырывать целые пласты вековой культуры... Лить кровь, уничтожать библиотеки, архивы, здания, мебель, уничтожать материальную культуру целых столетий... С какой гордостью вожди пролетарской революции заявляли о том, что они довели борьбу с религией до конца... И опять пулеметный огонь был самым важным и решающим средством в борьбе с религией... Пулеметный огонь и сейчас важнейшее средство в достижении целей пролетарской революции... Только вот восстал Кронштадт, восстали в Сибири, в Тамбове, заволновался снова Дон, Украина, Кубань... И поняли большевики, что пора отступить к исходным позициям буржуазно-демократической революции... Хотели указами и приказами наладить государственное производство и государственное распределение продуктов по-коммунистически в мелкокрестьянской стране. Только спустя три с половиной года поняли свои ошибки и стали строить коммунизм, понимая, что предстоит преодолеть ряд переходных ступеней. Сначала нужно достигнуть государственного капитализма, заинтересовать трудящихся в своем труде... Сначала необходимо поощрять личный интерес, личную заинтересованность, потом на хозяйственном расчете необходимо построить прочные мостки, ведущие в мелкопоместной стране через государственный капитализм к социализму... И для этого надо усердно, внимательно, усидчиво учиться «новой экономической политике», новому отношению к потребностям народа... Как хорошо говорил министр внешней торговли Красин о новой экономической политике: «Пролетарское государство должно быть осторожным, рачительным, умелым хозяином, исправным оптовым купцом... Вроде бы оптовый купец — это такой экономический тип, как небо от земли далекий от коммунизма. Но это неправда, это именно одно из живых противоречий переходного периода от государственного капитализма к социализму и коммунизму... Личная заинтересованность поднимает производство, появляются излишки товаров, которые нужно продавать. А для этого развивать торговлю... Оптовая торговля объединяет миллионы мелких крестьян экономически, заинтересовывая их, связывая их... А после этого необходимо выходить и на международную арену, предлагая свою продукцию... Мы преодолели Колчака, Деникина, Юденича, победили иностранную интервенцию, заключили мир с Польшей, победили мучения переходного периода, голод, холод, разруху, мы и научимся торговать с международным капиталом...» Красин говорил о своих успешных переговорах с Англией, вроде налаживаются торговые отношения и с Америкой... Хорошо бы, а то Советская Россия стоит каким-то особняком, на советский паспорт смотрят с каким-то неподдельным ужасом, смотрят как на прокаженного... А станут торговать, тут уж каждый понимает свою выгоду: получает наше сырье, работают заводы, полная занятость населения и прочая и прочая... Все тот же Красин уже без всякого испуга говорил и о том, что в производстве товаров могут участвовать и капиталисты, рядом с русскими большевиками и капиталистами будут и иностранные капиталисты, концессионеры и арендаторы, они будут у нас вышибать сотни процентов прибыли, они будут наживаться около нас... Пусть наживаются, а мы должны учиться у них хозяйничать, только после этого мы можем построить коммунистическую республику... И опять без пулемета никак не могут обойтись: всякое послабление, как вещают большевики, «есть величайшее преступление», «это наука тяжелая, суровая, иногда жестокая, но нужно пройти эту науку, так как иначе другого выхода нет... Россия обнищала после долголетних испытаний, необходимо величайшее напряжение сил в ежедневном труде, либо нас ждет неминуемая гибель... Государство должно научиться торговать так, чтобы промышленность удовлетворяла крестьянство, чтобы крестьянство удовлетворяло свои нужды...».

Шаляпин вспомнил, как десять дней тому назад он был на обеде у Красиных, долгие и интересные разговоры на политические и международные темы, тем более что на обеде присутствовали Нансен с женой, несколько друзей министра по торговым делам. Во время этих бесед постоянно возвращались к положению в России, которую поразил такой же голод, как и в 1891 году, когда вся передовая интеллигенция принимала участие в помощи голодающим. Как обсуждали с Нансеном и Красиным все тот же вопрос — как помочь людям, оказавшимся в беде... «Вам, Федор Иванович, может показаться странным, что мы, большевики, ставим в последнее время в постоянную связь два словечка — коммунизм и торговлю... — говорил Красин, — что-то несуразное в этом сочетании вам может послышаться, но если поразмыслить экономически, то вы поймете, что эти два понятия не могут существовать одно без другого...» А ведь раньше об этом сочетании невозможно было и подумать: никакой торговли, тем более свободной... Распределение, и никаких разговоров, отсюда введение пайков на душу населения... Чтоб всем было поровну... И тут Шаляпин вспомнил, как финляндский коммунист Рахия очень откровенно в гостях у него заявил, что таких людей, как Шаляпин, надо резать. На вопрос одного из присутствующих, почему, он ответил: «Ни у одного человека не должно быть преимуществ над людьми. Талант нарушает равенство». Это было бы забавно, если б не вмешался другой коммунист, тоже прямо заявивший, что ничего, кроме пролетариев, не должно существовать, а ежели существует, то существовать это должно для пролетариев...

На следующий день Шаляпин писал Ирине: «... Девчура моя милая: Я хотя и пишу тебе письмо сегодня, 20-го, однако послать только смогу 27 —28-го, то есть в день, когда приедем в Нью-Йорк. Сейчас пишу на пароходе — вчера мы оставили берега Европы. Море великолепно — тихо. Почти что не качает. Погода хотя и пасмурная, но теплая, и вообще хорошо. Вот как бы ты была здесь со мной, поправилась бы! Кушают на пароходе, кажется, раз по пяти в день, и превосходно. Тут тебе и устрицы, и лангусты, и омары, и мясо, и ветчина, а главное, сколько хочешь хлеба белого и фруктов. Со мной на пароходе едет мистер Уэллс (писатель, который был у меня в Питере в гостях нынче зимой). Потом едет известный композитор — Рихард Штраус. Так что мы тут посиживаем в баре и выпиваем виски с содой, — когда перед тобой стоит бокал с виски, то conversations идет как-то складнее и веселее. Это все милые и очень интеллигентные люди — с ними очень приятно быть... Мамулю обними покрепче, беднягу!..»

«...вот уже четвертый день пароход в движении, кругом вода и больше ничего, — но море на счастье — спокойно, как озеро, — писал Шаляпин в Москву. — И путешествие агреабильно (приятно) весьма.

Жаль, что вас здесь нет со мной. Вы были бы очень счастливы провести несколько дней в такой обстановке — я знаю.

Детвора!

Вы, наверное, получили вырезки из английских газет о моих концертах. Они прошли все великолепно, и я имел успех, который смело можно назвать триумфом. Теперь волнуюсь за Америку... Милые детишки! Описать вам все, что мне тут приходится переживать, — трудно, а из Лондона я никому не написал ни слова, потому что некогда было не только писать, но даже вздохнуть.

Столько оказалось разных дел и занятий, — я напел также новые пластинки в граммофон и думаю их привезти с собой в Россию... Деньги мама тоже получит из Питера, пусть не беспокоится. Обнимите ее крепко. Люблю вас всех очень. Целую мамулю».

Гастроли в Нью-Йорке начались неудачно. Четыре недели болел Шаляпин, три раза откладывали концерт. На четвертый раз Шаляпин вышел еще не совсем здоровый и спел всего лишь шесть номеров: больше петь не было сил. Приехал в Чикаго тоже больной, и концерт пришлось просто отменить. И лишь 9 декабря 1921 года начались гастроли, в «Метрополитен-опера» он пел Бориса Годунова... Потом — Монреаль, Бостон, Чикаго, три концерта в Нью-Йорке, снова Чикаго, Кливленд, Нью-Йорк, Филадельфия...

29 ноября Шаляпин получил каблограмму из России, из которой следовало, что «как Центрокрест, так и товарищ Луначарский, просят Вас выступить на концерте в пользу голодающих. Для этой цели получилось согласие на продление Вашего пребывания в Америке на две недели...».

Но в таких концертах Америка отказала Шаляпину, мотивируя тем, что средства для голодающих Поволжья собирает АРА — Американская организация помощи голодающим под руководством Гувера.

В Россию вернулся в марте 1922 года и сразу поехал в Москву. С огромным багажом он проехал через столько таможен, что не хотел сначала останавливаться в Петрограде... «Привезу вам сапожек, чулков — может, и рубашек со штанишками, — да трудно — не знаю мерки. Красок и холста, карандашей и других принадлежностей для рисования. А также и разных инструментов — до лобзиков включительно... Багаж мой будет велик. Впрочем, я попрошу ВЧК, чтобы они позволили мне ввезти все это. Тем более что это же для семьи, а не для каких-нибудь пакостных спекулятивных целей». Словом, «разных разностей» Федор Иванович привез из поездки своим любимым детишкам и Иоле Игнатьевне. А дней через пять отбыл в Петроград, где 31 марта в Петроградском артистическом клубе состоялся вечер, посвященный возвращению Шаляпина из-за границы.

Концерты, выступления в спектаклях продолжались то в Москве, то в Питере, но Шаляпин был озабочен предстоящими зарубежными гастролями. Много возникало вопросов... И главный — отпустят ли его с семьей, живущей в Питере...

Контрактов он заключил на несколько лет, он будет полезен для России как сборщик средств для голодающих... Ведь передал же он тысячу четыреста фунтов стерлингов в российское посольство после концертов в Англии...

Перед отъездом на гастроли в Англию и Америку Шаляпин и Луначарский договорились о том, что Совнарком примет решение об оплате и вообще о содержании Шаляпина и его семьи в период его артистической деятельности... Шаляпин выдвинул минимальные требования: уплачивать ему 1000 золотых рублей в месяц жалованья при отдельной оплате 250 рублей за репетицию и 500 за спектакль; стоимость выдаваемого академического пайка натурой из этого жалованья вычитается; разрешить ему ежегодные поездки по четыре месяца за границу; его требования столь высокой оплаты объясняются тем, что на его иждивении имеется десять человек членов его непосредственной семьи и шесть человек, которых он обязался содержать и сейчас не вправе отказаться от своего обещания.

Луначарский, изучив контракт, который прислали из Америки, написал Шаляпину письмо: «...Завидный контракт. По исчислению Наркомфина Вы будете получать там за выступление 57 с половиной миллионов на наши деньги. Вот как Вас грабим, когда платим Вам по 5 миллионов. Что касается большого дела об устройстве Вас в России, то оно все еще переваривается в недрах Совнаркома...»

Шаляпин, вернувшись, спросил Луначарского, состоялось ли решение Совнаркома. Но никакого решения пока не было. (Только через многие десятилетия удалось обнаружить, что заместитель Луначарского Литкенс даже не передавал эту записку в Совнарком, видимо полагая, что с Шаляпиным можно обходиться так же, как и с рядовыми...)

Так не лучше ли получать там 57 с половиной миллионов и чувствовать себя свободным человеком, хозяином своей судьбы, чем получать здесь 5 миллионов и чувствовать себя рабом всяких Куклиных и Литкенсов? Такой вопрос уже не стоял перед Шаляпиным. Но он сделал все для того, чтобы на очередные гастроли вместе с ним поехала Мария Валентиновна с детьми...

«Если из первой моей поездки за границу, — писал Шаляпин в книге «Маска и душа», — я вернулся в Петербург с некоторой надеждой как-нибудь вырваться на волю, то из второй я вернулся домой с твердым намерением осуществить эту мечту. Я убедился, что за границей я могу жить более спокойно, более независимо, не отдавая никому ни в чем никаких отчетов, не спрашивая, как ученик приготовительного класса, можно ли выйти или нельзя...

Жить за границей одному, без любимой семьи, мне не мыслилось, а выезд с семьей был, конечно, сложнее — разрешат ли? И вот тут — каюсь — я решил покривить душою. Я стал развивать мысль, что мои выступления за границей приносят советской власти пользу, делают ей большую рекламу. Вот, дескать, какие в «советах» живут и процветают «артисты»! Я этого, конечно, не думал. Всем же понятно, что если я неплохо пою и играю, то в этом председатель Совнаркома ни душой, ни телом не виноват, что таким уж меня, задолго до большевизма, создал Господь Бог. Я это просто бухнул в мой профит.

К моей мысли отнеслись, однако, серьезно и весьма благосклонно. Скоро в моем кармане лежало заветное разрешение мне выехать за границу с моей семьей...

Однако в Москве оставалась моя дочь, которая замужем, моя первая жена и мои сыновья. Я не хотел подвергать их каким-нибудь неприятностям в Москве и поэтому обратился к Дзержинскому с просьбой не делать поспешных заключений из каких бы то ни было сообщений обо мне иностранной печати. Может ведь найтись предприимчивый репортер, который напечатает сенсационное со мной интервью, а оно мне и не снилось. Дзержинский меня внимательно выслушал и сказал:

— Хорошо.

Спустя две-три недели после этого, в раннее летнее утро, на одной из набережных Невы, поблизости от Художественной академии, собрался небольшой кружок моих знакомых и друзей. Я с семьей стоял на палубе. Мы махали платками. А мои дражайшие музыканты Мариинского оркестра, старые мои, кровные сослуживцы, разыгрывали марши.

Когда же двинулся пароход, с кормы которого я, сняв шляпу, махал ею и кланялся им, то в этот грустный для меня момент, грустный потому, что я уже знал, что долго не вернусь на родину, — музыканты заиграли «Интернационал»...

Так, на глазах моих друзей, в холодных прозрачных водах Царицы-Невы растаял навсегда мнимый большевик — Шаляпин».

Начиналась новая жизнь, полная скитаний и тоски по России...

СОДЕРЖАНИЕ

Петелин Виктор Васильевич

ШАЛЯПИН И ИОЛА ТОРНАГИ

Редактор *Т. И. Маршкова*
Художественный редактор *Н. Г. Кудря*
Верстка *А. А. Кувшинников*
Корректор *В. Л. Авдеева*

ООО «Алгоритм-Книга»
Лицензия ИД 00368 от 29.10.99, тел.: 617-0825
Оптовая торговля: Центр политической книги — 937-2822, 8-903-519-8541
«Столица-Сервис» — 375-3211, 375-2433, 375-3673
«ТД АМАДЕОС» — 513-5777, 513-5985
Мелкооптовая торговля: г. Москва, СК «Олимпийский». Книжный клуб.
Торговое место № 30, 1-й эт. Тел. 8-903-5198541
Сайт: http://www.algoritm-kniga.ru
Электронная почта: algoritm-kniga@mail.ru

Подписано в печать 22.10.2007.
Формат 84x108 $^1/_{32}$. Печать офсетная. Усл. печ. л. 23,52.
Тираж 4 000 экз. Заказ № 4731017

Отпечатано на ОАО "Нижполиграф".
603006, Нижний Новгород, ул. Варварская, 32.